국가안보론

-이상과 현실의 균형-

박 휘 락

도서출판 대영문화사

들어가며

1

개인에게 생명이 가장 소중하듯이 국가에게는 안보가 가장 소중하다. 한국은 휴전상태일 뿐만 아니라 강대국에 둘러싸여 있어서 안보가 위태로울 여지가 적지 않다. 그럼에도 불구하고 안보이론에 관하여 체계적으로 정리된 교재가 많지 않다는 생각을 하였다. 그동안 안보의 일선에서 체험하거나 학습한 부분을 다른 사람들에게 도움되는 방식으로 활용해야 한다고 생각하였다. 그 차에 출판사의 요청을 받아 본서를 작성하게 되었다.

본서는 안보에 관한 학습과 연구를 위한 입문서로 작성되었다. 나름대로 필요한 내용을 모두 포함하면서도 쉽게 읽히도록 노력하였다. 다만, 가독성만 중시하여 쉬운 언어와 내용에 치중하면 읽고 나서 남는 것이 많지 않거나 더욱 공부해야겠다는 동기를 고양시킬 수가 없다. 안보에 관한 내용 자체가 쉬운 내용은 아니고, 신조어도 적지 않으며, 사전 지식 여부에 따라서 이해도가 좌우된다. 이러한 고민으로 인하여 원래의 의도만큼 쉽게 작성되지 못하였을 수도 있다. 다만, 논리적으로 충분히 소화하여 설명하고자 노력하였기 때문에 조금만 진지하게 파고들면 전문적인 부분의 이해도 크게 어렵지는 않을 것으로 생각한다.

특히 문장을 충분히 풀어서 설명하고자 노력하긴 했지만, 함축성이 떨어지고, 담고 있는 내용에 비해 분량만 늘어날 소지가 있어서 이 부분에서도 미흡함이 있을 수 있다. 개론서이더라도 안보에 관한 전문적인 내용이나 전문용어는 포함하지 않을 수 없다. 안보분야를 처음 접하게 되는 사람들에게는 어려운 책이 될까 봐 걱정되기도 한다. 그러나 조금만 인내하면서 읽어 가면 이해의 속도가 금방 높아질 것이라고 말씀드리고 싶다.

지금까지 발간된 안보개론서와 본서의 큰 차이점이라면 전쟁과 핵위협에 관한 사항을 각각 하나의 부로 독립시켜 충분히 설명하고 있다는 것이다. 국가안보에서 국제관계가 중요한 비중을 차지하는 것은 분명하지만, 그보다 더욱 핵심적인 사항은 전쟁의 예방, 억제, 대비, 수행이고, 현재 한국의 안보를 결정적으로 위협하는 것은 북한의 핵위협이다. 회피하고 싶어하는 마음을 이해하지 못하는 것은 아니지만 전쟁과 핵위협에 관한 사항을 다루지 않은 채 안보를 설명한다고 말하기는 어렵다.

이로 인하여 어떤 독자는 군사에 관한 설명이 많다고 생각할 수도 있다. 대부분의 안보개론서는 핵위협은 물론이고, 전쟁에 관한 사항도 그다지 다루지 않기 때문이다. 이러한 경향은 군인을 대상으로 생각하여 전쟁과 핵위협에 관한 사항은 군사학을 통하여 배웠다고 생각하기 때문인 것 같다. 또한 군사에 관한 세부사항은 경험이나 충분한 공부없이 설명하기 어려운 점도 없지 않다. 어쨌든, 국제정치 위주로 안보가 설명되는 것 자체가 안보에 관한 우리의 잘못된 시각을 반영하고 있는 것이다. 세계적으로 통용되는 안보의 핵심적인 요소는 "국가 생존의 유지와 증진"이고 그것은 전쟁의 예방, 억제, 대비, 수행으로 보장되는 것이기 때문이다. 이미 잘 알고 있는 군인들은 그 부분을 제외한 채 학습하면 될 것이라는 점에서 원래의 안보영역에 충실하여 전쟁과 핵위협에 관한 사항을 포함시키고자 한다.

2

국가안보'론(論)'이라는 명칭으로 시작함에 따라서 가능하면 이론에 관한 사항을 많이 포함시켜야 한다는 강박관념을 갖고 책을 서술하였다. 그러나 이론적 사항은 상당한 공부가 전제되어야 한다는 점에서 쉽지 않은 점이 많았다. 지금까지 공부한 내용을 총동원하였고, 새롭게 공부하기도 하여 필요한 이론의 대부분을 포함시켰을 뿐만 아니라 독자들이 쉽게 이해할 수 있도록 함축적이면서도 논리적으로 설명하고자 노력하였다.

특히 이론에 관한 설명에 있어서 세계적인 보편성을 중요시하였다. 한국에서나 한국 학계에서만 논의되는 개념이나 이론에 중점을 두면 편협된 설명이 될 수 있기 때문이다. 따라서 세계적으로 논의되는 경향을 파악하여 반영하고자 노력하였고, 그 과정에서 필자가 새롭게 학습하게 된 부분도 적지 않다.

동시에 본서는 안보에 관한 현실도 충분히 포함시키고자 노력하였다. 이론이나 개념적인 요소는 현실과 함께 설명될 때 쉽게 이해되거나 유용성을 갖게 된다고 생각하기 때문이다. 현실없이 이론만 학습할 경우 지루해지거나 현학적으로 흐를 수 있다. 따라서 국가안보'론'이라는 원래의 취지를 살리면서 현실을 어떻게 설명할 것인가를 고민하였고, 따라서 각 부별로 맨 마지막 장에서는 그 부의 내용과 관련하여 현재 진행되고 있는 안보 현안을 소개하고, 설명하였다. 그래서 본서에 "이상과 현실의 균형"이라는 부제를 붙였다.

이러한 취지에 근거하여 본서는 네 개의 부로 나눠서 설명하였다. 제1부는 "국제갈등과 안보"로서 안보에 관한 패러다임을 소개하면서 세력균형과 동맹을 중점적으로 설명하였고, 그 현실적인 사례로서 한미동맹의 실제를 포함시켰다. 제2부는 "국제협력과 안보"로서 유엔을 중심으로 한 집단안보를 비롯하여 인간안보를 다루었고, 특히 통합과 통일의 문제를 별도의 장으로 설명하면서 유럽연합과 독일통일의 사례를 포함시켜 남북통일에 관한 현실적 토론을 보장하고자 하였다.

제3부는 "전쟁과 안보"로서 전쟁의 본질, 그리고 예방 · 억제 · 대비 · 수행에 관한 이론적인 사항을 소개하면서 현시대에 세계적으로 활발하게 논의되고 있는 현대전 수행이론을 설명하였다. 제4부는 "핵위협과 안보"로서 비핵화, 억제, 방어에 관한 이론적 내용을 설명하면서 한국이 직면하고 있는 핵위협과 핵대응의 실상을 소개하였다. 이 한 권을 읽고 나면 안보에 관한 이론적 사항뿐만 아니라 현실적인 사항에 있어서도 충분한 안목이 구비될 것이라고 생각한다.

3

본서를 기술하면서 주석의 처리를 고민했다. 필요한 근거를 밝히는 것은 당연하지만, 필자가 언급하는 논문이나 책이 해당분야의 연구 성과를 대표하지 못할 수도 있고, 그렇게 되면 왜곡된 정보를 전달할 수 있다고 우려하였기 때문이다. 이론서라는 성격상 필자가 소화하여 설명하는 것이 현실적이라고 생각하였고, 대신에 중요한 학자들의 이름을 밝힘으로써 필요하면 독자들이 인터넷이나 논문의 데이터베이스를 통하여 찾아볼 수 있도록 하였다.

또한 본서를 기술하면서 독자들의 지루함을 덜어주고자 유의하였다. 서술의 흐름도 만연체가 되지 않도록 유의했고, 현실부분에서는 표나 그림을 통한 설명을 추가하고자 노력했다. 특히 함축적인 그림을 통하여 전체적인 개념을 쉽게 이해시키고자 노력했다. 독자에 따라서 평가가 다양할 것으로 생각하지만, 입체적인 설명을 위한 노력으로 양해해주기를 바란다.

본서에서는 각 장별로 추가적인 학습이나 사유가 필요하다고 판단되는 핵심적인 사항을 질문 형태로 제시하였다. 질문에 대한 답을 찾아보기를 바라지만, 질문 자체를 되뇌어 보는 것만으로도 학습효과가 있을 것이라고 생각한다. 또한 더욱 심화된 학습의 의욕이 있는 독자들을 위하여 읽어 봤으면 하는 논문의 목록을 각 장별로 몇 편을 제시하였다. 우리나라 학자들이 가급적이면 최근에 쓴 논문 중에서 독자가 의문을 갖는 내용을 자세하게 설명해 줄 수 있다고 판단하는 논문들을 선정하였고, 본문의 흐름에 맞춰 배열하였다.

또한 본문에 포함시켜야 하지만 맥락상 그렇게 하지 못한 일부 내용은 부록을 통하여 보완하였다. 예를 들면, 평화와 평화체제, 미국의 인도-태평양 전략, 오인식에 관한 사항, 협상이론 등이다.

책을 서술하겠다는 마음을 갖거나 시작하기는 쉽지만 끝내기는 쉽지 않다. 작성해갈수록 나의 미흡함이 드러나면서 내용에 대한 자신감도 없어지기 때문이다. 필자의 미흡함은 독자들의 아량으로 이해해 주고, 부족한 내용은 추가적인 학습으로 보완해주기를 바라는 마음이다.

2020년 5월

저자 씀

차 례

Chapter 03 동맹관계

Chapter 04 한미동맹의 실제

PART 2 국제협력과 안보

Chapter 05 집단안보와 유엔

PART 3 전쟁과 안보

Chapter 08 전쟁과 전략

Chapter 09 전쟁의 억제–대비–수행

Chapter 12 핵위협 방어

Chapter 13 북핵 위협과 한국의 대응

01 | 안보학의 탐색

제1절 안보연구의 학문성

안보분야의 연구는 실천적인 부분이 많고, 안보'학'이라고 말할 정도로 연구방법론이 정립되었거나 연구내용이 공감대를 형성한 것은 아닐 수도 있다. 그럼에도 불구하고 안보의 중요성이 점점 늘어나면서 '학문' 차원에서 접근해야 할 필요성이 증대되고 있는 것도 사실이다. 그 학문성에 관한 논의를 제안하고자 한다.

1. 학문과 안보연구

학문(學問)은 글자 그대로 배우고 익히는 것을 말하는데, 대체적으로 사람과 사물에 관한 사항을 이론이나 경험을 통하여 알게 되는 과정과 결과를 말한다. 국가는 다양한 형태의 학교를 설립하여 국민들의 학문활동을 지원하고 있기 때문에 학문은 학교를 중심으로 이루어지지만 다양한 개인적이거나 집단적 노력과 경험을 통해서도 학문활동은 당연히 가능하다. 이러한 학문에 종사하는 사람을 학자(學者)라고 하고, 어느 한 부분에 대한 공통된 지식들을 묶어서 별도의 '○○학'으로 구분한다. 동일한 학문 속에서도 지식을 보는 시각에 따라서 학파(學派)가 구분되기도 한다.

'안보학'이라면 안보에 관한 학문적 활동을 총칭한다고 할 수 있는데, 아직은 생소한 용어이다. '안보' 자체가 매우 중요하고, 체계적으로 연구되어야 할 대상임은 분명하지만, 별도의 '학문'으로 분류하기에는 다소 광범위하거나, 복합적이거나, 무엇보다 지나치게 현실지향적일 수 있다. 안보는 그것이 문제가 될 경우에는 너무나 중요한 사안이지만, 문제가 되지 않을 경우에는 논의의 필요성이 급격히 줄어들게 되는 특성도 없지 않다. 그래서 '안보연구' 또는 '안보론'이라는 말은 사용되지만 아직 '안보학'이라는 용어는 드물게 사용된다.

안보의 한 부분이면서 유사한 성격을 가진 군사에 관해서도 처음에는 그의 학문성에 대한 회의가 많았다. 그러나 적지 않은 국가에서 'Military Science'라는 명칭을 사용하면서 기술적인 분야가 아니라 군사분야에 대한 전반적인 이론과 실제에 관한 탐구 노력을 지칭하고 있다. 한국에서도 1981년 국방대학교에서 "군사학 이론과 교육체계 정립"이라는 주제로 세미나를 개최하여 군사분야 연구를 학문으로 체계화하는 문제를 토론하였고, 그 결과로 군사학 석사과정을 설치하기도 했다. 육군사관학교에서도 1999년 세미나를 실시한 후 2000년에 『군사학 학문체계와 교육체계 연구』라는 종합적인 책자를 출판하기도 했다. 당시의 논의내용을 보면 군사분야의 연구가 학문적 연구를 위한 충분한 대상과 영역을 보유하고 있고, 나름대로의 방법론을 적용하여 연구하고 있으며, 충분한 규모의 학문공동체가 존재한다고 평가하였다. 현재 한국의 적지 않은 대학에 군사학과가 설치되어 있고, 다수의 학생들을 교육하여 군의 간부로 배출시키고 있다.

안보에 관한 연구는 군사학을 포함하면서 그 수준을 국가 전체의 범위로 넓히거나 높여서 다루게 된다. 또한 다른 국가와의 관계, 즉 국제정치에 관한 사항을 중요하게 다루면서, 안보에 관한 전체 정부 차원의 조치나 결정도 포함하게 된다. 다시 말하면, 안보연구는 군사학, 국제정치학, 행정학 등의 기존 학문 중에서 안보에 관한 부분을 통합적으로 연구한다고 할 수 있다. 그래서 연구의 대상이나 범위는 군사학보다 당연히 넓고, 국제정치학이나 행정학 등 학문으로 상당히 체계화된 내용들을 포함하기 때문에 별도의 학문으로 충분히 인정받을 수 있다. 정부부처를 중심으로 분류해 볼 때 군사학이 국방부를 중심으로 하는 영역을 대상으로 하고 있다면, 안보는 국방부는 당연히 포함하면서 국가정보원, 외교부, 통일부, 행정안전부의 소관사항을 연구하게 되고, 특히 대통령실에 관한 사항도 포함하게 된다.

더군다나 현대에는 군사학으로 전쟁에 관한 제반사항을 연구하거나 처방하는 것이 쉽지 않아지고 있다. 과거에는 군대가 독점적으로 전쟁을 억제, 대비, 수행하면서 군대의 성패가 국가안보의 성패로 연결되었지만, 현대에는 국가의 모든 요소가 전쟁에 투입될 뿐만 아니라 국가 간의 상호의존성이 커진 결과로 국제관계가 국가안보에 차지하는 비중이 매우 증대되었기 때문이다. 현실적으로 군사학이라고 하면서도 국제정치에 관한 사항을 포함시켜 연구하는 이유이기도 하다. 그렇다면 더욱 넓어진 전쟁에 관한 사항들을 별도의 명칭으로 통합할 필요가 있고, 이러한 점에서는 안보학으로의 격상이 필요하다.

학문으로서 인정받고자 할 때 최소한 학문으로서의 대상과 영역, 객관적인 방법론, 충분한 규모의 학문공동체를 구비해야 한다고 하는데, 이 세 가지 측면에서 볼 때 안보에 관한 연구는 군사에 관한 연구에 비해서 훨씬 양호한 수준이다. 대상과 영역 측면에서는 기존 군사학의 영역에 국제관계 요소와 정부 수준의 요소가 포함되어 훨씬 방대해졌다. 방법론에 있어서도 국제정치 및 행정학에 사용되는 방법론을 적용할 수 있다. 또한 학문공동체의 경우에도 국제정치학과 행정학을 연구하는 인원 중의 상당수가 포함될 것이라서 군사학에 비해서는 훨씬 방대할 수밖에 없다.

다만, 안보에 관한 연구는 안보가 위협받는 국가나 상황에서는 그 중요성이 높으면서 학문으로서의 정체성도 충분히 가질 수 있지만, 그렇지 않을 경우에는 그 정체성을 보장받기가 어려운 측면이 없지 않다. 위협이 심각해져야 안보연구의 대상과 요구가 증대될 것이기 때문이다. 안보에 관한 연구의 학문성 여부는 국가별 상황에 따라서 달라질 수 있다는 것이다. 한국의 경우 북한과 휴전상태이고, 북한의 핵무기 개발에서 보듯이 국가의 생존을 극단적으로 위협하는 상황이 계속되고 있다는 점에서 안보연구의 필요성은 다른 어느 국가보다 크다고 할 것이다.

2. 과학과 예술

학문은 크게 과학(science)과 예술(art)로 나뉜다. 둘 다 인간세상에서 발생하는 제반 현실을 설명할 수 있는 방법과 해답을 찾는 것은 동일한데, 전자는 하나의 정답이 존재할 뿐만 아니라 동일한 원인이나 투입은 동일한 결과나 산출이 나오며, 재현가능해야 한다고 생각한다. 그러나 후자는 하나의 정답만 존재하는 것이 아닐 뿐만 아니라 동일한 원인이나 투입이어도 그 결과나 산출은 다를 수 있고, 모든 현상은 시간과 공간에 따라서 달라지기 때문에 재현되지 않는다고 생각한다.

기본적으로 학문에서는 과학이 더욱 선호된다. 인간세상의 모든 현상에 대한 객관적인 설명을 추구한다고 보기 때문이다. 과학적 접근을 통하여 새로운 내용을 찾아서 밝히고, 이미 알고 있는 사항도 더욱 깊게 또는 더욱 넓게 확장함으로써 인류가 지니고 있는 지식의 지평을 넓힐 수 있다고 보기 때문이다. 그래서 인류역사를 통하여 과학은 점점 범위를 넓혀서 처음에는 생물학, 화학, 물리 등에 국한되었으나 사회과학(social science)이라는 명칭에서 보듯이 최근에는 인간사회의 제반 현상도 그 대상으로 전환되어가고 있다. 지금까지 인류는 과학적 발견을 통하여 현재의 문명을 이룩하였다고 믿고 있다.

과학에 대조되는 개념으로 예술은 현실을 초월하거나 보이지 않는 개념 또는 아이디어를 개발하고, 해석하며, 다른 사람들에게 전달한다. 예술은 과학처럼 논리에 의하여 설명되지 않는 경향이 크다. 이분법적으로 나눌 경우 과학이 아닌 것은 모두 예술로 볼 수가 있지만, 이러할 경우 예술의 정체성이 애매해질 수 있다는 점에서 비과학(non-science)이라는 용어도 사용된다. 현대에는 예술에도 과학의 성격과 기법이 점점 적용되고 있어서 "예술이면서 과학(art and science)"이라는 설명도 사용되고 있다. 시간이 지나면서 과학과 예술의 구별이 점점 어려워지고 있는 것도 사실이다.

과학과 예술은 대상 자체가 다를 수도 있지만, 그에 접근하는 방법의 차이를 강조하는 개념일 수도 있다. 과학은 객관적이면서 분석적인 방법의 사용을 강조하는 대신에 예술은 창의적이면서 종합적인 방법을 중시하기 때문이다. 과학에서는 하나의 정답 또는 최선의 해답이 존재하는 것을 믿으면서 그것을 추구하지만, 예술은 정답 자체가 존재하지 않을 뿐만 아니라 그것을 추구하지도 않는다. 과학의 경우 검증 가능하다고 판단되는 가설을 만든 후 자료를 동원하여 그 가설을 입증한 후 이론으로 만들지만, 예술은 영감 또는 선험적인 판단을 중시한다. 과학에서는 어떤 결론이 도출되었더라도 이를 지속적으로 수정, 개량, 대체함으로써 그 수준을 향상시키고자 노력하지만, 예술은 반대로 고유성과 고전을 중요시한다.

안보에 관한 연구가 별도의 학문으로 독립한다고 하여 그것이 '과학'이라고 주장하는 것은 아니다. 군사에 관한 연구를 비롯하여 사회과학에 관한 대부분이 과학의 측면과 예술의 측면을 공유하고 있기 때문이다. 안보에 관한 모든 연구가 논리적이거나 경험적으로 검증 가능하다고 주장하기는 어렵고, 또한 동일한 원인이나 투입이 동일한 결과나 산출을 나타낸다고 말하기도 어렵다. 다른 사회과학과 마찬가지로 '안보학'을 지향하는 것은 연구에 있어서 과학성을 점점 증대시키거나 가미시켜 나가겠다는 의지와 방향의 제시로 보는 것이 타당하다. 제반 연구의 검증 가능성을 증대시켜 유사한 원인이나 투입이 유사한 결과나 산출로 연결되는 확률을 높이고, 이로써 예측과 처방의 정확성을 증대시켜 나가려는 노력으로 이해해 줄 필요가 있다.

안보분야에 관한 연구가 '안보학'으로 일컬어진다고 하여 저절로 발전되는 것은 아니다. 안보에 관한 다양하고 활발한 토의와 연구가 추진되고, 그 결과로 안보에 관한 국가의 의사결정과 조치의 질이 높아질 때 안보학은 인정받거나 발전한다. 각 대학에 안보학과가 설치되거나 안보학 석사와 박사 학위를 수여한다고 하여 안보연구가 학문으로의 정체성을 보장받는 것이 아니라 안보에 관한 제반 연구를 객관적이면서 과학적으로 수행하고, 유사한 원인이나 투입이 유사한 결과나 산출을 보장하는 정도가 높아질 때 안보분야의 연구는 학문이 된다.

실제로 대부분의 학문도 처음부터 명확한 체계를 구비하였거나, 사람들로부터 별도의 학문적 영역으로 인정받았던 것은 아니다. 현대의 학문은 모두 과거의 철학에서 분화되어 왔는데, 그 분화의 시작단계에서는 대부분 학문으로서의 정체성이 분명하지 않았을 가능성이 높다. 그러나 해당분야에 종사하는 사람들이 꾸준히 연구를 수행하여 상당한 연구업적을 누적하고, 그것이 해당분야에 대한 권위있는 분석이나 문제에 대한 해결책을 제시하는 사례가 지속되면서 별도의 학문으로 인정받게 된 것이다. 다시 말하면, 학문으로서의 정체성은 개척해 나가는 것이지 주어지는 것이 아니다.

이러한 점에서 "안보분야의 연구가 학문인가?"라는 질문은 핵심적인 사항이 아니다. "어떻게 하면 안보를 '학문화'해 나갈 것인가?"라는 질문이어야 할 것이다. 안보분야의 연구가 학문이라고 주장한다고 하여 학문이 되는 것이 아니라 학문적 요건에 부합되는 방향으로 안보에 대한 연구를 추진함으로써 자연스럽게 학문으로 인정받아야 한다는 것이다. 안보분야에 대한 연구를 다른 학문 못지않게 체계적이면서 과학적으로 추진할 경우 자연스럽게 학문으로서의 위상을 확립하게 될 것이다.

3. 연구와 방법론

학문으로 인정받고자 하는 의도는 더욱 적극적인 열성과 체계적인 방법론을 적용하여 인류가 알고 있는 지식의 지평을 끌어올리겠다는 것이다. 그렇다면 안보학을 가르치거나 배우는 사람들은 그 결과를 현실에 적용하여 국가의 안보태세를 향상시키기도 해야 하지만, 안보에 관한 적극적인 탐구 노력을 통하여 안보에 관한 지식의 지평을 높이고, 이를 통하여 안보연구에 대한 다른 사람들의 출발점을 높여주어야 한다. 이것을 통상적으로 연구(research)라고 하는데, 새로운 지식을 발견하거나 기존 지식의 범위와 폭을 증대시키기 위하여 실시하는 창의적이면서 분석적인 노력이라고 할 수 있다.

연구를 수행하고자 한다면 해당 주제에 대한 문제의식을 갖는 것이 출발점이다. 어떤 문제가 있다고 인식해야 그 문제를 해결하기 위하여 연구해 나갈 것이기 때문이다. 문제의식을 갖게 되면 해답을 찾는 데 필요한 정보 또는 지식을 수집할 것이고, 그것을 분석하는 데 적합한 방법론을 적용하여 나름대로의 대답 또는 해결책을 제시하게 된다. 이러한 과정 모두를 통상적으로 연구라고 칭하는데, 이것은 비단 연구 그 자체에만 국한되는 것이 아니라 인간이 일상적으로 접하는 모든 일을 처리하는 과정일 수도 있다.

연구는 착수와 과정 자체도 의미가 없는 것은 아니지만, 인류가 기존에 보유하고 있는 지식의 지평을 넓힐 수 있는 결과를 산출하는 것이 중요하다. 그것이야말로 연구 또는 학문이 지향하는 원래 목적을 충족시키는 것이기 때문이다. 이 경우 새로운 것을 알아내는 것이 가장 의미가 있는 것이지만, 이미 존재하는 지식에 관해서도 연구를 통하여 새로운 세부지식을 추가할 수 있고, 그 지식의 깊이를 더할 수도 있다. 다른 사람들이 더욱 객관적이면서도 효율적인 연구를 수행할 수 있도록 연구방법을 개발하는 것도 본래 내용을 연구하는 것 못지않게 중요하다. 어느 경우든 다양한 학자들이 다양한 내용을 지속적으로 연구함으로써 인류사회는 이전보다 더욱 전문적이 되면서 발전의 잠재력을 추가하게 된다.

기본적으로 연구는 해당분야에 대한 새로운 지식의 발견이나 기존 지식의 확대와 심화를 위한 노력이지만 교육의 방법으로도 사용된다. 학생들에게 연구의 방법과 경험을 습득하도록 하여 독자적인 연구능력을 배양하는 것도 연구 못지않게 중요하기 때문이다. 당연히 학생들에게 교육할 경우에는 연구의 결과보다는 연구의 과정을 더욱 중요시할 것이다. 학생들에게 올바른 방법론으로 올바른 연구를 하는 능력을 함양시키는 것이 중요하기 때문이다. 올바른 방법론을 적용해야 올바른 결론이 나올 수 있다고 생각하기 때문이다.

방법론이란 어떤 문제를 연구할 때 적용하는 체계적이면서 이론적인 분석의 도구라고 할 수 있다. 학문이 어떤 문제를 해결하려는 노력이라고 한다면 방법론은 그 해결책을 발견할 수 있는 최선의 방법, 시각, 기준 등을 말한다. 이러한 방법론은 자신이 창의적으로 생각해내어 적용할 수도 있겠지만, 통상적으로는 다른 학자나 다른 학문에서 이미 개발된 것을 적용하게 된다. 검증된 방법론을 사용해야 결론의 타당성이 보장될 것이기 때문이다. 따라서 학문을 연구하고자 한다면 학문 전체 또는 해당분야의 방법론에 관한 학습을 선행할 필요가 있고, 학자들은 다양하면서도 효과적인 방법론을 개발하여 학생들에게 가르치고자 노력하는 것이다.

이러한 차원에서 어떤 연구결과의 타당성을 판단하고자 한다면 방법론에 대한 검증이 선행될 수밖에 없다. 올바른 방법론을 사용했다면 연구결과가 올바를 가능성이 높고, 그렇지 않으면 연구결과가 잘못되었을 수 있기 때문이다. 방법론이 타당하다고 판단한 다음에 연구결과의 타당성을 검증하는 것이 올바른 순서이다. 잘못된 방법을 통하여 수집한 증거가 법정에서 채택되지 않듯이 잘못된 방법론을 적용한 연구의 결과는 학문세계에서도 채택되지 않는다. 그래서 대부분의 학자들은 연구결과를 발표하면서 자신이 어떤 방법론을 사용하였는지를 설명하는 것이다.

이러한 점에서 각 학문분야에서는 나름대로의 방법론을 개발하고, 다른 분야에서도 적극적으로 차용하고자 노력한다. 창의적이면서 합리적인 방법론을 사용할수록 결과가 창의적이거나 합리적일 것이기 때문이다. 최근에는 '학제간 연구(inter-disciplinary study)'라는 용어를 통하여 다른 학문분야에서 적용해온 방법론을 광범하게 도입함으로써 결론의 다양성을 보장하고자 노력하는 모습도 증대되고 있다.

4. 연구와 논문작성

연구의 결과를 학술지나 책으로 발표하여 다른 사람들과 공유하기 위한 목적으로 작성하는 것이 논문이다. 글로 발표해야 다른 사람들이 그 내용을 읽어보고 활용하거나 토론할 것이기 때문이다. 이상적으로는 연구가 선행된 상태에서 그 결과를 발표하기 위하여 작성하는 것이 논문이지만, 현실에서는 논문을 쓰는 과정 자체가 연구라고도 할 수 있다.

이러한 점에서 대부분의 학문 또는 학파에서는 자신들의 연구결과를 발표하기 위한 학술지를 발간하고 있다. 그들은 나름대로의 과정과 절차를 적용하여 발표를 신청한 논문을 심사한 후 게재하게 된다. 이러한 심사의 과정과 절차를 통하여 논문의 객관성과 질을 보장하는 셈이다. 최근에는 다양한 학문에 관한 논문을 통합적으로 발간하는 학술지도 적지 않고, 인터넷의 문서형태로 발표하기도 한다.

대부분의 경우 논문을 발표한 실적은 해당분야에 관한 연구능력과 연구업적으로 인식된다. 심사를 거쳤기 때문이기도 하지만, 논문작성 과정 자체가 연구능력을 함양하는 기회라고 보기 때문이다. 대부분의 대학이나 연구기관에서 학자들 연구능력의 가장 중요한 지표로 사용하는 것이 논문실적이다.

학사, 석사, 박사 과정을 이수할 때 필수적인 요건으로 요구하고 있듯이 논문은 특정한 학습과정을 완료한 증거로 사용된다. 논문을 쓴다는 것은 해당분야에 대하여 적정한 학습이 이루어졌고, 스스로 연구할 수 있는 능력이 있다는 것을 입증하는 것이라고 보기 때문이다. 다만, 학위논문에서는 논문의 내용보다는 연구능력의 검증을 더욱 중요시하고, 따라서 적절한 방법론을 적용하였는지 또는 소정의 절차나 양식에 맞춰서 작성했는지를 중요시한다. 학위교육의 목표가 해당분야에 대한 지식의 함양과 함께 독자적으로 연구하여 논문을 발표할 수 있는 능력을 함양하는 데 두고 있기 때문이다. 한국에서는 '학위논문'으로 동일하지만, 영어에서는 학사과정이나 석사과정 논문은 'thesis'라고 하고, 박사과정 논문은 'dissertation'이라는 용어로 구분하기도 한다.

제2절 국가안보에 관한 주요 개념

안보학은 기본적으로 국가의 안보에 관한 제반사항을 대상으로 한다. 학습을 시작하기에 앞서서 이에 관한 개략적인 설명과 관련 용어에 관한 공통적 이해가 선행될 필요가 있다.

1. 국 가

'국가(state)'는 다수의 사람들이 자신들의 공통이익을 증진하기 위하여 만든 정치적 조직으로서, 인간사회에서 절대적인 독립성과 정체성을 갖고 있는 것으로 인정되는 가장 큰 조직이다. 홉스(Thomas Hobbes, 1588~1679)가 말했듯이 국가가 없는 "자연상태(state of nature)"는 "만인에 의한 만인의 투쟁(war of all against all)"이 되기 때문에 국가에게 절대적인 권한을 부여하고, 그를 통하여 질서를 보장하는 것이다. 따라서 국민들은 그들 간 이해가 상충될 경우 국가가 해결해주도록 일정한 권리를 양보하고, 국가는 법을 만들어 국민들에게 하지 않아야 할 사항을 지정하고 있으며, 국가는 법을 입안 및 집행하여 국민들의 이해상충을 해결하게 된다.

문제가 되는 것은 국가 간의 이익이나 정책이 상충될 경우이다. 그러할 경우 국내에서 정부가 법률을 기반으로 개인의 행동을 규제하듯이 국가의 행동을 규제할 수 있는 기관이 존재해야 하는데, 현재까지 인류는 그러한 것을 만들지 못하였고, 따라서 국가 간 이해상충을 해결할 수 있는 절대적인 기준이 존재하지 않는 상태이기 때문이다. 국가 간의 충돌을 평화적으로 해결할 수 있도록 1946년 국제연합(United Nations, 유엔)을 만들었지만 기본적으로는 회원국들에게 권고하는 수준이다. 유엔 헌장 제7장을 통하여 회원국의 불법적인 행위에 대하여 경제제재나 군사적 제재 조치를 강구하도록 규정해두기는 하였지만, 안전보장이사회 상임이사국 중 한 국가라도 거부하면 이행될 수 없을 뿐만 최근에는 이 제7장마저 적극적으로 활용되고 있지 않다. 이런 점에서 국제사회는 아직 '무정부 상태(anarchy)'라는 본질에서 크게 벗어나지 못하고 있고, 결국 각 국가들이 그들 국가의 생존을 책임질 수밖에 없는 상황이다.

국가의 기원에 대해서도 다양한 이론이 존재한다. 사회적 동물인 인간이 자연스럽게 국가를 형성하였다고 주장되기도 하고, 가족으로 구성된 가정이 점점 확대되었다고 유추하기도 하며, 외부의 침략을 함께 방어하기 위하여 국가를 조직하였거나 신이 준 권한을 지도자가 행사하고자 국가를 형성하였다고 설명한다. 이러한 요소들이 복합적으로 작용하여 국가가 형성되었고, 지역이나 종족에 따라서 국가형성의 기원이 다를 수도 있지만, 현대까지 지속되고 있는 국가의 가장 핵심적인 기능은 외부의 위협으로부터 구성원들의 안전을 보장하기 위한 것이고, 그것이 바로 안보(security)이다.

국가를 구성하는 기본적인 요소는 국민(people), 국토(territory), 주권(sovereignty)으로 이해되고 있다. 구성원이 존재하고, 그들이 일정한 영역에 함께 거주해야 하며, 그들의 일을 그들 스스로 결정할 수 있을 때 국가라고 불릴 수 있다는 것이다. 팔레스타인 해방기구(Palestine Liberation Organization: PLO)처럼 영토가 없이도 국가로 인정되거나 국가의 기능을 어느 정도 수행할 수는 있지만, 아주 특별한 경우라고 보지 않을 수 없다. 또한 약소국의 경우 강대국으로부터 주권의 침해를 받거나 강대국에게 주권의 일부분을 양도해야 하는 경우도 없지 않지만, 상당한 정도를 공식적으로 위임하지 않는 한 그렇다고 하여 국가로 불인정하지는 않는다.

국가가 다른 정치체와 구별되는 가장 결정적인 요소는 강제력의 사용이다. 국가는 국민이 법률을 따르지 않거나 다른 외부 국가가 침범할 경우 폭력을 사용할 수 있도록 허가된 것으로 인식되기 때문이다. 국가는 국민에 대해서는 경찰력을, 다른 국가에 대해서는 군대를 사용하여 그들의 의지를 강제하게 된다. 따라서 경찰력이나 군대가 없는 국가는 상상하기 어렵다.

국가와 관련하여 현대에 들어서 빈번하게 사용되는 용어는 '민족국가 또는 국민국가(nation state)'이다. 민족이라는 말은 유사한 언어, 영토, 역사, 인종, 문화 등으로 구성된 공통체를 말하는데, 그러한 민족의 동질성과 국가의 범위가 일치하는 경우를 말한다. 다만, '국민국가'라고도 번역하는 사람도 없지 않듯이 영어로서의 'nation state'는 혈통보다는 문화적 공통성을 중요시하고, 따라서 동양의 '민족'이라는 의미와는 다소 차이가 날 수 있다. 특히 현대에는 대부분의 국가들이 다양한 언어, 인종, 문화를 가진 다양한 사람들로 구성되어 있고, 이민이 허용되고 있을 뿐만 아니라 문화적인 상호영향이 커서 민족은 크게 유의미한 구분이 아닐 수 있다. '민족국가'라는 용어는 국민들의 일체감 고양을 위한 이미지 제공 또는 형성의 성격이 크다고 할 것이다.

2. 국가이익

'국가이익(national interest)'이란 국가라는 정치체가 갖는 특별한 관심분야 또는 이해가 걸린 사항을 말한다. 'interest'라는 용어 자체가 그러하듯이 이것은 기본적으로 모호한 개념일 수밖에 없지만, 특정 국가가 다른 국가들과의 관계 속에서 지속적으로 노력하여 달성하려는 이상이나 목표를 의미할 것이다. 국가이익은 "국가의 존재이유(raison d'État, reason of State)"와 유사하게 인식되기도 한다. 대부분의 국가는 국가이익을 수호하거나 증진시키기 위하여 노력한다고 할 수 있지만, 약소국에게는 '국가목표' 등의 분명한 용어가 더욱 친근할 수도 있다. 국가이익은 국제사회에서 강대국의 적극적인 활동을 정당화하기 위한 명분의 측면도 적지 않다.

국제사회에서 대부분의 국가들은 국가이익의 침해를 묵과할 수 없다는 명분으로 그들의 조치나 주장을 강변하는 경향이 적지 않다. 국제사회가 각국의 국가이익 증진을 위한 활동은 정당한 것으로 인정해주는 경향이 있기 때문이다. 전쟁이나 침략 등과 같은 불법적인 행위도 자신의 국가이익이 침해받는 것을 좌시할 수 없어서 어쩔 수 없었다고 주장한다. 국가이익이라는 기준은 국가의 바람직하지 않은 행동을 정당화하는 구실로도 사용되는 셈이다.

국가이익과 유사한 개념으로 국가목표도 가끔 사용된다. 국가이익이 외부적으로 내세우는 용어라면 국가목표는 내부적으로 사용하는 용어라고 할 수 있다. 이것은 국가라는 조직이 노력을 집중해 나가는 지향점이라고 할 수 있는데, 이것을 설정하거나 추구해 나가는 집중성은 그다지 높지 않다. 국가는 복잡하고 다양한 인원으로 구성되어 있을 뿐만 아니라 영속해 나갈 것이기 때문이다. 따라서 국가목표라는 용어는 약소국이거나 개발도상국으로서 노력을 집중하여 달성하고자 하는 것이 분명히 존재할 때 주로 사용한다. 분단된 국가가 통일을 추구하거나 경제적으로 궁핍한 국가가 어떤 수준으로 경제적 수준을 올릴 때 그것을 국가의 목표로 설정할 수 있다. 국가목표가 설정되면 이를 달성할 수 있는 방향으로 정책과 전략을 수립하고, 국가의 노력과 자원을 집중하게 된다. 당면목표와 장기목표로 구분하는 경우도 없지 않다.

국가이익은 모호하면서도 광범위한 개념이라서 무엇이 더욱 중요한 국가이익인지를 구별하려는 노력도 필요해진다. 그렇지 않을 경우 비례대응의 정도를 판단할 수가 없기 때문이다. 이러한 구분 역시 국가마다 다를 수 있는데, 미국의 경우에 가장 중요한 이익은 사활적 이익(vital national interest)이라고 하고, 그 다음으로는 매우 중요(extremely important), 중요(important), 이차적(secondary) 국가이익 등으로 구분하기도 한다. 다만, 이러한 구분을 사용하든 사용하지 않든 모든 국가가 가장 중요시하는 국가이익은 국가의 생존을 확보하는 것일 수밖에 없고, 그것이 바로 국가안보이다. 자위권(right of self-defense)이 허용되고 있듯이 국가안보가 위협받을 경우 그 국가는 전쟁을 포함한 모든 수단을 동원하게 되고, 현재의 세계에서는 이것이 인정된다.

3. 국가안보

'안보(security)'는 '근심 또는 걱정이 없는 상태'라는 뜻의 라틴어의 'securus' 또는 'securitas'에서 유래하였다고 하듯이 국가안보는 국가가 생존을 걱정하지 않는 상태이다. 대부분의 추상명사처럼 이에 대한 분명한 정의가 쉽지 않고, 학자마다 다양한 정의를 내리고 있지만, 가장 실체적으로 설명한다면 국가를 구성하는 3요소, 즉 영토, 국민, 주권이 온전한 상태가 유지되도록 하는 모든 활동을 말한다. 즉, 영토에 대한 적의 침략을 막아야 하고, 적에 의한 국민의 피해를 예방 또는 대응해야 하며, 국가의 자주적인 결정을 보장해야 한다.

현 세계에는 다수의 국가들이 서로 경쟁하고 있기 때문에 현실적인 국가안보는 다른 국가의 군사적 공격으로부터 국가와 국민을 방어하기 위한 노력이다. 다른 국가의 침략이 영토, 국민, 주권을 가장 결정적으로 위협하기 때문이다. 테러단체 등 초국가적 위협이나 내부의 위협도 국가안보에 대한 위협으로 거론되고 있지만, 외부의 위협에 비하여 긴급성과 위험성은 훨씬 작다.

현대에는 다른 국가에 대한 침략이 불법화되어 있을 뿐만 아니라 군사적 조치가 사용되는 빈도도 낮기 때문에 국가안보의 대상을 점점 폭넓게 인식하거나 다양화하는 경향이 발생하고 있다. 경제안보, 환경안보, 식량안보 등의 용어가 그의 사례이다. 자연재해도 충분히 국가안보를 위협할 수 있다. 그럼에도 불구하고 군사적 위협에 대한 대응을 소홀히할 수 있는 상황은 아니다. 군사 외 분야를 안보 차원에서 접근한다는 것은 군사안보가 문제시되지 않는 상황에서 해당분야가 군사안보에 상응할 정도로 중요하다는 점을 강조하기 위한 성격이지, 군사안보의 중요성을 낮추는 것은 아니다.

최근 국가 간의 전쟁이 자제되고 있음에 따라서 그 비중이 다소 줄어든 것으로 인식될 수도 있지만 국가안보는 정부가 담당 및 수행해야 하는 가장 중요한 임무일 수밖에 없다. 그래서 대부분의 국가에서 정부의 수반은 국군통수권자로 지정되어 군사에 관한 최종적인 결정을 내리도록 되어 있고, 국방부와 군대는 정부에서 상당히 높은 위상을 갖게 된다. 대통령의 안보기능을 보좌하기 위하여 대부분의 국가들은 그를 위한 참모를 편성하고, 그 참모의 위상도 매우 높게 책정한다.

민주주의가 발달됨에 따라서 정부의 안보기능 수행을 쉽지 않게 만드는 요소들이 늘어나고 있다. 적지 않은 국민들이 철저한 전쟁대비보다는 당장의 경제적 편익을 중요시하거나 국가안보를 명분으로 한 희생을 달갑지 않게 생각할 수 있기 때문이다. 국민들의 직접선거에 의하여 정부의 주요 인사들을 선발하게 되는데, 상당수 국민들은 안보보다는 국민들의 일상생활을 개선해 줄 수 있는 지도자를 선호할 수 있다. 일부 국민들은 군인으로서의 복무를 위하여 국민들을 징집하거나 국가안보를 위한 조치로서 국민들의 권리를 일부 침해하는 것을 탐탁치 않게 생각할 수도 있다. 따라서 민주주의 국가의 지도자와 안보담당자들은 더욱 복잡한 고민을 통하여 국가안보를 보장해야 하고, 따라서 과거에 비해서 국가안보가 더욱 어려워지고 있다고 할 수 있다.

4. 국가안보와 군사

국가안보를 전문적으로 담당하는 분야가 국방이고, 그의 수단이 군사이다. 이 중에서 국방은 다른 국가의 침략으로부터 국가를 방어하는 활동을 지칭한다. 일부에서는 내부적인 위협으로부터의 방어를 국방에 포함시키기도 하지만 그것은 경찰이 담당하는 일로서 국방이 지원하는 것이지 원래 담당하고 있는 과업은 아니다. 국방은 외부의 위협을 식별하고, 그에 대한 대응전략을 정립하며, 대응을 위한 수단과 방법을 동원하고, 실제 발생하는 상황에 대처한다. 그리고 이러한 국방의 수단으로서 가장 결정적인 요소가 군사로서, 군사는 군대를 유지 및 강화하면서 역시 외부의 군사적 위협을 식별하여 그에 대한 군사적인 대응전략을 수립하고, 유사시 군대를 사용하여 실제 상황에 대처하게 된다. 군대라는 특별한 조직을 중심으로 하는 모든 활동이 군사라고 이해할 수 있다.

개념적으로 보면 국가안보 > 국방 > 군사이다. 국가안보는 국가 전체 차원에서, 국방은 정부 차원에서, 군사는 군대 차원에서 국가의 안전을 보장하기 위하여 노력하는 사항이기 때문이다. 그리고 평소에는 군대의 역할이 드러나지 않기 때문에 위와 같은 서열이 자연스럽게 수용된다. 그러나 내용적인 비중으로 보면 국가안보의 핵심은 국방이고, 국방의 핵심은 군사라서 국가안보≒국방≒군사로도 볼 수 있다. 특히 외국의 침략을 비롯한 안보위협이 대두될 경우 국가안보=국방=군사가 될 수도 있다. 적의 침략을 저지하는 근본적인 역할은 군대가 담당할 수밖에 없기 때문이다.

이러한 점에서 국가안보에 대한 이해는 국방에 대한 이해를 전제로 하고, 그의 전제는 군사에 대한 이해이다. 군사를 제대로 알지 못하면서 국방을 논의하거나 국방을 제대로 알지 못하면서 국가안보를 논의하게 되면 공론에 그칠 우려가 있다. 따라서 대부분의 국가에서는 국방부에 군인들을 상당수 근무시키고, 국가의 안보 부서에도 군인들을 파견하여 임무를 수행하게 하는 것이다. 특히 현대의 군대는 첨단의 무기와 장비를 보유하고 있어서 일반인이 쉽게 이해하기가 어렵고, 따라서 안보에 관한 군인들의 참여는 더욱 필요해진다.

이러한 시각에서 보면 평시에는 국가안보력≒국방력≒군사력이지만, 전시에는 국가안보력=국방력=군사력이 될 수도 있다. 현대에는 전쟁이 금기시되어 있고, 전쟁의 가시적인 위협이 줄어듬에 따라서 군사력을 평가하면서 경제력 등의 다양한 국력요소도 함께 산정하지만, 경제력에 지나치게 경도될 경우 군사력의 비중을 경시할 위험성이 없지 않다. 경제력을 비롯한 다른 국력의 요소가 높더라도 군사력이 약한 국가의 대외 영향력에는 한계가 있을 것이기 때문이다. 안보위협이 심각한 국가일수록 순수한 군사, 그리고 순수한 군사력의 비중을 높게 인식해야 한다.

5. 국가안보와 국력

국가안보력, 국방력, 군사력은 분리되어 있는 것이 아니라 국력 중에서 그러한 목적을 지향하거나 그러한 용도로 사용되는 부분을 말한다. 국가가 보유하고 있는 모든 자원의 총합은 '국력'이라고 하는데, 특정 국가의 국가이익이나 목표를 달성하는 데 기여할 수 있는 자원들의 총합이라고 할 수 있다. 그래서 국제사회에서는 국력의 수준에 따라서 초강대국(super power), 강대국(great power), 중견국(middle power),

약소국(small power)으로 구분하고, 그러한 인식이 국제관계에서 중요한 기준으로 작용하기도 한다.

'국력의 요소(elements of national power)'라는 말이 사용되듯이 국력은 다양한 요소로 구성되는데, 가장 전형적이면서 대부분이 공감하는 가장 핵심적인 요소는 군사력이다. 군사력이야말로 최악의 상황에서 특정 국가의 의지를 다른 국가에게 강요할 수 있는 수단이기 때문이다. 다만, 군사적 충돌이 없을 경우 군사력의 중요성에 대한 인식이 감소하면서 경제력이 더욱 중요한 국력의 요소로 거론된다. 현대의 첨단 무기와 장비의 확보를 위해서는 엄청난 재원이 필요하기 때문에 경제력은 군사력과도 상당한 상관관계를 가질 수 있다. 이외에도 사람에 따라 다양한 국력의 요소를 설정할 수 있고 나름대로의 비중을 부여할 수 있지만 군사력과 경제력에 비해서 절대성이나 결정성은 낮다고 봐야 한다.

국력을 경성국력(hard power)과 연성국력(soft power)으로도 구분하기도 한다. 경성요소에는 해당 국가의 국토, 인구, 군사력, 경제력 등이 포함되고, 연성요소는 무형적인 사항으로서 외교적 영향력이나 문화적 우월성 등 다양한 사항이 포함될 수 있다. 전통적으로는 경성요소가 중요시되었기 때문에 이러한 구분이 등장하였다는 것 자체가 연성국력의 중요성을 강조하고자 하는 목적이다. 다만, 연성요소의 경우 개념은 충분히 이해될 수 있으나 추상적이어서 측정하는 것이 어렵고, 그 효과도 항상적이지 않다는 약점이 있다. 경성요소와 연성요소의 효과적 배합과 활용을 강조하여 '스마트 파워(smart power)'라는 용어를 사용하기도 한다.

제3절 국가안보의 범위

국가안보에서 가장 중요한 전제는 위협이다. 위협에 대응하기 위하여 시작되는 노력이 국가안보이기 때문이다. 위협과 대응의 문제를 알아보자.

1. 위협의 감소

국가안보의 최우선 과제는 위협을 식별하여 감소시키는 것이다. 위협이 감소되면 대응노력 자체가 불필요해지기 때문이다.

(1) 위협의 의미

국가안보를 위한 모든 노력은 위협이 존재함으로써 시작된다. 위협이 없거나 통제수준 이하인 상태가 안전일 것이기 때문이다. 위협은 국가의 생존을 중지시키거나 심각하게 훼손시킬 수 있는 어떤 요소를 말하는데, 당연히 전쟁과 그에 직접적으로 관련된 사항이 가장 심각한 위협이다. 다만, 현대에는 전쟁이 국가의 정책적 수단으로 사용되지 않도록 금지되어 있을 뿐만 아니라 실제로 발발하는 경우도 적어서 국가안보 차원에서 인식하는 위협들은 점점 다양화되고 있다. 자연재해도 국가안보 차원의 위협으로 인식하고, 경제적 빈곤이나 불안정까지도 국가안보 차원의 위협으로 포함시키고 있다. 최근에는 사이버공간의 위협도 다른 어느 것보다 심각한 위협으로 인식하고 있다.

이러한 위협의 다양화는 전통적인 국가안보의 구현을 어렵게 만드는 측면이 없지 않다. 전쟁의 예방이나 억제를 위한 노력의 집중성을 약화시키기 때문이다. 실제로 전쟁 이외의 위협에 대한 강조는 국가안보의 근본적인 목적을 모호하게 만들 수 있다. 국가를 어렵게 만들더라도 국가의 생존을 위협하지 않는 자연재해나 경제적 빈곤을 국가의 존망을 좌우하는 전쟁과 동등한 수준으로 격상시키는 결과가 되기 때문이다. 다양한 위협을 고려하여 국가안보 노력을 분산하다가 군사적 위협에 직면하게 될 경우 대응의 효과성이 크게 떨어질 수 있다.

이러한 차원에서 위협과 관련하여 국가가 수행해야 하는 첫 번째의 중요한 과제는 국가안보 차원에서 대비해야 할 최우선적인 위협을 식별하고 평가하는 일이다. 위협의 존재와 그 심각성의 정도가 분명하게 평가되어야 대비책을 강구할 수 있을 것이기 때문이다. 대부분의 국가는 국가안보 차원의 위협을 분명하게 식별하여 대비하게 되지만, 앞에서 언급한 바와 같이 위협의 인식에 대한 분산이 클 경우 그 심각성의 정도에 대한 오판이 발생할 수 있다. 어떤 경우에는 위협 자체가 잠복하여 파악하기 어려울 수도 있다. 이러한 점에서 각국은 위협의 정확한 파악을 위한 전문적인 기관과 요원을 운용하고 상당한 비중으로 이들의 적극적인 노력을 독려하는 것이다.

(2) 외교적 위협감소

위협이 식별 및 평가되면 당연히 대응책을 강구해야 하지만, 그에 앞서서 시도해야 하는 것이 그 위협을 감소시키려는 노력이다. 위협이 줄면 대응노력 자체가 줄어들어도 되기 때문이다. 그래서 각국은 적극적인 외교활동을 통하여 적국이나 잠재적국을 줄이거나 그들로부터 전달되는 위협 수준을 감소시키기 위하여 노력한다. 외교가 잘되는 만큼 국가안보의 대응소요는 줄어든다. 이러한 점에서 외교의 가장 단순하면서도 분명한 목적은 적대적인 국가는 줄이고, 우방국이나 협력국가는 증대시키는 결과를 산출하는 것이라고 할 수 있다.

외교가 더욱 적극적으로 진행되면 군사적 위협 자체를 감소시킬 수도 있다. 이의 전형적인 사례가 냉전이 종료되어 가는 즈음에 미국이 시행한 '협력적 위협감소(Cooperative Threat Reduction: CTR)'의 노력이다. 미 의회는 1986년 "넌-루가 협력적 위협감소 프로그램"을 입법하여 소련과 그 위성국가들의 핵무기 감축 노력을 지원하였고, 예산을 사용할 수 있도록 하였다. 이 법안은 1990년대 과거 소련의 위성국이었던 국가들의 핵무기 폐기에 상당히 유용하게 활용되었고, 이 사례를 참고하여 미국은 1998년 국방부에 '국방 위협감소국(Defense Threat Reduction Agency: DTRA)'을 설치하여 운영하고 있다.

위협감소를 위한 노력은 국제적인 차원에서도 추진되고 있다. 공동안보(common security)와 협력안보(cooperative security)가 대표적인 개념이라고 할 수 있는데, 전자는 위협이거나 잠재적인 위협이 될 수 있는 국가들과 협력체제를 구축함으로써 안보위협을 감소시키려는 노력이다. 후자의 경우에는 상호 간의 협의와 협상을 통하여 문제를 해결함으로써 위협의 발생 소지를 줄이게 된다. 둘 다 위협에 대한 대비보다는 위협의 감소를 지향하고 있고, 이러한 측면에서 국제사회 및 세계여론의 상당한 지지를 받고 있다.

공동안보이나 협력안보라는 말은 국가 간의 적대적 관계를 줄이기 위한 접촉과 협력을 위한 명분으로서는 유용할 수 있지만, 기대만큼의 성과를 도출하는 것은 쉽지 않다. 심각한 국익충돌이 불가피한 중요한 사안의 경우에는 합의도 어렵지만 합의했다고 해도 끝까지 시행되기 어렵기 때문이다. 국가 간의 협력을 위해서는 공동의 이익이 존재해야 하는데 안보는 기본적으로 제로섬(zero-sum)의 성격이 커서 그것을 발견하는 것이 쉽지 않다. 또한 협력안보는 너무나 많은 국가들이 관여되어 합의를 도출하는 것이 어렵고, 어떤 분야에서 일부 진전되더라도 그것이 지속되거나 국가안보와 같은 결정적인 분야로 확산되기는 어렵다.

(3) 군사적 위협감소

군사적 위협감소는 적의 군사력을 감축 또한 제한하는 활동으로서 군비통제(arms control)가 가장 일반적으로 사용되는 용어이다. 군비통제는 공동안보나 협력안보에 비해서는 군사력에 중점을 두어 위협을 감소시키려는 노력으로서, 이것은 전쟁의 역사와 함께 계속적으로 추진되었으며, 합의의 사례도 적지 않다. 군비(軍備), 즉 병력이나 무기의 수준을 제한함으로써 전쟁의 발발 가능성과 전쟁의 치열도를 감소시키고자 하는 노력이다. 더욱 분명한 용어로 군비감축(arms reduction)과 군비제한(arms limitation)이 있으나 군비통제가 가장 포괄적이고 일반적으로 사용하는 용어이다. 군비통제의 반대는 군비경쟁(arms race)인데, 군비경쟁은 쌍방이 군비의 수준을 경쟁적으로 올리지만 안보의 수준은 향상되지 않는 안보 딜레마(security dilemma)에 직면하게 되기 때문에 그 반대로 접근해야 한다는 요구가 군비통제이다. 군비통제는 기본적으로는 보유하고 있는 쌍방의 무기를 쌍방이 합의하여 일정한 수준으로 감소시키는 것이지만, 그에 대한 합의가 현실적으로 어렵기 때문에 기존 무기의 폐기는 물론이고, 무기의 개발, 생산, 저장, 확산, 사용 등에 관하여 가해지는 모든 제한을 포함하게 된다.

합의가 어렵기는 하지만 성공한다면 군비통제는 너무나 유용한 조치이다. 적대관계는 여전하더라도 군비를 줄이면 전쟁으로 야기되는 위험 정도는 줄어들고, 결과적으로 전쟁의 가능성도 줄어들 수 있기 때문이다. 군비경쟁을 계속하게 되면 엄청난 국방예산을 소모하게 되어 쌍방의 미래 국력은 약화될 것이기 때문에 그 반대인 군비통제는 국방예산의 절감과 경제발전에도 매우 유용하게 된다. 다만, 서로에 대한 불신을 없애는 것이 어려워 실질적인 군비통제에 합의하여 지속적으로 이행하기는 어렵다는 것이 문제이다. 이러한 점에서 고위급 인사의 교류나 훈련의 상호공개 등을 통하여 서로의 진정성을 확인하는 노력부터 시작하자는 제안이 발생하였고, 이것을 '신뢰구축조치(Confidence Building Measures: CBM)'라고 부른다.

군비통제에 성공한 사례도 없지 않다. 1960년대부터 시작된 미국과 소련 간의 전략무기제한회담(Strategic Arms Limitation Talks: SALT), 1987년 체결된 중거리 핵협정(Intermediate-Range Nuclear Forces Treaty), 1993년의 화학무기협정(Chemical Weapons Convention) 등은 현대에 들어서 군비통제에 합의한 중요한 사례들이다. 또한 1968년에 체결된 핵확산금지조약(Nuclear Non-Proliferation Treaty: NPT)이나 1987년 형성된 미사일기술 통제체제(Missile Technology Control Regime: MTCR)는 새로운 기술의 확산을 방지함으로써 결과적으로 군비통제의 효과를 산출하고 있다. 또한 1980년 스위스 제네바에서 열린 재래식무기협정(Convention on Certain Conventional Weapons: CCW or CCWC)에서는 일부에 불과하지만 군대가 개발하고 있는 무기 및 장비의 위력을 제한함으로써 치명도를 낮추기도 했다.

2. 대응력 증대

국가안보와 관련하여 가장 실질적인 노력이 경주되는 것은 위협에 대한 대응이다. 이것은 다른 국가와 교섭할 필요없이 해당국가가 스스로 열심히 노력하면 되는 사항이기 때문이다. 이러한 점에서 국가안보라고 하면 대부분 이 분야의 활동을 지칭한다. 이 경우도 다른 국가와 협력하기도 하는데, 그 대상은 우방국이 된다.

(1) 동맹의 활용

국가안보에 대한 대응에서 가장 중요한 사항은 동맹(alliance)이다. 이를 통하여 국가의 대응력을 단기간에 엄청나게 증대시킬 수 있기 때문이다. 그래서 동맹은 전쟁의 역사와 더불어 시작되었고, 다양한 형태로 계승 및 발전되어 왔다. 동맹은 동맹을 맺은 A, B 중 어느 국가를 C국이 공격하면 A, B 두 개 국가가 공동으로 대응한다는 개념으로서, 다른 나라들의 힘을 이용하여 자국의 안전보장 능력을 높이는 방법이다. 동맹의 대상이 되는 국가는 두 개에 머물지 않고 다수의 국가로 확대될 수 있고, 동맹의 이유인 위협도 다양해질 수 있다. 동맹관계의 대부분은 조약 또는 협정을 통하여 공식적으로 체결된다.

근대에는 동맹이 세력균형(balance of power)의 중요한 수단으로 활용되기도 했다. 당시 유럽국가들은 국가들의 세력분포가 균형을 이루어야 전쟁이 발발하지 않을 것이라는 믿음 하에 약한 국가들과 동맹관계를 맺어서 강대국을 견제함으로써 세력균형을 이루고자 노력하였다. 당시 유럽에서의 동맹은 지도자와 상황의 변화에 따라 수시로 재편되었고, 그러한 과정에서 일시적으로는 전쟁을 예방하는 데 기여하였을 수는 있으나 오히려 제1차 세계대전과 같은 엄청난 규모의 전쟁으로 확대시키고 말았다.

동맹은 기본적으로 국력이나 자원이 제한되는 국가가 추진하게 된다. 혼자 힘으로 위협을 감당할 수 없다고 판단해야 동맹을 추구할 것이기 때문이다. 동맹을 맺어서 외국의 힘을 활용하면 당연히 경제적인 국가안보가 가능해진다. 동맹국의 군사력을 고려하여 나의 군사력을 줄일 수 있기 때문이다. 이렇게 되면 국방에 대한 투자를 절약할 수 있고, 이 절약한 재원은 경제발전에 투자하여 경제력을 증대시키며, 나중에는 국방에 투자할 수 있는 더욱 큰 국력을 보유하게 되는 순순환이 가능해진다.

당연히 동맹에도 대가가 있다. 내가 침략을 받을 때 동맹국이 지원해주기로 한 만큼 동맹국이 공격을 받을 때 나도 지원해줘야 하기 때문이다. 이것을 연루(entrapment)의 위험이라고 한다. 또한 전쟁이 발발하면 함께 대응하기로 약속했던 동맹국이 결정적인 순간에 약속을 지키지 못하겠다고 할 경우 계산해뒀던 동맹국과의 연합군사력 규모가 갑자기 감소될 수밖에 없고, 그렇게 되면 적이 비해 열세해져서 불리해질 수밖에 없다. 이것은 방기(abandonment)의 위험이라고 한다.

강대국과 동맹을 맺은 약소국에게는 평소부터 적지 않은 대가가 따를 수 있다. 강대국과 약소국의 동맹은 비대칭동맹(asymmetrical alliance)이라고 하는데, 군사력이 강한 강대국은 유사시 약소국의 지원을 기대하기보다 평소에 약소국에게 다양한 사항을 수용하도록 요구한다. 예를 들면, 강대국의 군대 주둔을 위한 토지와 편의를 요구하거나 주둔에 따른 일부 비용을 분담할 것을 요구하는 것은 물론이고, 강대국이 추진하는 정책을 지지 및 지원할 것을 요구할 수 있다. 이것을 1984년 발표된 논문에서 알트펠드(Michael Altfeld)는 “자율성-안보 교환(Autonomy-Security Trade-off)”으로 명명하였는데, 비대칭동맹은 약소국의 자율성과 강대국의 안보지원이 서로 교환되기 때문에 유지된다는 주장이다. 냉전시대에 미국과 소련을 중심으로 한 동맹이 대부분 이러한 방식으로 유지되었고, 이 형태는 지금도 지속되고 있다.

반드시 그러한 것은 아니지만 동맹관계를 형성하려면 공통의 위협이 전제되어야 한다. 위협이 있기에 동맹의 필요성을 인식하게 될 것이고, 그러한 위협을 공유하기에 동맹체결에 합의하게 될 것이기 때문이다. 당연히 공통의 위협이 심각할수록 동맹은 강력해진다. 냉전시대에 미국과 소련을 중심으로 확고한 동맹관계가 형성되었는데, 그것은 자유민주주의와 공산주의의 대결이 워낙 분명하기도 했지만, 핵전쟁이라는 엄청난 공통위협이 존재했기 때문이기도 하다. 따라서 공통의 위협을 전제로 하는 동맹은 그 공통의 위협이 소멸되면 해체된다. 전쟁과 관련하여 체결된 동맹이 전쟁 직후에 해체되는 것과 같다.

냉전이 종료된 이후에도 미국을 중심으로 한 동맹이 기능하는 것은 핵위협이 여전히 존재하고 있기 때문이기도 하지만, 상호이익 증진을 위한 방법의 하나로 동맹이 이용되기 때문이기도 하다. 미국이 워낙 강대국이어서 약소국으로서는 미국과의 군사적 동맹을 바탕으로 관계를 증진함으로써 상당한 경제적 이익을 획득할 수 있기 때문이다. 실제로 유럽, 일본, 한국 등은 미국과의 동맹관계를 바탕으로 경제적 도약을 이룩하였고, 현재도 상당한 경제적 이익을 누릴 수 있다고 판단되기 때문에 지금도 미국과의 동맹관계를 유지하고 있다. 미국도 이들 국가로부터 미군 주둔이나 편의의 허용, 미국 대외정책의 지지와 지원 등 상당한 자율성을 양보받았고, 그것으로 호혜성이 보장된다고 판단하여 현재까지 유지하고 있는 것이다.

동맹과 관련하여 가장 문제가 되는 것은 자주에 대한 침해이다. 강대국과의 동맹을 위해서는 어느 정도의 자율성을 양보하는 것이 불가피하고, 그 과정에서 국민들이 자존심을 손상당한다고 느낄 개연성이 적지 않기 때문이다. 외국군이 자국에 주둔할 경우 그것에 대하여 아무런 거부감을 느끼지 않기는 어렵다. 이러한 점에서 한국에서는 '자주국방'이라는 구호로 미국에 대한 의존도를 약화시켜야 한다는 주장이 지속되어온 것이다. 동맹관계를 원만하게 유지하고자 한다면 국민들의 이러한 감정도 살피지 않을 수 없다.

다만, 미국도 다수 국가와 동맹을 맺음으로써 자신의 행동이 일부 제약을 받는 것을 감수하듯이, 자국의 군사력만으로 충분한 국방을 보장하는 '자력국방'을 지향하는 것은 합리적인 국방의 방법이 아니다. 그것은 국력의 소모를 증대시켜 장기적으로는 국방의 여력을 줄일 것이기 때문이다. 유사시 전쟁에서 어떻게 하면 승리할 수 있고, 어떻게 대비해 나가야 하느냐에 관한 명확한 전략과 계획을 가진 상태라면 동맹국의 힘을 활용하더라도 자주국방이 아니라고 말할 수 없다.

동맹을 더욱 넓은 범위에서 확대하면 집단방위(collective defense)가 된다. 집단방위는 다수 국가들 간의 동맹을 별도로 지칭하는 용어라고 할 수 있는데, 단순한 동맹조약만을 맺는 것이 아니라 공동의 대응을 위한 정치적이거나 군사적인 조직을 보유하게 된다. 북대서양조약기구(North Atlantic Treaty Organization: NATO, 나토)가 전형적인 집단방위체제로서, 일개 회원국에 대한 공격을 전체에 대한 공격으로 간주하여 공동으로 대응하게 된다. 냉전시대에는 소련을 중심으로 하는 집단방위체제인 바르샤바조약기구(Warsaw Pact Organization) 국가들과 나토 국가들이 서로의 생존을 걸고 치열하게 대치하였다. 냉전 종식으로 바르사뱌조약기구는 해체되었으나 러시아의 위협은 건재함에 따라 나토는 그대로 유지되고 있다.

다수의 국가가 참가하고 있을 뿐만 아니라 중앙집권적인 협의기구를 구비하고 있다는 점에서 두 개 또는 소수 국가의 동맹관계에 비해서 집단방위는 강력할 수 있다. 동원할 수 있는 군사력은 물론이고, 세계적인 영향력도 크다. 다만, 다수 국가인 만큼 합의가 어려울 수 있고, 위협에 대한 인식도 국가마다 차이가 있어서 유사시 개입의 확실성은 낮을 수 있다. 집단방위체제의 주도권이나 공평한 기여를 둘러싸고 갈등이 발생할 수도 있다. 또한 현재 나토의 경우 집단방위의 형태이지만 미국이 주도하고 있어서 미국과 나머지 회원국 간의 비대칭동맹의 성격이 적지 않고, 따라서 "자율성-안보 교환"의 관계가 상당할 정도로 작용하고 있다.

집단방위가 제대로 기능하기 위해서는 군사적인 기구가 형성되어 있어야 한다. 위협에 대응하기 위한 궁극적인 수단이 군사력이기 때문이다. 그래서 나토는 미군대장을 동맹군최고사령관(Supreme Allied Command Europe: SACEUR)으로 호칭하면서 평시의 신속대응군과 유사시 휘하에 편입되는 회원국의 모든 군대를 작전지휘(operational command)하도록 권한을 부여하고 있다. 또한 집단방위가 제대로 기능하기 위해서는 회원국들이 동일한 이념이나 가치를 추구하는 것도 중요하다. 이러한 가치의 공유 정도가 약할 경우 상황이 위급하거나 강력한 적과 대응하게 되면 집단방위가 기대만큼의 단결력을 과시하지 못할 수 있기 때문이다. 당연히 집단방위도 연루와 방기의 위험을 공유하게 된다.

(2) 국방태세 강화

동맹이나 집단방위를 추구하면서도 각국은 위협 대응을 위한 스스로의 능력을 구비해야 하는데, 이것을 국방(國防, national defense)이라고 한다. 이를 위하여 각국은 국력의 범위 내에서 방위에 충분한 군사력을 구비하고, 높은 수준의 준비태세를 유지하여 적국이나 잠재적국의 도발을 억제하며, 도발할 경우 그것을 차단 및 분쇄하여 국가와 국민을 보호하고자 한다. 따라서 국방은 모든 국가들의 가장 기본적이면서 핵심적인 기능으로 인식되고 있고, 모든 국가들은 국방부와 국방부 장관을 정부의 중요한 기관으로 편성하고 있다.

현대의 국방은 당연히 총력적으로 수행된다. 국가의 생존을 보장하는 데 있어서는 어떤 방법이나 수단도 예외가 될 수 없기 때문이다. 제1차 세계대전을 겪은 이후 총력전(total war)이라는 말이 사용되기 시작하였고, 중세와 근세처럼 부분적으로 제한이 작용하는 전쟁도 있었지만, 원시시대부터 전쟁은 총력적으로 수행되었다. 핵전쟁의 등장으로 세계 또는 핵강대국의 입장에서는 전쟁이 제한되는 것으로 볼 수도 있지만 전쟁을 수행하는 비핵 약소국의 입장에서는 총력전이고, 총력대비일 수밖에 없다. 전쟁의 위협이 심각하거나 전쟁수행력이 제한이 되는 약소국일수록 총력대비를 추구해야 할 필요성은 더욱 크다.

총력대비에도 불구하고 국방의 핵심적인 수단은 군사력이고, 군대이다. 국가의 생존에 대한 가장 치명적이고 직접적인 위협은 적의 군사력 또는 군대인데, 그것을 막아내는 가장 효과적인 수단은 우리의 그것이기 때문이다. 군사력이야말로 특정 국가가 외부의 침략으로부터 국가의 독립성을 유지하고, 영토와 주권을 보전하며, 국민들의 생명과 재산을 보호하는 데 필요한 핵심적인 능력이다. 전쟁이 적에게 우리가 요구하는 바를 실행하도록 요구하는 폭력적 행위라면, 적의 요구를 수용하지 않겠다는 우리의 의지를 적에게 강요하기 위한 방어국의 폭력적 수단이 군사력이라고 할 수 있다.

군사력을 더욱 세부적으로 구분하면 상비군 또는 현용전력과 예비군 또는 예비전력, 그리고 잠재전력으로 구분할 수 있다. 현용전력은 당장 전쟁이 발생하더라도 투입될 수 있는 태세를 갖추고 있는 전력으로서 군대에 편성되어 있는 병력, 무기, 장비 등이 해당된다. 예비전력은 현용전력으로 전환될 준비를 갖추고 있는 전력으로서, 각국은 안보 상황에 맞도록 적절한 규모의 예비군을 편성해두고 있고, 이들을 훈련시킬 뿐만 아니라 이들이 유사시에 사용할 무기 및 장비도 준비해두며, 전쟁이 발생할 경우 동원하기 위한 실질적인 계획을 수립해두고 있다. 잠재전력은 전환을 위한 구체적인 계획을 구비해둔 것은 아니더라도 전쟁이 발발할 경우 군사력으로 전환될 수 있는 역량을 가진 국력의 요소를 말한다. 전쟁이 장기화되면 잠재전력이 현용전력으로 전환되겠지만, 단기전일 경우에는 현용전력의 양과 질에 의해 전쟁의 승패가 결정될 수 있다. 따라서 위협이 심각하거나 기습공격을 받을 우려가 큰 국가일수록 대규모의 현용전력을 구비해야 하고, 예비군을 신속하게 동원할 수 있는 체제와 계획을 구비해두지 않을 수 없다.

군사력과 관련하여 지속적으로 논쟁의 주제가 되는 사항은 질적인 측면의 반영

여부와 방법이다. 대체적으로 군사력에서는 양을 우선적으로 고려하지만, 질도 무시할 수 없을 뿐만 아니라 과학기술이 발달된 현대에는 질이 차지하는 비중이 매우 커졌기 때문이다. 전쟁사를 분석해보면 무기나 장비의 질은 물론이고, 지휘관과 장병들의 질적인 우위가 양적 열세를 극복한 사례가 적지 않다. 다만, 질적인 요소가 중요하다는 것은 인정하더라도 그것을 명확하게 평가할 수 없고, 불확실한 질적인 요소를 믿고 도박을 감행하는 것은 위험할 수 있으며, 모든 군대가 질적으로 뒤떨어지지 않도록 경쟁적으로 노력함에 따라 결정적인 차이가 발생하지 않을 수도 있기 때문에 대부분의 군대는 일단은 양을 기준으로 적과의 군사력을 비교하게 된다. 질적인 요소의 차이는 허용 오차의 범위 내이거나 각국의 우수 및 열등한 것이 공존하여 상쇄되는 측면도 없지 않다.

군사력 평가와 관련하여 추가적으로 논의해 볼 필요가 있는 사항은 동맹에 관한 고려이다. 동맹은 군사지원을 제공하기로 약속하고 있어 동맹국의 군사력도 전쟁에 투입될 것이기 때문이다. 특히 동맹국의 군대가 해당국가에 주둔하고 있을 경우 즉각적인 참전의 가능성은 무척 크고, 이러한 가능성이 침략을 하려는 국가를 억제시키기도 한다. 미국처럼 강력한 군사력을 가진 국가와 동맹관계를 맺은 상태에서 미군까지 주둔할 경우 해당국가의 군사력을 보강하는 효과는 매우 클 것이다. 그럼에도 불구하고 국적이 다른 군대이고, 동맹의 약속을 확신할 수는 없어 대부분의 군사력 평가나 비교에서는 포함시키지 않고 있다. 그 포함 정도에 대해서는 검토가 필요하겠지만, 주둔하고 있는 동맹국의 군대를 군사력 평가에 포함해야 할 필요성은 없지 않다.

국가안보의 핵심적인 요소는 국방이고, 그 국방의 핵심적인 수단은 군사력이기 때문에 국가안보를 위한 국가의 평시활동에서 가장 중요한 사항은 필요한 군사력을 어느 정도로 어떻게 증강할 것인가이다. 그런데 이와 관련하여 지속적으로 제기되어오고 있지만 해답을 찾기 어려운 질문은 "어느 정도가 충분한가(How much is enough?)"이다. 안전여유(safety margin)까지 고려하여 다소 과도하게 증강하는 것이 합리적이지만, 그 안전여유가 얼마인지도 판단하기 어렵고, 그러한 수준으로 증강하려면 엄청난 비용소요를 각오해야 할 수도 있다. 반면에 예산절약형으로 군사력을 증강하다가 전쟁억제나 방어에 실패하는 것은 더더욱 감수할 수 없다. 따라서 모든 국가들은 증강해야 할 군사력의 적정한 소요(requirements)를 도출하는 것을 가장 중요한 과업으로 인식하고, '국방기획(defense planning)'이라는 명칭으로 체계적인 수행절차를 수립하여 적용하고 있다.

그러므로 안보학은 위에서 설명한 국가안보에 관한 전반적인 내용을 균형된 비중으로 다룰 수 있어야 한다. 즉, 위협의 감소를 위한 외교적 및 군사적 방법, 그리고 그러한 위협에 대응하기 위한 동맹과 총력적 국방태세 모두를 학습 및 연구하여야 한다는 것이다. 이런 점에서 안보학은 국제관계에 관한 이론을 충분히 수렴하면서 군사학에서 다루고 있는 전쟁과 전쟁대비에 관한 사항도 일정한 수준 이상의 내용을 충분히 포괄해야 할 것이다.

제4절 한국 안보학의 실태와 보완방향

북한이라는 위협이 존재할 뿐만 아니라 핵무기까지 개발하여 한국의 안전을 위협함에 따라서 한국은 다른 어느 국가보다 안보연구의 필요성이 크다. 국가의 생존이 위협받는 상황이라면 그로부터 국가와 국민의 안전을 보장하기 위한 방법이나 수단의 개발보다 더욱 시급한 연구는 없을 것이기 때문이다. 그럼에도 불구하고, 지금까지 국내에서 진행되어온 안보에 관한 연구는 하나의 독특한 영역으로 인식 및 통합되지 않은 채 국제정치학자나 군사학도들이 추가적인 관심분야로 연구하는 수준에 머물러 있는 점이 없지 않다. 따라서 안보를 연구하는 기관이나 사람들은 적지 않은데, 확실한 전문성을 가진 기관이나 학자를 찾기는 쉽지 않은 상황이라고 할 수 있다.

더구나 한반도의 주변에는 미국, 중국, 러시아, 일본 등 세계의 4강이 결집하고 있어서 이들과의 관계를 슬기롭게 관리하는 것이 매우 중요하고, 특히 한국은 한미동맹을 국가안보의 근간으로 삼고 있음에 따라서 안보에 관한 연구나 토론에서 국제관계가 차지하는 비중이 매우 커진 점이 있다. 한국의 경우 국제관계에 관한 대부분의 연구는 안보지향적인 목적의식 하에 수행된다고 볼 수 있고, 국제관계 학자나 전문가들의 대부분은 안보전문가로 스스로는 물론이고 사회에서도 인식하게 된다. 다만, 이로 인하여 국가안보의 더욱 중요한 요소라고 할 수 있는 전쟁이나 군사에 관한 사항이 안보연구에서 차지하는 비중은 낮아지고 있다.

그러나 앞에서 살핀 바와 같이 국가안보에 대한 가장 결정적인 위협은 전쟁이고, 그로부터 국가의 안전을 보장하는 가장 결정적인 수단은 군사력 또는 군대라는 점에서 이에 대한 연구없는 안보연구는 한계가 있을 가능성이 크다. 다만, 안보는 국가수준에서 접근하는 것이라는 점에서 군사에 관한 세부적인 사항까지 관심을 가질 필요는 없다. 그 적정한 포함범위는 논의의 과정에서 조정되어야 하겠지만, 전쟁이란 무엇이고, 전쟁은 어떻게 예방・억제・대비・수행할 것인가에 관한 기본적인 사항은 안보연구에 중요하게 포함되어야 할 것이다.

최근 한국의 안보 관련 연구에서 특이한 현상은 핵전쟁과 핵위협에 관한 연구가 생각 외로 많지 않다는 사실이다. 북한이 핵무기를 개발하는 데 성공하였을 뿐만 아니라 수소폭탄과 대륙간탄도미사일에 근접한 능력까지 구비하는 데 성공함에 따라서 북핵보다 한국 안보에서 중요해진 문제는 없다. 그럼에도 불구하고 국제관계나 군사학에 관한 연구를 찾아보면 핵무기나 핵전쟁에 관한 연구의 비중은 높지 않다. 안보에 관한 다수의 개론서에서도 핵전쟁에 관한 사항은 포함하고 있지 않다. 북한의 핵무기를 인정하지 않으려는 경향과 북한의 핵무기 폐기를 위한 외교적 협상에 기대를 걸었기 때문인 것으로 이해하지만, 국가안보를 대상으로 하는 연구가 편향되었음은 인정하지 않을 수 없다. 냉전시대 미국 국제정치 학자들의 중요한 주제 중 하나가 핵무기 위협과 대응에 관한 것이었듯이, 한국의 안보연구에서는 핵무기 위협과 그 대응에 관한 내용이 가장 활발한 논의와 연구의 대상이 되어야 한다.

안보에 관한 연구에서는 평화에 관한 사항도 중요하고, 한국의 경우에는 통일에 관한 사항도 중요하게 포함되어야 한다. 군사에 관한 연구로는 이 분야를 포함하기 어렵지만, 안보에 관한 연구에서는 포함할 수 있고, 포함해야 한다. 다만, 평화와 통일이 중요한 것은 분명하지만, 그에 관한 객관적인 해답을 제시하기는 어렵다. 또한 평화연구에 지나치게 치중할 경우 전쟁연구를 등한시하게 될 우려도 없지 않다. 평화에 관한 실질적인 정의는 "전쟁의 부재(absence of war)"라는 점에서 안보에 관한 연구 자체가 평화에 관한 연구라고도 할 수 있다. 통일연구의 경우 미래에 그렇게 되기를 바라는 희망에 관한 연구라서 객관적 방법론을 적용하는 것이 쉽지 않다. 이러한 점에서 평화나 통일에 관한 사항은 안보연구의 결과를 활용하는 방향으로 추진하는 것이 더욱 현실적일 수 있다(평화와 평화체제에 관한 추가설명은 부록 #1. 참조).

안보의 범위가 확대되면서 경제안보, 정치안보, 환경안보 등 다양한 영역을 안보차원으로 격상하려는 노력도 없지 않다. 그러한 것들이 안보의 한 영역이거나 안보차원에서 심각하게 연구해야 할 측면을 보유하고 있는 것은 분명하다. 그러나 그렇게 포함시켜 나가게 되면 인간사회의 제반사 중에서 안보적인 중요성을 갖지 않는 일이 없어진다. 안보의 개념을 그런 식으로 계속 확대하다 보면 모든 것이 안보가 되고, 안보라는 분야의 독특성이 없어질 수 있다. 경제, 정치, 환경 등은 고유한 영역을 존중하는 가운데 안보 차원에서 협조를 구해야 하는 사항이지 안보라는 글자를 무조건 더하는 것이 능사는 아닐 수 있다.

안보분야 연구의 경우 국제정치학이나 군사학에서 발달된 이론의 상당부분을 도입할 수밖에 없다. 따라서 안보학의 정립을 위해서는 이론적인 요소의 도입이나 정립이 최우선적인 과제일 수 있다. 동시에 안보는 실천의 특성이 크다는 점에서 현실적으로 진행되고 있는 요소를 무시할 수는 없다. 즉, 안보연구는 국가의 생존을 위태롭게 하는 현실적인 위협으로부터 국가의 안전을 현실적으로 보장하는 방법과 수단을 제시할 수도 있어야 한다. 결국 안보연구는 이상과 현실 또는 이론과 실제를 동시에, 그리고 균형되게 다뤄야 할 것이고, 그러할 때 안보학으로서의 위상과 유용성도 강화되어갈 것이다.

국·가·안·보·론

PART 01

국제갈등과 안보

02 | 안보 패러다임과 세력균형

국제관계는 세계에 존재하는 다수 국가들 간에 발생하는 모든 활동을 다룬다. 이것은 너무나 중요한 주제라서 무수한 학자들이 연구하였고, 따라서 다양한 이론들이 개발되었다. 국제관계에 대한 주요 패러다임을 살펴보고, 그중에서 국가안보와 직접적으로 관련된 국제관계의 이론인 세력균형과 세력전이 이론에 대하여 설명하고자 한다.

제1절 국제관계에 대한 주요 패러다임

패러다임(paradigm)은 어떤 문제를 접근하는 나름대로의 독특한 개념이나 사고라고 할 수 있는데, 어떤 것을 적용하느냐에 따라서 사안에 대한 해석이나 처방이 달라지게 된다. 현재까지 국제관계에서 적용되는 가장 보편적인 패러다임은 현실주의, 자유주의, 구성주의로서, 이의 기본적인 내용과 비판의 측면을 소개하고자 한다.

1. 현실주의

현실주의(Realism)는 현실을 있는 그대로 인식하자는 단순한 시각이다. 사람들이 인정하든 인정하지 않든 국제관계의 현실은 기본적으로 '무정부 상태'이기 때문에 국가 간 힘 또는 세력(power)의 우위에 의하여 제반 사항이 결정되고, 따라서 전쟁이나 군대를 생각하지 않고 국제정치를 논할 수는 없다고 주장하는 시각이다. 그래서 현실주의를 대표하는 주장은 "평화를 원하거든 전쟁을 준비하라" 또는 "군사력이 없는 외교는 악기없는 음악과 같다"라고 말한다.

세계정부가 존재하지 않는 국제사회에서 현실주의는 가장 자연스러운 시각일 수 있다. 국가의 행동을 규제할 수 있는 상위의 권력이 없다면 동물의 세계에서처럼 세력의 강약에 따라 국가 간의 일이 결정될 것으로 인식해야 하기 때문이다. 그래서 현실주의의 이론가로는 투키디데스(Thucydides, 기원전 460~400)까지도 거론된다. 마키아벨리(Niccolo Machiiavelli, 1469~1527), 홉스(Thomas Hobbes, 1588~1679)를 거치면서 국제관계에 대한 대표적인 시각으로 정착되고, 최근에는 모겐소(Hans Morgenthau, 1904~1980)와 월츠(Kenneth N. Waltz, 1924~2013)에 의하여 집대성되었다고 말한다. 니버(Reinhold Niebuhr, 1892~1971), 아론(Raymond Aron, 1905~1983)도 이에 관한 중요한 이론가로 인식된다. 모겐소가 독일 출신으로서 전쟁의 참화를 피하여 미국으로 이민하였고, 월츠가 제2차 세계대전과 한국전쟁의 참전용사라는 사실에서 알 수 있듯이 이들은 제2차 세계대전을 경험하였고, 그 경험을 통하여 17세기와 18세기에 유럽을 중심으로 광범위하게 확산 및 공감대를 형성하였던 자유주의가 전쟁을 예방하지 못하였다는 문제의식을 갖게 되었으며, 그 결과 있는 그대로의 모습으로 국제관계를 접근해야 한다는 시각을 갖게 되었다고 할 수 있다.

현실주의가 중요시하는 주제는 전쟁이다. 전쟁이야말로 현실주의 국제정치의 가장 극단적인 형태이기 때문이다. 그래서 현실주의 학자들은 전쟁에 대하여 적극적으로 연구하고, 그러한 전쟁을 어떻게 예방 및 억제할 것이냐는 중점적으로 논의하게 된다. 이들은 전쟁에 대한 나름대로의 경험에 근거해 볼 때 대화나 외교가 평화를 보장할 수는 없다고 생각한다. 이들도 국가 간의 협력과 상생을 완전히 배제하지는 않으나 그것에만 의존하는 것은 위험하다고 생각한다. 국가의 생존이나 결정적인 이해관계가 걸린 사안일수록 힘의 다과에 의하여 결정되고, 따라서 모든 국가는 군사력 증강을 게을리할 수 없으며, 결국 충분한 군사력을 육성하여 전쟁을 대비 또는 억제하는 사항이 국제관계의 가장 중요한 주제가 될 수밖에 없다고 생각한다.

현실주의라고 하더라도 모든 학자들이 주장하는 바가 동일하지는 않기 때문에 고전적 현실주의(Classical Realism), 신현실주의(Neorealism), 신고전적 현실주의(Neoclassical Realism)로 구분하기도 한다. 여기에서 고전적 현실주의는 앞에서 소개한 현실주의의 이론과 학자들이 주장하는 바로서, 인간의 본성 자체가 국가 간 이익의 충돌이나 전쟁을 불가피하게 만든다는 점을 강조한다. 신현실주의자는 인간의 본성보다는 국제사회의 구조가 갖는 취약점에 초점을 두는 시각인데, 최근 국제정치 담론의 주력을 형성하고 있다. 신현실주의는 방어적 신현실주의(Defensive Realism)와 공격적 현실주의(Offensive Realism)로 구분하기도 한다. 신고전적 현실주의는 고전적 현실주의를 재강조하면서도 신현실주의의 경향을 일부 반영하는 사조를 말한다.

현실주의는 인간의 본성에 대한 냉정한 인식에서 출발하고 있다. 현실주의에 의하면 인간은 이기적이고, 선하거나 협조적이지 않은 존재이다. 즉, 현실주의는 '홉스'가 보는 세상, 즉 "만인에 의한 만인의 투쟁"으로 국제사회를 인식하고, 따라서 여기에서 생존할 수 있는 대책을 고민하게 된다. 이러한 인간에 대한 성악설적인 인식이 자유주의나 구성주의와 현실주의를 구분하는 근본적인 차이점이라고도 할 수 있다.

현실주의의 핵심적인 시각을 몇 가지로 요약하면 다음과 같다.

첫째, 국제사회의 질서와 결정을 주도하는 핵심적인 주체는 국가이다. 국제사회를 정확하게 이해하고자 한다면 주권을 가진 국가의 의미와 행동을 연구해야만 한다.

둘째, 국제사회는 기본적으로 무정부 상태이다. 현재의 국제사회에서는 어떤 조직이나 개인도 특정 국가의 결정과 행동을 강제할 수 있는 권위를 갖고 있지 못하다.

셋째, 무정부 상태에서 국가들은 합리적인 존재로서 자신의 국가이익을 증진하는 데 최우선적으로 노력한다. 당연히 국가들의 이익은 상충될 것이고, 따라서 다양한 문제가 발생하게 된다.

넷째, 이로 인하여 국가들의 궁극적인 관심사항은 생존일 수밖에 없다. 무정부적인 국제사회에서는 국가의 생존에 대한 보장은 없다. 그렇기 때문에 생존을 보장받기 위하여 취하는 국가의 모든 노력은 정당화될 수밖에 없다.

다섯째, 이렇게 되면 결국 국제사회의 본질은 제로섬(zero-sum) 게임이 될 수밖에 없다. 생존과 상관이 적은 일에 대해서는 협력이 가능하지만 생존이 걸려있는 일에 대해서는 협력이나 상생이 작용하기가 어려워진다.

국제사회에 대한 이러한 인식을 바탕으로 현실주의에서 가장 강조하는 것은 세력이다. 강력한 세력만이 현재의 국제사회에서 생존을 보장한다고 믿고 있기 때문이다. 세력을 추구하기 때문에 현실주의는 이념이나 이상에는 그다지 구애받지 않는다. 강력한 힘을 갖는 노력, 즉 부국강병(富國强兵)이 가장 실질적인 생존보장책이기 때문이다. 그래서 현실주의는 마키아벨리에 뿌리를 두는 것으로 설명되는 것이다. 즉, 현실주의에서는 극단적인 상황에서 상대의 의지를 굴복시키거나 나의 의지를 상대에게 강요할 수 있는 물질적인 힘, 즉 군사력이 국제관계의 핵심적인 수단이고, 어떻게 보면 본질일 수도 있다고 인식된다.

이런 점에서 현실주의자들은 세력의 분포에 따라서 국제사회를 인식하고, 평가한다. 세력이 어느 한 국가에게 집중되어 있는지, 또는 두 개 국가에게 집중되어 있는지, 아니면 다수 국가에게 분산되어 있는지에 따라서 단극(unipolar), 양극(bipolar), 다극(multipolar)이라는 말을 사용한다. 현실주의에 의하면 국제사회에는 패권국(hegemon)이 있고, 이 패권국을 저지하려는 세력이 발생하여 서로 경쟁을 하게 된다. 그러한 상황에서 세력균형(blance of power)이 이루어지면 안정을 찾게 되고, 그렇지 않으면 전쟁이 발발하게 된다는 것이다.

기본적으로 현실주의는 국제기구의 역할을 높게 평가하지 않는다. 무정부 상태의 국제사회에서 국제기구는 사소한 일에서는 유용할 수 있지만, 결정적인 사안에 대해서는 영향력을 행사하기가 어렵기 때문이다. 국제사회에서는 국가의 주권 또는 주권국가가 핵심이고, 국제기구, 비정부기구, 다국적기업 등은 국가의 생존이 좌우되는 전쟁과 같은 결정적인 사태에 대해서는 유용한 수준의 영향력을 발휘할 수가 없다. 결국 국제사회의 제반 사안은 국가들의 세력과 그 세력의 상호작용에 의하여 결정 또는 해결된다는 시각이다.

2. 자유주의

자유주의(Liberalism)는 현실주의에 대한 인류의 반발 또는 도전이라고 할 수 있다. 국제사회에 대한 인식에 있어서 현실주의가 가장 단순하고 명료한 접근인 것은 분명하지만, 그렇다고 하여 현실주의에 안주하는 것은 너무나 수동적이거나 비관적이라는 문제의식에 의하여 제기된 주장들이기 때문이다. 자유주의자들은 국제사회의 현실이 무정부 상태인 것은 분명하지만, 그래도 노력할 경우 대화와 타협을 통한 평화적인 문제해결, 평화적인 세계건설이 가능할 수도 있다고 생각한다. 이들은 국제사회는 "정글(jungle)이 아닌 정원(garden)"이라면서 인류가 노력할 경우 상생의 국제사회로 충분히 만들어 나갈 수 있고, 투쟁이 아닌 협력을 통하여 문제를 해결할 수 있다고 강조한다.

현실주의가 강조하는 것은 평화적인 국제문제의 해결이기 때문에 이들은 전쟁에 대해서는 아주 부정적으로 생각한다. 전쟁은 제거되어야 할 가장 바람직하지 않은 사회현상이라는 인식이다. 따라서 자유주의자들은 현실주의자들이 강조하는 세력 대신에 가치, 도덕, 법, 제도 등을 강조하고, 이들을 잘 발전시킬 경우 모든 인류가 공존공영하는 세상으로 바꿀 수 있다고 믿는다.

자유주의는 17~18세기 유럽에서 발달된 계몽주의(Enlightenment)에 사상적 기반을 두고 있는 것으로 설명된다. 인간의 이성을 신뢰하면서 인류의 진보를 믿는 사상이 자유주의의 기반이기 때문이다. 그래서 자유주의는 볼테르(Voltaire, 1694~1778), 로크(John Locke, 1632~1704), 스미스(Adam Smith, 1723~1790), 칸트(Immanuel Kant, 1724~1804)와 같은 사람들에게 연원을 찾는다. 이들은 인간의 이성을 신뢰해야 한다면서 국제협력을 통한 항구적인 평화의 달성 필요성과 가능성을 주장하였다. 이들은 1618년에서 1648년 사이에 중부 유럽에서 지속되었던 '30년 전쟁'의 학살과 황폐화를 목격하거나 학습한 후 어떻게든 전쟁을 예방할 수 있는 방법을 찾아보고자 했고, 그래서 전쟁을 정당화한다고도 할 수 있는 현실주의를 부정하면서 그 반대의 노력을 촉구한 것이다. 특히 칸트는 '영구평화론(Perpetual Peace)'을 제창하여 국가 간의 협력과 민주주의 고양을 강조하였다. 그의 '민주평화론(Democratic Peace)'은 지금도 상당한 설득력을 갖고 있는데, 민주주의가 발달될 경우 국민들에 의하여 선출되는 지도자가 국민들에게 인기가 없는 전쟁을 선택하는 것이 어려워질 것이기 때문에 대부분의 국가는 전쟁보다는 평화적인 해결책을 추구할 것이라는 주장이다.

자유주의자들이 현실주의자들과 전혀 다르게 국제사회를 인식하는 것은 아니다. 기본적인 인식은 유사하지만 개선을 위한 방향 또는 방법론에서 차이를 보인다고 할 수 있다. 그 차이점을 몇 가지로 함축해보면 다음과 같다.

첫째, 자유주의자들도 국제사회의 질서와 결정을 주도하는 핵심적인 주체가 국가라고 생각하는 것은 유사하다. 다만, 국가 이외에 국제기구의 역할도 존재한다고 생각하고, 그것을 강조하는 것이 다르다.

둘째, 자유주의도 국제사회는 기본적으로 무정부 상태라고 인식한다. 다만, 그러한 무정부 상태가 원래 그러한 것이 아니라 세계정부와 같은 제도가 마련되지 못하여 그렇게 되었다고 생각하고, 협력을 통하여 그러한 무정부 상태를 줄일 수 있다고 인식한다.

셋째, 자유주의도 국가의 일방적 이익 추구와 그를 위한 갈등의 불가피성은 인정하지만, 대화와 타협, 협력을 통하여 이러한 것을 자제시키거나 전쟁과 같은 극단적인 상황에 이르지 않도록 예방할 수 있다고 인식한다.

넷째, 자유주의자들도 국가의 생존이 중요한 것은 이해하지만, 그렇다고 하여 세력정치, 군사력, 전쟁 등을 지나치게 강조해서는 곤란하다는 시각이다. 협력을 통한 생존보장이 지속성이 있고, 안보 딜레마도 생성하지 않는다고 생각한다.

다섯째, 자유주의는 현실주의와 근본적으로 다르게 국제사회를 넌제로섬(non-zero-sum) 게임으로 본다. 국가들이 함께 증진시킬 수 있는 분야가 당연히 존재하고, 협력을 통하여 공통이익을 증진시킬 수 있다는 시각이다.

국제사회의 평화를 위하여 자유주의자들이 강조하는 것은 유엔과 같은 국제기구이다. 국내에서 발생하는 제반 문제들이 정부의 권위를 통하여 평화적으로 해결되듯이 국제사회의 제반 문제도 세계정부를 지향하는 국제기구의 권위에 의하여 평화적으로 해결될 수 있다고 믿기 때문이다. 따라서 자유주의는 군사력보다는 국가 간의 대화를 통하여 문제를 해결해 나가는 외교를 중시하고, 국제적 무역이 활성화되는 것도 평화증진에 기여한다고 믿는다. 국제무역으로 경제적인 상호의존성이 강화되면 전쟁으로 악화될 가능성이 줄어든다는 인식이다. 국가 간에 외교와 무역이 활발해지면 문화 등도 교환되어 상호에 대한 이해가 커지고, 그렇게 되면 전쟁의 가능성도 줄어든다고 생각한다. 국내정치에서도 민주주의가 확산될 경우 전쟁에 대한 동기가 줄어들 것이고, 전쟁으로 해결해야만 하는 사항도 대화와 타협으로 해결될 수 있다고 믿는다. 이러한 주장들은 국제평화를 추구해야 한다는 지향점은 같지만 그 중점은 학자별로 다양하여 제도평화(Institutional Peace Theory), 상업평화(Commercial Peace Theory), 민주평화로 명명하기도 한다.

최근에 논의되는 자유주의는 신자유주의(Neoliberalism)라고 명명함으로써 위에서 설명한 것을 고전적 자유주의로 차별화하기도 한다. 경제분야에서 신자유주의는 자유경쟁과 시장 중심의 경제정책이 부활되어야 한다는 점을 강조하듯이 국제관계에서 신자유주의도 자유주의 사고의 부활을 강조한다. 이들은 신현실주의 국제정치 이론에 대반 반발이라고 할 수 있는데, 현실주의가 국제사회의 무정부 정도 또는 전쟁의 불가피성을 지나치게 과장하고 있다고 생각한다. 신자유주의 학자들은 국제사회는 여전히 대화와 협력을 통한 문제해결이 가능하다면서 국가 간에 공유할 수 있는 가치를 구축하면서 신뢰를 증진할 것을 강조하고, 국제기구를 중심으로 한 평화적인 문제해결이 가능하다고 믿고 있으며, 민주평화론의 주장처럼 국내정치의 민주화와 중산층 육성이 전쟁의 축소로 연결될 수 있다고 주장한다. 대표적인 학자로서는 키한(Robert Keohane, 1941~), 나이(Joseph Nye, 1937~) 등이 있다. 특히 이들은 현대의 국제사회는 국가 외에 다국적 기업이나 다양한 비정부기구 등으로 긴밀하게 연결되어 있다는 것이고, 국제사회에는 안보 이외에도 다양한 이슈가 부각되어 있을 뿐만 아니라 국내정치도 상당히 관련되어 있으며, 군사력이 중요하긴 하지만 과거에 비해서 절대성이 훨씬 줄어들었다고 주장한다.

자유주의와 유사하게 이상주의(Idealism)라는 구분도 사용한다. 이것은 자유주의와 근본적인 방향은 동일한데, 그 이상을 더욱 강조하는 명칭이다. 이것은 국내정치에서 달성하고자 하는 바를 국제정치에서도 달성하고자 노력해야 한다는 시각으로서, 예를 들면, 국내에서 가난을 종료시키고자 노력하는 것과 마찬가지로 해외에서도 그렇게 해야 한다는 것이다. 윌슨(Woodrow Wilson, 1856~1924) 미국 대통령이 이상주의의 대표자라고 할 수 있는데, 이들은 국가의 선의를 믿고, 국가 간의 신뢰를 강조한다. 이들은 더욱 평화로운 체제로의 발전과 진보를 믿고, 국제사회도 점점 평화로운 체제로 발전해 나가고 있다고 생각한다. 대중들에게 이러한 사항을 교육시키기만 하면 충분히 이상적인 세계로 만들어나갈 수 있다고 믿는다.

3. 구성주의

구성주의(Constructivism)라는 말은 '건설주의'로 직역하는 것이 더욱 이해하기 쉽다고 생각할 정도로 원어와 번역 간에 뉘앙스 차이가 있고, 따라서 명칭만으로 그 내용의 방향을 쉽게 가늠하기가 어렵다. 구성주의는 기본적으로 현실주의나 자유주의가 국제사회의 현실을 제대로 설명해주고 있지 못하다는 비판에서 시작된 제3의 접근이라고 할 수 있다. 현실주의나 자유주의에 비해 구성주의가 핵심적으로 다르게 주장하는 사항은 국제사회의 제반 일이 인간의 본성이나 어떤 구조에 의하여 사전에 결정되어 있는 것이 아니라 인간이 지속적으로 노력한 사항들의 누적된 결과에 의하여 건설되어 간다는 시각이다.

구성주의라는 말 자체는 미국의 오너프(Nicholas Onuf, 1941~)가 창안했지만, 실제적인 발전은 웬트(Alexander Wendt, 1958~)에 의하여 이루어졌다. 웬트는 국제사회에 대한 신현실주의나 신자유주의를 모두 공격하였는데, 특히 신현실주의자들이 강조하는 '세력정치(power politics)'를 집중적으로 비판하면서 그것도 사회적으로 그렇게 만들어진 것이지 원래 그러했던 것이 아니라고 주장한다. 웬트 이후 수많은 국제관계 학자들이 구성주의에 의하여 국제현상을 분석하기 시작하였고, 1980년대와 1990년대는 구성주의가 국제관계 연구에서 주류를 이루었다고 평가되기도 한다.

구성주의가 태동하였을 때는 제2차 세계대전 이후 국제관계 이론에서 신현실주의가 지배적인 패러다임으로 적용되고 있었다. 제2차 세계대전의 경험은 전쟁을 빼고 국제정치를 논의할 수 없도록 만들었기 때문이다. 따라서 구성주의 학자들 노력의 대부분은 신현실주의의 가정을 부정하는 데 초점을 두었다. 예를 들면, 국제사회가 근본적으로 무정부 상태라서 국가들은 세력을 추구할 수밖에 없다는 신현실주의의 전제에 관하여 구성주의 학자들은 그것 자체가 주어진 것이 아니라 국제사회의 관행 또는 조치들에 의하여 건설되어 왔다고 주장하고 있다. 신현실주의자들의 주장대로라면 특정 구조 하에서는 적과 우방이 고정되어야 하는데, 실제로는 국가의 선택에 따라서 적국이 되기도 하고, 우방국이 되기도 하기 때문에 신현실주의의 이론이 맞지 않다는 것이다. 이와 같이 기존 이론을 비판하는 데 지나치게 많은 노력을 기울임에 따라서 구성주의는 독자적인 이론이 아니라 비평의 이론(critical theory)으로 인식되기도 한다.

현실주의나 자유주의와 달리 구성주의가 주장하는 바나 국제사회에 대한 전제가 분명한 것은 아니다. 현실주의와 자유주의를 비판하는 데 치중한 점도 있지만, 구성주의가 지향하는 바가 어떤 전제나 특성을 가정하는 것이 아니기 때문이다. 현재의 국제사회도 지속적으로 건설되어 가는 과정에 있고, 따라서 몇 가지 특성으로 일반화하는 것은 구성주의의 문제의식에 부합되지 않는다. 그럼에도 불구하고 굳이 구분을 해보고자 한다면 다음과 같은 몇 가지로 함축할 수 있을 것이다.

첫째, 구성주의 학자들은 군사력이나 국제체제와 같은 유형적인 요소보다는 무형적인 요소라고 할 수 있는 '생각(idea)'을 중요시한다. 어떤 생각이 확산되어 공유하게 됨으로써 국제사회의 행위자들이 나름대로의 정체성(identity)과 관심(interest)을 갖게 되고, 그 정체성과 관심에 의하여 국제사회의 제반 일이 어떤 방향으로 결정되면서 그것이 현실의 국제사회를 건설하게 된다는 것이다.

둘째, 현실주의나 이상주의와 다르게 구성주의는 국제사회의 제반 사태에 대한 해결책을 모색하려는 경향이 약하다. 구성주의 학자들은 있는 그대로의 국제사회를 이해하는 데 일차적인 관심을 갖는다. 다만, 구성주의 학자들은 국제정치 행위자들의 정체성과 관심을 중요시하고, 국제정치 행위자들의 생각에 의하여 이것들이 형성된다고 판단하기 때문에 그러한 생각에 영향을 주는 요소들에 집중하여 개선책을 도모하고자 한다. 그래서 이들은 국가 간 또는 국제사회 전체에 걸쳐 발생하는 사회적이거나 문화적인 교류와 협력 등 상호작용을 중점적으로 연구한다.

구성주의는 현실주의나 자유주의를 대체하기 위한 패러다임이라기보다는 비평을 통하여 개선을 촉구하거나 보완하는 성격의 접근이라고 할 수 있다. 현실주의나 자유주의의 지나친 결정론을 경계하면서 인간의 생각이 끼치는 영향도 적지 않다는 점을 강조하는 이론이라고 할 수 있다. 구성주의자들도 국제사회가 무정부 상태라거나 국가가 핵심적인 주체라는 사실은 인정하지만, 그것이 주어진 것이 아니라 건설되어 온 시각이라는 것이 독특한 점이다. 이들은 국가 이외 다양한 국제사회 행위자들의 역할, 특히 인간들의 역할에도 상당한 관심을 가질 필요가 있다고 생각하고, 그에 관한 연구를 강조한다.

제2절 세력균형 이론

국제관계에 관한 이론 중에서 국가안보에 가장 직접적이면서 장기적인 영향을 끼친 것은 세력균형 이론이다. 이것은 그 개념이 단순하여 쉽게 이해될 뿐만 아니라 외교의 적극적인 역할을 주문하고, 유명 정치가들이 즐겨 사용했기 때문이다. 근대 유럽의 질서 형성에는 세력균형 이론이 결정적인 영향을 끼쳤다.

1. 기본개념

세력균형(balance of power)은 국제관계 이론 중에서 가장 오래되었을 뿐만 아니라 가장 보편적이면서도 친숙해진 이론이고, 실제적으로 적용되어온 이론이다. 이 이론은 다수 국가가 존재할 경우 적대와 우호적인 세력의 분포가 균형을 이루면 전체가 안정되어 전쟁이 발발할 가능성이 낮아지고, 반대로 세력의 분포가 불균형을 이루면 전쟁이 발발할 가능성이 높아진다는 시각이다. 따라서 안정을 바라는 국가는 지역 또는 세계적인 수준에서 국가들의 세력분포가 균형을 이룩하도록 노력해야 하

그림 2-1 세력균형

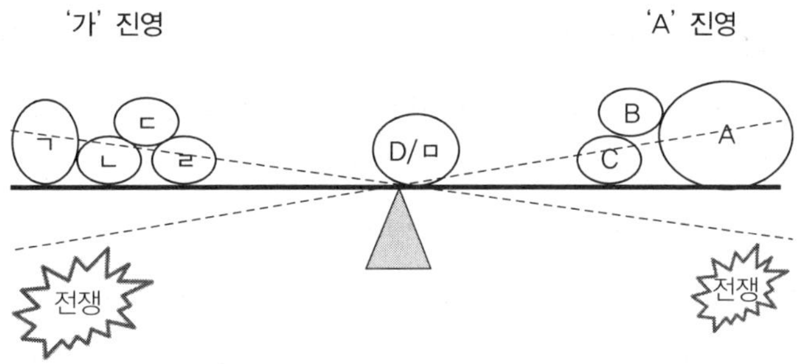

고, 실제로 이러한 방향으로 국가들이 노력해왔다고 주장한다. 이것을 도식화하여 설명하면 [그림 2-1]과 같다.

[그림 2-1]을 설명하면 '가' 진영과 'A' 진영이 적대적인 관계일 경우 이 양 진영이 균형을 이룰 경우는 괜찮지만 한쪽이 크게 기울면 전쟁이 발발한다. 따라서 각 진영은 균형이 지나치게 기울지 않도록 각자의 편을 더욱 확보하기 위하여 노력한다. 특히 세력균형에는 [그림 2-1]에서 나타나 있는 'D/ㅁ'과 같은 균형자(balancer)가 존재하게 되는데, 이 균형자는 자신이 이동함으로써 세력균형 자체가 변경될 수 있는 역량을 보유하고 있다. 따라서 세력균형에서는 가장 국력이 큰 'A' 국가가 주도권을 갖던가 아니면 균형자인 'D/ㅁ' 국가가 주도권을 가질 가능성이 높다.

세력균형 이론은 어느 한 국가가 지나치게 강력한 세력을 갖게 되면 다른 국가들의 안보가 위협받게 된다는 사고에 근거하고 있다. 이러한 강력한 세력을 가진 국가를 세력균형 이론에서는 패권국(hegemon)이라고 하는데, 패권국이 발생하면 다른 약한 국가들을 핍박하거나 심지어 정복하게 될 것이라고 생각한다. 따라서 패권국을 지향하는 국가가 등장하게 되면 다른 국가들은 연합을 만들어 그 국가의 세력과 균형을 이룩해야 평화를 보장할 수 있다고 생각한다. 세력균형 이론은 패권국의 등장을 방지하기 위한 동기에서 비롯되었다고 할 수 있다.

세력균형 이론은 모든 국가에게 해당되는 이론이지만 실제에 있어서는 지역 또는 세계적 수준에서 상당한 영향력을 가진 강대국 또는 중견국가들에게 중점적으로 적용되는 이론일 수 있다. 전체적인 세력분포에 영향을 미치지 못하는 약소국은 세력균형을 변동시킬 수 없어 이 이론을 구현할 수 없기 때문이다. 실제로 약소국들은 세력이 강한 쪽에 편승하는 경향을 보인다. 그들이 세력균형을 위하여 패권국의 반대쪽을 선택해봐야 세력균형은 달라지지 않기 때문이다. 그래서 세력균형 이론은 강대국 정치에 관한 이론이라고 평가되는 것이다.

세력에 대한 정의의 문제 등 한계도 적지 않지만, 세력균형 이론은 근세 유럽국가들의 외교방향을 결정하는 중요한 기준으로 작용하였다. 국제정치에 관한 대부분의 논의 또는 연구의 현장에는 국가 간 세력의 비교나 상호관계에 대한 분석이 빠지지 않는다. 실제적인 유용성 여부와는 상관없이 세력균형 이론없이 국제정치의 역사와 현실을 설명하기는 어렵다.

2. 발전경과

세력균형 이론의 등장이나 체계화와 상관없이 이 이론에서 설명하고 있는 내용은 고대로부터 실천되어왔다. 투키디데스(Tucydides)의 『펠로폰네소스 전쟁사』에서 묘사된 그리스 도시국가들의 관계나 중국 전국시대(戰國時代) 소진과 장의의 합종(合縱)과 연횡(連橫)의 사례를 보면 세력균형이 중요한 요소로 기능하고 있음을 발견할 수 있다. 실제로 성공하였는지 여부와는 상관없이 세력균형의 개념은 전쟁의 역사와 함께 존재했다고 봐야 한다.

세력균형 이론이 등장하게 된 배경은 14~16세기 사이에 존재했던 르네상스시대의 이탈리아에서 찾는다. 당시 이탈리아에는 다양한 도시국가들이 존재하였는데, 이 중에서도 밀라노의 스포르짜(Francesco Sforza)와 플로렌스의 메디치(Lorenzo de' Medici)가 가장 강력한 도시국가였고, 이들이 세력균형의 개념에 근거하여 다른 도시국가들과의 관계를 관리하였기 때문이다. 이러한 방법은 17세기부터 유럽으로 확산되었는데, 당시 유럽은 압도적인 세력을 구비하고 있는 국가가 없는 상황이었고, 따라서 유럽의 정치가들은 세력균형 개념에 근거하여 다른 국가와의 관계를 정립 및 관리함으로써 전쟁을 예방하고자 노력하였다. 유럽이 나폴레옹 전쟁 이후 1814년 비엔나 회의(Congress of Vienna)를 통하여 현재와 유사한 국경을 확정할 때까지 세력균형은 전쟁예방을 위한 유럽국가들의 중요한 주제였다.

19세기에 시작하여 제1차 세계대전이 발발할 때까지 영국이 유럽의 주도권을 확보하였는데, 당시 영국은 유럽 대륙에 있는 국가들 사이에 세력균형이 이루어져야 자국의 안전이 보장될 수 있다고 인식하였고, 그러한 세력균형을 달성할 수 있도록 외교정책을 전개하였다. 그래서 세력균형에 근거한 외교정책은 19세기와 20세기 초 유럽 외교정책의 근간을 형성하였다. 그러다가 독일, 오스트리아-헝가리, 이탈리아 간의 '3국동맹(Triple Alliance)'과 영국, 프랑스, 러시아 제국 간의 '3국협상(Triple Entente)'으로 유럽을 양분하게 되었고, 결과적으로 제1차 세계대전과 같은 엄청난 규모의 전쟁을 야기하게 되었다.

제1차 세계대전과 제2차 세계대전을 거치면서 세력균형 이론은 상당한 비판을 받게 되었다. 세력균형을 위한 국가 간의 동맹 노력이 전쟁을 예방한 것이 아니라 오히려 세계적인 수준으로 전쟁이 확대되도록 만들었기 때문이다. 세력균형 이론은 전쟁을 발발시키는 이론이라는 비판을 받았다. 또한 냉전시대는 동서 간의 세력균형으로 설명할 수 있더라도, 냉전 이후 미국이 유일한 패권국으로 등장한 이후 상당한 기간이 흘렀음에도 세력균형 이론에서 예상하는 전쟁이나 미국이라는 패권국을 견제하려는 노력이 발생하지 않고 있다는 점에서 세력균형 이론은 그 적실성까지 의심을 받는 상황에 처하고 있다.

3. 주요 개념

세력균형 이론은 단순한 이론이라서 개념과 관련하여 세부적으로 설명해야 할 사항은 많지 않다. 다만, 활발하게 토론 및 적용되어온 이론이라서 독특한 용어들이 많이 만들어졌다. 따라서 이것을 이해하면 세력균형의 핵심적인 의도와 방향의 대부분을 이해할 수 있을 것이다.

(1) 패권국

패권(覇權, hegemony)은 다른 국가에 비하여 어느 한 국가가 정치적, 경제적, 군사적으로 우위를 유지하는 상태를 말한다. 그리고 패권을 확보한 국가가 패권국(hegemon)이다. 패권국은 특정 지역 내에서 국력에서 다른 국가를 압도하고, 그 지역 내 어떤 경쟁자도 패배시킬 수 있는 군사력을 보유하고 있다. 나아가 자원과 시장을 통제하고, 새로운 산업을 주도하며, 지배적인 이념을 창출한다. 결과적으로 패권국은 다른 국가들에게 안보와 경제적 안정을 제공하게 된다.

(2) 편승과 균형

어느 한 세력이 패권국을 지향해 나갈 때 다른 국가가 선택할 수 있는 방안은 두 가지이다. 하나는 그 패권지향국에 협력하여 안정을 추구하는 것이고, 다른 하나는 패권지향국의 반대에 서서 균형을 도모하는 것이다. 전자를 편승(bandwagoning)이라고 하는데, 이것은 국가의 안전을 쉽게 확보할 수 있으나 자주성의 훼손이 우려되는 단점이 있다. 반대로 후자는 균형(balancing)이라고 하는데, 작은 힘으로도 나름대로의 영향력을 확보할 수 있으나 자칫하면 패권지향국과 충돌할 수 있는 위험이 있다. 이론적으로 대부분의 약소국들은 패권지향국에 편승하는 것이 안전한 것으로 주장되고 있고, 역사적으로 그러하였다. 평시에는 부분적으로 균형을 선택하였던 국가도 전쟁의 상황이 되면 승리하는 쪽에 편승하여 전리품을 공유하고자 한다.

(3) 내적 균형과 외적 균형

이것은 특정 국가가 세력의 균형을 도모해 나가는 방법에 관한 사항이다. 내적 균형(internal balancing)은 자체적인 역량의 개발이나 확충을 통하여 자신의 세력을 증대시킴으로써 세력의 균형을 이룩하고자 하는 노력이다. 외적 균형(external balancing)은 국외적인 요소, 즉 다른 국가와의 협력을 통하여 균형을 달성해 나간다. 내적 균형을 위해서는 경제력을 강화하거나, 독창적인 전략을 개발하거나, 군사력을 증강하는 데 노력을 집중하게 될 것이고, 외적 균형을 위해서는 다른 국가와의 동맹이나 협력을 강화해 나가게 된다. 대부분의 국가들은 이 둘을 함께 추구하지만, 그 비중의 정도에는 차이가 존재할 수 있다.

(4) 경성균형과 연성균형

이것은 내적 균형이나 외적 균형과 유사한 개념이지만, 차이점이 없지는 않다. 경성균형(hard balancing)은 국력의 경성요소, 즉 유형적인 요소를 강화함으로써 균형을 달성하기 위한 노력을 말하고 연성균형(sot balancing)은 외교적인 책략, 창의적인 전략 등 국력의 무형적 요소를 강화함으로써 균형을 달성하기 위한 노력을 말한다. 경성균형의 경우 신뢰성이 높지만 상대방을 자극하여 군비경쟁을 초래할 뿐만 아니라 비용이 많이 소요된다. 연성균형은 이상적이지만 애매한 개념이라서 달성이나 적용이 쉽지 않고, 장기적으로 지속되지 못할 뿐만 아니라 결정적인 순간에 문제가 발생할 수 있다. 당연히 대부분의 국가들은 이 둘을 조화시키고자 노력한다.

(5) 현상유지 국가와 수정주의 국가

현상유지 국가(status quo state)는 현재의 상태가 자신에게 유리하다고 생각하여 그대로 지속하고자 노력하는 국가를 말한다. 수정주의 국가(revisionist states)는 반대로 현 상황이 불리하다고 판단하여 변화를 초래하려는 국가를 말한다. 대부분의 경우 패권국은 현상유지를 선호하고, 이에 도전하는 국가는 현상을 변화시키고자 한다. 패권국의 입장에서는 그 도전국을 수정주의 국가로 인식하여 경계하게 된다.

(6) 책임전가

책임전가(buck-passing)는 세계 또는 지역의 세력균형이 위협받고 있는 상황에서 세력의 균형을 회복하려는 노력이 필요하다고 인식하면서도 자신이 아닌 다른 국가들이 균형 회복을 위해 노력하도록 함으로써 책임과 비용을 회피하려는 태도를 말한다. 다른 국가가 나서서 세력균형을 이룩해주면 자신은 아무런 희생도 치루지 않은 채 그로 인한 안정이라는 혜택을 누릴 수 있기 때문이다. 세력균형 정책의 문제점 중 하나일 수도 있는데, 대부분의 국가들은 세력균형의 필요성을 인정하면서도 그를 위한 노력은 다른 국가가 수행해주기를 바라는 것이 사실이다. 이것이 심한 형태는 '무임승차(free riding)'라고 하는데, 그러한 무임승차국이 늘어나면 세력의 균형이 쉽게 무너지거나 원상회복이 어려워 전쟁이 발발할 가능성이 늘어난다.

반대로 세력균형의 책임을 적극적으로 담당하는 국가를 책임수용국(buck-catcher)이라고 하는데, 이 책임수용국의 국력이 강력할 경우에는 국제질서가 안정을 찾지만, 자칫하면 패권국으로 변모할 수 있고, 책임수용국이 부담이 지나치다면서 역할을 포기할 경우 세계 또는 지역의 안정이 급격히 붕괴될 수 있다.

세계 또는 지역 차원에서는 책임전가국이 많은 것이 불안정 요인이지만, 특정 국가의 입장에서는 다른 국가에게 책임을 전가한 후 국가의 자원을 다른 곳에 전용하는 것이 이익일 수 있다. 따라서 대부분의 국가들은 패권국과 우호적인 관계를 유지함으로써 자신은 직접적인 공격의 대상이 되지 않도록 노력하거나, 패권국 또는 도전국과 거리를 두어 연루되지 않도록 노력하거나, 자체 군사력을 강화하여 다른 국가들이 함부로 대하지 못하도록 하거나, 책임수용국을 나름대로 지원함으로써 최소한의 부담으로 안정의 결과를 향유하고자 한다.

(7) 쇠사슬죄수화

쇠사슬죄수화(chain-ganging)는 쇠사슬에 함께 묶인 죄수들처럼 동맹이나 연합을 맺은 국가의 결정을 무조건적으로 추종하는 형태를 말한다. 운명공동체가 되는 상황으로서, 동맹이나 연합관계에 있는 어느 한 국가가 전쟁에 의존하기로 결정하면 자신의 이해와 상관없이 함께 전쟁에 돌입하는 현상이다. 쇠사슬죄수화로 인하여 강대국도 약소국의 전쟁에 연루된다. 쇠사슬죄수들처럼 동맹이나 연합관계에 있는 국가들이 단결된 상태에서 합리적으로 국제관계를 관리할 경우 전쟁억제에 효과적일 수도 있지만, 작은 분쟁이 큰 전쟁으로 삽시간에 악화되도록 만들 수도 있다. 세르비아 청년에 의한 오스트리아 황태자의 암살이 제1차 세계대전으로 확대된 것이 이 현상의 전형적 사례이다.

4. 위협균형

위협균형(balance of threat)은 월트(Stephen M. Walt, 1955~)에 의하여 주창된 이론으로 세력균형 이론을 수정한 것이라고도 할 수 있고, 세력균형 이론을 전면적으로 부정하는 내용이라고도 할 수 있다. 국가들은 패권국의 세력과 균형을 이룰 수 있도록 동맹이나 협력관계를 맺는다는 것이 세력균형 이론이라면, 위협균형은 국가들은 자신에게 가해지는 위협이 되는 국가에 함께 대항할 수 있는 국가들과 동맹 및 협력관계는 맺는다는 주장이다. 그러한 위협에는 세력도 당연히 포함되지만, 특정 국가에 대한 인접성의 정도, 공격적 능력의 수준, 그리고 공격적 의도의 존재 여부와 강도 등도 추가하여 판단하게 된다는 것이다. 월트에 의하면, 제1차 세계계대전이나 제2차 세계대전의 이전과 이후 유럽국가들이 독일에 대항한 것은 세력균형이 아니라 위협균형으로만 설명할 수 있다는 것이다. 또한 냉전 기간에 미국이 더욱 강력한 패권국이었지만, 미국과 동맹관계를 유지하는 국가들이 많았던 것은 미국이 세력은 크지만 그들에게 위협이 되지 않고, 소련은 위협이 된다고 인식하였기 때문이라는 것이다. 냉전 이후에도 유럽을 비롯한 다수 국가들이 미국과의 동맹관계를 지속하는 것도 세력균형으로는 설명되지 않지만 위협균형으로는 설명이 된다는 주장이다.

5. 세력균형의 추구

세력균형 이론은 현상을 분석하는 도구이기도 하지만 어떤 국가가 지향해야 할 방향을 제시하기도 한다. 모든 국가들은 세력의 균형을 창출하거나 유지하는 방향으로 대외정책을 구사해야 한다는 논리가 성립되기 때문이다. 그리고 특정 지역 내에서 이러한 역할을 적극적으로 수행하는 국가가 존재할 때 그 국가를 '균형자(balancer)'라고 하는 데, 근세부터 19세기까지 유럽정치에서 영국이 수행했던 바와 같이 균형자는 세력이 강한 쪽을 견제하거나 세력이 약한 쪽을 지원함으로써 전체적인 균형을 유지한다.

특정한 국가의 입장에서 최선의 상태는 당연히 그 지역 국가들의 세력분포가 자신이나 자신이 속한 진영에게 다소 '우세한 균형'을 이루는 것이다. 세력이 우세할 경우에는 전쟁이나 분쟁이 발생하더라도 두려워할 필요가 없고, 필요시에 균형자 역할을 수행함으로써 세력균형을 유지시킬 수 있기 때문이다. 특히 그 강한 국가나 진영이 선량한 의도를 가졌을 경우에는 약소국을 보호하거나 호전적인 국가를 응징함으로써 지역 내의 질서를 확립할 수 있다. 또한 세력균형의 정도를 명확하게 측정할 수 없기 때문에 안전여유(safety margin)가 필요하고, 우세한 균형이 확보되어야 세력균형의 지속성과 자신의 주도성을 보장할 수 있다. 실제로 우세한 국력을 가진 국가가 지배적인 입장에서 특정 지역의 질서를 확립할 때 안정적인 것이 사실이다. 따라서 세력균형의 각 진영은 자신들이 다소 우세한 균형을 유지하고자 하고, 따라서 균형을 이루어도 여전히 군비경쟁을 계속하게 되는 것이다.

[그림 2-2]에서 국가 D가 세력균형을 주도적으로 추구하는 국가라고 한다면, D는 자신이 가장 강력한 국가는 아니기 때문에 약한 국가들과 동맹을 맺어서 패권국인 A에 대항할 수도 있지만, 오히려 A와 일정 수준 협력관계를 유지함으로써 우세한 균형을 유지하는 진영의 부분이 되는 것이 더욱 효과적일 수 있다. 특히 A국가의 국

그림 2-2 우세한 세력균형의 추구

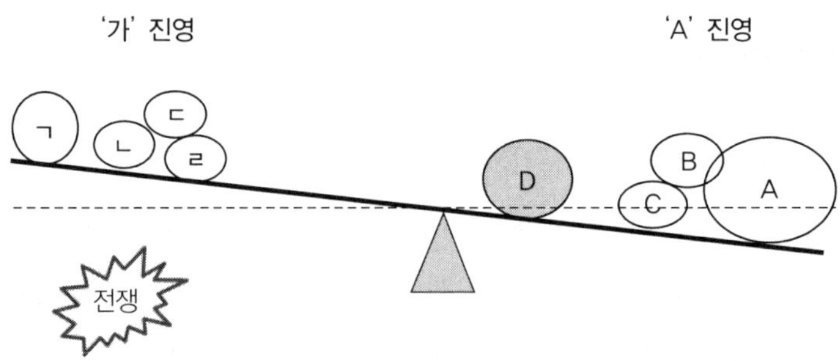

가노선이 평화지향적일 경우 그가 속한 진영이 다소 우세해지더라도 전쟁을 발발할 가능성은 적다. 따라서 D국가의 입장에서는 불안한 세력의 균형보다는 우세한 균형의 일부분이 되기를 바라고, 이러한 점에서 실제에 있어서는 세력의 균형이 패권으로 변화할 가능성이 있다. 위협균형의 주장처럼 패권국가의 이념적 성향에 따라서 세력균형에 관한 각국의 정책은 달라진다고 할 것이다.

6. 세력균형에 대한 비판

세력균형 이론은 일반인들도 대부분이 알고 있을 정도로 보편화된 이론이지만, 그만큼 많은 비판을 받기도 한다.

첫째, 사회과학의 대부분 개념에 적용되는 일반적인 비판으로서 '세력'의 정확한 규정이 어렵다는 것이다. 군사력을 중심으로 하는 유형적인 세력만으로 평가할 수도 없고, 무형적인 요소를 포함하게 되면 세력의 범위와 정도는 더욱 모호해지기 때문이다.

둘째, 세력균형 이론은 개념적으로는 그럴듯하지만, 실제성은 별로 없다는 비판이다. 세력균형에 참가할 정도의 국력을 갖지 못한 약소국에게는 해당되지 않는 이론이고, 일반적으로도 위협이 분명하거나 압도적일 경우 세력균형으로 그것을 견제하거나 효과적으로 대응하기는 어렵다. 또한 월트의 '위협균형' 주장에서 보듯이 패권국이 등장하면 균형을 강화하기 위한 반대의 연합이 발생한다는 것도 이론일 뿐 현실에서는 그렇지 않았다. 동서양을 막론하고 실제의 역사에서는 패권국이 계속 강화되면서 다른 국가들을 정복하는 결과로 나타났다. 또한 세력균형은 다극체제를 전제로 하는데 역사를 살펴보면 다극체제 하에서는 국가 간의 갈등과 반목이 더욱 심하였다.

셋째, 어떤 상태가 세력균형인지를 평가하는 것은 결국 주관적이고, 임의적일 수밖에 없다는 한계이다. 세력균형 여부는 나중에 역사에 의하여 평가되는 것이고, 당시는 어느 국가도 세력의 균형 여부를 확신할 수 없다. 따라서 대부분의 국가는 안전여유를 고려하여 균형점보다 다소 강한 세력을 보유하고자 노력하고, 결과적으로 세력의 균형이 아니라 세력의 우위를 지향하게 되며, 그렇게 되면 서로가 세력의 증강에 노력하게 되면서 군비경쟁이 발생하거나 갈등으로 연결될 수도 있다.

넷째, 세력균형 정책은 전쟁을 예방하기보다는 오히려 전쟁을 발발하게 만들거나 전쟁의 규모를 키웠다는 비판이다. 세력균형 이론에 근거한 정책이 가장 적극적으로 시행되던 17~20세기의 유럽에 오히려 전쟁이 끊이지 않았고, 결국 세계대전으로 전쟁규모를 극단화시키고 말았다. 세력균형은 이론에서 주장하는 결과를 산출하지 못한 것이다. 오히려 세력균형을 달성한다는 것이 전쟁의 명분이 되기도 했다. 특히 외적 세력균형을 위한 노력이 전개될 경우 다수의 국가들이 동맹을 맺어서 대결하게 됨으로써 전쟁이 발발할 가능성이 높아지고, 전쟁의 규모가 확대된다. 제1차 세계대전은 유럽에서 시행된 세력균형 정책의 직접적인 산물이라고 할 수 있는데, <표 2-1>에서 보듯이 그 규모와 피해가 그 이전의 어떤 전쟁에 비교할 수 없을 정도로 폭발적으로 증대되었다. 또한 20년 이후에 또다시 발발한 제2차 세계대전은 이보다 규모가 더욱 커졌다. 세력균형 정책의 심각한 폐해라고 아니할 수 없다.

표 2-1 ‖ 제1차 세계대전의 규모

진 영	참가국가	참가병력 (천 명)	군인사망 (천 명)	민간인사망 (천 명)
3국동맹	프랑스, 영국, 러시아, 일본, 이탈리아, 미국 등 19개국	42,959	5,525	4,000
3국협상	독일, 오스트리아-헝가리, 터키, 불가리아 등 21개국	25,248	4,386	3,700

다섯째, 세력균형 이론은 냉전 이후 미국의 패권적 지위가 지속되고 있음에도 전쟁이 발발하지 않고 있는 현상을 설명하지 못한다. 월트가 '위협균형' 이론을 통하여 반박하고 있듯이 세력균형 이론에 의하면 미국의 패권을 저지하기 위한 국가들이 연합을 형성하고자 노력해야 하는데 그렇지 않다. 또한 미국도 패권국으로서 약한 국가를 핍박하지 않고 있다. 실제로 미국이 패권을 확보한 상태에서 국가 간 대규모 전쟁과 전쟁의 가능성은 오히려 줄어들고 있다.

세력균형 이론은 자체로는 완벽한 이론이 아닐 수 있다. 그러나 개념 자체가 단순하여 대부분의 정치가들이 공감하였고, 따라서 실제로 적용되기도 했으며, 앞으로도 계속 토의 및 적용될 것이다. 상당한 비판이 제기되고 있지만, 세력균형 이론은 국제정치 분석의 근간을 제공했고, 다양한 국제정치 이론이 출현하는 바탕으로 작용해온 것은 분명하다.

제3절 세력전이 이론

세력전이(轉移) 이론은 세력균형 이론에서 출발하고 있다. 특히 냉전 이후 중국이 부상하면서 미국 주도의 세계질서에 도전할 것인가가 관심거리가 됨에 따라서 이 이론이 부각되고 있다. 강대국들의 경쟁 강도와 결과에 영향을 받을 수밖에 없는 현 시대 약소국들의 안보를 위해서는 이 이론에 대한 정확한 이해가 중요할 수 있다.

1. 기본개념

세력전이 이론(power transition theory)은 오간스키(F. K. Organski, 1923~1998)가 발표하여 주창한 이론이다. 오간스키는 국제사회가 분명한 위계질서를 지니고 있다는 전제 하에 ① 인구, 생산성, 정치적 응집성과 안정성 측면에서 가장 대규모인 지배국가(dominant state), ② 그 지배적 국가에 대한 잠재적 도전세력으로서 국제체제의 안정과 세력의 분배를 통제하는 강대국들(great powers), ③ 지역적 범위에서 지배적 국가와 유사한 위상은 갖는 중견국가들(middle powers), ④ 나머지 약소국들(small powers)로 구분하고 이러한 서열은 세계적으로는 물론이고 지역적으로도 존재한다고 주장하였다. 그러면서 국가별로 현 질서에 대하여 만족 또는 불만족의 태도를 갖게 되는데, 당연히 지배국의 만족도가 높고, 밑으로 내려올수록 만족도는 낮다. 그리고 강대국 중 국력이 강성해지고 있는 국가가 현재의 상태에 만족하지 못한 결과로 지배국에게 도전할 때 전쟁이 발생한다고 주장하고 있다. 이러한 설명을

그림 2-3 국제사회의 위계적 질서

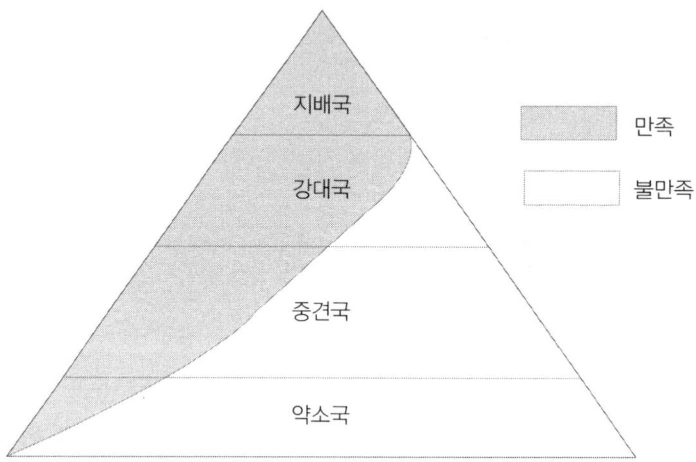

을 도식화하면 [그림 2-3]과 같다.

오간스키는 국가의 세력을 형성하는 요소로서 군사력보다는 경제력을 강조하고 있다. 현대 국가들의 대부분이 산업화를 통한 경제력 강화의 덕분으로 강대국의 위치를 구비하게 되었다는 것이다. 그래서 오간스키는 군사력 중심으로 세력을 인식하는 기존의 세력균형 이론은 현대적인 국제사회를 설명하는 데 적합하지 않다고 비판한다. 즉, 세력전이 이론에서는 국가의 내적 성장 특히 경제적 성장을 중요시하는데, 국가별 경제성장률의 차이가 매년 누적될 경우 수년이 경과하면 세력의 전이가 발생할 수 있다고 주장한다.

세력전이 이론은 명칭에서 보듯이 세력균형 이론과 상당한 정도로 인식을 같이 한다. 국제정치에서 국가가 주요 행위자이고, 국가의 지도자는 외교정책 결정에 있어서 합리적 선택을 한다는 것이다. 다만, 다수 국가들이 균형상태를 이루고 있다는 세력균형 이론과 달리 세력전이 이론은 세계가 지배국을 중심으로 위계질서를 갖고 있다고 생각한다.

세력균형 이론과 달리 세력전이 이론은 다수의 학자들이 다수의 역사적 사례를 통하여 이 이론의 타당성을 검증하였고, 상당히 현실에 부합되는 것으로 평가되고 있다. 특히 세력균형 이론이 미국 패권 하에서 세계가 안정되고 있는 현 세계의 상황을 제대로 설명하지 못하는 데 비하여 세력전이 이론은 지배국의 개념으로 이를 더욱 설득력있게 설명할 수 있다.

2. 역사적 사례

세력균형 이론은 이론 자체가 오래된 역사를 갖고 있지만, 세력전이 이론은 20세기에 들어와서 명명된 이론이다. 이론은 늦게 정립되었지만, 그러한 사례는 역사적으로 매우 많다. 예를 들면, 세력전이 이론을 설명할 때면 빠지지 않고 등장하는 말이 "투키디데스의 함정(The Thucydides Trap)"이라는 용어이듯이 세력전이로 인한 전쟁은 그리스 시대 아테네와 스파르타 간의 전쟁원인으로 인식되고 있다. 투키디데스는 그가 기술한 기원전 4세기의 『펠로폰네소스 전쟁사』를 통하여 아테네가 신흥강대국으로서 당시 지배국 위치를 차지하고 있던 스파르타에 도전하게 되자 이에 두려움을 느낀 스파르타가 아테네를 공격함으로써 그 전쟁이 발생하였다고 설명하고 있다. 그래서 '투키디데스 함정'은 도전국가가 발생하면 지배국이 도전국가의 성장을 사전에 차단하기 위하여 전쟁을 하게 되는 필연성을 경고하는 말로서 사용된다.

미국과 중국, 그리고 투키디데스 함정

- 중국이 급속한 경제성장을 하면서 미국과 중국 간의 충돌 가능성이 거론되거나, 이들의 관계에 "투키디데스 함정"이라는 용어가 사용되고 있다.
- 예를 들면, 미국 하버드 대학의 앨리슨(Graham T. Allison, 1940~) 교수는 2017년 *Destined for War: Can America and China Escape Thucydides's Trap?*이라는 제목의 책을 발간하여 양국 간 전쟁 가능성이 낮지 않다고 경고하고 있다. 엘리슨은 미국과 중국 간 해상에서의 우연한 충돌, 타이완의 독립 추진, 제3자에 의한 도발, 북한 붕괴, 경제분쟁 악화 등과 같은 촉발요인이 전쟁을 초래할 수 있다고 주장한다.
- 앨리슨이 소속된 케네디 학교(Kennedy School)의 Belfer Center 연구소에서는 근

세 이후 발생한 투키디데스 함정의 사례가 16번이고, 그중 12번에서 전쟁을 하게 되었다면서 미국과 중국 간 전쟁방지를 위한 적극적인 논의를 촉구하고 있다.

- 실제로 트럼프(Donald Trump) 행정부 출범 이후 발표한 국가안보전략이나 국가국방전략에서 미국은 중국을 수정주의 세력(revisionist power)으로 규정하고 있고, 미국의 '인도-태평양 전략(Indo-Pacific Strategy Report)'도 중국 견제책으로 이해되고 있다. 미국과 중국 간의 무역분쟁도 해결이 미흡하고, 코로나-19의 책임론이나 홍콩 문제를 둘러싸고 대결이 강화되고 있는 점도 있다.

※ 미국이 추진하고 있는 '인도-태평양 전략'에 관해서는 부록 #2. 참조.

유럽의 경우에도 세력전이 이론에 의하여 설명될 수 있는 사례가 많다. 16세기에는 스페인에서 네덜란드로, 17세기에는 네덜란드에서 영국으로 세력전이가 있었다. 18~19세기에는 프랑스가 지배국이었던 영국에 도전하여 실패했고, 20세기에는 독일이 역시 영국에 도전하였으나 실패한 것으로 볼 수 있다. 다만, 21세기에 두 번의 전쟁을 통하여 유럽의 국가들이 피폐해진 결과에 추가하여 핵무기라는 절대무기를 보유하게 됨으로써 미국과 소련이 새로운 지배국으로 등장하게 되었다.

다수 학자들의 경험적 연구에 의하여 세력전이 이론의 역사적 타당성이 상당수 입증되기도 했다. 1815~1939년 유럽에서 있었던 국가 사이의 전쟁을 연구한 후 세력균형 이론에서 주장하는 내용과 달리 전쟁 당사자 간의 국력차가 대등하였을 때 전쟁이 발발한 사례가 많았다는 분석도 있고, 1816~1986년 간에 세계에서 있었던 456개 분쟁을 분석한 후 역시 세력이 대등한 국가끼리의 전쟁 가능성이 통상적인 경우보다 두 배가 높다는 연구결과도 있었다. 남미의 분쟁에서도 도전국과 패권국 간에 세력이 유사할 때 분쟁이 빈번했고, 특히 국내적으로도 정부와 반군단체 간의 세력이 대등할 때 내전이 악화되었다는 연구도 있었다.

3. 주요 주장

세력전이 이론은 세력균형 이론과는 거의 반대라고 할 정도로 경쟁국 사이의 세력 분산을 중시하는 것이 아니라 지배국을 중심으로 하는 세력의 집중을 강조하고 있다. 강력한 지배국이 존재할수록 평화의 가능성이 높아진다고 판단하기 때문이다.

세력전이 이론은 어떤 시대의 단기적인 현상을 설명한다기보다는 장기적인 순환 구조를 강조한다. 어느 시점에서 지배국이 등장하였을 때 다른 국가들이 이에 만족하면 상관없지만 만족하지 않을 때는 도전국이 전면에 나서게 되고 그 도전국과 지배국이 전쟁을 하여 도전국이 승리하면 또 다른 지배국으로 격상되면서 새로운 주기가 시작된다는 것이다. 그 새로운 지배국에 대하여 도전하는 국가가 발생하면 또다시 전쟁이 발발하여 지배국이 유지되거나 교체되게 된다. 세력전이를 연구하는 학자들에 의하면 일반적으로 패권국의 지배에 의하여 안정을 누리는 기간은 60~90년 간 지속되고, 분쟁의 기간은 20년 정도 지속된다고 한다. 세력전이 이론은 세력균형 이론에 비해서는 더욱 장기적이면서 동태적인 접근이라고 할 수 있다.

세력전이 이론에서 강조하는 것은 군사력이나 동맹보다는 국가의 경제력이다. 오간스키는 국력의 3대 요소로 해당국가의 부와 산업능력, 인구, 정부조직의 효율성을 열거하고 있을 정도이다. 이 이론의 적실성 여부를 판단하기 위한 사례연구에서도 세력의 조작적 내용으로 대부분 국내총생산(GNP) 또는 국민총생산(GDP)을 활용하고 있다. 일시적으로 보면 군사력이 중요한 요소이지만, 장기적으로 보면 경제적인 바탕없이 군사력에 지속적으로 투자하는 것이 어렵다고 보기 때문이다. 단기적으로 강한 군사력을 보유하고자 군사분야에 지나치게 많은 노력과 재원을 사용하면 결국은 경제적 투자가 감소될 수밖에 없고, 그렇게 되면 수년 후에는 경제력이 쇠퇴되어 전체 국력이 감소될 뿐만 아니라 군사적 투자도 줄어들게 된다는 것이다.

세력전이 이론에서 가장 강조하고 있는 것은 세계의 위계질서로서, 위계질서가 명확할수록 안정적이라고 주장한다. 그렇기 때문에 세력전이 이론은 다극체제가 오히려 전쟁의 가능성을 높인다고 판단한다. 다극체제에서는 행위자가 많아서 오산, 혼동, 불확실성이 발생할 개연성이 더욱 크다는 것이다. 반면에 지배국이 하나인 단극은 말할 필요도 없고, 지배국이 두 개인 양극체제라고 하더라도 두 지배국이 서로를 잘 알기 때문에 다극체제와 같은 비합리적인 전쟁발발 가능성은 줄어든다고 주장한다.

세력균형 이론에 비해서 세력전이 이론의 적실성이 높은 이유 중 또 다른 하나는 세력균형 이론에서는 모든 국가들이 자신의 생존을 유지 및 증진하기 위하여 또는 세력 자체를 목적으로 삼아서 끊임없이 세력을 증강한다. 그러나 세력전이 이론에서는 현상에 만족할 경우 세력의 증강에 더 이상 집착하지 않는다. 즉, 세력균형 이론에서는 세력의 균형이 무너지면 전쟁이라고 생각하지만, 세력전이 이론에서는 전쟁이 아닌 지배국 하의 단극체제로서 평화가 보장될 수 있고, 그것이 국제사회의 더욱 일반적인 형태라고 주장하며, 이것이 미국이 지배국으로 존재하고 있는 현재의 상황과 유사한 측면이 적지 않다.

4. 패권안정 이론

세력전이 이론과 맥락을 함께하는 이론으로서 패권안정 이론(Hegemonic stability theory)이 있다. 이것은 1970년에 국제정치경제학자인 킨들버거(Charles P. Kindleberger, 1910~2003)가 경제적 측면에 중점을 두어 창안한 이론으로서 패권국이 기축통화를 발행하는 대신에 경상수지 적자를 감수하면서까지 국내시장을 외국에게 개방함으로써 무역을 활성화해야 국제사회가 안정될 수 있다는 주장이다. 19세기 중반과 20세기 중반에 세계가 안정된 것은 영국과 미국이라는 패권국이 존재하였기 때문이고, 제1차 세계대전 이후 제2차 세계대전까지 대공황과 전쟁까지 겪은 것은 패권국이 존재하지 않아서라는 주장이다.

패권안정 이론은 매우 단순한 주장으로서 국제사회는 1개의 강력한 패권국이나 지배국이 있을 때 안정되고, 패권국의 패망이나 부재는 국제사회를 불안하게 만든다는 내용이다. 이 이론에 의하면 패권국은 무역질서나 국제사회의 질서 등 공공재를 생산하여 무료로 제공함으로써 세계를 안정시킨다. 패권안정 이론은 세력균형 이론과는 정반대이고, 세력전이 이론에서 주장하는 지배국에 의한 질서와는 동일한 관점을 갖고 있다.

1987년 발표된 모델스키(George Modelski, 1926~2014)의 장(長)주기 이론(Long Cycle Theory)도 세력전이 및 패권안정 이론과 맥락을 같이한다. 모델스키에 의하면 전쟁은 단편적으로 보이는 다양한 불안정 요소 때문에 발발하는 것이 아니라 범세계적 순환주기의 자연발생물이고, 장주기의 일부라는 것이다. 장주기 이론가들에 의하면 도중에 전쟁이 발생할 경우 다소 연장될 수 있긴 하지만 패권국이 등장하여 패망하는 데 대체적으로 70~100년 소요되기 때문이 이 기간이 지나면 새로운 패권국이 등장하게 된다는 것이다. 그들에 의하면 최근 역사에서도 다섯 번의 장주기가 존재하였는데, 그것은 16세기 포르투갈, 17세기의 네덜란드, 이후 두 번을 지배한 영국, 그리고 현재의 미국이라는 설명이다. 이들 모두 패권국이 국제질서를 안정시켜 유지 및 관리하였다는 것이다. 이 이론을 간단하게 도식화하면 [그림 2-4]와 같다.

그림 2-4 장주기 이론

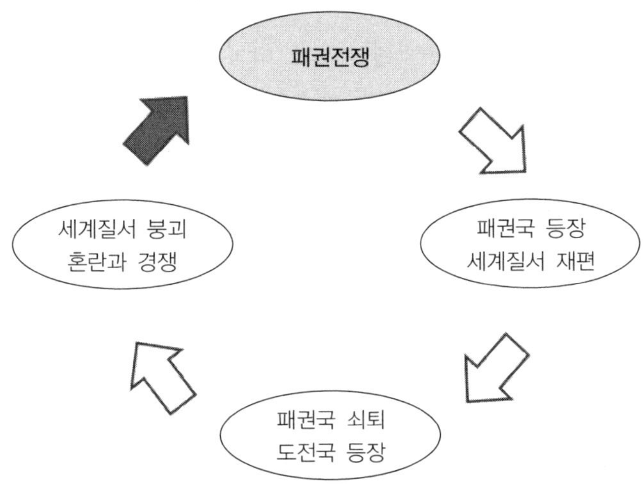

5. 비 판

완전한 이론이 없다는 차원에서 다른 이론과 마찬가지로 세력전이 이론도 적지 않은 비판을 받고 있다.

첫째, 세력균형 이론과 마찬가지로 세력전이 이론도 세력이 무엇이고, 어떻게 조작화할 것인가가 불명확하다는 비판을 받고 있다. 세력전이 이론은 기존 세력균형 이론의 세력에 추가하여 당시의 세력균형 상태를 다른 강대국이 만족하게 생각하는지 또는 불만족하게 생각하는지라는 개념을 추가하였고, 따라서 더욱 복잡해졌다. 세력전이 이론에서는 국민총생산이나 국내총생산을 세력의 기준으로 사용하기 때문에 세력균형보다는 다소 일관적인 데이터가 있기는 하지만, 그것이 세력을 어느 정도 정확하게 나타내느냐에 대해서는 논란이 제기될 수밖에 없다. 더욱 문제가 되는 것은 만족과 불만족을 어떻게 측정할 것이냐는 것으로 어떤 척도를 사용하더라도 대부분이 공감하는 합의를 얻기는 어렵다고 할 것이다.

둘째, 세력전이 이론에서 제기하는 지배국의 경우 개념에는 동의하더라도 현실적으로 국제사회에서 다른 국가에게 어떤 규칙을 강요할 수 있을 정도 지배국이 존재하기는 어렵다고 비판된다. 경제력이 다소 부강하다고 하여 다른 국가의 행동을 좌우할 수 있는 지배적인 위상이 부여되는 것은 아닐 것이기 때문이다. 핵무기 개발로 인하여 냉전시대의 미국과 소련, 그것을 계승한 미국에 대해서는 지배국이라는 표현을 사용할 수 있어도 유럽의 역사에서 스페인, 네덜란드, 영국이 지배국이었다고 평가하는 데 동의하지 않을 사람도 적지 않을 것이다.

셋째, 세력전이 이론은 도전국이 현상에 만족하면 당시의 질서가 그대로 유지되고, 현상을 타파하고자 하면 전쟁을 해야만 세력의 전이가 이루어진다고 하지만, 전쟁없는 세력전이도 가능하다고 비판하기도 한다. 제1차 세계대전 이후 세계의 지배국으로 미국이 등장한 것은 미국이 그 이전의 지배국과 전쟁을 감행한 결과가 아니다. 세력전이 이론이 사례로 드는 근대 유럽국가들의 경우도 전쟁을 하지 않은 것은 아니지만 세력전이 이론에서 연상시키듯이 지배국과 도전국이 건곤일척의 대규모 전쟁을 통하여 세력의 전이 여부를 결정하였다고 보기는 어렵다.

토의주제

- 현실주의는 악하고, 자유주의는 선한가?
- 구성주의는 어느 정도 의미있는 이론인가?
- 세력균형은 분석의 기준인가, 정책의 방향인가?
- 세력전이 이론은 현재의 미국과 중국에게 적용되고 있는가?
- 세계의 패권은 실제로 장주기로 전환되어 왔는가?

추천문헌

황진환 외(2015). 『신 국가안보론』. 서울: 박영사. pp.33-46.

김영호(2009). "자유주의 국제정치이론에 대한 비판적 고찰: 자유주의 사상과의 연관성을 중심으로." 『국제정치연구』. 제12집 1호, pp.1-22.

김태운(2005). "'신현실주의'와 '신자유주의'의 국제정치관." 『정치정보연구』. 제8권 2호, pp. 190-211.

김혜승(2005). "국제정치사에 있어서 이념과 세력균형의 역동성." 『한국정치연구』. 제14권 2호, pp.165-185.

김관옥(2016). "미, 중 패권경쟁의 이론적 논쟁 재조명." 『한국정치학회보』. 제24권 2호, pp. 1-26.

Chapter

03 | 동맹관계

국제관계 중에서 국가안보와 가장 밀접한 관련을 갖는 것은 동맹이다. 주어진 위협에 대하여 공동대응하겠다고 약속하는 것이 동맹이기 때문이다. 특히 한국은 한미동맹을 국방의 근간으로 삼고 있다는 점에서 동맹이론에 대한 공부없이 안보를 논의 또는 연구하기 어렵다.

제1절 동맹의 의의와 유형

1. 의 의

동맹(alliance)은 두 개 이상의 국가가 서로의 위협에 공동으로 대처하기로 하는 약속이다. 공격과 방어 모두가 해당될 수 있지만, 방어 목적으로 형성되는 경우가 대부분이고, 실제로 공격을 함께 하는 동맹을 체결하더라도 외부적으로는 방어 목적이라고 말한다. 예를 들면, [그림 3-1]에서 제시되고 있듯이 A국과 B국이 동맹을 체결했다는 것은 다른 국가, 즉 C국과 D국 등이 A국이나 B국을 공격할 경우 A국과 B국 모두가 자신에 대한 공격으로 간주해서 함께 전쟁을 수행하겠다고 약속하는 것이다.

그림 3-1 동맹의 근본 의도

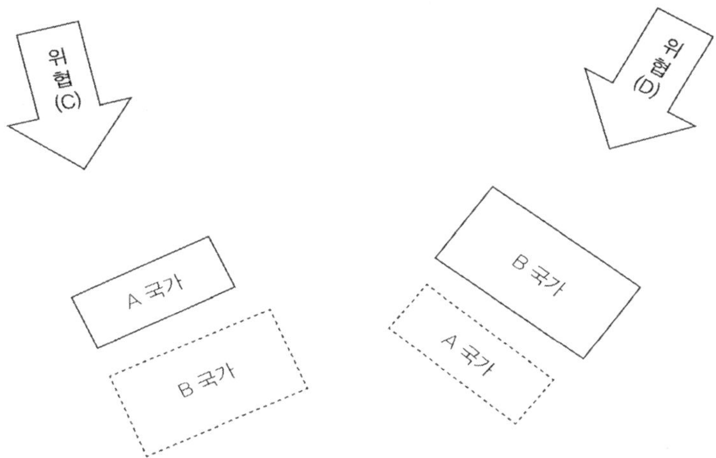

동맹이 "잠재적 전쟁공동체(potential war community)"로 불리는 이유이다.

국가들이 이와 같은 동맹을 맺고자 하는 일차적이면서 근본적인 이유는 위협에 대한 대응력이 부족하거나 자체적으로 방어할 수 없다고 판단하기 때문이다. 그래서 다른 국가의 도움을 확보하는 방법으로 동맹을 활용한다. 이러한 점에서 심각한 위협에 직면하고 있는 국가일수록 또는 약소국일수록 동맹을 체결해야 할 필요성이 크다. 동맹의 대상이 되는 다른 우방국도 대응력을 보완해야 할 유사한 상황일 경우 동맹의 체결은 쉽지만, 일방적으로 지원받아야 할 경우에는 동맹을 보유하고 싶어도 가용하지 않을 경우가 많다.

위협이 심각하지 않은 상태에서도 동맹을 맺거나 유지하는 것은 동맹을 활용하면 효율적 국방이 가능해지기 때문이다. 어떤 국가가 자력으로 현재의 위협, 잠재적 위협, 또는 미래의 불확실성에 대비하고자 할 경우 상당한 국방투자가 필수적인데, 동맹을 맺어서 동맹국의 군대나 자원을 활용할 수 있다면 그만큼 국방투자를 줄일 수 있고, 그 여력을 경제발전에 투자할 수 있다. 위협이 줄어들었지만 동맹이 금방 없어지지 않은 채 유지되는 이유이다. 동맹을 통한 효율적 국방으로 경제적 투자가 증대되면 국력이 신장될 것이고, 나중에 국방에 투자할 여력도 커져서 국방력 강화도 쉬어지는 순순환(順循環, virtuous cycle)을 기대할 수 있다.

국제정치에서 동맹은 세력균형의 '외적 균형' 방법으로도 사용된다. 지역이나 세계에서 세력의 불균형이 존재할 경우 유사한 처지에 있는 국가와 동맹을 맺어서 세력을 증대시키면 균형이 회복되어 정세를 안정시킬 수 있기 때문이다. 다만, 이를 위해서는 상황변화에 따라 수시로 동맹의 대상을 변화시켜야 하는데, 이것은 왕조시대에는 가능했을 수 있지만, 현대의 민주주의 국가체제에서는 가능하다고 보기 어렵다. 또한 이해타산에 의하여 임시방편으로 동맹을 체결했을 경우 전시에 약속이 그대로 이행될 가능성은 높지 않다.

동맹은 다른 국가를 관리하는 수단으로도 활용될 수 있다. 강대국의 입장에서는 동맹관계를 맺음으로써 대상이 되는 국가의 정책방향을 일정하게 통제할 수 있기 때문이다. 또한 약소국의 입장에서는 동맹이 편승의 중요한 수단이 되기도 하는데, 전쟁승리에서 파생하는 이익을 공유하거나(공격적 편승), 공격의 위험을 피하기 위하여(방어적 편승) 강대국과 결탁할 수 있다.

약소국에게 동맹은 강대국의 지원을 확보하여 국가의 생존을 보장하면서 경제적 국방을 달성하는 다목적적인 의도라고 할 수 있다. 이 경우 동맹국 간의 이념적 성향이나 정체성이 동일할 때 동맹이 체결되거나 강력하거나 오래 유지될 가능성이 높아진다. 다만, 약소국은 강대국의 간섭이나 정치적 요구를 수용해야 한다는 점에서 동맹에 대하여 감정적인 거부감을 갖게 되고, 냉전시대 '비동맹운동(non-aligned movement)'처럼 동맹의 필요성은 인식하면서도 동맹을 맺지 않고자 노력하기도 한다.

2. 유 형

당연히 동맹에도 다양한 유형이 존재하면서 학자마다 다양하게 분류할 수 있다. 목적에 따라서 공격적 동맹과 방어적 동맹으로 구분할 수도 있고, 지리적 범위에 따라서 지역적 동맹과 세계적 동맹으로 구분할 수도 있으며, 평시동맹과 전시동맹으로 구분하면서 전시동맹은 '연합(coalition)'이라고 부르기도 한다. 다만, 이러한 분류는 추가적인 설명이 불필요할 정도로 용어 자체로 그 의미를 금방 이해할 수 있다.

동맹과 관련하여 추가적인 설명이 필요한 구분은 대칭동맹(symmetrical alliance)과 비대칭동맹(asymmetrical alliance)이다. 전자는 국력이 대등한 국가끼리 유사시 서로의 군사적 지원이라는 대칭적인 성격의 내용을 서로가 제공하기로 약속한 동맹을 말한다. 후자는 국력이 강대국과 약소국으로 차이가 날 뿐만 아니라 서로가 제공하는 것도 강대국은 안보를 제공하는 대신에 약소국은 안보지원 이외의 비대칭적인 다른 것을 지원하게 되는 동맹이다. 강대국은 자체적으로 충분한 국방력을 구비하고 있어서 약소국의 안보지원이 필수적이지 않다고 생각하고, 따라서 유사시 서로가 군사지원을 제공한다는 대칭적인 교환으로는 호혜성이 미흡하여 약소국에게 자신이 요구하는 다른 것을 제공해줄 것을 요구한다. 냉전시대에 미국과 소련을 중심으로 형성된 동맹은 모두 비대칭동맹으로서 미국과 소련이 전략핵무기의 독점을 활용하여 안보를 제공하고, 다른 국가들은 미국과 소련이 요구하는 바를 수용해야만 했다. 냉전 이후에도 미국을 중심으로 한 동맹관계의 대부분은 지속되고 있는데, 이들은 비대칭동맹으로서 서로가 제공하거나 서로에게 기대하는 것이 다르다.

자주 사용하지는 하지만 동맹은 체결국가에 따라서 2개 국가 간에 체결될 때는 양자동맹(bilateral alliance), 다수 국가의 동맹에 대해서는 다자동맹(multilateral alliance)이라는 용어를 사용하여 구분할 수 있다. 양자동맹은 미국을 중심으로 한 한국, 일본, 필리핀, 태국, 호주 등의 동맹이고, 다자동맹은 북대서양조약기구(NATO)로서, 29개국이 동맹관계를 형성하고 있다. 이러한 다자동맹이 전체적인 동맹활동, 특히 군사작전을 통합적으로 지휘하는 정치 및 군사적인 조직을 가질 경우 '집단방위(collective defense)'로 불리기도 한다.

최근에는 포괄적 동맹, 가치동맹, 전략동맹, 경제동맹 등 동맹에 수식어를 붙여서 차별화하는 경향도 없지 않다. 군사력의 상호지원을 전제로 하는 동맹의 효용을 확대하거나 동맹과 같은 공고한 협력관계라는 점을 나타내기 위한 의도로 볼 수 있다. 이 중에서 포괄적 동맹은 군사동맹을 넘어서서 국가 전 분야에서 동맹과 같은 긴밀한 협력을 강화한다는 의미이고, 가치동맹은 군사동맹이 기본이 되어 있는 상태에서 민주주의와 같은 가치의 공유를 강조하는 용어이다. 전략동맹은 국제정치 속에서 동맹국 간의 협력을 강화하기 위한 희망사항이라고 할 수 있는데, 국제관계의 추진방향을 서로 협력하는 수준을 지향한다고 할 수 있다. 경제동맹은 경제분야에서 해당 국가들이 운명공동체와 같은 긴밀한 협력관계를 갖고 있다는 점을 강조하는 용어로서, 군사동맹이 병행될 수도 있고, 병행되지 않을 수도 있다. 다만, 어떤 명칭을 사용하든 동맹의 전제는 군사동맹으로서, 그것이 없이는 어떤 수식어를 붙이더라도 실질적인 성과를 도출하지 못한 채 수사에 그칠 가능성이 크다.

3. 집단방위

다수 국가 간의 동맹은 '집단방위'로 불린다. 단순한 개별국가 사이의 동맹이 아니라 중앙의 정치적이거나 군사적인 조직을 설치하여 동맹조약을 집단적으로 행사하기 때문이다. 유엔을 중심으로 하는 다수 국가의 연합은 동맹조약을 근거로 하는 것이 아니라 세계정부를 지향한다는 점에서 집단방위와는 구별하여 '집단안보(collective security)'라고 말하고, 따라서 동맹과는 성격이 다르다.

집단방위의 전형적인 조직은 나토(NATO)이다. 나토는 1949년 4월 소련과 동유럽의 군사적 위협으로부터 서유럽과 북아메리카의 안전을 지키기 위한 목적으로 창설되었고, 최초에는 벨기에, 캐나다, 덴마크, 프랑스, 아이슬란드, 이탈리아, 룩셈부르크, 네덜란드, 노르웨이, 영국, 미국의 12개국이 창설하였다. 그러다가 냉전 기간에 그리스, 터키, 서독, 스페인이 참가하여 16개국이 되었다. 그러다가 냉전이 종료되면서 과거 동구권 국가들을 대거 영입하여 현재는 29개국에 이르고 있다.

나토의 회원국 간은 모두 동맹관계라고 할 수 있는데, 그 핵심은 나토헌장의 제5조이다. 그것은 "유럽이나 북미에 있는 어느 일국에 대한 무력공격을 모든 회원국에 대한 공격으로 간주하고, 그러한 공격이 있을 경우 유엔헌장 제51조에서 인정한 독자 또는 집단방위 권한을 행사하여 각 회원국들은 집단적 또는 독자적으로 공격받는 국가를 지원한다"라는 내용이다. 그리고 헌장의 이 조항을 이행할 수 있도록 나토는 [그림 3-2]와 같은 정치 및 군사기구를 만들어서 운영하고 있다.

그림 3-2 나토의 정치 · 군사조직

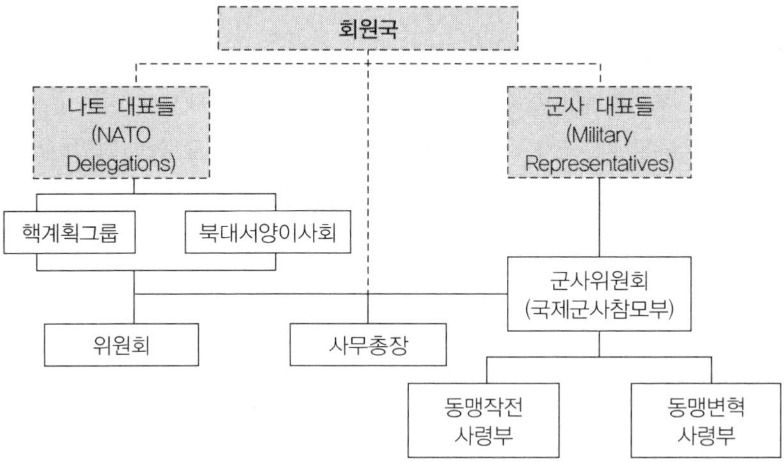

나토만큼 체계화되어 있거나 적극적으로 활동하는 것은 아니지만, 그 외에도 집단방위체제가 존재한다. 아래에서 설명되고 있듯이 미국이 주도하고 있는 미주기구

집단방위체제의 집단방위 조항

- 나토헌장 제5조: "The Parties agree that an armed attack against one or more of them in Europe or North America shall be considered an attack against them all …."
- 미주기구 헌장 제28조: "Every act of aggression by a State against the territorial integrity or the inviolability of the territory or against the sovereignty or political independence of an American State shall be considered an act of aggression against the other American States.
- CSTO 조약 제4조: "If one of the Member States undergoes aggression (armed attack menacing to safety, stability, territorial integrity and sovereignty), it will be considered by the Member States as aggression (armed attack menacing to safety, stability, territorial integrity and sovereignty) to all the Member States of this Treaty."

(The Organization of American States: OAS), 그리고 러시아가 주도하면서 중앙아시아 국가들이 참가하고 있는 집단안보조약기구(Collective Security Treaty Organization: CSTO)의 경우도 어느 회원국에 대한 공격을 전체에 대한 공격으로 간주하여 대응한다는 점을 명시하고 있고, 이의 이행을 위한 체제와 조치를 강구해두고 있다. 따라서 이들은 두 개 국가 간의 동맹이 다수 국가 간으로 확대되었다는 차원에서 동맹으로 인식해야 하고, 중앙집권적인 의사결정기구를 구비하고 있다는 점에서 집단방위로 분류되는 것이다.

4. 동반자관계

동맹과 유사한 관계로서 동반자관계(partnership)도 가끔 사용된다. 이것은 동맹을 선호하지 않는 중국과 같은 국가가 어떤 국가와의 우호적 관계를 공식적으로 표현하는 용어이다. 한국도 2008년 중국과 "전략적 협력 동반자관계"를 체결한 상태이다. 당시 한국에서는 이로 인하여 한중관계의 질적인 변화가 전망되기도 하였으나 2010년 북한의 천안함 폭침과 연평도 포격 사건이 발생하였을 때 중국은 한국의 입장은 전혀 고려하지 않은 채 북한의 입장을 지지하였고, 그 이후에도 한중관계의 질적인 변화는 없었다. 즉, 중국의 경우 동반자관계에 대한 명확한 정의나 의무조항을 명시하고 있지도 않지만, 동반자관계는 우호적인 관계를 갖도록 노력하자는 의미 이외에 특별한 의미를 갖고 있는 것은 아닌 것 같다.

동반자관계는 나토에서도 사용하고 있는데, 다음 쪽에서 설명되고 있듯이 나토의 경우 동반자관계는 어느 한 회원국에 대한 공격을 전체에 대한 공격으로 간주하여 대응한다는 나토헌장의 제5조 적용을 받지 않는 관계라고 규정해두고 있어서 동맹보다는 낮은 수준의 협력관계라는 점을 명시해두고 있다. 따라서 동반자관계를 체결하면서 어떤 의무조항을 서로가 합의하느냐에 따라서 협력의 강도는 달라질 수 있지만, 기본적으로는 보통의 관계에 비해서 질적으로 격상된 관계라고 보기는 어렵다.

나토의 동반자관계

- 나토는 1994년 회원국이 아닌 국가들과의 '평화를 위한 동반자관계(Partnership for Peace: PfP)' 시작
- 현재 22개 국가 참여: Armenia, Azerbaijan, Austria, Belarus, Bosnia and Herzegovina, Bulgaria, Croatia, Czech Republic, Estonia, Finland, Georgia, Ireland, Kazakhstan, Kyrgyz Republic, Malta, Moldova, Russia, Serbia, Sweden, Switzerland, Tajikistan, The Republic of Moldova, Turkmenistan, Ukraine, Uzbekistan
- 이 국가들은 어느 한 회원국가에 대한 공격을 전체에 대한 공격으로 간주하여 대응한다는 나토헌장 제5조의 적용을 받지 않음.
- 나토는 2011년부터 세계적 동반자관계(Partnership Across the Globe)도 시작: Afghanistan, Australia, Colombia, Iraq, Japan, the Republic of Korea, Mongolia, New Zealand and Pakistan

제2절 동맹의 구성요소

기본적으로 동맹은 그 중 한 국가가 공격받으면 다른 국가가 지원하겠다는 공식적인 약속, 즉 조약만으로도 충분하다. 그러나 동맹이 제대로 유지 및 관리되기 위해서는 약속 자체보다는 그것이 반드시 이행될 것이라는 점을 보증하는 것이 중요하다. 따라서 동맹관계를 체결한 국가는 약속이행의 신뢰성을 강화하기 위한 다양한 조치들을 강구하게 된다. 특히 미국을 중심으로 한 현 시대의 동맹은 공약 준수의 징표로 미군의 주둔 등 다양한 장치를 조약 이외에 추가하고 있다. 그중 핵심적인 몇 가지를 설명하면 다음과 같다.

1. 조 약

동맹의 출발점이면서 기본적인 요건은 조약이다. 조약은 국가 간의 공식적 약속

이고, 국민들까지도 동의했다는 징표이기 때문이다. 나토의 조약은 1949년 4월 4일, 미국과 호주 및 뉴질랜드 간의 조약은 1951년 9월 1일, 미국과 일본 간의 조약은 1951년 9월 8일, 그리고 한국과 미국 간의 조약은 1953년 10월 1일 체결되었고, 이 날짜를 각 동맹의 출발점으로 삼는다.

동맹의 강도에 따라 조약의 내용은 달라질 수밖에 없다. 나토는 제5조를 통하여 하나의 회원국에 대한 무력공격을 모두에 대한 공격으로 간주하여 군사력을 포함한 조치로 지원한다고 명시하고 있어 가장 강력한 집단행동을 약속하고 있다. 한미동맹이나 미일동맹은 외부의 공격이 있을 경우 동맹국들이 협의한다는 정도로 되어 있다.

2. 협의회의

조약만을 맺고 있어도 동맹이지만 대부분의 경우 유사시 동맹조약의 이행을 협의하기 위한 다양한 회의를 정례적 또는 수시로 개최한다. 유사시의 효과적 공동대응을 보장하려면 필요한 사항을 협의하여 평시부터 조치해두어야 할 것이기 때문이다. 나토의 경우 회원국 상설대표들로 구성되는 나토이사회(North Atlantic Council: NAC)가 매주 필요한 사항을 협의하고, 회원국들의 외교장관, 국방장관, 정상들도 정기 또는 수시로 만나서 중요한 사항을 결정한다.

특히 미국을 중심으로 하는 동맹관계에는 어떤 형태로든 동맹국 간에 수시 또는 정기적으로 필요한 사항을 협의하는 체제가 구축되어 있다. 한미동맹의 경우에는 양국의 국방장관과 합참의장이 연례적으로 만나서 안보현안을 토의하고, 미일동맹의 경우에는 외교 및 국방장관들이 연례적으로 만난다. 미국과 호주의 경우에도 외교 및 국방장관이 연례적으로 만나서 안보현안을 협의하고 있다.

3. 군대주둔

유사시 동맹의 약속이행을 보장하기 위한 가장 실질적인 조치는 군대의 주둔이다. 일부의 군대가 미리 배치되어 있다는 것은 유사시 대규모 증원군을 분명히 보낸다는 증표일 것이기 때문이다. 역사적으로 동맹국의 군대가 주둔하는 경우가 적지 않았고, 제2차 세계대전 이전에도 영국은 상당한 규모의 군대를 프랑스 북부지역에 주둔시켜 독일의 공격에 함께 대비하였다. 현재 미국은 나토, 일본, 한국에 상당한 규모의 군대를 배치해두고 있을 뿐만 아니라 나토지역에는 핵무기까지 전진배치시켜 두고 있다. 실제로 미국은 동맹정책을 약화시킬 때마다 해외주둔 미군의 감축을 발표하였고, 동맹국들은 그것을 미국 동맹공약 이행 강도의 약화라고 인식하여 그의 철회를 요구하곤 했다.

특히 미국은 유사시 동맹의 효과적인 대응을 위하여 평소부터 동맹국들과 연합 지휘체제를 구성해두고 있다. 그 강도는 동맹의 강도나 동맹국의 상황에 따라서 다른데, 나토의 경우에도 동맹작전사령부가 구성되어 있고, 한국에는 한미연합작전사령부, 일본에는 동맹조정메커니즘이 설치되어 있다. 특히 미국은 동맹국과의 연합사령관을 자신의 군인이 담당하도록 함으로써 평시의 훈련과 유사시 군사작전을 주도하고 있다.

4. 부담분담

동맹은 기본적으로 서로에 대한 희생적인 협력을 전제로 하고 있지만, 어느 일방의 희생이 지나치게 커지거나 지속될 경우 그에 대한 분담도 협의하지 않을 수 없다. 동맹은 호혜성과 협의를 통한 문제해결을 전제로 하는 관계이기 때문이다. 특히 미국은 제2차 세계대전 이후 세계경찰국가로서의 역할을 수행하였는데, 그에 따른 희생이 지나치게 커지자 책임분담(responsibility sharing), 부담분담(burden sharing), 비용분담(cost sharing) 등의 용어를 통하여 동맹국들과의 분담을 강조하였다. 제2차 세계대전 이후 부흥에 성공한 미국의 동맹국들도 미국이 특정 지역에 개입하여 군사작전을 전개할 경우 현역 파견이나 재원부담 등 다양한 형태로 미국을 지원하였다.

1970년대부터 미국이 경제적 어려움을 겪게 되자 동맹국에 주둔하는 미군의 비용을 동맹국들에게 일부 부담하도록 요구하기 시작하였고, 이에 동맹국들이 협조함에 따라 현대에는 미군 주둔비용의 분담이 일상화되고 있다. 원래는 미군이 부담하도록 되어 있는 것이어서 미국은 특별협정을 맺어서 동맹국, 특히 한국과 일본의 비용분담 액수와 조건을 결정한다. 이러한 비용분담을 한국에서는 '방위비분담'이라고 말한다. 지금까지는 대부분 원만한 합의를 타결해왔는데, 최근 미국의 트럼프(Donald Trump) 대통령이 동맹국의 방위를 위해 미국이 지나치게 희생한다면서 동맹국들에게 비용분담을 증대시킬 것을 요구하고 있고, 따라서 이것이 미국을 중심으로 한 동맹관계에서 갈등을 조장하는 하나의 요인이 되고 있다.

기본적으로 동맹은 조약으로 시작하지만, 그것을 구현하기 위한 요소들로 다양하게 연결될수록 동맹의 강도는 강할 것이다. 밧줄 한 가닥으로 연결되어 있는 것보다 다수의 가닥으로 연결되어 있는 것이 강한 것과 같다. 따라서 동맹을 필요로 하는 정도가 큰 국가일수록 다양한 요소들을 활용하여 동맹을 결속하고, 각 요소들의 강도도 지속적으로 높여 나가야 할 것이다. 이것을 그림으로 나타내면 [그림 3-3]과 같다.

그림 3-3 동맹의 구성요소

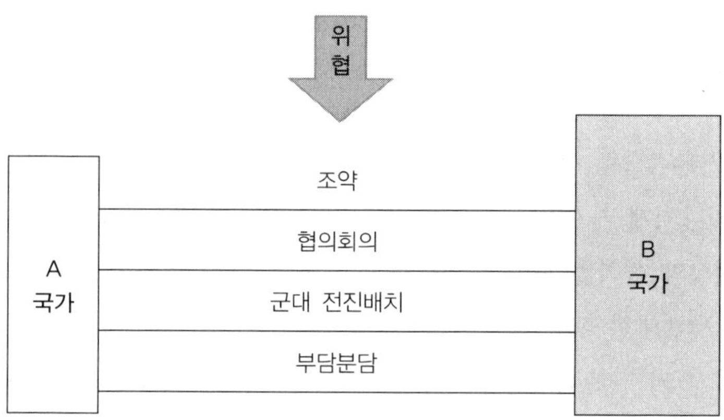

제3절 동맹의 딜레마

안보적 차원에서 보면 동맹은 매우 효과적이면서 효율적인 방법이지만, 그에 따른 부작용도 없지 않다. 동맹관계로 인하여 부과되는 행동의 제약이 없지 않기 때문이다. 이것을 '동맹 딜레마(alliance dilemma)'라고 부르는데, '딜레마'라는 용어 자체가 어느 한쪽을 선택할 수 없다는 어려움을 암시하고 있다.

1. 연루와 방기

동맹 딜레마와 관련하여 가장 빈번하게 언급되는 것이 연루(entrapment)와 방기(放棄, abandonment)의 딜레마이다. 이것은 1984년 스나이더(Glen Snyder, 1924~2013)가 발표한 논문에서 설명하고 있는 사항으로서, 연루는 동맹국으로 인하여 자신이 원하지 않는 전쟁 등의 위기에 끌려들어가는 위험을 말하고, 방기는 결정적인 순간에 동맹국이 약속을 이행하지 않아서 발생하는 위험이다. 동맹은 위기 시 상호지원을 약속하는 관계이기 때문에 연루는 동맹과 동의어라고 할 정도로 당연한 사항이다. 또한 아무리 동맹관계로 유사시 지원하기로 약속했다고 하더라도 자신의 생존이나 국익이 심각하게 위협받을 수밖에 없다고 판단되면 동맹의 약속을 지킬 수 없다는 점에서 방기의 위험도 상존한다.

연루와 방기의 위험이 딜레마가 되는 이유는 연루의 위험을 낮추고자 노력하면 방기의 위험이 높아지고, 방기의 위험을 낮추고자 노력하면 연루의 위험이 높아지기 때문이다. 동맹국의 일에 덜 관여되고자 한다면 동맹의 약속을 느슨하게 해야 하는데, 그렇게 되면 상대도 동맹의 약속을 느슨하게 생각하여 결정적인 순간에 지키지 않을 확률이 높아진다. 반면에 결정적인 순간에 동맹국으로 하여금 안보지원의 약속을 지키도록 하려면 동맹의 강도를 강하게 유지할 수밖에 없고, 그렇게 되면 당연히 내가 동맹국의 일에 연루될 가능성도 높아진다.

결국 동맹을 유지하는 국가가 어느 쪽에 비중을 둘 것인가는 상황에 따라서 달라질 수밖에 없다. 동맹국의 안보지원이 필요한 정도가 클수록 연루의 위험을 두려워하기보다는 방기의 위험을 줄이는 데 주안을 둬야 할 것이고, 그 반대일 경우에는 연루의 위험성을 줄이는 데 주안을 두게 될 것이다. 강대국의 지원없이 안보를 유지할 수 없는 국가는 연루와 방기의 위험을 균등하게 생각할 수 없다. 방기되면 국가의 생존을 보장할 수 없기 때문이다. 따라서 심각한 안보위협에 직면하고 있는 약소국의 경우에는 방기의 위험을 최소화하는 데 노력할 수밖에 없고, 대신에 연루의 위험은 어느 정도 감소하되 그 부작용을 최소화하고자 지혜를 짜내는 수밖에 없다.

반대로 약소국과 동맹을 맺고 있는 강대국의 입장에서는 방기보다는 연루의 위험이 훨씬 크다. 강대국에게는 약소국의 군사지원이 필수적이지 않고, 그 외에 다른 것을 동맹으로부터 획득하는 이득이 크다고 하더라도 사활적인 가치가 아니어서 포기할 수 있기 때문이다. 반면에 약소국의 일에 연루될 경우 상당한 희생을 각오해야 할 뿐만 아니라 다른 강대국과의 전쟁이라는 위험을 각오해야 할 수도 있다. 강대국 간의 전략적 경쟁이 치열해질 경우 동맹을 유지하여 지지국가들을 확보하려는 동기도 존재할 수 있으나, 강대국 간의 전쟁으로 악화될 가능성이 있는 연루라면 회피하려는 동기가 더욱 커진다. 이러한 점에서 강대국의 안보지원을 절대적으로 필요로 하는 약소국은 강대국이 방기의 동인을 크게 갖지 않도록 유의해야 하는 것이다.

2. 자율성-안보 교환

연루-포기의 딜레마에 비하여 한국에서 논의되는 정도는 약했지만 약소국과 강대국 간의 동맹을 이해하는 데 더욱 유용하면서도 명확한 논리를 갖고 있는 동맹이론은 '자율성-안보 교환(autonomy-security trade-off)'의 이론이다. 이것은 약소국과 강대국 간의 동맹인 비대칭동맹에 적용되는 이론으로서 이 동맹에서는 약소국이 자율성을 양보하고, 강대국은 안보를 제공하는 교환관계를 강조한다. 이것은 알트펠드(Michael Altfeld)가 1984년 발표한 논문에서 제시되었는데, 그는 '국가안보', '국민경제', '자율성'이라는 세 가지 요소를 중심으로 1824~1900년까지 형성된 유럽의 동맹사례를 분석한 후 이러한 결론을 제시하였다. 알트펠드는 비대칭동맹에서 약소국들은 자신의 자율성을 양보함으로써 강대국의 안보지원을 확보하여 안전을 도모한 후 절약된 재원을 경제분야에 투자하여 국가를 발전시키게 된다고 주장하였다.

알트펠드의 주장을 더욱 체계적으로 발전시킨 모로(James Morrow, 1957~)는 1997년 발표한 논문을 통하여 '자율성-안보 교환'을 모델 수준으로 격상시켰다. 그는 약소국의 자율성 양보와 강대국의 안보지원 확보를 반비례 관계로 인식하면서 약소국은 자율성을 대폭 양보하여 강대국의 안보지원을 강화하든가, 아니면 자율성을 양보하지 않음으로써 강대국 안보지원이 약해지는 것을 감수할 것인가를 선택해야 한다고 주장하고 있다. 하나를 선택하면 다른 하나는 희생해야 하는 관계라는 것이다. 그래서 대부분의 약소국들은 강대국의 군대를 주둔시켜 주거나, 그 군대의 주둔 경비 일부를 부담하거나, 강대국의 외교정책을 적극적으로 지지 및 지원하거나, 심지어 강대국의 내정간섭을 다소 감수하는 등으로 자율성을 양보하게 된다는 것이다. '자율성-안보 교환'의 반비례 관계를 도식화하면 [그림 3-4]와 같다.

[그림 3-4]는 약소국의 입장에서 '자율성-안보 교환' 모델의 근본원리를 설명하고 있는데, 약소국이 자율성을 증대시키는 수준은 A지점으로서 그렇게 되면 강대국

그림 3-4 약소국의 자율성-안보 교환

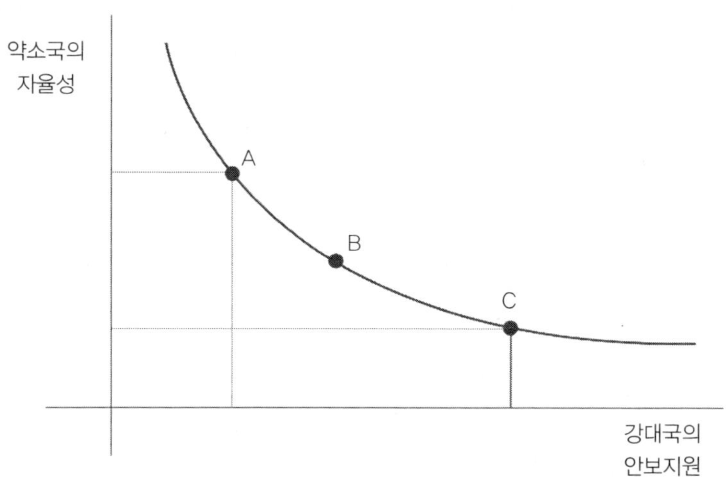

의 안보지원은 약해진다. 약소국이 강대국의 안보지원을 적극적으로 획득하여 안보수준이 높아지는 것이 C지점인데, 이렇게 되면 약소국의 자율성은 낮아질 수밖에 없다. 자율성과 안보지원을 조화시켜야 한다는 말은 쉽지만 실제로 그러한 조화를 도모하는 것은 쉽지 않다. 따라서 안보위협이 큰 국가는 C지점을 선택하지 않을 수 없다.

'자율성-안보 교환'은 강대국의 일방적 안보지원으로 보이지만, 강대국이 큰 손해를 보는 것은 아니다. 어차피 강대국은 세계전략적 차원에서 대규모 군사력을 유지해야 하기 때문에 동맹으로 인하여 별도로 군사력을 증강하는 것은 아니다. 또한 동맹국 지원을 명분으로 자국의 군대를 전진배치시킴으로써 발생하는 전략적 이점도 적지 않다. 대규모 추가 투자없이 약소국인 동맹국의 자율성 양보로 인한 혜택을 누릴 수 있는 장점도 작지는 않다. 그래서 알트펠드는 대칭동맹에 비해서 비대칭동맹이 더욱 매력적일 뿐만 아니라 더욱 강력하면서 더 오래 지속된다는 분석결과도 제시하고 있다.

'자율성-안보 교환'을 좀더 확대하면 이것이 동맹에만 적용되는 것은 아니다. 그러한 교환이 의무화된 것이 동맹이지만, 강대국과 약소국 간의 관계에서는 언제나 이 교환의 관계가 어느 정도 작용한다고 볼 수 있다. 강대국과 약소국 간의 관계가 동맹에 가까운 관계일수록 교환성이 강하고, 동맹에 먼 관계일수록 교환성이 약할 뿐이다. 따라서 약소국은 어느 정도의 자율성 양보가 불가피하다는 점을 이해하는 가운데 강대국과의 관계를 유지 및 관리해 나가야 할 것이다.

3. 후견-피후견 관계

'후견-피후견 관계(patron-client relationship)'의 본질은 명칭만으로도 쉽게 이해할 수 있듯이 강대국이 후견인이 되어 약소국의 안보를 지원하는 관계이다. 동등한 주권을 가진 국가들을 지배-복종의 의미가 포함되어 있는 후견-피후견 관계로 설명하는 것이 적절하지 않아 잘 사용되지는 않지만, 강대국과 약소국의 동맹관계에는 이러한 요소가 존재하는 것은 사실이다

'후견-피후견 관계'는 '자율성-안보 교환'과 유사하게 강대국과 약소국 간의 동

맹에 해당되고, 그것이 설명하고자 하는 내용도 유사하다. 강대국은 안보를 제공하고 약소국은 자율성을 양보하는 형태이기 때문이다. 다만, '후견-피후견 관계'는 '자율성-안보 교환'에 비해서 자발성과 선의를 강조한다고 볼 수 있다. 상당한 세력을 갖춘 후견국은 약한 국가를 보호해 줄 필요가 있다는 것이고, 피후견인에게 어떤 사항을 요구할 수 있는 것은 사실이지만 꼭 그렇게 해야 하는 것은 아니라는 의미가 내포되어 있다. 피후견국은 보호를 받는 대신에 후견국을 존중하고 다소의 상하적 관계를 자발적으로 수용하기도 한다. 강대국인 후견국으로부터 안보를 지원받는 대신에 자연스럽게 강대국의 영향력 하에 머문다고 표현할 수 있을 것이다.

'후견-피후견 관계'는 다른 시대와 사회에서도 존재하였겠지만, 서양의 경우에는 로마시대에 활발하게 적용되었고, 그 시대의 사례로부터 유래를 찾는다. 로마가 속주(屬州)를 보호해주는 대신에 속주는 로마에게 충성하였고, 이러한 관계는 로마의 인간관계에도 적용되어 유력자가 미래가 유망한 젊은 청년들을 교육 및 지도해주는 후견-피후견의 방식이 상당할 정도로 시행되고 있었다. 로마가 후견인이고, 속주가 피후견인이었으며, 로마의 귀족이 후견인이었고, 그 귀족의 지도를 받는 청년들이 피후견인이었다. 이러한 로마시대의 방식은 중세 유럽 사회에 계승되어 소작농(serfdom)들은 경작의 권리를 갖는 대신에 영주 또는 지주에게 충성하면서 보호되었다. 이러한 후견-피후견의 관계는 유럽사회에 아직도 적지 않게 잔존하고 있고, '대부(godfather)'라는 이름으로 종교에도 계승되고 있다. 남미에도 이러한 방식이 확산되었고, 한국과 같은 동양사회에도 없지 않았다. 현대에는 법률을 통하여 인간 간의 후견(patronage)과 피후견(clientage)의 관계를 제도화하기도 한다.

미국을 중심으로 하는 동맹관계를 '자율성-안보 교환'으로 설명하는 것은 단순하면서도 논리적으로 생각되지만 '후견-피후견 관계'로 설명하는 것은 내키지 않을 뿐만 아니라 적절하지 않을 수 있다. 국익의 경쟁이 치열한 현 시대에 후견과 피후견의 자세나 태도가 작동하기는 어렵기 때문이다. 다만, 냉전시대에 미국이나 소련을 중심으로 하는 동맹관계는 '후견-피후견 관계'로 볼 수 있는 소지가 적지 않다. 양 진영 간의 대결이 워낙 첨예하면서도 심각했기 때문에 미국이나 소련은 그들 동맹국으로부터 보호의 대가를 받는 것보다는 동맹국들과의 단결을 보장하여 대결에서 승리하는 것을 더욱 중요시하였기 때문이다. 소련도 일부는 그러했지만, 미국은 동맹국들에게 대규모 경제 및 군사원조를 제공했고, 동맹국에 주둔하는 비용도 대부분 부담하였다. 다만, 냉전이 종식되었을 뿐만 아니라 그동안 미국의 동맹국들도 크게 성장하여 미국의 국익을 위협하는 수준이 됨으로써 미국은 '자율성-안보 교환'의 관계를 강조하고 있다.

제4절 동맹의 약화와 강화

동맹은 한 번 체결되었다고 하여 영원히 지속되는 것은 아니다. 역사상으로 수많은 동맹이 체결되었다가 소멸 또는 붕괴되곤 하였다. 다만, 현 시대의 동맹은 미국을 중심으로 하는 비대칭동맹이라서 쉽게 소멸 또는 붕괴되지 않는 특징을 보이고 있다. 동맹은 유지되면서 그것이 약화 또는 강화되는 변화를 보인다고 할 것이다.

1. 동맹의 붕괴

당연히 동맹은 체결의 원인이 없어지면 종료된다. 동맹을 맺은 국가들이 공유했던 위협이 없어지거나 동맹으로 기대되는 이익이 사라졌을 경우이다. 월트(Stephen M. Walt, 1955~)가 1997년 "왜 동맹은 지속 또는 붕괴하는가(Why Alliances Endure or Collapse)?"라는 제목의 논문을 발표하면서 동맹은 위협인식의 변화(changing perception of threat), 신뢰성의 저하(declining credibility), 그리고 국내정치(domestic politics)에 의하여 붕괴된다고 설명하고 있는데, 앞의 두 가지는 동맹을 체결한 원인이 없어진 것이다. 즉, 경쟁에서 승리하거나 적이 비적대적으로 변하여 위협이 없어지거나 동맹국의 능력이나 의지가 미흡하여 동맹을 통하여 기대했던 바를 충족시킬 수 없다고 판단하는 경우이다.

그런데 현대의 동맹은 과거에 비해서 쉽게 붕괴되지 않는다. 공통의 위협에 대한 대응을 위하여 시작된 것은 분명하지만, 냉전 하에서 대부분이 비대칭동맹의 형태를 띠게 됨으로써 위협의 소멸 여부보다는 동맹이익에 주목하게 되었기 때문이다. '포괄적 동맹'이라는 말처럼 군사적 요인으로 시작된 동맹이 국익증진을 위한 국제적 협력의 중요한 수단으로 활용되고 있기도 하다. 그래서 소련이 소멸되어 위협이 현격하게 감소되었지만 나토는 해체되지 않은 채 오히려 확대되고 있다. 1991년 바르샤바조약이 해체된 것은 그 주체세력인 소련이라는 국가가 해체됨으로써 발생한 것이지, 개별국가들이 동맹의 해체를 선택한 것은 아니다.

2. 동맹의 약화

형식적으로 동맹은 유지되더라도 동맹의 강도는 변화할 수 있을 것인데, 현대의 비대칭동맹에서는 미국이라는 지배국가의 결정이 중요할 수밖에 없다. 약소국의 대부분은 안보를 낙관할 수 없어서 미국과의 동맹을 약화시키지는 않을 것이지만, 미국은 한두 국가와의 동맹이 약화되어도 큰 문제가 없을 것이기 때문이다. 미국은 자신이 해당 동맹국의 사태에 개입함으로써 감수해야 하는 위험과 기대되는 이익을 비교해본 후 이익이 크다고 판단되면 동맹관계를 강화할 것이고, 위험이 크다고 판단되면 동맹을 형식적으로 유지하게 될 것이다. 1973년 미국이 남베트남에서 철수한 것은 연루의 부담이 커졌기 때문이고, 2019년 트럼프 대통령이 시리아 쿠르드족과의 동맹관계를 종결한 것도, 2020년 아프가니스탄에서 평화협정을 맺으면서 철군을 시작한 것도 마찬가지이다.

미국을 중심으로 하는 비대칭동맹에서는 미국이 동맹의 주도권을 보유하고 있기 때문에 '자율성-안보 교환'이 철저하지 않아서 얻는 이익이 적다고 판단할 경우에도 동맹을 약화시킬 수 있다. 미국이 얻는 것도 없이 일방적으로 안보지원만 제공하는 관계를 국민들은 좋아하지 않을 것이고, 그렇게 되면 정치지도자도 동맹을 지속하기가 어려워질 것이기 때문이다. 미국은 동맹국의 안보지원이 그다지 필요하지 않기 때문에 동맹의 약화에 대한 부담이 적다. 트럼프 대통령이 나토나 한국 또는 일본에 대하여 방위비분담이 적다고 불평하는 것도 동맹국이 기대하는 만큼의 자율성을 양보하지 않는다는 인식이 바탕이 되어 있는 것이다. 트럼프 대통령은 취임 직후 나토가 국방비를 적극적으로 증대시키지 않자 나토 지원의 핵심근거인 나토헌장 제5조의 준수 여부를 공언하기를 거부하기도 했고, 주한미군의 철수 가능성을 공공연하게 주장하기도 했다.

다수 국가와 동맹관계를 형성하고 있는 강대국의 입장에서는 어느 동맹국과의 관계를 재정리 또는 약화시킬 때 다른 동맹국에 줄 수 있는 영향도 고려하지 않을 수 없다. 강대국이 어느 한 동맹국과의 약속을 제대로 이행하지 않을 경우 다른 동맹국들은 그들에게도 그렇게 할 수 있다고 생각할 것이고, 따라서 동맹에 대한 의심이 커질 것이기 때문이다. 이러한 점을 알기 때문에 강대국인 동맹주도국은 어느 동맹국가와의 관계를 약화시키는 방향으로 재정립해야겠다고 생각하더라도 실천하기는 쉽지 않다. 그래서 미국과 동맹을 체결하고 있는 유럽 및 아시아 국가들은 다른 국가에 대한 미국의 태도변화를 주시하고, 그를 통하여 자국에 대한 미국의 정책변화 가능성을 판단해보고자 노력하는 것이다.

비대칭동맹일지라도 약소국이 단호하게 결심하면 동맹은 약화 심지어 붕괴될 수도 있다. 이것은 주로 동맹의 대가로 자율성을 양보해야 한다는 점을 불편하게 생각할 뿐만 아니라 국가 주권의 훼손으로 생각할 때 발생한다. 다음 쪽에서 설명되고 있듯이 1991년 필리핀은 일방적으로 미군철수를 요구함으로써 미국과의 동맹관계를 결정적으로 약화시켰고, 한국도 2003년 노무현 정부가 한미연합사령관이 행사하는 전시 작전통제권을 환수해야 한다면서 한미동맹 관계를 불편하게 만들었으며, 이러한 경향은 문재인 정부에서도 지속되고 있다.

약소국이 강대국과의 동맹관계를 붕괴 또는 약화시키는 이유의 대부분은 약소국의 국내정치와 연관이 있는데, 이에 대하여 월트는 동맹국 중 어느 한 국가에서 동맹을 중요시하지 않는 방향으로 인구나 사회적 변화가 발생하거나, 동맹 경시의 정치가들이 세력을 획득하거나, 동맹을 중요시하던 정권이 교체되거나, 국가이념에서 심각한 변화가 발생하는 경우 동맹이 붕괴될 수 있다고 주장하고 있다. 특히 이러한 국내정치 요소는 가변성이 많은 요소라서 제대로 관리하지 못할 경우 예상치 않는 방향으로 동맹에 부정적인 영향을 줄 수 있다.

필리핀의 대미동맹 약화 사례

- 필리핀은 1946년 미국으로부터 독립하였으나 1947년 99년 동안 미군에게 필리핀 기지를 사용할 수 있는 권한을 부여함으로써 미군이 클라크 공군기지와 수빅 해군기지를 유지하도록 허용했고, 1951년에 미국과 동맹조약을 체결하여 동맹관계를 시작하였다.
- 그러나 필리핀에서는 미군의 주둔으로 인해 자주가 손상받는다는 문제가 계속 제기되었고, 결국 1966년 미군기지의 사용 연한을 25년으로 수정함으로써 1991년 재협상이 필요해졌다.
- 그런데 예상과 달리 필리핀 상원은 근소한 표 차이로 미군 주둔을 더 이상 허용하지 않는 것으로 결정하였고, 따라서 1992년 11월까지 모든 미군이 철수하게 되었다.
- 그 이후에도 양국 관계는 우호적이라서 1998년 양국은 미군의 일시적인 필리핀 체류를 허용하는 '방문군협정(Visiting Forces Agreement: VFA)'을 체결하였고, 2014년에는 미군 또는 미국인의 일정지역 체류를 위한 방위협정을 체결하기도 했다.
- 그러나 2016년 두테르테(Rodrigo Duterte) 대통령이 취임하면서 중국 및 러시아와의 관계를 강화하기 시작하였고, 2020년 2월에는 기준의 방문군 협정을 폐기하기로 결정함으로써 양국 관계는 악화되는 과정을 밟고 있다.

3. 동맹의 지속과 강화

간단하게 말하면 동맹은 붕괴되지 않으면 지속된다. 따라서 동맹을 붕괴시키는 요인이 발생하지 않도록 예방 또는 관리하면 동맹은 지속된다. 그런데 미국을 중심으로 한 현대의 비대칭동맹은 쉽게 붕괴되지 않기 때문에 약화와 강화의 문제로 봐야 하고, 따라서 동맹을 어떻게 강화할 것인가가 더욱 현실적인 주제이다. 강대국인 동맹국의 지원을 필요로 하는 정도가 큰 국가일수록 동맹의 강화책을 고민해야 한다.

월트는 동맹을 지속하거나 강화하고자 한다면 동맹 주도국이 패권국가로서의 리더십을 구비해야 하고(hegemonic leadership), 동맹국 서로 간의 신뢰가 지속적이어야 하며(preserving credibility), 국내정치적인 기반을 확보하며(domestic politics and elite manipulation), 나아가 제도화를 달성할 것(institutionalisation)을 강조하고 있다. 특히 그는 제도화를 강조하면서 동맹의 임무를 처리하는 조직을 구비하고, 그의 임무수행을 위한 충분한 역량을 사전에 준비해둘 것을 강조하고 있다. 실제로 미국을 중심으로 하는 동맹은 연합사령부를 구성해두고 있고, 미군이 동맹공약의 인계철선으로 동맹국 내에 주둔하며, 수시로 대규모 연습 및 훈련을 통하여 상당한 수준의 준비태세를 유지하고 있다. 따라서 이러한 제도적 기반이 강화되어 있을 경우 공통위협이나 동맹국 간의 상호이익에 문제가 발생해도 동맹의 강도는 크게 영향을 받지 않을 수 있다.

토의주제

- 안보위협이 심각한 약소국에게 동맹은 필수적인가?
- 인계철선(trip wire)의 개념과 유용성은?
- 약소국에게 연루에 비해 방기의 위험이 훨씬 크지 않는가?
- 비대칭동맹에서 약소국의 자율성 양보를 어렵게 만드는 요인은?
- 약소국의 자주의식이 비대칭동맹의 약화에 미치는 영향은?

추천문헌

전재성(2004). “동맹이론과 한국의 동맹정책.” 『국방연구』. 제47권 2호. pp.63-97.

이우태(2016). “한미동맹의 비대칭성과 동맹의 발전방향.” 『정치정보연구』. 제19권 1호, pp. 51-80.

김태현(2011). “비대칭 동맹에서 약소국의 자율성에 대한 연구.” 『신아세아』. 제18권 1호, pp. 189-213.

김준형(2009). “동맹이론을 통한 한미전략동맹의 함의 분석.” 『국제정치연구』. 제12권 2호, pp. 101-125.

Chapter

04 | 한미동맹의 실제

제1절 한미동맹의 개관

1. 한미동맹의 태동과 발전

(1) 태 동

한미동맹은 1950년 발발한 6·25 전쟁이 휴전으로 가닥을 잡아가자 극심한 안보 불안을 느낀 한국이 요청하여 1953년 10월 1일 체결되었다. 당시 한국은 군사적으로는 물론이고, 경제적으로도 자립할 수 없는 상황이었고, 미국은 제2차 세계대전 이후 전 세계의 패권을 장악한 상태였기 때문에 당연히 한미동맹은 약소국과 강대국 간의 '비대칭동맹'이었다. 한미상호방위조약은 한국이 외국과 맺은 최초이면서 유일한 동맹조약으로서, 양국 중 어느 한 국가가 외부의 무력공격에 의하여 위협받은 경우 양국이 협의하여 공통의 위협에 함께 대처한다는 약속이었다.

한미상호방위조약이 체결될 당시 한국은 전쟁으로 극도로 피폐해진 상황이고, 미국은 제2차 세계대전 이후 세계 최강으로 부상한 상태였기 때문에 한미동맹은 한국이 외침을 받을 경우 미국이 지원해준다는 일방적인 관계를 염두에 두고 시작되었

한미상호방위조약

- (제2조) 당사국 중 어느 일국의 정치적 독립 또는 안전이 외부로부터의 무력공격에 의하여 위협을 받고 있다고 어느 당사국이든지 인정할 때는 언제든지 당사국은 서로 협의한다. 당사국은 단독적으로나 공동으로나 자조와 상호원조에 의하여 무력공격을 방지하기 위한 적절한 수단을 지속하고 강화시킬 것이며 본 조약을 실행하고 그 목적을 추진할 적절한 조치를 협의와 합의 하에 취할 것이다.
- (제3조) 각 당사국은 타 당사국의 행정 지배 하에 있는 영토와 각 당사국이 타 당사국의 행정지배 하에 들어갔다고 인정하는 금후의 영토에 있어서, 타 당사국에 대한 태평양지역에 있어서의 무력공격을 자국의 평화와 안전을 위태롭게 하는 것이라고 인정하고 공통된 위협에 대처하기 위하여 각자의 헌법상의 절차에 따라 행동할 것을 선언한다.
- (제4조) 상호합의에 의하여 미합중국의 육군, 해군과 공군을 대한민국의 영토 내와 그 부근에 배치하는 권리를 대한민국은 이를 허여하고 미합중국은 이를 수락한다.

다. 실제로 미국은 대규모 군대를 한국에 주둔시키는 것은 물론이고, '핵우산(nuclear umbrella)' 제공을 명시하면서 북한군의 기습적 남침을 차단하고자 수백 발에 이르는 전술핵무기를 한국에 배치하기도 하였다. 한국군이 조기에 독자적 방어능력을 구비할 수 있도록 무상 군사원조를 제공한 것만 해도 1961~1970년 간 25억 달러, 1971년에서 1978년 간 21.55억 달러에 달할 정도이다. 냉전시대 한미동맹은 '후견-피후견 관계'와 흡사하였다고 할 수 있다.

(2) 성 장

지금까지 한미동맹은 70년 정도 지속적으로 강화되어 왔지만, 미국의 동맹공약을 의심해야 하는 사태가 없었던 것은 아니다. 예를 들면, 1968년 1월 21일에 북한이 한국의 대통령을 암살하기 위해 31명의 특수대원을 보내었고, 23일에는 미국의 해군 함정인 프에블로(Pueblo) 호를 납치하였는데, 미국은 전자에 대해서는 별다른 조치를 취하지 않으면서 후자에 대해서는 가용한 모든 수단과 방법을 동원하는 상반된 모습을 보였다. 이로 인하여 한국은 한미동맹의 견고성을 의심하기 시작하였고, 대간첩 작전에 관한 사항은 한국군이 전담하도록 변화시켰다. 또한 미국은 1969년 우방국의 방위는 스스로가 일차적인 책임을 져야 한다는 '닉슨 독트린(Nixon Doctrine)', 1977년 출범한 카터(Jimmy Carter) 대통령의 선거공약, 1989년 미 의회에서의 법안 추진으로 일방적인 주한미군 철수를 시행하기도 했다. 그때마다 한국은 미국을 설득하여 주한미군 철수의 규모를 최소화시키기는 했지만, 미국이 한국을 방기할 수 있다는 불안감을 갖지 않을 수 없었다.

그럼에도 불구하고 전반적으로 봤을 때 한미동맹은 다른 어느 동맹에 비해서 긴밀한 관계를 유지해왔다. 한국은 한미동맹을 국방의 근간으로 인식하였고, 한국군은 미군의 원조와 교육을 통하여 성장할 수 있었다. 동시에 한국은 자주국방을 위한 노력도 적극적으로 경주하여 미국에 대한 안보 의존도를 약화시키고자 노력하기도 했다. 1969년 '닉슨 독트린' 이후에 한국은 방위세라는 명목으로 재원을 확보하여 '율곡계획'이라는 명칭으로 자주국방에 필요한 무기와 장비들을 집중적이면서 체계적으로 증강하고자 노력하였다. 미국도 상당한 액수의 무상원조와 무기구입을 위한 해외무기판매(Foreign Military Sales: FMS) 차관을 제공함으로써 한국군의 자주국방 노력을 지원하였다. 또한 한국은 1991년부터 주한미군의 주둔을 위한 비용을 상당부분 분담함으로써 한미동맹의 일방성을 완화시키기도 했다.

한미동맹은 1965년 시작된 베트남 전쟁으로 그 의미가 격상되었다. 동맹국인 미국이 요청하자 한국은 직접적인 이해관계가 거의 없는 나라임에도 베트남에 대규모 병력을 파견하여 미국의 전쟁수행을 적극적으로 지원하였기 때문이다. 한국은 미국의 동맹국 중에서 가장 많은 병력을 파견하였는 바, 1964년 140명, 1965년 20,541명, 1966년 45,606명, 1967년 48,839명, 1968년 49,869명, 1969년 49,755명, 1970년 48,512명, 1971년 45,694명, 1972년 37,438명에 달하는 규모를 파병하였다. 이 베트남 참전과 그 이후 한국의 경제성장으로 인하여 한미동맹은 '후견-피후견인 관계'에서는 분명히 벗어났다고 할 수 있다.

나아가 경제성장으로 한국의 국력이 신장되면서 한국 국민들의 자주성 요구가 분출되었고, 이것은 한미동맹의 변화를 촉구하기 시작하였다. 한국 국민들은 미군대장인 한미연합사령관이 한국군에 대한 작전통제권을 행사하는 것을 불편하게 생각하기 시작하여 1994년 평시 작전통제권을 환수하였고, 2000년대 초부터는 전시 작전통제권마저 환수하고자 노력하고 있다. 이로써 한국 방위에 대한 한국의 책임이 늘어나게 되었고, 미군이 책임지는 영역은 점점 줄어들어 왔다. 이로써 '자율성-안보교환'이라는 한미동맹의 근본 성격도 위협을 받는 상황이 되고 있다.

(3) 최 근

한미동맹은 6·25 전쟁으로 피폐해진 한국을 구출하고, 경제발전에 전념할 수 있도록 안전을 보장함으로써 한국의 번영에 결정적인 역할을 수행하였다. 그동안 부분적으로 불안해진 사례도 없지는 않았지만, 대체적으로 한미동맹은 공고하게 지속되었다. 미국은 그들의 동맹공약을 철저하게 이행하기 위하여 노력해왔고, 한국도 한미동맹을 국가전략의 근간으로 인식하고 있다. 다만, 최근 북한의 핵무기 개발로 한미동맹은 새로운 도전에 처하게 되었고, 이로 인하여 적지 않는 변화가 발생하고 있으며, 그 변화가 더욱 커질 가능성이 우려된다고 할 것이다.

북한의 핵무기 개발은 한미동맹을 근본적으로 위협하고 있다. 북핵은 한편으로는 공통위협으로 작용하여 한미동맹을 더욱 공고하게 만들 수 있지만, 다른 한편으로는 미국이 인식하는 연루의 위험을 크게 만들어 동맹을 이완시킬 수 있는 요소이기 때문이다. 최근 외교적 노력을 통하여 북한 핵무기를 폐기하고자 노력하는 과정에서 북핵 위협에 대한 한국 국민들의 심각성 인식이 감소되어 북핵 위협에 대한 미국과의 공유 정도가 달라진 점도 있다. 또한 북한이 대륙간탄도미사일과 잠수함발사탄도미사일을 개발하여 미국을 직접 공격할 수 있는 능력을 과시함에 따라서 미국도 자국민의 보호를 생각하지 않을 수 없게 되었다. 그래서 한국에게는 결정적인 위협일 수 있는 북한의 단거리 미사일 시험발사에 대하여 미국은 그다지 심각하지 않게 반응하고 있는 것이다. 특히 트럼프 대통령이 한국에게 엄청난 방위비분담을 요구함으로써 지금까지 누적해온 한미동맹의 우호적이고 호혜적인 정신마저 퇴색되고 있다.

2. 한미동맹의 구성

동맹의 기본요건은 조약이지만, 한미동맹은 6 · 25 전쟁의 종료와 더불어 체결되면서 냉전시대 한반도 전쟁억제라는 긴박한 임무를 수행해야 했기 때문에 동맹조약의 이행을 보장하기 위한 다양한 조치들을 발전시켜 왔다. 그중 핵심요소를 네 가지로 구분하여 설명하면 다음과 같다.

(1) 조 약

한미동맹의 공식적이면서 법적인 근거는 한미상호방위조약이다. 조약의 제2조에서는 서로의 독립과 안전이 외부로부터의 무력공격에 의하여 위협을 받게 되면 서로 "협의"하도록 명시하고 있고, 제3조에서는 각자의 헌법상의 절차에 따라 행동할 것을 약속하고 있으며, 제4조에서는 주한미군의 주둔을 허용하고 있다. 다만, 동맹국에 대한 공격을 나에 대한 공격으로 간주하도록 명시되어 있는 나토의 동맹조약에 비해서는 구속성이 다소 약하고, "각자의 헌법상의 절차에 따라 행동"하도록 되어 있어 다음 쪽에 제시되어 있듯이 1961년 체결된 북한과 중국의 동맹조약과 달리 자동개입이 보장되어 있는 것은 아니다. 특히 제6조에 의하면, 이 조약은 "어느 당사국이든지 타 당사국에 통고한 후 1년 후에 본 조약을 종료할 수 있다"라고 되어 있어 미국이 결심하면 1년 후에 동맹은 소멸될 수 있다.

한미 양국은 한미상호방위조약을 근거로 다양한 협정을 맺고 필요한 협조조치를 강구해왔다. 예를 들면, 한미 양국은 주한미군에 대한 기지와 구역 제공 및 주한미군 주둔의 법적 근거를 규정하고 있는 '한미 주둔군 지위협정(Status of Forces Agreement: SOFA)', 미 증원군의 신속 전개 및 전쟁수행 능력 제고를 위하여 한국의 전시지원을 규정하는 '전시지원협정(Wartime Host Nations Support: WHNS)', 그리고 한미 연합지휘체제 구성의 근거를 이루고 있는 '관련약정(Terms of Reference: TOR)'과 '전략지시' 등을 체결하였고, 방산, 군수, 정보, 통신 등 각 분야별로 다양한 양해각서 또는 합의각서를 체결하였다. 조약이나 협정의 측면에서 봤을 때 한미동맹은 대미동맹의 보편적인 형태를 지니고 있고, 그동안 한미상호방위조약의 수정이나 폐

조중우호협력상호원조 조약

- 제2조 체약 쌍방은 체약 쌍방 중 어느 일방에 대한 어떠한 국가로부터의 침략이라도 이를 방지하기 위하여 모든 조치를 공동으로 취할 의무를 지닌다. 체약 일방이 어떠한 한 개의 국가 또는 몇 개 국가들의 연합으로부터 무력침공을 당함으로써 전쟁상태에 처하게 되는 경우에 체약 상대방은 모든 힘을 다하여 지체없이 군사적 및 기타 원조를 제공한다.
- 제7조…양국이 조약의 개정 또는 효력의 상실에 대해 합의하지 않는 이상 효력이 유지된다.

기가 거론된 적이 없다.

(2) 협의회의

한미 양국은 동맹 간 현안을 적극적으로 협의하고자 다양한 안보협의체제를 운영하고 있다. 양국의 정상도 가끔 회합을 갖지만, '안보협의회의(Security Consultative Meeting: SCM)'라는 명칭으로 양국 국방장관은 매년 1회 한미 양국에서 교대로 만나서 안보에 관한 전반적인 사항을 토의한다. 완전히 정례화된 것은 아니지만, 2010년부터 양국 외무·국방장관 간의 회담도 추진하고 있다.

1977년 7월 제10차 SCM에서는 '군사위원회회의(Military Committee Meeting: MCM)'를 발족하여 양국 합참의장 간의 정례적 협의를 보장하였는데, 이 회의는 SCM에 군사적 사항을 건의하거나 연합작전에 관한 제반 사항을 협의한다. 그 외에도 한미 양국 국방부 또는 군 차원에서 다양한 실무급 협의가 정기적 또는 수시로 개최되고 있다. 북핵에 대한 억제문제를 논의하기 위해서도 2015년부터 '억제전략위원회(Deterrence Strategy Committee)'를 구성해두고 있다. 안보협의체제 측면에서 한미동맹은 다른 어느 동맹보다 공고하다고 평가할 수 있다.

(3) 주한미군

한국에는 상당수의 미군이 '주한미군(United States Forces Korea: USFK)'으로 불리면서 주둔해오고 있다. 주한미군은 1945년 8월 제2차 세계대전 직후 일본군의 무장해제를 위하여 최초로 진주하였다가 1949년 철수하였고, 1950년 6·25 전쟁이 발발함에 따라 다시 투입되어 오늘에 이르고 있다. 6·25 전쟁 휴전 직전에는 8개 사단 32만 5천 명에 이르렀으나, 그 이후 지속적으로 감축되어 현재의 규모는 약 28,500명이라고 발표되고 있다. 주한미군은 미 8군 소속의 육군이 19,200명으로서 다수를 차지하고, 미 7공군 예하 공군이 8,800명, 미 해군은 250명, 미 해병대 250명 정도의 수준이다.

그동안 한미동맹은 주한미군의 철수를 둘러싸고 상당한 진통을 겪기도 하였다. 미국은 그 규모를 줄이려 하고, 한국은 이를 안보공약의 약화로 인식하여 반대하였기 때문이다. 1969년 우방국의 방위는 우방국 스스로가 일차적인 책임을 져야 한다는 '닉슨 독트린'이 발표됨으로써 한미동맹 관계에 불신이 발생한 상태에서, 1977년 출범한 카터(Jimmy Carter) 행정부는 한국의 반대에도 불구하고 3,400명을 철수시켰다. 1981년 레이건(Ronald W. Reagan) 대통령이 취임함으로써 주한미군 감축은 백지화되었으나 1989년 부시(George H. W. Bush) 행정부가 출범하면서 주한미군 철수 논의는 재개되었고, 결국 '넌-워너 법'이 미 의회를 통과하여 1992년까지 7,000명의 주한미군이 감축되었다. 이와 같이 주한미군의 규모는 지속적으로 감소되어 1992년부터 37,000명 정도로 감소되었고, 2005년부터는 28,500명으로 고정되면서 안정된 추세를 보이고 있다.

주한미군과 관련하여 최근에 발생한 중요한 사항은 동두천, 의정부, 서울 등지에 근무하는 주한미군을 평택지역과 대구지역으로 통합함으로써 후방으로 이동시킨 결정이다. 이것은 북한군이 미군을 공격하지 않고는 남한을 공격할 수 없도록 하여 미국의 자동개입을 보장하는 '인계철선'의 역할을 수행하던 전방의 부대를 후방으로 이동시키는 조치로서, 북한의 침공에 대한 억제효과를 저해할 수도 있다. 다만, 주한미군이 중부지역으로 통합됨으로써 안정된 주둔여건은 개선되었다고 봐야 한다.

(4) 방위비분담

한국은 주한미군의 주둔을 위하여 다양한 편의를 제공해왔고, 부담분담하자는 미국의 세계적 요구에도 적극적으로 호응해왔다. 주한미군의 주둔을 위해서도 토지를 제공하는 것은 물론이고, 세금도 감면해주고 있다. 다만, 문제가 되는 것은 주한미군의 주둔을 위한 직접경비를 담당하는 것인데, 이것은 한국인 노동자들의 인건비, 전투용 및 전투근무지원 시설을 위한 군사건설, 철도와 차량 수송 등 군수지원을 위한 용도의 세 가지로 사용된다. 이 부분은 1980년대에 미군이 요청해왔는데, 한국의 경제사정이 넉넉하지 못하다면서 미루다가 1991년부터 1억 5,000만 달러를 시작으로 부담하기 시작하였다. 미군의 부담분담을 위한 한국의 기여분야는 [그림 4-1]과 같다.

한국은 1991년 이래 지속적으로 방위비분담 액수를 늘려왔다. 처음에는 미군주둔 경비의 1/3을 담당한다는 목표였고, 이후에는 경제성장에 맞춰 증액했으며 현재는 미군 주둔 경비의 50% 정도를 담당하는 것으로 평가되고 있다. 다만, 일부 시민

그림 4-1 한국의 미국 부담분담

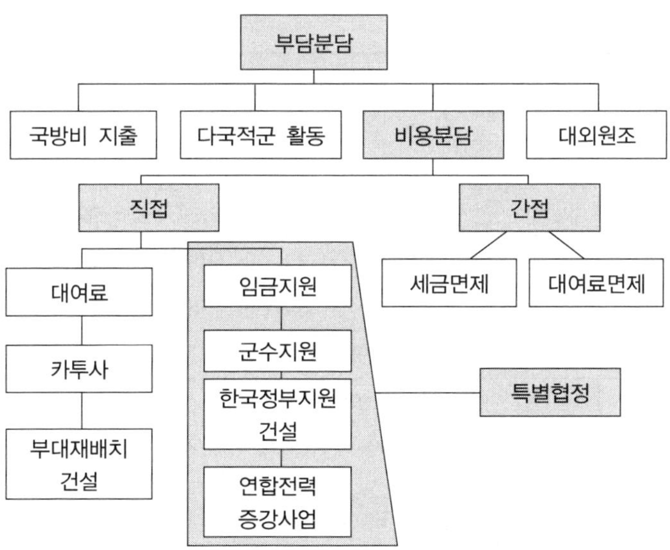

단체들은 한국이 미국에게 제공하는 방위비분담에 대하여 상당한 거부감을 보여 왔고, 분담액의 결정이나 집행방식 등에 대하여 지속적인 문제를 제기함으로써 방위비분담금 협상마다 어려움을 겪기 시작하였다. 그래서 방위비분담 문제를 국방부가 아닌 외교부에서 담당하게 되었으며, 진보성향 국민들의 발언권이 강해지면서 한미가 협의를 할 때마다 상당한 홍역을 치뤄야 했다.

그럼에도 불구하고 2017년까지 방위비분담 문제가 한미동맹에서 차지하는 비중은 적었다. 이명박 정부와 박근혜 정부에서는 5년 단위로 협상한 후 매년 물가상승률 정도만 증액시켜 주는 데 그쳤다. 미국의 요구도 과도하지 않았고, 한국 정부도 가급적 수용해준다는 입장이었기 때문이다. 다만, 트럼프 대통령이 등장한 이후부터 방위비분담은 한국의 자율성 양보 정도를 측정하는 사안으로 변모하였고, 문재인 정부도 크게 증액시켜 줄 의사를 보이지 않음에 따라 방위비분담 문제가 한미동맹의 근간까지 흔들 수 있는 위험성을 보이고 있다. 즉, 한미동맹을 강화하기 위한 방위비분담이 반대로 한미동맹을 근간을 흔들까봐 우려하는 상황이 된 것이다. 한국이 지금

표 4-1 ‖ 한국의 방위비분담 실태

(단위: 원)

협 상	연 도	분담금
1차	1991~1993	1억 5,000만 달러 → 1억 8,000만 달러(20%) → 2억 2,000만 달러(22%)
2차	1994~1996	2억 6,000만 달러(18%) → 3억 달러(15%)
3차	1996~1998	3억 3,000만 달러(10%) → 3억 6,300만 달러(10%) → 3억 1,400만 달러(－14%)
4차	1999~2001	3억 3,900만 달러(8%) → 3억 9,100만 달러(15%) → 4억 4,400만 달러(14%)
5차	2002~2004	4억 7,200만 달러(7%) → 5억 5,700만 달러(18%) → 6억 2,200만 달러(12%)
6차	2005~2006	6,804억 원 → 6,804억 원(0%)
7차	2007~2008	7,255억 원(7%) → 7,415억 원(2%)
8차	2009~2013	7,600억 원(2%) → 7,904억 원(4%) → 8,125억 원(4%) → 8,361억 원(3%) → 8,695억 원(4%)
9차	2014~2018	9,200억 원(6%) → 9,320억 원(1%) → 9,441억 원(1%) → 9,507억 원(1%) → 9,602억 원(1%)
10차	2019	1조 389억 원(8.2%)

까지 부담해온 방위비분담의 실태는 <표 4-1>에서 제시되고 있다.

동맹의 구성요소 측면에서 한미동맹을 평가해 볼 때 전체적으로 공고하다고 평가할 수 있다. 동맹조약은 기본으로 존재하는 것이고, 국방부장관과 합참의장이 미국의 상대역과 매년 정기적으로 만나서 안보상황에 관한 의견을 교환하고 대응책을 고민하는 것은 한미동맹이 유일하다. 특히 28,500명의 주한미군이 주둔하고 있을 뿐만 아니라 한미연합사령부를 형성하여 일사불란한 연합작전을 보장하고 있다. 방위비분담 문제도 지금까지는 크게 문제될 수준이 아니다. 한미동맹의 결속도를 제3장에서 제시한 동맹 구성요소를 참고하여 표시해보면 [그림 4-2]와 같은데, 선의 두께로 드러나고 있듯이 SCM/MCM과 주한미군 요소는 강력한 동맹강화 요소임을 알 수 있다.

다만, 최근 들어서 한미동맹에 다소 불안한 부분이 증대되고 있다. SCM/MCM은 여전히 연례적으로 열리지만 양국 국방장관과 합참의장 간이나 실무자들 간의 협의나 친밀의 강도는 과거에 비해 낮아진 편이고, 특히 방위비분담을 둘러싸고 문제가 발생할 소지가 있다. 그러나 당장 문제가 되는 것은 북핵 위협으로 인하여 어느 때보다 긴밀한 한미연합 작전체제가 필요한 상황임에도 한국군을 한미연합사령관으로

그림 4-2 한미동맹의 구성요소와 강도

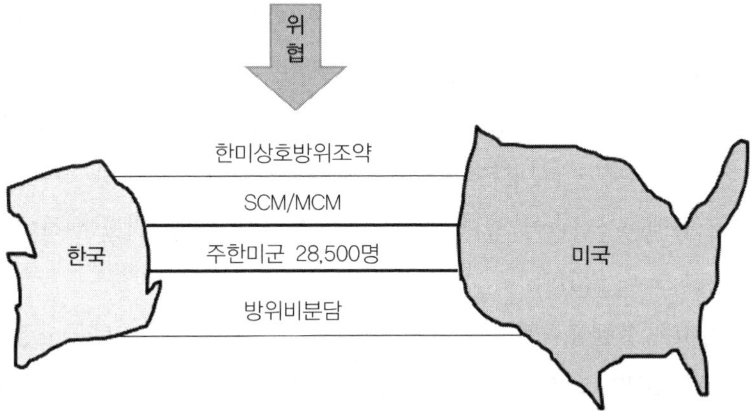

임명하는 변화를 추진하고 있을 뿐만 아니라, 북한의 핵위협을 둘러싸고 한미 간의 이해가 상충될 소지가 발생하고 있다는 것이다. 따라서 이 두 가지 요인을 제대로 관리하지 못할 경우 한미동맹에서 결정적인 균열이 발생할 가능성도 배제할 수는 없다.

제2절 한미 연합지휘체제

한미동맹은 기본적으로 군사동맹이기 때문에 그의 가장 핵심요소는 유사시 한미 양국군의 군사작전을 일사불란하게 통제하기 위한 연합지휘체제이다. 이의 배경, 편성, 그리고 작전통제권에 관한 변화를 설명하면 다음과 같다.

1. 한미연합사 창설배경

1950년 북한이 남한을 불법적으로 기습공격하자 유엔은 이를 격퇴하기 위하여 회원국들에게 병력을 보내기를 권유하였고, 이들을 통제하기 위하여 유엔군사령부(United Nations Command)가 미국 주도로 구성되었으며, 미국의 맥아더(Douglas MacArthur) 장군이 유엔군사령관으로 임명되었다. 그러자 한국의 이승만 대통령은 1950년 7월 14일 "현 작전상태가 계속되는 동안 일체의 지휘권을 이양"한다는 서한을 맥아더 장군에게 발송하여 한국군도 지휘하도록 허용하였고, 휴전 이후 한미상호방위조약이 발휘될 때는 "국제연합사령부가 대한민국의 방위를 책임지고 있는 동안 대한민국 국군을 국제연합사령부의 작전통제(operational control) 하에 둔다"라고 합의함으로써 유엔군사령관이 평시 전쟁억제와 유사시 전쟁승리를 위하여 한미연합군을 작전통제하도록 하였다.

1975년 제30차 유엔총회에서 소련을 중심으로 한 공산측이 유엔군사령부의 해체를 요구하게 됨으로써 한미 양국군은 유엔군사령부 체제의 변화를 모색하게 되었다. 당시는 유엔군사령부를 유지하자는 서방측의 주장도 함께 통과되어 해체는 막았지만, 해체의 요구가 반복될 것으로 걱정하였기 때문이다. 그래서 한미 양국은 유엔군사령부의 해체를 대비하여 한미 양국군으로 구성되는 새로운 사령부를 창설하는 데 합의하였고, 1년여 정도의 준비를 거쳐서 1978년 11월 7일 한미연합사령부(ROK-US Combined Forces Command: CFC)를 창설하였다. 기존의 유엔군사령부가 수행하던 임무 중에서 한반도 방어를 위한 책임을 이 사령부가 담당하도록 하면서 유엔군사령부는 정전협정 관리만 지속하도록 조정하였다. 한국군에 대한 유엔군사령관의 작전통제권도 한미연합사령관에게 위임되었다.

2. 한미연합사의 임무와 기능

한미연합사의 기본적인 임무는 한미 양국의 군사노력을 통합하여 한국에 대한 외부의 적대행위를 억제하고, 억제 실패 시 한국에 대한 무력공격을 분쇄하는 것이다.

이를 위하여 한미연합사는 한국 합참과의 긴밀한 협조 하에 전쟁억제 차원에서 발생하는 위기를 효과적으로 관리한다. 또한 평시에 북한군의 동향에 관한 계속적인 관찰과 평가를 실시하고, 한미연합 차원의 감시 및 조기경보체제를 유지 및 향상한다. 또한 한미연합사는 전쟁억제와 유사시 승리를 위한 한미연합작전계획을 수립하고, 그의 수행에 필요한 미 증원부대의 전개와 전시 군수지원 계획을 발전시킨다. 또한 이러한 계획들을 중심으로 다양한 연합 연습 및 훈련을 실시함으로써 방어준비태세를 향상시킨다.

그리고 한미연합사는 전시가 되면 작전통제 하에 들어오는 모든 한미연합 전력들을 통합적으로 통제하여 군사작전에서의 승리를 보장한다.

3. 한미연합사의 편성

한미연합사령부는 미군 4성 장군을 사령관으로 임명하고, 부사령관은 한국군 4성 장군으로 임명하고 있으며, 참모 조직은 한미 간 50 : 50의 비중으로 편성되어 있을 뿐만 아니라 중요 직책의 경우 한미 양국군을 균등하게 배분하여 편성하고 있다.

즉, 어떤 참모부의 부장이 한국군이면 차장은 미군으로, 반대로 부장이 미군이면 차장은 한국군으로 임명하여 균형을 맞추고 있다. 참모장교들도 대부분의 경우 한미 양국군 장교들로 혼합 편성되어 있다.

한미연합사는 예하에 다수의 구성군사령부를 통하여 부여된 임무를 수행하는데, 지상군, 해군, 공군별 구성군사령부, 연합특수전사령부, 연합심리전사령부 등을 보유하고 있고, 이들은 예하부대에 대하여 작전통제권을 행사한다. 평시 주한미군과 한국군은 각각 주한미군사령관과 한국군 합참의장의 작전지휘 하에 있지만, 전시에는 제2작전사령부와 일부 병력을 제외한 모든 한국군과 주한미군 및 미 증원군 등이 한미연합사에 소속되어 임무를 수행한다.

한미연합사령관은 한미 양국 합참의장을 중심으로 하는 군사위원회(Military Committee: MC)의 지시와 지침을 받도록 되어 있다. 이 군사위원회는 양국 국방장

그림 4-3 한미연합사령부의 지휘체계

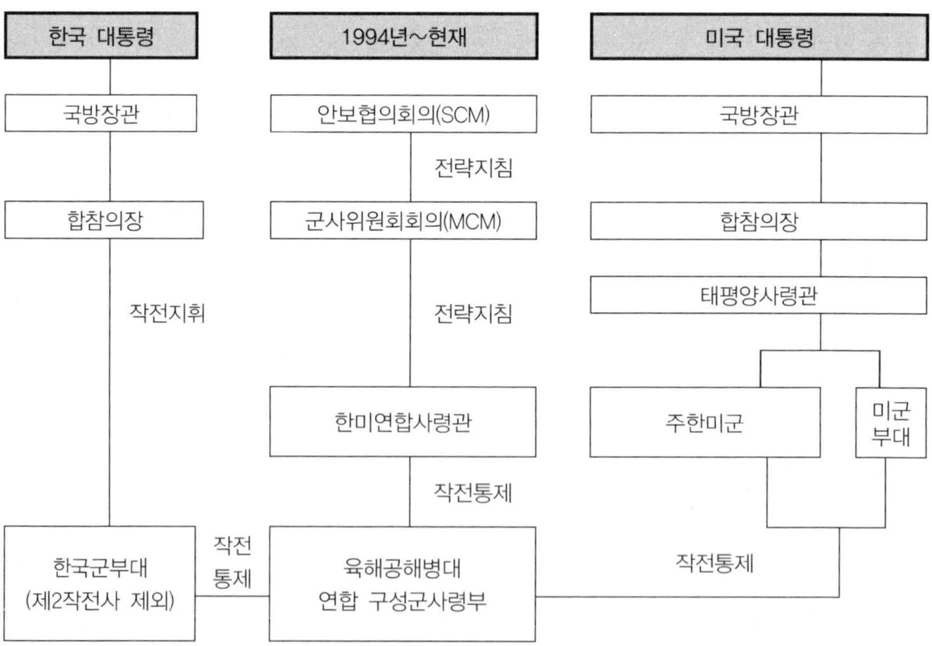

관으로 이루어진 안보협의회의(SCM)에 필요한 사항을 보고하면서 지침을 받고, 양국의 국방장관은 당연히 각국의 대통령으로부터 지시를 받는다. 따라서 한미연합사령관은 한미 양국 정치 및 군사지도부의 공동지휘를 받는다고 할 수 있다. 한미연합사의 지휘체계를 도식화하여 제시하면 [그림 4-3]과 같다.

[그림 4-3]을 보면 한미연합사는 위로는 군사위원회회의의 전략지침을 받으면서 예하 구성군사령부에 대해서는 작전통제권을 행사하게 되어 있다. 한미연합군은 위기의 강도를 기준으로 1단계 전쟁 직전으로부터 5단계 평화 시로 방어준비태세(Defense Condition: DEFCON)를 구분하고 있는데, 현재는 휴전상태라서 4단계를 유지하고 있고, 이것이 3단계로 격상되면 한국군과 미군은 한미연합사의 작전통제를 받게 된다.

4. 전시 작전통제권 문제

6 · 25 전쟁 발발 직후 유엔군사령부가 창설되어 모든 군사작전을 일원적으로 지휘하게 되자, 이승만 대통령은 "현 작전상태가 계속되는 동안 일체의 지휘권을 이양"한다는 내용의 서한을 맥아더 장군에게 발송하여 한국군도 그 휘하에서 일원적인 지휘를 받도록 하였다. 서한에서는 일체의 지휘권이라고 말하였지만, 실제로는 현재의 작전통제(operational control)라고 봐야 한다. 군대에 대한 독립국가의 지휘권이 서신 하나로 이양될 수도 없고, 당시에는 작전통제라는 용어가 일반화되지 않았으며, 실제 6 · 25 전쟁에서 군사작전 이외 한국군에 관한 제반 사항은 한국군이 담당하였기 때문이다. 한국군 이외에 참전 16개국 군대도 맥아더 장군의 작전통제를 받았다. 그렇기 때문에 휴전 1년 후인 1954년 11월 7일 한미 양국은 "한국에 대한 군사 및 경제 원조에 관한 대한민국과 미합중국 간의 합의의사록"을 통하여 "국제연합사령부가 대한민국의 방위를 책임지고 있는 동안 대한민국 국군을 국제연합사령부의 '작전통제' 하에 둔다"라고 명시하였고, 이것이 현재까지 지속되고 있다.

연합작전의 경험이 없는 한국 국민들은 작전통제가 의미하는 바를 충분히 이해하지 못한 상태에서 외국군이 국내에 주둔하고 우리의 군대가 외국군 지휘관의 통제를 받는다는 것을 보면서 거부감을 갖게 되었다. 유엔군사령부든 한미연합사령부든 우리 군대를 통제하는 것은 우리의 자주성이 훼손되는 것으로 인식하면서 언젠가는 그 권한을 환수해야 한다고 생각하였다. 특히 1980년대부터 경제적 발전에 대한 자신감도 갖게 되면서 민주화에 대한 국민적 욕구가 분출되자 작전통제권 환수의 여론이 강화되었고, 따라서 정치권에서도 무시할 수 없는 수준이 되었다. 결국 한미 양국은 1994년 "평시 작전통제권"과 "전시 작전통제권"으로 구분한 뒤 그중에서 "평시 작전통제권"을 한국군이 환수하는 것으로 처리하였다. 즉, 1994년 12월 1일부로 한미연합사령관은 위에서 언급한 방어준비태세-3이 발령되어야 (간단하게 말하면, 전시가 되어야) 한국군을 작전통제할 수 있도록 하였다. 이로써 평시의 한국군은 한미연합사와 분리되었고, 한미연합사령관은 한국군의 전투준비태세에 대한 책임에서 벗어났다.

다만, 평시 작전통제권을 환수하여 전시와 평시를 구분할 경우 유사시 그 연결이 미흡해질 수 있기 때문에 '연합권한위임사항(Combined Delegated Authority: CODA)'이라는 명칭으로 위기가 발생할 경우의 공동관리, 연합 작전계획 발전과 연합연습 등 전시로의 전환에 필수적인 몇 가지 조치들은 한미연합사령관이 평시에도 관여하도록 조치하였다. 그래서 한미연합사는 전시에 가동되는 조직임에도 이를 위한 대비 차원에서 평시에도 한국군과 함께 작전계획을 발전시키거나 훈련을 하고, 기타 필요한 조치를 협의하여 추진하고 있다.

2003년 출범한 노무현 정부는 자주권 강화 차원에서 전시 작전통제권까지 환수해야 한다고 결정하였다. 그 후 미국과 협의하여 2012년 4월 17일 환수하는 것으로 날짜까지 합의하였다. 다만, 이것이 시기상조라는 우려도 적지 않았고, 예비역 장교들이 반대를 위한 천만 명 서명운동을 벌이기도 했다. 이러한 분위기 속에서 2010년 3월 26일 북한 어뢰정이 한국의 군함인 천안함을 폭침시키는 사건이 발생하자 보수 지향의 이명박 정부는 환수 시기의 연기를 미측에 제안하여 2015년 12월 1일로 날짜를 재설정하였다. 또한 환수라는 용어 대신에 '전환'을 사용함으로써 그 의미도 약화시켰다.

지휘관계와 종류

- 지휘통일(Unity of Command): 한 사람의 최고지휘관이 최종적인 결정을 내릴 수 있도록 필요한 권한과 책임을 부여하여 관련 부대들의 노력을 하나의 목표로 결집시키기 위한 노력. 노력결집의 상태만을 강조하여 노력통일(unity of effort)이라는 말도 사용
- 지휘관계: 부대 간 또는 해당 지휘관 간에 존재하는 권한과 책임의 정도를 규정하는 제도. 지휘권의 침해를 최소화하면서 지휘통일 또는 노력통일을 보장하기 위한 다양한 조치의 일환
- **미군의 지휘관계 종류: 전투지휘(Combatant Command: COCOM) > 작전통제(Operational Control: OPCON) > 전술통제(Tactical Control) > 지원(Support)**
  작전통제: "예하부대의 지휘부와 부대를 조직하여 운용하고, 과제를 할당하며, 목표를 지정하고, 임무수행에 필요한 권위적 지시를 제공하는 등 사령부의 기능수행을 위한 권한"
- **한국군의 지휘관계 종류: 작전지휘 > 예속 > 배속 = 작전통제 > 전술통제**
  작전통제: "작전계획 또는 명령 상에 명시된 특정 임무나 과업을 수행할 수 있도록 특정기간에 지휘관이 행사하는 권한"

2013년 출범한 박근혜 정부는 전시 작전통제권 전환의 시기를 단순히 연기하는 것으로 불안하다고 생각하여 미국과 협의한 후 2014년 ① 한국이 한미 연합방위를 주도할 수 있는 핵심적인 군사능력을 확보하고, ② 북한의 핵과 미사일 위협에 대하여 한국군의 초기 대응을 위한 필수능력을 구비하며, ③ 한반도 및 지역 안보환경이 전시 작전통제권 전환에 부합될 때 추진한다는 개념, 즉 "조건에 기초한" 전환으로 변경하였다. 당시 언론에서 이것을 "무기 연기"라고도 표현하기도 했듯이 조건 자체가 달성이 쉽지 않은 것이었다.

2017년 문재인 정부가 출범함으로써 전시 작전통제권에 관한 정책은 조속한 전환으로 방향을 전환하였다. 다만, 내용은 한미연합사를 해체하지 않는 대신에 그 사령관을 한국군이 담당한다는 것으로 다소 완화하였다. 이러한 방향에서 한미 양국 국방부가 협의를 실시하여 2018년 10월 31일 워싱턴에서 개최된 제50차 SCM에서 기본적인 방향에 합의하였다. 전시 작전통제권 환수 이후에는 한국군이 "연합방위를

주도"하고 미군은 "보완 및 지속능력"을 제공한다는 것이다. 또한 주한미군과 한미연합사령부는 유지하되 그 사령관은 한국군, 부사령관은 미군이 담당한다는 내용이었다. 그 후 한미 양국군은 이러한 방향으로의 전환을 위하여 한국군의 능력을 점검하고 있는 상황이다.

미군의 경우 최초에는 한국의 전시 작전통제권 환수 요구에 불만이었다. 당시 한미연합사령관의 대부분도 부정적인 견해를 피력하였고, 럼스펠드(Donald H. Rumsfeld) 국방장관은 이에 반발하여 2009년 조기 전환 의사를 밝히기도 했다. 미군이 이명박 정부와 박근혜 정부의 연기 및 조건부 전환 요구에 금방 합의한 것은 자체적으로는 현재의 체제를 선호하기 때문이다. 다만, 문재인 정부가 강력하게 요구하고 있고, 북한의 핵무기 개발로 연루의 위험을 줄일 필요성을 인식하여 최근 미국은 한국군을 한미연합사령관으로 대체하는 방안에 협조하는 태도를 보이고 있다. 대신에 미군은 한국군이 한미연합사령관을 담당하더라도 한반도에 전개되는 모든 군대들의 일사불란한 작전수행에 문제가 발생하지 않도록 유엔군사령부의 위상을 강화해 나가고 있고, 주한미군사령부의 역량도 강화해 나가는 모습을 보이고 있다.

제3절 한미동맹에 대한 북핵의 도전

한미동맹은 심각한 도전에 직면하고 있다. 북한이 대량살상무기인 수소폭탄을 개발하였고, 그걸로 미국을 직접 공격할 수 있는 수단을 개발해 나가고 있기 때문이다. 이러한 상황에서 미국이 한국에게 제공하기로 약속한 것은 확장억제(extended deterrence)인데, 문제는 미국에게 이것을 이행하는 것은 북한과의 핵전쟁에 연루되는 것이라서 결정이 쉽지 않다는 사실이다. 확장억제의 개념, 이에 대한 북핵의 도전, 그리고 미국의 입장에서 바라본 이행 가능성을 설명한다.

1. 확장억제의 개념

상대의 핵공격 가능성을 억제하는 기본적인 논리는 '상호확증파괴전략(Mutual Assured Destruction: MAD)'으로 불리듯이 상대방이 핵무기로 공격하면 더욱 강력하게 핵무기로 보복하겠다는 위협이다. 그런데 약소국들은 핵무기를 보유하고 있지 못하기 때문에 이러한 개념의 구현이 불가능하다. 따라서 미국은 동맹국들을 공격할 경우에도 자신에 대한 공격처럼 보복을 하겠다는 개념을 정립하였고, 자신의 억제 개념을 동맹국까지 확장한다고 하여 '확장억제'라고 불렀다. 어떻게 보면 확장억제=동맹이라고 할 정도로 미국을 중심으로 한 동맹에서 확장억제는 핵심적인 개념을 차지하고 있다.

확장억제는 핵과 재래식 모두를 포함하는 개념이지만, 핵전쟁 억제가 가장 중요했기 때문에 냉전시대에는 확장억제를 '핵우산(nuclear umbrella)'이라는 용어로 불렀다. 우산을 씌워주듯이 미국이 소련의 핵위협으로부터 동맹국을 보호해주겠다는 약속으로서 핵무기의 사용이나 보호에 대한 미국의 의지를 강조하는 개념이다. 이러한 약속을 제공하면서 미국은 동맹국들에게 핵무기를 개발할 필요가 없다고 강조하였다.

다만, 미국이 평소에 아무리 강조하더라도 실제 상황에서 핵우산을 이행할 것인지는 누구도 확신할 수 없다. 미국도 핵전쟁이라는 엄청난 위험을 각오해야 할 것인데, 동맹국 일로 그러한 위험을 감수하기는 쉽지 않을 것이라고 생각하기 때문이다. 이러한 의심의 존재를 인식하기 때문에 미국은 동맹국들과 중요한 회의를 할 때마다 이 확장억제 또는 핵우산에 대한 약속을 재천명함으로써 동맹국들의 불안을 해소시키고자 노력해왔다.

한미동맹에서도 미국은 1978년 한미 국방장관 간의 연례적 회의인 안보협의회의에서 '핵우산'의 제공을 명시한 이후 매번 회의에서 이 사항을 언급하였고, 2017년까지도 "미합중국의 핵우산, 재래식 타격능력, 미사일 방어능력을 포함한 모든 범주의 군사능력을 운용하여 대한민국을 위해 확장억제를 제공하고 강화할 것이라는 미합중국의 지속적인 공약을 재확인하였다"라는 문장을 사용하였다. 다만, 2018년부터는 '핵우산'이라는 말 대신에 '핵능력'이라는 말을 사용하여 보호의 의지가 약해진 것일 수도 있다는 의심을 사고 있다.

그리고 미국은 확장억제의 약속을 구현하기 위하여 한반도의 상황과 여건에 부합되는 '맞춤형 억제전략(tailored deterrence strategy)'을 적용하고 있고, '탐지(Detect)·교란(Disrupt)·파괴(Destroy)·방어(Defend)'라는 '4D'의 개념을 구현하기 위한 계획들을 발전시켜 왔다. 이러한 확장억제를 효과적으로 이행할 수 있도록 한미 양국은 2010년 양국 국방부 간에 '확장억제 정책위원회'를 구성하였다가 2015년 4월에는 이를 '억제전략위원회(Deterrence Strategy Committee)'로 격상시켰고, 2016년 10월에는 외교 및 국방의 차관급으로 구성된 '확장억제전략협의체(Extended Deterrence Strategy and Consultation Group: EDSCG)'까지 발족시켰다. 또한 확장억제 약속의 이행을 보장하는 현실적인 조치로 미국은 북한이 핵실험이나 장거리 미사일 시험발사를 실시할 때마다 다양한 전략적 자산들을 한반도로 전개하였다.

2. 북핵의 도전

북한의 핵무기 개발은 기본적으로 한미동맹을 더욱 강화하는 요소로 작용하게 되어 있다. 북한의 핵무기는 한국의 방어는 물론이고, 미국의 서태평양 방어에도 심각한 위협이어서 한미 양국의 공통위협임이 분명하기 때문이다. 따라서 북한의 핵무기 개발 의도가 드러난 1993년부터 최근까지 한국과 미국은 대북정책에 관하여 철저하게 공조해 왔고, 미국의 핵우산과 확장억제를 보장하기 위한 다양한 방책을 강구하였다.

그러나 북한이 미국을 직접 공격할 수 있는 역량을 개발하게 되면서 한미동맹에 대한 북핵의 영향은 복합적으로 변화하였다. 미국은 한국을 지원하면서 동시에 자신도 보호해야 하는 상황이 되었기 때문이다. 즉, 미국이 한국에게 확장억제를 제공하려면 북한의 핵공격에 '연루'되는 위험도 감수해야만 하게 되었다. 특히 북한은 2017년 11월 29일 '화성-15형'을 발사하여 미 본토 공격을 위한 잠재력이 있는 것으로 평가받고 있다. 미국으로서는 "서울을 보호하기 위하여 뉴욕에 대한 핵공격 위험을 감수해야 할 것인가?"라는 원초적인 질문을 회피하기 어려운 상황이 된 것이다.

실제로 북한은 핵능력을 구비한 이후 미국에 대한 협박성 발언을 적지 않게 공개하고 있다. 김정은은 2018년 1월 1일 직접 낭독한 신년사에서 "미국 본토 전역이 우리의 핵타격 사정권 안에 있으며 핵단추가 내 사무실 책상 위에 항상 놓여있다는 것이 결코 위협이 아닌 현실임을 똑바로 알아야 합니다"라고 직접적으로 위협한 바 있다. 나아가 북한은 보복의 확실성이 더욱 큰 잠수함발사탄도미사일(SLBM)의 개발에도 집중적인 노력을 기울이고 있어 미래에는 잠수함을 통한 미 영토 또는 미 본토에 대한 기습 핵공격의 가능성도 우려하지 않을 수 없다.

미국은 이미 북한과의 핵전쟁에 연루될 수 있는 위험성을 우려하고, 그것을 감소시킬 수 있는 조치를 강구하고 있는 것으로 보인다. 2018년 한미 양국 국방장관 간의 연례회담 이후 발표한 공동성명에서는 그동안 강조해오던 '핵우산'이라는 용어 대신에 '핵능력'이라는 용어를 사용하고 있고, 2019년과 2020년에도 그러하였다. 또한 미국은 2020년 12월 잠수함에 탑재하여 발사하기 위한 저(低) 위력 핵무기인 'W76-2'를 생산하여 배치하였는데, 이것은 5kt 정도의 위력으로서 부수피해(collateral damage) 없이 주어진 목표만 타격할 수 있어서 그만큼 사용 가능성이 높다. 이러한 저위력 핵무기는 북한 핵시설이나 북한 수뇌부에 대한 집중적인 파괴를 지향한다는 점에서 대규모 보복을 통한 확장억제의 신뢰성을 미국 스스로도 확신하지 못한다는 증거일 수 있다.

3. 미국의 확장억제 이행 가능성

북한의 핵무기 개발로 북한이 한국을 핵무기로 공격할 경우 미국이 약속한 확장억제를 이행할 것인지는 이제 한미동맹에서 가장 중요한 문제가 되었다. 이에 대하여 대답해줄 수 있는 사람은 대통령을 비롯한 미국 정치지도자이겠지만, 그러한 상황이 벌어지기 전에는 그들도 모를 수 있고, 알아도 그대로 말해줄 수는 없다. 이러한 점에서 한국은 나름대로의 방법을 사용하여 미국 확장억제의 이행 가능성을 평가해보고 그 정도에 따라서 필요한 조치를 강구해 나가야 할 것이다.

미국이 확장억제를 시행할 경우 첫 번째로 고려하는 요소는 동북아시아 지역에 배치된 미군에 대한 북한의 핵무기 공격 가능성이다. 북한은 스커드 미사일, 노동 미사일, 그리고 다양한 단거리 및 중거리 미사일에 핵무기를 탑재하여 한국에 있는 미군기지, 일본에 있는 미군기지에 핵무기 공격을 가할 수 있기 때문이다. 북한이 잠수함발사미사일의 개발에 성공할 경우 동북아시아에 있는 모든 미군기지들은 그에 의한 기습적 핵무기 공격을 걱정해야 한다. 아직 충분히 입증되지는 않았지만 북한의 '화성-15형' 장거리 미사일은 미 본토를 공격할 능력을 구비하고 있고, 미국의 탄도미사일 방어체제도 완벽한 방어를 확신할 수는 없다. 결국 미국이 한국에 대한 확장억제 약속을 이행하고자 한다면 미 본토에 대한 북한의 핵공격을 각오해야 한다.

두 번째는 한국의 가치이다. 한국과의 동맹관계를 활용하여 동북아시아에 대한 미국의 연고권을 주장할 수 있고, 단일 해외기지로서 가장 넓은 15km^2 규모의 평택기지와 기타 군사기지들을 사용할 수 있다는 점에서 미국에 대한 한국의 가치는 적지 않다. 그러나 핵전쟁도 불사할 정도로 큰 가치로 판단할지 여부는 확실하지 않다. 한국은 일본을 보호하는 데 중요하다고 하지만, 이 논리를 역으로 적용하면 미일동맹만으로 서태평양을 안전하게 방어할 수 있다고 미국이 판단할 경우 미국은 핵전쟁의 위험성을 감수하면서까지 한국을 방어할 필요가 없다.

세 번째는 중국과 러시아 요소이다. 북한의 핵공격에 대하여 미국이 확장억제를 이행하게 되면 중국과의 확전을 각오해야 할 가능성은 높다. 중국은 북한과 국경을 접하고 있을 뿐만 아니라 북한의 동맹국이기 때문이다. 러시아 역시 미국의 핵응징보복에 반대할 가능성이 높다. 러시아는 미국이 곤란해지는 것이 자신에게 이익이 된다고 생각할 수 있고, 미국이 확장억제를 이행하지 않아서 나토의 단결이 약화되는 것이 유리하다고 판단할 수 있기 때문이다. 러시아는 미군의 사드(THAAD) 요격미사일을 한국에 배치하는 문제에 대하여 줄곧 중국과 함께 반대해오기도 했다.

네 번째는 다른 동맹국에 대한 영향이다. 북한이 한국을 공격하였을 때 미국이 단호하게 대응하면 미국에 대한 동맹국들의 신뢰는 높아지지만, 그렇지 않을 경우는 다른 동맹국들 역시 미국의 확장억제 약속을 신뢰하지 않을 것이고, 동시에 적대세력들은 미국의 개입의지를 낮게 평가하여 도발할 수 있다. 미국의 유럽 동맹국들이 미국의 안보공약을 신뢰하지 않을 경우 미국의 세계적 지도력은 급격히 약화될 것이다. 일본이 미국의 확장억제를 불안해할 경우 핵무장에 착수할 수도 있다.

다섯 번째는 국내적 요소도 중요하다. 미국은 민주주의의 표상으로 인정되는 만큼 국민여론이 정책결정에 영향을 주는 정도가 크기 때문이다. 그런데 미국의 최근 여론은 타국의 문제에 개입하는 것에 부정적이다. 트럼프 대통령은 선거에서 "미국 우선주의(America First)"를 구호로 내세웠고, 결과적으로 당선된 것은 국민 여론이 그러하기 때문이다. 또한 제도적으로도 1973년 통과된 '전쟁권한 결의안(War Power Resolution)'에 의하면 "미국, 미국 영토, 소유물, 또는 미국 군대에 대한 공격으로 인하여 형성된 국가 비상사태" 이외에는 의회의 승인없이 대통령이 전쟁을 결정할 수 없기 때문에 미국 대통령 단독으로 확장억제 이행을 결심할 수 있을 것인지도 명확하지는 않다.

다양한 문서, 성명, 발언을 통하여 미국이 약속하고 있지만, 확장억제를 실제로 이행하는 것은 단순하지 않다. 연루의 위험, 한국의 가치, 중국과 러시아 반응, 다른 동맹국 영향, 국내적 요소 등의 다섯 가지로 구분하여 미국의 입장에서 평가해 볼 경우 '다른 동맹국 영향' 요소 이외에는 미국의 확장억제 이행을 확신할 수 있는 요소가 없다. 따라서 북한의 핵능력이 고도화될수록 한미동맹을 잘 관리해야 할 필요성은 더욱 커진다고 할 것이다.

4. 최근의 한미동맹 동향

실제로 한국과 미국의 동맹관계는 최근 들어서 불확실성이 증대되고 있다. 북한의 핵위협으로 인한 복잡성에 추가하여 한국 정부와 미국 정부 모두가 한미동맹 강화에 그다지 적극적이지 않기 때문이다. 최근 발생한 한미 양국의 변화를 살펴보자.

(1) 미국 동향

한미동맹의 전통적인 모습과 현저하게 달라진 현재의 모습은 트럼프 행정부가

들어서면서 '자율성-안보 교환' 모델에 의한 미국의 한미동맹 인식이 현저하게 증대되었다는 사실이다. 트럼프 대통령은 '미국 우선주의'라는 원칙 하에서 미국의 이익을 극대화하는 방향으로 동맹을 비롯한 국제문제에 접근하고 있고, 한미동맹에 대해서도 예외가 아니다. 한국은 너무나 발전된 상태이면서 그에 상응하는 방위부담을 지지 않은 채 미국을 이용하고 있다고 생각한다. 트럼프 대통령은 한국이 자율성을 양보하여 미국의 국익증진에 기여하지 않으면 미국도 안보공약을 지속할 필요가 없다고 생각한다.

트럼프 대통령이 지속적으로 강조한 것은 한국에 대한 방위비분담의 증대였다. 그는 대통령 선거 유세에서부터 한국을 대상으로 방위비분담 증대를 요구하였다. 1조 원에 해당하는 한국의 방위비분담이 '푼돈(peanut)'에 불과하다면서 상당할 정도로 증액할 것을 요구하기도 했다. 트럼프 대통령은 한국에게만 그렇게 요구한 것이 아니라 유럽의 나토 동맹국에게도 국내총생산(GDP)의 2% 수준으로 국방비를 증액하겠다는 약속을 준수할 것을 촉구하는 서한을 일일이 보내기도 하였고, 실제 나토는 이에 부응하여 2019년부터 각국의 국방비와 나토 분담금을 크게 증대시키고 있는 추세이다. 즉, 트럼프 대통령은 동맹국들이 자율성을 충분히 양보해주지 않으면 미국이 안보지원을 할 이유가 없다는 입장인 것이다.

북한의 '비핵화', 즉 핵무기 폐기를 협상하는 과정에서도 '자율성-안보 교환'에 근거한 트럼프 대통령의 동맹 인식은 수시로 노출되었다. 한국의 문재인 정부가 친미성향이 아니면서 사드 배치나 방위비분담 등에 미온적이라는 것을 인식하게 되자 "코리아 패싱"이라는 말이 생겨났을 정도로 미국은 비핵화 협상의 진행상황을 한국과 공유하지 않았다. 싱가포르 미북 정상회담이 최종적으로 결정된 직후인 2018년 5월 22일 협조차 백악관을 찾은 한국의 문재인 대통령에게 트럼프 대통령은 21분 정도의 회담 시간만 제공하였고, 기자회견에서도 존중하는 모습을 보이지 않았다. 2019년 2월의 하노이 회담과 관련해서도 미국 측은 사전에 한국에게 자신들의 협상방향을 설명하지 않았고, 협상 이후 누구도 한국을 방문하여 정부에게 협상 과정을 설명하지 않았다.

트럼프 대통령은 방위비분담을 자율성 양보의 직접적인 증거로 인식하면서 그에 따라 동맹의 근간을 흔들 수 있다는 점을 과시하기도 했다. 2018년 6월 싱가포르 미북 정상회담 이후 가진 기자회견에서 트럼프 대통령은 “도발적”일 뿐만 아니라 많은 비용이 소요된다면서 한미연합연습을 일방적으로 중단한다고 발표하였고, 비용문제로 인하여 장기적으로는 주한미군을 철수해야 할 것이라고 언급하였다. 트럼프 대통령은 2018년 12월 26일 이라크 미군부대 방문 시 미국이 국제사회의 ‘호구(sucker)’가 될 수 없다는 입장을 피력하였고, 주한미군 주둔에 대한 비용 전체를 한국이 부담해야 한다는 시각을 노출하기도 했다. 한미연합연습이 중단되어 비용을 절약되니 잘 되었다는 시각을 표출하기도 했다. 트럼프 대통령은 2019년에 한국이 2018년에 비해 8.2%의 방위비분담을 증대시켰지만, 매우 불만족스럽게 생각하여 2020년에는 현 수준의 다섯 배가 넘는 50억 달러를 요구하기도 했다.

냉전 종식으로 인하여 미국에게 한미동맹의 가치가 감소된 것은 어쩔 수 없는 시대적 요청이다. 냉전시대에 한국은 동서대결의 첨병이었으나 지금은 그렇지 않고, 현재 상황에서 한국을 상실한다 해도 미국의 국가적 생존이 위협받을 정도는 아니기 때문이다. 미중관계가 무역이나 남중국해 항행 문제로 갈등의 소지를 안고 있고, 최근 대결적 상황이 조성되고 있으나 이로 인하여 대중국 견제를 위한 한미동맹의 가치가 강화될 것으로 단정할 수는 없다. 아직 미국의 입장에서는 ‘자율성-안보 교환’의 측면에서 한미동맹을 인식하면서 한국의 동맹기여를 요구하고 있고, 트럼프 대통령이 그것을 선도하고 있다고 할 수 있다.

설상가상으로 북한이 미 본토 공격이 가능한 핵능력 구비에 근접함에 따라서 미국에게 한미동맹은 자산(asset)이 아니라 부담(burden)으로 인식될 수도 있다. 2017년 11월 29일 발사된 ‘화성-15형’의 경우 대륙간탄도미사일의 완성 수준은 아니지만 미 본토 가까이 비행할 수 있는 능력을 과시하였고, 북한은 해저로 은밀하게 이동시켜 공격할 수 있는 잠수함발사탄도미사일의 개발에도 노력하고 있어 미국의 연루 위험성은 커질 수밖에 없다. 한국이 자율성을 양보한다고 하여 미국이 과거와 같은 확고한 안보지원을 제공한다고는 볼 수 없지만, 한국이 자율성을 양보하지 않을 경우 미국이 한국을 방기할 가능성이 훨씬 높아진 상태임은 분명하다.

(2) 한국 동향

문재인 대통령은 민주화 운동의 전력이나 노무현 정부에서 대통령 비서실장을 역임한 경력에서 알 수 있듯이 기본적으로 한미동맹에서 자주를 강조하는 입장이고, 그러한 성향의 참모들을 다수 기용하였다. 문대통령은 대선기간 동안에 미군의 사드 배치에도 반대하였고, 특히 전시 작전통제권을 조속히 전환하여 자주성을 강화해야 한다는 생각이었다. 대통령으로 취임한 이후 2017년 6월 28~29일 미국을 먼저 방문하기는 하였으나 '자율성-안보 교환'의 관계를 의식하지는 않았고, 오히려 공동성명에 전시 작전통제권의 조기 전환에 관한 사항을 포함시키기도 했다.

문재인 정부가 대외관계에서 강조한 것은 한미관계보다는 오히려 중국과의 관계였다. 이것은 노무현 정부 때부터 시작되어 이명박 정부와 박근혜 정부도 추진해오던 사항이었는데 문대통령이 더욱 강화한 것이다. 그에 대한 가시적 사례는 주한미군의 보호를 위한 미사일 요격용 미사일인 사드의 배치 문제로서, 북한의 연속적인 핵실험과 미사일 시험발사로 인하여 2017년 9월 사드 전체 포대를 배치한다는 결정을 내리기는 했지만, 중국의 반대를 진정시키는 데 과도한 노력을 경주했다. 2017년 10월 31일 강경화 외교부장관은 중국에게 '3불(不)', 즉 사드 추가 배치, 미국과의 탄도미사일방어체제 협력, 한미일 군사협력 등을 자제하겠다는 의도를 표명하기도 했고, 2017년 12월 문재인 대통령 스스로도 중국을 방문하여 사드 배치로 인한 갈등을 봉합하고자 노력하기도 했다. 한국 정부의 이러한 조치들은 당연히 미국의 정책방향에 부합되지 않는 것이었다.

북핵 문제가 심각해지는 상황에서도 문재인 정부는 대미 자주성 강화를 포기하지 않아 왔다. 미국과 함께 북한을 압박해야 하는 상황이지만, 북한과의 관계를 개선하는 데 대북정책의 주안을 두어 왔고, 미국 경제제재의 예외를 요청하기도 했다. 북핵 위협에 대응하려면 한국 방어에 관한 미군의 책임의식을 더욱 강화시켜야 하는 상황임에도 문재인 정부는 2018년 10월 전시 작전통제권을 조속히 환수할 것과 그 이후에 한국군이 연합방위를 주도할 뿐만 아니라 연합사령관을 한국군이 담당한다는 데 합의하였다. 방위비분담 문제에 관해서도 강경한 입장을 견지함으로써 일부 국민들은 미국이 갑작스러운 주한미군 철수 결정을 내릴 가능성도 우려하고 있다.

객관적으로 보면 한국에게 한미동맹 강화보다 더욱 중요한 사안은 있을 수 없다. 스스로 핵무기를 개발하지 않은 한 미국의 핵우산 없이 한국이 북한의 핵위협을 억제 또는 방어할 수 있는 방법은 없기 때문이다. 미국의 확장억제가 흔들릴 경우 한국은 북핵 위협에 굴복해야 하거나 북한의 핵공격을 받을 수도 있다. 한국이 자율성을 양보한다고 하여 미국이 유사시 반드시 확장억제를 이행하는 것은 아니지만, 양보의 정도가 낮을수록 확장억제의 이행 가능성이 낮아지는 것은 분명하다. 대북정책에 관한 한미공조를 소홀히 하거나, 방위비분담에 소극적이거나, 전시 작전통제권 환수를 성급하게 추진할 경우 미국의 핵우산은 더욱 불확실해질 것이고, 그로 인하여 북한이 오판을 할 가능성도 배제할 수 없다.

토의주제

- 한미동맹의 체결은 한국이 선택한 것인가, 주어진 것인가?
- 6·25 전쟁 직후 한미동맹을 체결하지 않았다면 한국은 어떻게 되었을까?
- 현재 상태에서 주한미군이 없다면 북한군이 한국을 공격할까?
- 나토(NATO)와 한미동맹의 연합지휘체제를 비교해본다면?
- 한국군 한미연합사령관 임명은 올바른 방향인가?
- 북핵 위협은 한미동맹을 약화시키는가, 강화시키는가?

추천문헌

구본학(2018). “한미동맹의 미래 비전과 목표.” 『신아세아』. 제25권 4호, pp.75-104.

손경호(2013). “한미동맹의 역사: 동맹이론을 통해 본 한미동맹의 역할을 중심으로.” 『통일연구』. 제17권 2호, pp.39-64.

박휘락(2019). “나토와 한미동맹의 군사지휘체제 비교: 지휘관계를 중심으로.” 『한국군사학논집』. 제75권 2호, pp.1-29.

박휘락(2019). “대(對)미국 방위비분담 분석과 대응방향: 일본과의 비교를 중심으로.” 『한일군사문화연』. 제28권, pp.5-35.

박원곤·설인효(2017). “트럼프 행정부 안보·국방전략 분석/전망과 한미동맹 발전 방향.” 『국방연구』. 제60권 4호, pp.1-27.

국·가·안·보·론

PART 02

국제협력과 안보

05 | 집단안보와 유엔

가장 이상적인 안보체제는 세계정부를 구성하는 것이다. 세계정부가 구성되면 국제법이 국내법과 같은 강제집행력을 구비하게 될 것이고, 국가 간의 갈등을 무력이 아닌 법과 재판에 의하여 처리하게 될 것이기 때문이다. 그를 지향하면서 세계는 '집단안보(collective security)' 개념을 지속적으로 논의해왔고, 그 결과로서 국제연합(유엔, United Nations)을 구성하여 활용하고 있다. 따라서 집단안보와 유엔에 관한 개략적인 사항을 설명한다.

제1절 집단안보의 개념과 이상

1. 개념과 의의

개인이 국가를 형성하여 집단적으로 안전을 고양시키는 방식을 국제사회에 확대한 형태가 집단안보이다. 국가 간의 갈등을 심판해줄 수 있는 조직이 있으면 전쟁까지 가야 할 상황이 줄어들 것이기 때문이다. 또한 국가들이 개별적으로 노력하는 것보다 다수 국가가 협력하면 더욱 경제적이면서 효율적인 안보가 가능하다.

집단안보의 역사는 짧지 않다. 서양에서는 기원전 4세기 그리스에서 '코린토스 연맹(League of Corinth)'이라고 현대에 불리는 연합체를 만들었고, 이를 통하여 갈등의 평화적 해결을 추진하였다. 중국의 경우에도 기원전 8~5세기 춘추시대(春秋時代)에 제후들이 맹회(盟會)를 열어서 제후국 간의 분쟁을 평화적으로 해결하고자 노력했던 사례가 있는데, 이 또한 집단안보의 시도로 볼 수 있다.

집단안보는 말 그대로 '집단적으로' 평화와 안정을 보장하기 위한 노력인데, 그 개념에 대한 이해는 사람과 상황에 따라서 달라질 수밖에 없다. 광의로 해석할 경우 집단안보는 동맹까지도 포함하는 두 개 국가 이상의 모든 집단적 안전보장책을 포함할 수 있다. 그러나 협의의 집단안보는 동맹과 다르게 어떤 조직을 만들어서 회원국들에 관한 제반 사항을 협의하고, 분쟁을 예방하거나 전쟁없이 분쟁을 타결하게 된다. 대체적으로 집단안보는 국제연맹이나 국제연합과 같은 범세계적인 기구를 지칭하게 된다.

집단안보와 유사한 개념으로 집단방위가 있다. 여기에서 집단방위는 동맹이 다수 국가로 확대된 것이고, 중앙집권적인 어떤 조직을 구비하긴 하지만 기본적인 성격은 공동의 방어이다. 집단안보가 집단방위의 성격을 보유하지 않는 것은 아니지만 회원

그림 5-1 집단안보-집단방위-동맹의 관계

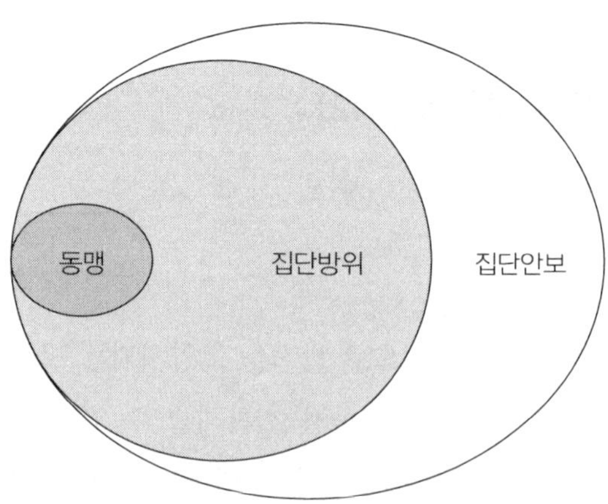

국 내 분쟁의 평화적 해결에 주안을 둔다. 그럼에도 불구하고, 이 세 가지는 공동으로 국가의 안전을 보장하기 위한 노력이라는 점에서 큰 범위에서는 생각을 같이하고, 따라서 집단안보가 가장 넓으면서 결속도가 낮은 반면에 범위가 좁지만 결속도는 가장 큰 것이 동맹이라고 할 수 있다. 이 구분을 도식화하면 [그림 5-1]과 같다.

2. 집단안보와 집단방위의 비교

집단안보는 기본적으로 위기 대응을 위한 체제이다. 적국이나 잠재적국을 정해놓고 대비하는 것이 아니라 외부 또는 회원국들 중에서 평화를 훼손하는 존재가 출현할 경우 회원국들이 협의하여 공동으로 대응하는 방식이기 때문이다. 따라서 명시되어 있지 않지만 일개 회원국에 대한 공격을 회원국 전체에 대한 공격으로 간주한다는 원칙이 잠재되어 있고, 이러한 측면에서는 집단방위의 성격을 갖고 있다. 그래서 집단방위체인 나토를 집단안보를 위한 체제로 설명하는 경우도 없지 않다. 그럼에도 불구하고 집단안보와 집단방위는 적지 않은 차이점을 지니고 있다.

첫째, 집단방위는 대비해야 할 적 또는 위협이 분명할 뿐만 아니라 이미 존재하고 있는 상태이다. 공통의 적이나 위협으로부터 함께 안정을 보장하려는 목적이 집단방위이기 때문이다. 이에 반하여 집단안보는 개념적인 위협이나 적은 존재하지만 실체의 적은 아직 드러나지 않았고, 분명히 지정되어 있지도 않다. 위협이나 적이 출현하면 협의하여 함께 대응하는 개념이기 때문이다.

둘째, 집단방위는 적이 외부에 존재하지만 집단안보는 기본적으로 내부에 존재한다. 집단안보는 전체가 하나의 집단을 형성하여 안전을 보장하려는 목적이기 때문이다. 통상적으로 집단안보는 회원국 중에서 평화와 안정을 위협하는 국가가 출현할 경우 다른 회원국들이 해당 국가에 대하여 공동으로 대응하는 것을 염두에 두고 있다.

셋째, 집단방위에 비해서 집단안보가 가장 큰 차이를 보이는 것은 전자는 적이나 잠재적 적국으로부터 자신들을 방어한다는 직접적이고 단기적인 목적을 지향하지만, 후자는 범세계적인 평화와 안정을 추구하는 장기적이면서도 광범한 목표를 추구한다. 따라서 집단안보는 성공할 경우 세계의 평화에 크게 기여할 수 있지만, 숭고하고 장기적인 만큼 국가들의 지속적인 헌신이 필요하고, 현실적으로 그러한 헌신을 얻는 것이 쉽지 않아서 창설도 어렵지만 유지하는 것은 더욱 어렵다.

넷째, 집단방위와 집단안보가 실질적으로 다른 것은 전자는 군사적 수단이 핵심이지만, 후자는 군사력 이외 수단의 사용을 더욱 우선시하고, 권장한다. 집단안보가 군사력을 사용하지 않는 것은 아니지만 불가피한 어쩔 수 없는 경우에만 사용해야 하는 것으로 생각한다. 그래서 집단방위에서는 군사작전에 대한 계획과 대비가 가장 중요한 부분을 차지하지만, 집단안보에서는 모든 분야의 비중을 균등하게 두고자 노력하고, 각 분야별로 각국 대표들이 적극적으로 접촉 및 활동하게 되는 것이다. 집단안보의 경우 성공하기만 하면 평화적일 뿐만 아니라 가장 비용소요가 적은 효율적인 안전보장의 방법이 될 것이다.

3. 집단안보의 이상과 현실

집단안보의 이상적이면서 궁극적인 모습은 세계정부일 수 있다. 각국의 정부처럼 세계정부가 국제법을 집행할 수 있는 권한과 강제력을 보유하고 있다면, 국가 간의 갈등을 권위적으로 해결할 수 있고, 전쟁을 예방할 수 있기 때문이다. 현재의 국가가 세계 차원으로 확대되는 개념이라고 할 수 있다. 인류사회의 평화를 궁극적으로 보장하고자 한다면 세계정부를 구성해야 한다고 주장하는 사람들도 없지 않다.

그러나 현실에 있어서 대부분의 국가들은 자신들의 정체성을 너무나 소중하게 생각할 뿐만 아니라 강대국에 의한 전횡을 두려워하여 자국의 주권을 좀처럼 양보하지 않으려 한다. 즉, 대부분의 국가들은 "정부없는 질서(order without government)"를 달성하고자 하는데, 현실적으로 정부없는 질서유지는 불가능하다. 따라서 세계정부를 구성해야 한다는 이상은 높지만 현실은 그에 미치지 못하고 있다.

집단안보의 가장 결정적인 한계는 이상과 현실 간의 괴리이다. 이상을 주장하는 사람들은 각국이 선의를 바탕으로 협의하도록 기회만 제공하면 문제가 평화적으로 해결될 수 있다고 주장하지만 현실의 국가들은 선뜻 자신의 주장을 양보하지 않고, 결국 협의에서도 결정적인 사안일수록 평행선을 달리게 되기 때문이다. 이러한 현실의 세계를 다루고자 한다면 집단안보는 강력한 군대를 보유하여 평화에 도전하는 회원국들을 응징할 수 있어야 한다. 그러나 이것은 전쟁과 같은 폭력을 회피하려는 집단안보의 이상에는 배치되고, 회원국들은 이를 부담으로 생각하여 합의하지 않을 가능성이 크다.

집단안보는 기본적으로 각국을 동등한 회원으로 간주하기 때문에 책임과 권리가 불일치하는 경우가 발생할 수 있다. 강대국의 경우 세계평화를 위한 책임이 크지만 집단안보에서의 대표성은 약소국과 동등하기 때문이다. 그렇다고 하여 강대국에게 더욱 큰 권한을 부여하는 것이 합리적이라고 말할 수도 없다. 현재 유엔에서는 안전보장이사회 상임이사국이라는 제도를 통하여 상임이사국에게 거부권을 부여함으로써 강대국에게 큰 권한을 허용한 것은 사실이지만, 이에 대한 불만도 적지 않다. 따라서 이상을 구현하기 위해 필요한 노력임을 이해하면서도 다수 국가들은 집행력있는 집단안보체제 구성을 망설이게 된다.

더욱 문제가 되는 것은 집단안보체제에서 회원국에게 어떤 제재를 가할 경우 그 회원국이 집단안보체제를 탈퇴해버리면 어쩔 수 없다는 사실이다. 제2차 세계대전 이전에 국제연맹이 그 사례로서 일본과 이탈리아 등이 탈퇴해버리자 이들을 제재할 수 있는 방법이 없었다. 지금도 핵확산금지조약(NPT)의 경우 가입하지 않는 국가에 대해서는 통제책이 없고, 북한의 경우처럼 일방적으로 탈퇴를 선언하면서 국제사회의 결정에 불응해도 효과적인 응징방법이 없는 상황이다.

이러한 점에서 볼 때 집단안보의 이상은 높지만, 현실적인 장애는 적지 않고, 따라서 이를 구현하기 위해서는 상당한 시간과 노력이 투자되어야 할 것이고, 노력한다고 해도 성공한다고 보장하기는 어려운 점이 너무나 많다고 할 것이다. 즉, [그림 5-2]에서 암시하고 있듯이 이상이 높은 만큼 극복해야 할 장애물도 많은 상황이라고 할 것이다.

그림 5-2 집단안보의 이상과 현실

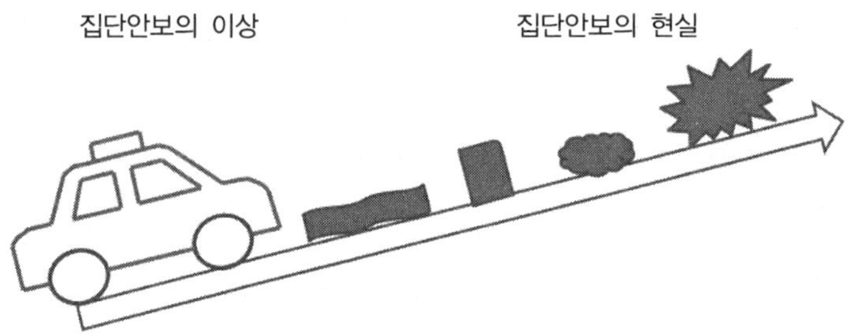

제2절 집단안보의 발전 역사와 과제

집단안보를 위한 노력의 필요성은 인류가 참혹한 전쟁을 겪을 때마다 반복되었지만 실제로 구현의 사례는 많지 않았다. 그럼에도 불구하고 현대에 들어서 국제연명(League of Nations)과 국제연합(유엔, United Nations)을 만든 것은 인류의 큰 성과라고도 할 수 있다.

1. 집단안보의 태동

인류 역사는 전쟁으로 점철되었다 할 정도로 참혹한 전쟁이 많았기 때문에 집단안보의 필요성은 다양한 지역에서 다양한 형태로 계속적으로 제기 및 논의되었다. 국가 간의 전쟁을 종결하는 가장 근본적인 방식은 집단을 구성하여 평화적으로 해결하는 방법일 것이기 때문이다.

현재 사용하고 있는 '집단안보'라는 용어는 17세기 초반 프랑스의 국내 및 국제정치를 지배하였던 추기경 및 정치가인 리슐리(Cardinal Richelieu)가 1629년에 처음으로 사용하였다고 한다. 그리고 리슐리의 뒤를 이은 프랑스의 마자린(Cardinal Mazarin)이 유럽의 '30년 전쟁'을 종료시키는 조약인 1648년의 웨스트팔리아 조약에 이 개념을 반영하였다. 다만, 리슐리는 현재와 같은 국제기구의 창설을 의미한 것은 아니었고, 로마와 같은 주도국을 중심으로 관련 국가들이 협의하는 방식을 제시하였었다.

30년 전쟁의 참화에서 벗어나고자 하는 열망이 유럽인들에게 확산되면서 18세기 유럽의 학계에서 집단안보 차원의 다양한 제안들이 제기되었다. 이 중에서 1795년 칸트(Immanuel Kant)가 제기한 '영구평화론'에는 국가 간의 분쟁을 예방하거나 평화적으로 해결할 수 있도록 국제적인 조직을 창설하는 방안이 포함되어 있다. 각국의 독립을 침해하지 않는 범위 내에서 신뢰를 바탕으로 한 국가 간의 협의에 국한하고 있는 개념이지만, 국제기구의 창설은 이전의 집단안보 개념을 한 차원 격상시킨 접근이라고 할 수 있다.

2. 집단안보의 실천

나폴레옹 전쟁을 겪은 이후 유럽에서는 집단안보 차원의 노력이 시도되었다. 1814~1815년에 유럽국가들이 구축을 위해 노력했던 '유럽협조체제(Concert of Europe)'가 그것이다. 다만, 이 체제는 세력균형을 기본적인 정책으로 채택하였을 뿐만 아니라 다른 국가의 주권을 제한할 수 있는 조치에 합의하지 못함으로써 실제적인 분쟁해결책은 강구하지 못하였다. 오히려 세력균형을 위한 노력이 독일, 오스트리아, 이탈리아 간의 삼국동맹과 영국, 프랑스, 러시아 간의 삼국협상으로 유럽을 분열시켰고, 이로써 제1차 세계대전으로 전쟁의 규모를 확대시킨 측면이 있다.

그럼에도 불구하고 집단안보 차원의 노력은 다양한 분야에서 추진되어 1889년 국제의원연맹(Inter-Parliamentary Union: IPU)을 창설하여 각국 의회대표들을 소집하여 국제문제를 조정하고자 시도하였고, 1899년과 1907년 헤이그 평화회의(Hague Conventions)를 통하여 국제적 분쟁을 평화적으로 타결하기 위한 국제법의 제정을 적극적으로 논의하기도 했다.

제1차 세계대전의 참화를 겪은 이후에야 세계는 집단안보에 대한 실질적인 논의에 착수하였다. 제1차 세계대전으로 유럽 전체가 전화에 휘말렸고, 수천만 명에 달하는 군인과 민간인이 사망하였으며, 유럽 전체가 황폐화되었기 때문이다. 당시 제1차 세계대전은 "모든 전쟁을 종료시킨 전쟁(the war to end all wars)"으로 인식되기도 하였다. 따라서 경쟁적 군비경쟁의 필요성을 약화시키고, 국가 간 외교적 문제해결을 보장할 수 있는 무대를 제공하며, 전쟁발발 시 처벌을 가할 수 있는 국제적인 조직이 필요하는 데 인식을 같이하였고, 따라서 1920년 '국제연맹'을 창설하게 되었다.

그러나 국제연맹은 침략국이 발생할 경우 회원국들이 자발적 판단에 의하여 조치해주기를 바랄 뿐 집단적으로 제재하는 능력을 보유하지 못하였다. 또한 주창국이었던 미국이 참가하지 못함으로써 근본적인 한계가 발생하였고, 중심적 역할을 수행했던 영국과 프랑스의 이견도 적지 않았다. 결국 국제연맹은 제2차 세계대전을 예방하지 못하였을 뿐만 아니라 전쟁의 규모만 더욱 확대시키고 말았다.

제2차 세계대전은 제1차 세계대전보다 더욱 참혹하였다. 따라서 국제사회는 1946년 더욱 강력한 집단안보기구로서 유엔을 창설하였다. 유엔은 국제연맹의 실패를 거울삼아서 유엔 안전보장이사회를 설치하여 필요한 응징의 조치를 결정할 수 있도록 보장하였고, 무엇보다 군사적 수단도 사용할 수 있도록 허용하였다. 따라서 지금까지 유엔은 국제사회의 평화와 안정에 필요한 제반 조치를 강구하는 등 상당한 기여를 하고 있는 것으로 평가되고 있다. 그럼에도 불구하고 최근 강대국들이 유엔의 권위를 크게 인정하지 않고, 군사적 제재를 거의 사용하지 않음에 따라서 그 권능은 점점 약해지고 있고, 그에 대한 개혁의 요구도 제기되고 있는 실정이다.

3. 지역별 집단안보 노력

유엔이 수행하는 세계 차원의 집단안보 노력이 미흡하다고 인식하거나 지역별 갈등의 자체적인 해결이 필요하다고 판단하여 지역별 집단안보 노력도 적극적으로 전개되고 있다. 이들은 통상적으로 '다자안보협력체제(multi-lateral security system)'라고도 하는데, 평가는 다양할 수 있지만 긍정적인 측면이 크다고 봐야 한다. 협의의 기회가 많을수록 군사적 해결 이전에 타결될 가능성이 높아질 것이기 때문이다.

1994년 55개 회원국으로 탄생한 '유럽안보협력기구(Organization for Security and Co-operation in Europe: OSCE)'가 다자안보로서는 가장 체계적이면서 적극적으로 활동하고 있는 기구라고 할 수 있다. 또한 아시아에서도 1994년에 18개국이 참여하는 '아세아지역회의(Asian Regional Forum: ARF)'를 창설하여 역내 국가들 간의 대화를 통한 신뢰 형성과 외교적인 문제 해결을 위하여 노력하고 있다. 1996년에는 '아시아-유럽 정상회의(Asia-Europe Meeting: ASEM)'가 설립되어 2년에 한 번씩 유럽과 아시아를 포괄하는 제반 문제를 토의하고 있다. 이외에도 지역별로 다양한 정부 또는 민간 주도의 다자안보기구와 기회가 가동되고 있다. 예를 들면, 동아시아에 국한할 경우에도 동아시아안보회의(Sangri-La Dialogue), 동아시아정상회의(East Asia Summit: EAS), 아시아태평양경제공동체(Asia-Pacific Economic Cooperation: APEC), 상하이 협력기구(Shanghi Cooperation Organization: SCO), 한중일 정상회의(China-Japan-South Korea Trilateral Summit), 동북아협력대화(Northeast Asia Cooperation Dialogue: NEACD) 등이 개최되고 있다

이러한 다자안보협력의 기회는 집단안보의 한 형태일 뿐만 아니라 유엔과 같은 전형적인 집단안보체제를 보완하는 기능을 수행하고 있다. 다만, 최초 창설 시에 가졌던 의욕이나 기대에 비하여 현실적인 문제를 해결해 나가는 정도는 높지 않고, 최근에는 피로도가 누적되고 있는 상황이다.

4. 집단안보의 성공조건

집단안보는 이상이 높은만큼 실천이 쉽지 않다. 제1차 세계대전 이후 국제연맹이 실패했고, 유엔에 대하여 갈수록 비판이 가해지는 것도 기대에 비해서 세계평화에 기여하는 정도가 작다고 생각하기 때문이다. 이러한 점에서 집단안보가 제대로 기능하기 위한 몇 가지 조건을 살펴보면 다음과 같다.

첫째, 집단안보가 성공하기 위해서는 어떤 국제적 분쟁이 발생하였을 경우 회원국들이 침략자가 누구인지를 바로 결정할 수 있어야 한다. 그것이 결정되지 않으면 집단적인 조치를 강구할 수 없기 때문이다. 국제적 분쟁에서 침략자가 명확할 것으

로 생각하지만, 그렇지 않은 경우가 더욱 많다. 먼저 공격을 하는 국가라도 자위권 차원에서 어쩔 수 없었다고 주장할 것이기 때문이다. 상대방이 먼저 공격하는 것을 기다렸다가 반격한다는 개념이 핵전쟁의 시대에는 합리적인 대안이 아닐 수 있다는 점에서 침략자의 식별은 더욱 어려워지고 있다. 1981년과 2007년에 이스라엘이 이라크와 시리아의 핵발전소를 기습적으로 파괴시켰지만, 유엔에서는 이스라엘을 침략자로 규정하지 못하였다. 2003년 미국의 이라크 전쟁에서도 침략자를 분명하게 규정하지 못하였고, 2008년 러시아가 그루지아로 진군했을 때도 마찬가지였다.

둘째, 집단안보 차원에서 결집한 힘이 침략자를 압도할 수 있어야 한다. 그래야 침략자를 응징할 수 있기 때문이다. 이미 침략을 결정하였거나 시작한 국가는 집단안보체제에서 요구하는 바를 듣지 않을 것이기 때문에 힘으로 제압해야 하는데, 이를 위하여 필요한 요소는 강력한 군사력이다. 집단안보의 성공을 위해서는 자체적으로 강력한 군대를 보유하든가 아니면 유사시 회원국들이 적극적으로 군대를 보내어 침략자를 응징할 수 있는 충분한 군대를 확보해야 한다. 그런데 이렇게 군사적인 측면을 강조하게 되면 집단안보는 집단방위 또는 동맹과 유사해지게 되고, 그렇게 되지 않으려고 군사적 측면을 강조하지 않으면 공격적이면서 강력한 국제질서 교란국으로부터 세계의 평화와 안정을 유지하기 어렵다. 이 부분이 집단안보가 갖는 근본적인 딜레마라고 할 것이다.

셋째, 집단안보가 진정으로 성공하고자 한다면 회원국들이 세계평화를 위한 이상을 공유하면서 필요시에는 국제사회 전체를 위하여 각국에게 불리한 조치를 감수할 수 있다는 각오를 가져야 한다. 집단안보는 세계정부가 없이 세계의 평화와 안정을 보장하기 위한 노력으로서, 그만큼 회원국들의 공존공영 의식과 헌신이 절실할 수밖에 없기 때문이다. 특히 군사작전에 관한 사항을 결정하거나 시행할 경우 각국이 공정과 정의에 입각하여 침략자를 분명하게 규정할 수 있어야 하고, 침략자를 격퇴 및 응징하기 위하여 필요하다는 결정이 내려질 경우 군대의 파견 등 각국이 능력 범위 내에서 최대로 기여해야 한다. 그런데 현재와 같은 국익 경쟁의 국제사회에서 이러한 분위기를 형성하기는 쉽지 않다.

그 외에도 집단안보의 성공을 위하여 충족되어야 할 조건은 적지 않다. 예를 들면, 중앙집권적인 의사결정이 보장되어야하고, 분쟁의 종결을 위한 절차도 발전되어야 한다. 당연히 많은 조건이 충족될수록 이상적인 집단안보체제가 되겠지만, 현실은 필요한 조건의 일부분만 충족될 뿐이어서 제한적인 집단안보체제에 그칠 가능성이 크다. 다만, 어떤 집단안보체제든 없는 것보다는 있는 것이 유용하고 계속 노력해 나가는 것이 중요하다는 점에서 집단안보는 계속 시도되면서 지속적으로 개선책을 마련해 나가야 하고, 그러한 방향으로 세계가 노력하고 있다고 할 것이다.

제3절 국제연합(유엔)

제2차 세계대전 이후 현재까지 인류가 개발한 집단안보기구 중에서 가장 강력한 권한을 갖는 조직은 1946년 건립된 유엔이다. 유엔은 해방 이후 한국의 재건을 위하여 노력했을 뿐만 아니라 1950년 북한의 불법남침을 격퇴하기 위하여 군대까지 파견하였고, 지금도 그 유엔군사령부가 서울에 있다.

1. 설립배경

유엔은 핵무기까지 사용된 전대미문의 재앙을 초래한 제2차 세계대전을 겪고 나서 이와 같은 참화를 더 이상 반복할 수 없다는 국제사회의 합의에 의하여 설립되었다. 특히 제1차 세계대전 이후 그의 재발 방지를 위해 설립된 국제연맹이 제2차 세계대전을 예방하지 못하였다는 반성에 근거하여 국제사회의 안정과 평화를 해치는 국가에 대한 제재를 강화하는 방향으로 발전시켰다.

국제연맹은 그 이전에 제기되었던 집단안보의 제반 염원을 수용하여 제1차 세계대전 직후인 1920년 설립되었는데, 회원국들이 도발할 경우 응징할 수 있는 체제를 보유하고 있지 못하였고, 회원국이 탈퇴해버리면 조치할 수 있는 수단이 없었다. 예를 들면, 1933년 일본이 만주를 침략하자 42개국 중 40개국이 일본에게 철수할 것을 촉구하였지만 일본이 국제연맹을 탈퇴해버리자 어떻게 할 수 있는 방법이 없었다. 국제연맹은 이탈리아의 이디오피아 침공을 예방하기 위하여 경제제재까지 부과하면서 노력하였으나 그 사이에 이탈리아가 이집트를 정복해버리자 그것을 원상회복시킬 방법이 없었다. 국제사회에서 압력을 가하자 이탈리아도 국제연맹을 탈퇴해버렸다. 그리고 국제연맹의 틀 속에서 영국과 프랑스가 히틀러(Adolf Hitler)와의 협상을 추진하여 체코를 할양하면서까지 평화를 보장하고자 했으나 히틀러는 이것을 유약의 증거로 인식하였고, 결국 1939년 폴란드를 침공함으로써 제2차 세계대전이 발발하였다.

국제연맹의 실패에도 불구하고 세계적인 집단안보체제가 필요하다는 인식은 절실하여 제2차 세계대전이 시작된 연도인 1939년 미 국무성에서 그에 관한 초안을 마련하기 시작하였고, 전쟁이 한창이던 1941년 "국제연합의 선언(Declaration by United Nations)"이라는 제목으로 그 내용의 윤곽이 공개되었다. 이 내용은 더욱 구체화되어 1941년 8월 14일 미국과 영국의 공동선언으로 발표되었고, 이것은 나중에 '대서양 헌장(The Atlantic Charter)'으로 불렸다. 이 선언의 핵심적인 내용은 영토의 확장이나 주민의 의사에 반하는 영토의 변경을 인정하지 않고, 주민들의 정부를 복원하며, 침략국을 무장해제한다는 등의 내용이었다. 이에 근거하여 독일과 일본에 대항하여 전쟁을 수행하던 미국, 영국, 소련, 중국의 대표가 1942년 1월 1일 '국제연합 선언'에 서명했고, 다음날 22개국이 추가로 서명함으로써 26개국이 동참하게 되어 유엔의 설립을 위한 기본적인 방향이 설정되었다. 대서양 선언의 핵심적인 내용은 '4명의 경찰(Four Policemen)'로서, 미국, 영국, 소련, 중국의 4개 국가가 중심이 되어 집단안보를 구현한다는 개념이었다.

그리고 나서 1944년 9월 21일~10월 7일 사이에 4개 강대국들은 국제연합의 목표, 구조, 기능에 관한 기본적인 사항을 협의하였고, 1945년 4월 25일 샌프란시스코에서 50개국이 참가한 가운에 유엔의 설립에 관한 회의를 실시하여 유엔헌장 초안에 합의하였다. 그런 다음에 안전보장이사회 5대 상임이사국(프랑스는 나중에 추가)과 나머지 46개국이 서명하여 1945년 10월 24일 유엔이 공식적으로 출범하였고, 1946년 1월 10일 런던에서 첫 총회를 개최하였다.

2. 유엔헌장

유엔의 설립목적은 전문에도 기술되어 있지만 제1장 제1조에 분명하게 명시되어 있다. 그것은 "국제평화와 안전의 유지(to maintain international peace and security)"로서, 이를 위하여 평화에 대한 위협을 방지, 제거하고, 침략행위를 진압하기 위한 집단적 조치를 강구하도록 되어 있다. 유엔헌장 전체에 걸쳐 "국제평화와 안전"이라는 말이 32번 사용될 정도이다.

유엔헌장을 보면 제2조에서는 모든 회원국의 주권이 평등하다는 점을 명시하면서, 집단안보를 위한 회원국들의 의무이행을 강조하고, 내정간섭을 철저히 배제하고 있다. 제7장에 의한 강제조치의 적용은 예외이지만, 기본적으로 유엔도 국제연맹 같이 국가의 자발적인 참여와 활동에 의존하고 있어 세계정부의 이상과는 차이가 크다. 즉, 유엔헌장 제7장을 제대로 이행하지 않을 경우 유엔은 국제연맹과 본질적인 차이가 없는 셈이다.

국제평화와 안전을 위한 유엔의 실질적인 집단안보 노력은 "평화에 대한 위협, 평화의 파괴 및 침략행위에 관한 조치"라는 제목으로 제7장에 명시되어 있다. 여기에는 제39조에서 제51조까지 13개 조항이 기술되어 있는데, 전쟁이나 침략에 대한 집단적인 대응의 권한과 책임을 명시하면서 이를 결정하는 권한을 안전보장이사회에 부여하고 있다. 제39조에서는 평화에 대한 위협, 평화의 파괴 또는 침략행위의 존재를 결정하고, 제41조 및 제42조에서는 필요한 조치를 강구하도록 규정하고 있으며, 제40조는 이를 위한 잠정조치를 관련 당사국에게 요청할 수 있도록 보장하고 있다.

제7장의 핵심은 제41조와 제42조로서, 제41조에서는 경제제재를 비롯하여 병력을 사용하지 않는 다양한 조치를 강구할 수 있다는 점을 명시하고 있고, 제42조에서는 그것이 불충분하다고 판단될 경우 "공군, 해군 또는 육군에 의한 조치"를 취할 수 있다는 점을 명시하고 있다. 따라서 이 제42조가 유엔이 국제연맹과 다른 점이고, 군사력을 동원해서라도 국제평화와 안전을 유지하겠다는 국제사회의 결의가 포함된 조항이라고 할 것이다. 이에 따라 제43조는 회원국들의 지원임무, 제44조에서 제50조까지는 위 안전보장이사회 결정에 대한 회원국의 이행과 지원, 협의에 관한 사항

유엔헌장 제41조와 제42조

- 제41조: 안전보장이사회는 그의 결정을 집행하기 위하여 병력의 사용을 수반하지 아니하는 어떠한 조치를 취하여야 할 것인지를 결정할 수 있으며, 또한 국제연합 회원국에 대하여 그러한 조치를 적용하도록 요청할 수 있다. 이 조치는 경제관계 및 철도, 항해, 항공, 우편, 전신, 무선통신 및 다른 교통통신수단의 전부 또는 일부의 중단과 외교관계의 단절을 포함할 수 있다.
- 제42조: 안전보장이사회는 제41조에 규정된 조치가 불충분할 것으로 인정하거나 또는 불충분한 것으로 판명되었다고 인정하는 경우에는, 국제평화와 안전의 유지 또는 회복에 필요한 공군, 해군 또는 육군에 의한 조치를 취할 수 있다. 그러한 조치는 국제연합회원국의 공군, 해군 또는 육군에 의한 시위, 봉쇄 및 다른 작전을 포함할 수 있다.

을 명시하고 있다.

제51조에서는 안전보장이사회가 어떤 조치를 결정하기 전까지 개별국가가 자위권(right of self-defense)에 의하여 필요한 조치를 강구하도록 보장하고 있는데, 이로 인하여 회원국들은 자신의 공격적인 행동도 자위권에 근거한 것이라고 주장할 수 있게 되었고, 결과적으로 자위권을 명분으로 전쟁을 발발할 수 있는 여지를 제공한 셈이 되었다.

유엔헌장 제51조

- 제51조: 이 헌장의 어떠한 규정도 국제연합회원국에 대하여 무력공격이 발생한 경우(if an armed attack occurs), 안전보장이사회가 국제평화와 안전을 유지하기 위하여 필요한 조치를 취할 때까지 개별적 또는 집단적 지위의 고유한 권리(the inherent right of individual or collective self-defence)를 침해하지 아니한다. 자위권을 행사함에 있어 회원국이 취한 조치는 즉시 안전보장이사회에 보고된다. 또한 이 조치는, 안전보장이사회가 국제평화와 안전의 유지 또는 회복을 위하여 필요하다고 인정하는 조치를 언제든지 취한다는, 이 헌장에 의한 안전보장 이사회의 권한과 책임에 어떠한 영향도 미치지 아니한다.

3. 유엔의 조직

유엔에서 가장 기본적인 회의는 총회로서 매년 개최된다. 총회는 모든 회원국으로 구성되고, 각 회원국은 1표의 투표권을 갖는다. 국제평화와 안전, 신규 회원국 가입, 예산 문제 등 중요문제에 관한 총회의 결정은 3분의 2의 찬성으로 하며, 여타 문제에 대해서는 단순 과반수로 결정한다. 다만, 총회는 회원국이나 안전보장이사회에 대하여 권고하는 것이지 결정하는 기관은 아니다.

유엔에서 실질적인 기능을 수행하는 기관은 안전보장이사회(Security Council)이다. 이 기관은 유엔헌장에 따라 국제평화와 안전유지에 일차적 책임을 담당하도록 되어 있고, 군사적 조치의 이행도 결정할 수 있다. 안전보장이사회는 미국, 영국, 프랑스, 중국, 러시아의 5개 상임이사국과 총회에 의해 선출되는 2년 임기의 10개 비상임이사국으로 구성된다. 안전보장이사회 이사국은 1개의 투표권을 갖고, 5대 상임이사국이 포함된 9개 이사국의 찬성에 의해 주요 사항을 결정한다. 따라서 5대 상임이사국 중 어느 한 국가라도 반대하면 안건은 통과할 수 없고, 그래서 상임이사국이 '거부권(Veto)'을 갖고 있다고 표현되는 것이다. 총회를 비롯한 모든 유엔의 기관은 회원국 정부에 대해 권고만 할 수 있고, 유일하게 안전보장이사회만이 회원국에 대해 이행의무를 지우는 결정을 내릴 권한을 보유하고 있다. 따라서 안전보장이사회 결의안의 문장 중에서 "결정한다(decide)"라는 조항이 실질적인 조치를 수반하는 내용이다. 안전보장이사회의 권한은 다음 쪽의 내용과 같다.

안전보장이사회 외에 유엔에는 경제사회이사회(Economic and Social Council: ECOSOC), 신탁통치이사회(Trusteeship Council)가 있고, 국제사법재판소(International Court of Justice: ICJ)는 헤이그에 본부를 두고 있다. 사무국은 유엔의 일상업무를 처리하는 기관으로서 사무총장은 5년 임기로 총회에서 선출한다.

유엔 안전보장이사회의 기능과 권한

- 유엔의 원칙과 목표에 근거하여 국제 평화와 안정 유지
- 국제적 마찰을 야기시킬 수 있는 분쟁 또는 사태에 관한 조사
- 그러한 분쟁의 조정방법이나 해결조건을 권고
- 평화에 대한 위협, 평화의 파괴 또는 침략행위의 존재 여부를 결정하고, 어떤 조치가 강구되어야 할 것인지를 권고
- 회원국에 대해 침략의 예방 또는 중지를 위하여 경제제재와 군사력 사용을 포함하지 않는 다른 조치들을 요청
- 침략자에 대한 군사적 조치 채택
- 신규 회원국의 가입 권고
- 전략지역(Strategic Area)에 신탁통치 기능 수행
- 총회에 사무총장의 임명 권고 및 총회와 함께 국제사법재판소 판사 선출

출처: 유엔 홈페이지

4. 평화유지작전

일반적으로는 평화유지활동이라고 말하지만, 유엔에서는 능동성과 군사성을 강조한다는 차원에서 평화유지작전(Peace Keeping Operations: PKO)이라고 부르고 있다. 유엔에서 발간한 『평화유지작전 원칙과 지침』의 책자에 의하면 평화유지작전은 전투가 중단된 상황에서 평화를 보존하고, 분쟁 당사자들의 협정 이행을 지원하기 위한 활동으로서, 분쟁예방(conflict prevention), 평화조성(peacemaking), 평화강제(peace enforcement), 평화구축(peacebuilding)과 유사하면서도 차별되는 개념이다. 즉, 분쟁예방과 평화조성은 외교적 노력이 중심이 된다. 평화강제가 가장 실행력이 있는 개념으로서 군사력의 사용까지 포함되는 개념이고, 평화구축은 해당국가의 경제와 사회를 안정시키기 위한 광범한 조치를 포함한다. 이러한 개념들의 차이를 표시하면 [그림 5-3]과 같다.

평화유지작전은 원래 유엔이 창설될 때부터 있었던 개념은 아니지만, 그 근거는 유엔헌장 제7장이다. 다른 조항도 관련이 있지만, 제48조를 보면 국제평화와 안전의

그림 5-3 평화유지작전 관련 개념

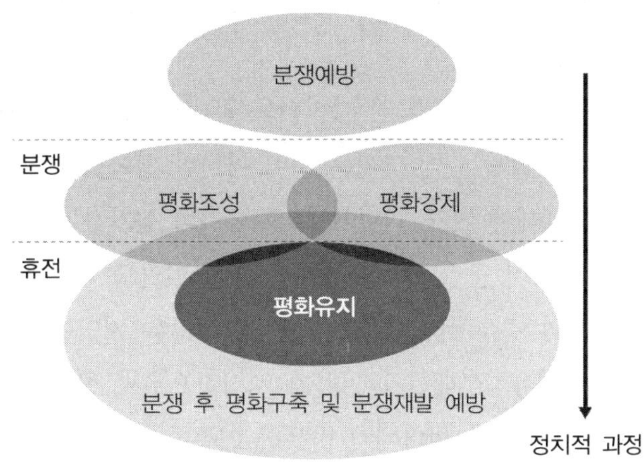

출처: United Nations, *Peacekeeping Operations: Principles and Guidelines*(2008), p.19.

유지를 위하여 유엔 안전보장이사회가 결정한 사항을 유엔회원국의 전부 또는 일부가 조치할 수 있도록 명시하고 있다. 평화유지작전은 유엔이 주도하기 때문에 그 비용도 유엔이 부담한다. 유엔에서는 1992년 평화유지작전부(Department of Peacekeeping Operations)를 편성하여 이 임무를 책임지도록 하였다. 다만, 유엔 안전보장이사회가 허가할 경우 나토와 같은 지역 집단방위기구나 연합군 조직에 작전통제를 위임할 수도 있다. 반면에 둘 또는 그 이상의 나라가 자발적으로 수행하는 다국적군 작전의 경우에는 비유엔 평화유지작전으로 분류되기도 하듯이 유엔의 통제를 받지 않고, 비용도 지원받지 않는다. 다만, 다국적 작전으로 시작하다가 유엔에 의한 평화유지작전으로 전환하거나 두 가지 다른 성격의 부대가 함께 작전하는 등 두 가지 작전은 현실적으로는 상당한 연계성을 갖고 운영되고 있다.

유엔의 평화유지작전은 냉전 기간에 시작되었는데, 분쟁지역에서 중립적인 역할을 수행해야 하는 군대가 필요했기 때문이었다. 1948년 이스라엘과 아랍국가들 간의 휴전을 감독하기 위하여 창설된 유엔휴전감시단(United Nations Truce Supervision Organization: UNTSO)이 최초의 유엔 평화유지군이었다. 그 1년 후 인도와 파키스탄의 관계개선을 지원하기 위한 군사관찰단이 편성되었고, 1957년 수에즈 운하의 안전을 보장하기 위한 평화유지군이 창설되기도 했다. 1988년 유엔평화유지군은 노벨평화상을 수상하기도 했다.

냉전이 종료되면서 평화유지군의 임무는 더욱 확대되었을 뿐만 아니라 복잡해졌다. 중립적인 위치에서 관찰하는 데 그치는 것이 아니라 평화협정을 이행하는 등 더욱 적극적인 임무를 수행해야 했고, 나아가 특정 국가의 선거감독과 같은 기능도 담당해야 했으며, 이로 인하여 군인 이외에 다수의 민간인들도 참여하게 되었기 때문이다. 그러나 소말리아의 경우처럼 전투가 중단되지 않은 지역에 충분한 전투력과 재량권을 갖지 못한 평화유지부대를 파견하기 시작함으로써 한계가 드러나기 시작하였다. 평화유지군은 1994년 르완다에서 발생한 인종학살이나 1995년 보스니아 등의 학살을 예방하지 못하였다. 평화유지작전에 참여하는 군대들도 평화유지라는 진정성을 갖고 참가한 선진국 군대보다는 봉급 등에 매력을 느낀 저개발국이 많았다.

지금까지 유엔이 실시한 평화유지작전은 전쟁의 재발을 방지하고, 민간인 사망자도 줄였으며, 분쟁 당사국들로 하여금 협상과 휴전에 쉽게 이르도록 만든 점이 있다. 그러나 진행되고 있는 분쟁의 종식에는 적극적인 영향을 미치지 못하였고, 상당한 비용이 소요되었으며, 범죄 발생 등 부정적 측면도 없지 않았다. 따라서 유엔은 평화유지작전을 위한 인력을 증원하면서, 그들이 준수해야 할 지침과 절차를 발전시키고 있다. 특히 유엔에 야전지원부(Department of Field Support)를 신설하여 현장지원을 담당시킴으로써 평화유지부는 정책과 계획에 전념하도록 하기도 했다. 또한 평화유지작전에 첨단 기술을 도입하기 위한 심포지움도 매년 개최하는 등 이 분야에 대해서도 노력하고 있다.

한국의 경우 1993년 소말리아에 공병부대를 파병한 이래 서브사하라(Sub-Saharan Africa), 앙골라, 동티모르, 레바논, 아이티, 남수단 등의 다양한 지역에 부대 단위로 파병하거나 참모와 관찰요원들을 파견하였고, 2020년 현재도 <표 5-1>에서 보는 바와 같이 4개 임무단에 1,000명 정도를 참가시키고 있다.

표 5-1 ‖ 한국의 평화유지부대 파견 현황(2020년 5월 현재)

부대명칭	장 소	파견일자	규 모	활 동
남수단 한빛부대	남수단 보르	2013년 3월	280명	도로건설 등 재건지원과 의료지원 등 인도적 지원임무
아랍에미리트(UAE) 아크부대	아부다비	2011년 1월	150명	특수전부대 교육훈련 지원
소말리아 해역 청해부대	아덴만 해역	2009년 3월	300명	우리 선박 보호, 해양안보 작전에 참여
레바논 동명부대	티르	2007년 7월	350명	레바논과 이스라엘에 대한 정전 감시

5. 유엔과 한국의 관계

한국은 1980년 유엔에 가입하였지만, 이전에도 유엔과 상당한 연관을 맺어왔다. 일본으로부터 해방된 이후 유엔 한국임시위원단(UN Temporary Commission on Korea: UNTCOK)이 한국의 총선을 지원하여 1948년 8월 15일 정부의 출범을 보장하기도 했다. 한국은 정부수립 직후 유엔총회에 정부대표단을 파견하였고, 유엔은 대한민국 정부가 한국 국민의 정당한 선거를 통하여 수립된 유일한 합법정부임을 인정하기도 했다.

유엔과 한국 간의 가장 결정적 인연은 6·25 전쟁으로서 유엔은 북한의 남침공격이 유엔헌장 상에 규정된 평화의 파괴 및 침략행위라고 결정하고, 유엔 안전보장이사회를 긴급소집하여 "적대 행위의 즉각 중지와 북한군의 38선 이북으로의 즉시 철수"를 요구하였다. 그리고 유엔 회원국들에게 북한의 침공을 격퇴하기 위한 지원을 제공할 것을 권고하였고, 이에 따라 회원국들이 병력을 파견하였으며, 미국 주도의 통합사령관을 지명하면서 유엔의 깃발을 사용하도록 허용하여 현재의 유엔군사령부가 출범하도록 하였다. 또한 유엔은 1950년 10월 유엔 한국통일부흥위원단(UN Commission for the Unification and Rehabilitation of Korea: UNCURK)을 설치하여 전쟁으로 피폐해진 한국을 재건해줬고, 유엔총회에 이 기관의 연차보고서를 제출하도록 하여 한국문제를 계속 토의하였다.

1971년 중국이 유엔대표권을 확보하게 됨에 따라 유엔에서는 남북 대결이 진행되기 시작하였다. 북한은 중국과 소련의 비호 하에 한국에서의 외국군 철수와 유엔군사령부의 해체를 요구하였고, 한국은 미국의 지원을 받아 이를 차단하고자 노력해야만 했다. 그러다가 1975년에는 유엔군사령부의 해체와 유지를 골자로 하는 남북한의 상반된 두 개의 결의안이 동시에 통과되는 현상을 보이기도 했다. 그 후 남한은 유엔에서 한국문제를 토의하지 않는 것으로 방향을 바꿨다.

한국 정부는 출범 이후 줄곧 유엔 가입을 추진하였으나 소련의 거부권 행사로 좌절되었다. 1988년 올림픽 개최를 통하여 국가의 위상이 제고되고 한국의 북방외교로 광범위한 지지를 확보하게 되면서 유엔 가입의 가능성이 높아졌다. 이에 따라 불리함을 느낀 북한도 유엔 가입을 신청하여 1992년 9월 17일 남북한이 동시에 유엔에 가입하게 되었다.

유엔 가입 이후 한국은 유엔의 모든 기구에 적극적으로 참가하였고, 1996~1997년에는 안전보장이사회 비상임이사국에 선출되기도 했다. 2001년 9월부터 2002년 9월 간은 유엔총회 의장직을 수임하기도 했고, 2006년 10월부터 2016년 10월까지 한국 외교부 장관 출신인 반기문이 유엔사무총장으로 10년 근무하기도 했다. 그리고 1993년 소말리아 공병부대 파병을 시작으로 유엔의 평화유지작전에도 적극적으로 참가하고 있다. 또한 한국은 유엔의 재정에도 적지 않게 기여하고 있는 바, 2020년 기준 한국의 유엔 정규분담률은 2.267%로써 193개 회원국 중 11위이며, 평화유지작전을 위한 예산의 분담률은 전체 10위 수준이다.

토의주제

- 동양의 집단안보 역사는?
- 동아시아 지역의 집단안보 노력에는 어떤 것이 있는가?
- 국제연맹과 국제연합(유엔)의 결정적인 차이점은?
- 유엔의 개혁을 위한 움직임과 방향은?
- 한국은 평화유지작전에 더욱 적극적으로 참여해야 하는가?

추천문헌

김명섭(1997). “서유럽 집단안보체제의 기원: 대서양주의와 범유럽주의 간의 갈등을 중심으로.” 『국제정치논총』. 제36권 2호, pp.43-72.

이철기(1995). “집단안보, 집단방위, 협력안보의 동북아 적용가능성에 관한 비교 고찰.” 『통일문제연구』. 제7권 2호, pp.235-263.

조한승(2013). “유엔 개혁의 주요 쟁점과 도전과제.” 『평화학연구』. 제14권 4호, pp.53-87.

이신화(2019). “평화외교와 안보공공외교로서의 국제평화유지활동(PKO)에 관한 고찰.” 『OUGHTOPIA』. 제34권 1호, pp.7-42.

이선희 · 정한범(2018). “한 · 중 · 일 유엔 평화유지활동에 대한 비교연구.” 『접경지역통일연구』. 제2권 1호, pp.207-238.

06 | 협력지향의 국제안보

국가안보에서는 대응력을 증대시키는 것도 중요하지만 가능하다면 위협을 감소시키는 것이 더욱 효과적이다. 그러면 대비소요 자체가 줄어들 것이기 때문이다. 그 중에서도 가장 직접적인 것은 합의 하에 서로의 군사력 증강을 둔화시키거나 아예 감축을 하는 군비통제이고, 그것이 어려우면 서로 간의 협력 정도라도 증대시킬 필요가 있다. 최근에는 안보의 기준 자체를 국가에서 개인으로 전환하자는 주장도 제기되고 있다. 군비통제, 협력안보, 인간안보를 알아보자.

제1절 군비통제

1. 개 념

군비통제(軍備統制, Arms control)는 군비경쟁을 완화하기 위하여 취해지는 모든 노력을 의미하는 포괄적인 용어이다. 이것은 기본적으로 한 국가가 군비를 증강하면 다른 국가도 군비를 증강하게 된다는 인식에 근거하여 그러한 악순환을 방지하는 것이 국제사회의 평화와 안정에 중요하다는 인식에서 비롯된 개념이다.

리차드슨의 군비경쟁 모형

- dx/dt = ay − mx + r
  dy/dt = bx − ny + s
  (dx/dt나 dy/dt는 특정 시간에 x국가와 y국가의 군비 증가의 정도를 말한다. 상수 a, b는 상대국가(y, x)의 군비 증강이 우리의 군비증강을 자극하는 정도이고, 상수 m, n은 자국(x, y)의 군비증강에 대한 내부적인 거부감, 즉 피로요소이고, r, s는 불만, 외부압력, 복수의 동기 등 추가적인 증강요인들이다)
- 이것은 영국의 수학자인 리차드슨(Lewis F. Richardson, 1881~1953)이 정립한 건데, 일국의 군비증강은 다른 국가 군비증강에 대한 반작용의 결과라는 점을 수학의 방정식으로 설명하고 있다.
- 이 방정식이 제시하고자 하는 것은 특정 국가의 군비는 다른 국가의 군비증강에 반응하여 증강해 나가고, 증강이 초래하는 국내적인 부담에 의하여 감소하게 되지만 그 외 영향을 주는 다른 요인도 있을 수 있다는 설명이다.

개념적으로 설명하면 군비통제는 군비경쟁을 안정화 또는 제도화시킴으로써 그것을 지속함에 따라서 야기될 수 있는 위험과 부담을 최소화하기 노력이다. 더욱 구체적으로 말하면, 이것은 군사력의 생산, 배치, 이전 및 사용에 관하여 제약을 가하는 모든 조치일 뿐만 아니라 그러한 합의를 검증하는 조치도 포함한다. 최근에는 서로의 군사상황에 대한 투명성을 강화하여 신뢰를 증진하는 조치들도 군비통제에 포함시키고 있다.

당연히 군비의 범위를 무엇으로 한정할 것인지가 애매할 수 있다. 영어의 Arms는 무기를 의미하는 용어지만 이것은 함축적 의미를 나타내고자 선택한 용어일 뿐이고, 결국 군비에는 군사력의 모든 요소가 포함된다고 봐야 한다. 상비군사력은 물론이고, 동원되기로 예정된 군사력, 그리고 유사시에 군사력으로 전환될 잠재군사력도 포함될 수 있다. 다만, 군비통제에 관한 협의가 쉽게 진전되지 않기 때문에 당장은 숫자로 가시화되는 주요 무기의 제한이나 감축을 중심으로 논의가 전개되는 것이다. 이 경우에도 군비통제 논의는 합의가 가능한 영역에서만 이루어지기 때문에 실제 협의 또는 합의되는 군비통제의 범위는 매우 좁다. 이상으로서의 군비통제 범위와 현실에서의 군비통제 범위 사이에는 상당한 간격이 존재하고 있다고 할 것이다.

군비통제와 관련하여 다양한 용어들이 있지만, 대체적으로 군비감축(arms reduction)과 군비제한(arms limitation)이 광범위하게 사용된다. 여기에서 군비감축은 양적인 측면에서 상호의 군사력을 줄여 나가기 위한 노력에 중점을 두는 용어이고, 군비제한은 군비감축을 포함하여(구별을 위하여 군비감축을 제외할 수도 있다) 양적이거나 질적인 측면을 막론하고 서로가 다소의 제약에라도 합의하면 모두 포함할 수 있는 용어이다. 당연히 군비감축이 가장 이상적이지만 그만큼 서로가 합의하기는 어렵다. 그래서 목표를 다소 낮춘 것이 군비제한인데, 이 마저도 합의가 어려워 군비통제로 더욱 개념을 확대한 것이다.

최근에는 신뢰구축조치(Confidence Building Measure)라고 하여 군비통제를 위한 여건을 조성하는 노력도 군비통제에 포함시키고 있다. 이것은 서로의 군사태세를 투명하게 공개함으로써 위협도 줄이지만 서로에 대한 불신의 정도를 제거하고자 노력한다. 이 용어가 다수의 분야에서 사용됨에 따라 최근에는 '군사적 신뢰구축조치'라는 용어를 별도로 강조하여 사용하기도 한다. 유엔에서는 아래처럼 군비통제의 목

유엔의 신뢰구축조치 설명

- 목표: 신뢰구축조치(CBMs)는 두 개 또는 그 이상 국가들의 동기에 대한 부정확한 인식을 조정하여, 군사적 조치와 정책에 대한 오해를 회피하고, 협력과 상호의존을 배양하는 것을 지향한다. 장시간 추진하면 CBMs는 더욱 안정적인 상호관계로 향하는 길을 개척할 수 있고, 국가안보 소요(requirements)에 대한 생각을 전환할 수 있으며, 안보 필요성을 공유하기 위한 노력들을 유도할 수 있다.
- 원칙
  - CBMs는 자발성에 기초하고, 일방적, 양자적, 다자적으로 결정할 수 있다.
  - CBMs는 분쟁 이전, 동안, 이후에 걸쳐 결정될 수 있다.
  - CBMs의 효과는 상황에 따라 달라진다.
  - CBMs는 안보상황에 대한 평가가 동일해야만 시행하는 것은 아니다.
  - CBMs는 군사능력의 대등성을 요구하지 않는다. 등

출처: 유엔 홈페이지

표와 원칙을 제시하면서, ① 소통 및 조정, ② 감시 및 검증, ③ 군사적 제한, ④ 훈련과 교육, ⑤ 협력과 통합 등의 분야로 구분하여 각국이 필요시에 활용할 수 있는 다양한 군사적 신뢰구축조치의 형태를 열거하고, 이를 각국이 사용하도록 권고하고 있다.

군비통제의 강도를 기준으로 하여 군사적 신뢰구축, 군비제한, 군비감축으로 구분할 수 있고, 이러한 방향으로 추진되기도 한다. 군사적 신뢰구축은 서로가 공격적 의사가 없다는 것을 알리고, 서로의 오해와 오산을 최소화하는 데 중점을 둔다. 이것이 어느 정도 달성되면 군비에 관한 더욱 다양한 제한조치를 강구할 수 있게 되고, 이 둘에서 성과가 누적되면 최종적으로 군대와 무기의 숫자를 감소시키는 고전적인 군비감축으로 연결될 수 있다. 이런 점에서 대부분의 국가들은 군사적 신뢰구축을 군비통제의 진입단계로 인식하여 노력하고 있는데, 이 부분에 지나치게 많은 시간과 노력을 투입함으로써 투입에 비해서 산출이 미흡할 가능성도 없지 않다.

군비통제에 관한 용어들이 점점 포괄적이면서 모호하게 변화하고 있는 것은 그의 핵심인 군비감축에 대한 합의가 어려운 현실도 반영되었지만, 핵무기의 등장으로 어떤 식으로든 전쟁의 문턱을 높여야 한다는 절박감도 작용하고 있다. 어떻게든 합의의 사례를 누적함으로써 핵심적인 사안에서의 군비통제로 연결해 나가겠다는 의도라고 할 것이다. 냉전이 절정기로 다다르면서 유럽에서 다양한 군비통제 조치가 제기 및 합의된 것도 전쟁으로 인한 인류의 공멸이 너무나 우려되는 상황에까지 이르렀기 때문이다. 군비제한, 군비통제, 신뢰구축조치 등의 융통성있는 용어를 차례로 동원한 것은 그것이 최선이라서가 아니라 어떻게든 합의를 이루는 것이 중요하고, 그러한 사례를 누적하여 군비감축, 특히 핵무기 감축으로 나가야 한다고 생각했기 때문이다.

2. 목 적

군비통제가 제기되어 적극적으로 논의된 이유는 첫째, 전쟁의 가능성을 감소시키자는 것이다. 전쟁의 정치적 원인의 제거에 관해서도 다양한 노력을 경주해야 하지만, 상호 간의 대규모 군비 자체가 전쟁의 발발을 용이하게 만들거나 심지어 직접적인 원인이 될 수도 있기 때문에 군비통제에도 노력해야 한다는 것이다. 군비경쟁을 지속할 경우 군사적 긴장이 강화되어 상호 간의 불신이 발생할 수 있고, 그러한 상태에서는 사소한 정치적 분쟁이라도 큰 전쟁으로 악화될 수 있기 때문이다. 이런 의미에서 군비경쟁을 완화시키거나 서로의 공격적 군사태세를 방어적으로 전환해 나가는 것은 전쟁의 예방에도 기여할 수 있다고 주장한다.

둘째, 군비통제는 전쟁의 치열도와 참상을 줄이기 위하여 추진되기도 한다. 전쟁을 없애는 것이 최선이지만 그것이 어렵다면 차선으로 전쟁의 치열도라도 감소시켜야 인류의 비참함을 줄일 수 있다고 믿기 때문이다. 이러한 점에서 세계는 합의가 가능한 범위 내에서 무기의 살상 정도를 제한하고, 그 범위를 점점 확대해 나가는 것이다. 어떤 식으로든 군비통제에 대한 합의가 존재할 경우 그렇지 않을 때에 비해서 전쟁의 피해는 줄어들 것이라는 기대가 바탕이 되어 있고, 어느 수준까지는 합의를 도출해 나갈 수 있다는 장점도 있다.

셋째, 군비통제를 통하여 전쟁대비에 따른 경제적 부담을 줄일 수 있다. "빵과 대포는 상충된다"는 인식에서 보듯이 군비에 투자하는 만큼 국가의 경제성장은 지장을 받을 수밖에 없기 때문이다. 상대방과 어느 선에서든 군비를 통제하는 데 합의하면 그만큼 국가의 경제발전을 위한 투자여력이 증대되어 경제가 성장될 수 있고, 그러면 국민적 지지도 획득할 수 있다. 다른 분야에 비해 국방분야의 경제적 효과가 작다면 군비통제를 통하여 감소시킨 만큼 전반적 국가투자의 효과는 커진다고 봐야 한다.

이러한 목적에 비추어 보면 군비통제를 하지 않는 것이 이상할 정도이지만, 국가안보는 원래 불확실하여 만전지계(萬全之計)를 강구해야 할 뿐만 아니라 상대방의 의도를 확신할 수 없기에 나의 군비를 약화시키기 위한 결심은 쉽지 않다. 따라서 대부분의 국가들은 내심으로는 군비통제를 하고 싶지만 상대를 충분히 신뢰할 수 없기 때문에 군비감축을 비롯한 군비통제에 쉽게 합의하지 못한다. 민주주의 국가의 경우 다른 국가와 군비통제에 합의하면 이를 준수해야 하는데, 상대방이 준수하지 않을 경우 상대방의 군사적 우위를 보장해주는 결과가 될 수 있어 확실한 검증장치가 없는 상태에서 합의하기는 어렵다. 따라서 전쟁원인의 제거라는 더욱 근본적인 조치와 연계되지 않은 상태에서의 군비통제가 구현되기는 쉽지 않다.

더욱 문제가 되는 것은 국가의 안보는 전 세계적 차원에서 연결되어 있고, 따라서 궁극적으로는 전 세계의 모든 국가가 합의해야만 군비통제가 가능하다는 점이다. 두 개 국가가 군비감축에 합의한다면 두 개 국가 간에는 바람직한 상황이 전개되겠지만, 그 두 개 국가 모두는 군비감축을 하지 않는 다른 국가들에게 자발적으로 군사적 열세 상황을 조성하는 결과가 되기 때문이다. 따라서 대부분의 군비통제는 전략적인 군비 수준에 영향을 주지 않는 수준에서 이루어지는 것이다.

3. 유 형

군비통제 역시 다양한 기준으로 유형을 구분할 수 있다. 무기형태에 따라서 재래식 군비통제와 대량살상무기 또는 핵군비통제로 구분할 수 있고, 참여국 수에 따라서 두 개 국가 간의 쌍무적 군비통제와 다수 국가 간의 다자적 군비통제로도 구분이 가능하고, 통제내용의 일치성 여부를 기준으로 대칭적 군비통제와 비대칭적 군비통제로 구분해 볼 수 있다. 이러한 유형의 대부분은 용어 자체로서 그 의미를 이해할 수 있다. 다만, 대칭적/비대칭적 군비통제의 경우 전자는 쌍방이 전차, 항공기, 미사일 등 동일한 대상에 대하여 감축이나 제한에 합의하는 것이고, 후자는 일방은 군사력을 감축하지만 다른 일방은 경제지원을 제공하거나, 군사력 중에서도 감축 또는 제한하는 분야가 다른 경우를 말한다. 이 경우 다른 종류의 감축이나 제한의 등가성 판단이 어려울 것이고, 더욱 정교한 노력과 신뢰구축조치가 병행되어야 할 것이다.

군비통제와 관련하여 설명이 필요한 부분은 구조적 군비통제(structural arms control)와 운용적 군비통제(operational arms control)의 구분이다. 전자는 병력과 무기의 양적이거나 질적인 통제에 중점을 두는 군비통제 노력이고, 후자는 보유하고 있는 군사력을 덜 위협적인 방향으로 배치 및 운용되도록 함으로써 전쟁의 위험을 감소시키기 위한 방식이다. 즉, 구조적 군비통제는 군사력을 구성하는 유형적인 요소인 병력과 무기의 양과 질 자체에 어떤 조치를 가하여 군사적 안정성과 균형을 유지하려고 한다. 반면에 운용적 군비통제는 합의가 어려운 병력이나 무기의 유형적 측면에 대한 논의는 미룬 상태에서 상호 간에 군사정보를 교환하거나 훈련의 사전통보나 상호 참관을 허용하는 등의 노력을 통하여 상호 간의 투명성을 강화하고, 서로가 합의하는 어떤 제한을 수용하도록 함으로써 전쟁발발의 가능성과 위험성을 감소시키고자 한다.

다시 말하면, 구조적 군비통제는 통상적으로 생각하는 군비통제로서, 냉전시대에 미국과 소련이 합의한 전략무기 감축협정이나, 유럽에서의 중거리 미사일 감축협정, 화학무기와 생물학무기 감축협정 등 대부분의 주목받은 군비통제 합의가 해당된다. 반면에 운용적 군비통제는 군대의 규모는 줄이지 않으면서도 부대들을 후방지역으로 배치한다든가, 방어적으로 배치한다든가, 서로의 이동을 서로에게 공개하는 등 서로의 군사적 태세를 방어적으로 변화시키거나 서로의 군사적 의도에 대한 이해도를 높이는 데 중점을 둔다. 신뢰구축조치로 장려하는 사항들의 대부분이 여기에 해당될 것이다. 따라서 전자의 경우 합의는 어려우나 효과는 크지만, 반대로 후자의 경우 합의는 쉬울 수 있으나 그 효과는 제한된다.

일반적으로 군비통제는 두 개 국가 또는 다수 국가가 합의하여 시행하는 것이지만, 어느 국가가 일방적으로도 시행할 수 있다. 상대방의 협력을 유도하기 위하여 어떤 국가가 자신의 군사력을 조건없이 구조적으로나 운용적으로 제한하는 조치를 강구하는 것이다. 실제로 한국과 미국은 북한의 비핵화 합의를 도출하기 위하여 2018년부터 한미연합훈련을 일방적으로 폐기 또는 상당한 수준으로 감소시켰다. 다만, 이 방법은 상대가 호응하지 않을 경우 군사력 균형을 불리하게 만들어 오히려 전쟁의 발발 가능성을 높이게 될 위험성이 없지 않고, 다른 요인으로 인하여 불가피해진 것을 군비통제로 포장하는 경우도 없지 않다.

4. 사 례

역사를 통하여 군비통제는 지속적으로 제안, 추진 및 시행되었겠지만, 현대적인 군비통제는 냉전시대로 봐야 하는데, 이의 시작은 핵무기 감축협상이었다. 미국과 소련이 전 세계를 수차례 파괴시킬 수 있는 대규모 핵무기를 보유하게 되었고, 그대로 방치할 경우 인류공멸도 걱정해야 할 상황이라고 판단되었기 때문이다. 미국과 소련도 끝없는 핵 군비경쟁에 부담을 느끼지 않을 수 없었다. 따라서 1969년 11월부터 미국과 소련 사이에 전략무기제한협상(Strategic Arms Limitation Talks: SALT)이 시작되었고, 이것은 1972년 5월에 타결되었다. 이것은 SALT I 이라고 불리는데, 이어서 SALT II 협상이 진행되어 1979년 6월에 조인되었으나 미 의회 및 여론의 반발로 미국의 카터 정부는 철회해야만 했다. 그러나 이러한 노력은 지속되어 1991년 전략무기감축협정(Strategic Arms Reduction Treaty: STRAT)이 미국과 소련 간에 체결되어 배치된 핵탄두를 6,000개로 전략핵무기는 1,600기로 감축하는 데 합의하였다. 그리고 이것이 2009년에 종료되자 2010년 New START가 미국과 러시아 사이에 체결되었고, 다음 쪽에서 제시되고 있는 것처럼 배치된 전략무기를 1,550기로 감축하기로 하였다.

냉전시대에는 미국과 소련 간의 핵전력 감축협상과 병행하여 유럽에서는 재래식 무기 감축협상도 추진되었다. 나토는 1960년대 후반에 '상호균형 군사력감축(Mutual and Balanced Force Reductions: MBFR)'이라는 명칭으로 재래식 군비감축을 추진하였는데, 수년 동안 소련이 수용하지 않다가 1973년부터 협의를 시작하였다. 그러나 결국 최종적인 합의에는 이르지 못하였고, 1975년부터는 더욱 광범위한 차원에서 동서 간의 신뢰구축을 논의하는 유럽안보회의(Conference on Security and Cooperation Europe: CSCE)를 추진하게 되었다. 따라서 냉전시대의 동서 양 진영 간에는 전략무기 감축, 상호균형 군사력감축, 유럽안보회의라는 세 개의 트랙이 동시에 추진되어 군사적 긴장을 해소하고자 노력해온 셈이다.

유럽안보회의는 군비감축에는 이르지 못하였지만 신뢰구축 측면에서 상당한 성과를 달성하였다. 예를 들면, 모든 국가가 13,000명 이상의 병력과 300대 이상의 전차를 동원하는 군사훈련을 42일 전에 통보할 것을 의무화했고, 통보국가는 매년 세 차례의 현장 사찰단을 초청하도록 의무화하였다. 7만 명 이상의 병력이 참여하는 대규모 훈련은 2년 전에 통보하지 않으면 중지시킬 뿐 아니라 4만 명 이상의 훈련도 1년 전에 통보할 것을 의무화하는 등 상당한 군사적 신뢰구축조치에 합의하였다.

New START 합의사항

- 정식명칭: 전략적 공격무기의 추가 감축과 제한에 관한 조치(Measures for the Further Reduction and Limitation of Strategic Offensive Arms)
- 발효: 2011년 2월 5일(2010년 4월 8일 서명), 7년 후(2018년 2월 5일)까지 아래 합의 이행
- 유효기간: 10년, 5년 연장 가능, 폐기절차 조항 포함
- 주요 내용
  - 전개된 ICBM, SLBM, 핵무장 전략폭격기의 총량은 700기 이하로 제한
  - ICBM, SLBM, 핵무장 전략폭격기에 탑재된 핵탄두의 총량은 1,550개로 제한(폭격기는 1개의 탄두로 계산)
  - 전개 및 전개되지 않는 ICBM, SLBM, 핵무장 전략폭격기의 총량은 800기 이하로 제한
  - 검증은 현장 검증도 포함하고, 매년 ICBM과 SLBM 보유 숫자에 관한 정보교환
  - 미사일방어나 재래식 타격력에 대한 제한 미 부과

그리고 1990년 비엔나 협약에서는 훈련제한 조치가 강화되어 4만 명 이상이 참가하는 훈련의 경우 2년 전에 통보하지 못할 경우 훈련 자체를 실시하지 못하게 했고, 4만 명 이상의 훈련은 2년에 1회로 제한되었다.

그동안 합의없이 지속되어 오던 상호균형 군사력감축은 냉전이 종료되어 가는 1987년에 '유럽재래식군비감축(Conventional Forces Europe)'으로 전환하여 추진되었고, 1991년 서명되었다. 이것은 나토와 바르샤바 조약국 국가들이 보유할 수 있는 군비의 상한선을 설정하고, 그 상한선을 초과하는 무기는 파괴시키도록 한 합의이다. 다음 쪽에서 설명되고 있듯이 이 조약에서는 나토와 바르샤바 양 진영이 보유 및 전개할 수 있는 주요 재래식 전력의 한도를 분명하게 설정하고, 거의 무제한적이라고 할 수 있는 검증을 허용하기도 했다. 그러나 이 합의는 소련이 붕괴되면서 상황에 맞지 않게 되었고, 러시아가 그의 이행을 유예한다고 선언하였으며, 변화된 상황에 맞춰서 국가별 상한선을 명시한 합의에 일부 국가들만 서명한 상태라서 기대만큼의 성과를 거두고 있다고 보기는 어렵다. 군비감축에 합의하는 것도 어렵지만, 이행하는 것은 더욱 어렵다는 것을 인식하게 하는 대표적인 사례라고 할 수 있다.

유럽재래식군비감축 조약

- 서명일자: 1990년 11월 19일(발효: 1992년 11월 9일)
- 유효기간: 무제한
- 서명국가: 동서 유럽의 30개국(미국과 러시아 포함). 그러나 러시아는 2007년 7월 14일 이 조약의 이행을 150일 이후에 유예하겠다고 선언하고, 2015년에는 합동자문단에도 불참하겠다고 통보
- 양 진영의 주요 전력 한도
  - 전차: 20,000대(현역부대에는 16,500대 이하),
  - 장갑차: 30,000대(현역부대에는 27,300대 이하), 이 중에서 중 장갑차는 1,500대 이하
  - 야포: 20,000문(현역부대에는 17,000문)
  - 전투기: 6,800대, 헬기: 2,000대
  - 유럽을 포함하는 대서양에서부터 우랄산맥 사이 지역에 있는 어느 일개 국가가 총 한도의 1/3 이상 보유 불가
  - 애매한 사항은 합동자문단(Joint Consultative Group: JCG)을 구성하여 처리
  - 검증의 수용 및 실시 보장
- 동구권 붕괴로 조약을 보완(1999년 11월 19일 합의)하여, 양 진영별로 구분된 무기의 한도를 각 국가별로 할당하고, 훈련이나 군사력 전개로 인한 일시적 초과는 허용하였으나 30개국 중 일부만 서명하여 효력은 미 발생

5. 비 판

군비통제와 관련한 핵심 쟁점은 군비통제가 과연 의도하는 성과를 달성하고 있느냐는 것이다. 지금까지 군비통제를 위한 다양한 노력이 전개되었지만 실제적인 군비통제에 성공한 사례도 많지 않고, 전쟁의 발발 가능성을 실질적으로 줄였는지를 확신할 수 있는 증거가 충분하지 않다는 지적이다. 이론에 의하면 전쟁은 세력균형이 붕괴되거나 어느 한쪽이 지나치게 군비증강을 함으로써 발발하는 것이지 양쪽이 점진적으로 군비증강은 하는 경우 발발하는 것은 아니라는 주장이다. 어렵게 군비통제에 관하여 합의를 해도 이행 과정에서 항상 문제가 발생하고, 특히 강력한 검증을 실시할 경우 검증의 방법을 둘러싸고 의견충돌이 발생하여 신뢰를 형성하려는 원래

의 목적을 손상시키기도 한다. 군비통제를 위하여 아무리 세부적인 사항을 규정한다고 하더라도 어느 일방이나 쌍방이 어기고자 하면 군비증강을 할 수 있는 방법은 다양하고, 현대의 무기와 장비는 양보다 질이 중요한데 질적인 군사력 증강을 통제하기는 무척 어렵다.

군비통제에 관한 다른 비판은 핵무기 감축에 대한 한계이다. 현대에 들어서 군비통제가 심각해진 근본 이유는 핵전쟁으로 인한 인류공멸의 위기의식 때문이라고 할 수 있는데, 핵무기에 대한 심각한 감축이 선행되지 않은 상태에서 재래식을 중심으로 한 군비경쟁은 의미가 없을 뿐만 아니라 오히려 비핵국가의 전쟁억제력만 약화시키는 결과를 초래할 수 있다는 것이다. 압도적인 파괴력을 갖는 핵무기를 의미있을 정도로 충분히 감축하지 못한 상태에서 재래식 군비를 감축한다고 하여 세계평화가 증진되는 부분은 크지 않을 것이기 때문이다. 핵위협에 직면하는 비핵국가의 경우에는 재래식 전력을 더욱 증강하여 핵위협에 어느 정도의 균형을 맞춰야 하는데, 군비통제는 비핵국가를 더욱 약화시켜 전략적으로 불리하게 만듦으로써 전쟁의 발발 가능성을 높일 수 있다. 또한 재래식 군비감축을 하는 만큼 핵무장 국가는 핵전력을 증가시킬 것이고, 따라서 비핵국가는 더욱 열세해지는 결과가 될 수밖에 없다.

더욱 실질적인 측면으로서 군비통제에 합의한다고 하여 국방비가 줄어드는 것은 아니라는 비판이다. 현재 보유하고 있는 병력과 무기를 감축하더라도 그것을 대체하기 위한 첨단의 무기를 중점적으로 확보하게 될 것이고, 그렇게 되면 여전히 많은 국방비가 필요해질 것이기 때문이다. 미국과 러시아가 전략핵무기의 숫자를 줄였지만 국방비는 줄어들지 않았고, 유럽의 국가들도 군비감축을 했지만 그것으로 인하여 국방비를 줄일 수 있었다고 보기는 어렵다.

더욱 근본적인 비판은 전쟁의 가능성을 낮추는 데는 군비통제보다는 정치적인 합의와 평화적인 문제해결의 방법을 모색하는 것이 더욱 효과적이라는 지적이다. 합의도 어렵고, 합의 이후 이행은 더욱 어려우며, 이행이 되었다고 해도 평화에 기여하는 부분이 크지 않는 군비통제에 집착하는 것보다 평화보장을 위한 정치적 노력에 치중하는 것이 노력 대비 성과의 비율이 높다는 인식이다. 유럽에서 재래식 군비통제를 위하여 투입된 제반 노력과 시간을 정치적 긴장완화나 평화보장책을 위하여 투입하였다면 더욱 성과가 높을 수도 있었다는 지적이다. 평화적 관계를 위한 정치적 기반이 구축되는 가운데 군비통제가 추진될 경우 합의도 가능하면서 효과도 발생하지만, 군비통제만을 합의하고자 하면 노력만 많이 소요된 채 실질적인 성과는 크지 않을 수 있다.

제2절 안보접근의 다양화

제2차 세계대전 이후 전 세계는 평화와 안정이라는 희망으로 단결하여 유엔을 중심으로 집단안보를 추진하였으나 국가 간의 분쟁과 갈등이 지속되면서 불안은 없어지지 않았다. 따라서 이것을 보완하기 위한 다양한 방안들이 제기되었는데, 그의 실천 또는 기여 정도는 다르지만, 안보에 관한 토론은 활성화시켰다. 포괄안보, 공동안보, 협력안보의 개념을 알아보자.

1. 포괄안보

포괄안보(comprehensive security)는 군사를 중심으로 하는 전통적 안보의 시각을 더욱 넓혀서 위협과 대응을 논의해보자는 제안이다. 이 용어는 1980년대 유럽에서 사용되면서 세계적으로 확산되었으나 당연히 이러한 개념은 그 이전에도 존재했었다고 봐야 한다. 1975년 유럽안보협력회의(CSCE) 창설 시에도 정치, 군사, 경제, 문화, 인도주의 등 다양한 분야에서의 노력을 강조한 바 있다.

포괄안보는 군사 이외에 다양한 위협을 인식해야 할 뿐만 아니라 대응에 있어서도 비군사적인 다양한 분야를 결합하여 군사적 대응의 비중을 줄이는 측면을 강조한다. 군사안보를 제외하는 것은 아니지만 정치안보, 경제안보, 사회안보, 환경안보 등 다른 분야에서의 안보노력을 강조한다. 가능하면 비군사적인 수단을 우선적으로 사용함으로써 군사적 수단의 사용에 따른 부작용없이 안보문제를 해결하는 것을 선호

유럽안보협력기구의 관심분야

1. 정치-군사 차원
- Arms control: 신뢰구축에 중점
- Border management: 무역 및 여행 증진과 인권 보호
- Conflict prevention and resolution: 분쟁의 타결, 평화구축, 분쟁 후 재건
- Countering terrorism: 테러 대응을 위한 조치
- Policing: 초국가적 위협 대응을 위한 경찰 기능 보장
- Reform and co-operation in the security sector: 법률 정비, 군대의 규모 축소 및 전환, 인도적 법률 교육

2. 경제 및 환경 차원
- Economic activities: 안보위협 대응을 위한 지속적 경제성장과 국제 경제협력 지원
- Environmental activities: 환경문제 협력을 통하여 분쟁예방, 신뢰구축, 인접국가 관계 개선
- Good governance: 정부의 부정부패 해소, 준법강화, 법률 제정

3. 인간 차원
- Human rights: 인권 존중과 자유 보장
- Elections: 선거 감시 및 기술적 지원
- Media freedom and development: 편집자와 기자들의 훈련과 지원
- National minority issues: 소수 민족 문제 유의, 인종 간 긴장 완화 노력
- Roma and Sinti(중앙아시아 로마인): 정치적 참여, 교육, 주거, 시민등록, 인종주의 대항
- Rule of law: 인권과 민주주의의 기초로 인식하여 추진
- Tolerance and non-discrimination: 안보 차원으로 인식 추진

4. 다차원(Cross-dimensional)
- Combating human trafficking: 희생자 중심, 인권 기반 접근
- Cyber/ICT Security: 국가 간의 신뢰 증진으로 분쟁위험 감소
- Democratization: 국민에 대한 정부의 대응성 및 책임성 강화
- Education: 분쟁예방과 분쟁 후 재건에 관한 교육
- Gender equality: 제반 정책과 조치에 반영
- Migration: 역량지원, 정책조언, 대화지원
- Youth: 청년들의 보호와 안보의제 참여 보장

출처: OSCE 홈페이지

한다고 할 수 있다. 그만큼 이상은 높으나 현실성이 문제가 되고, 위기가 격화될수록 한계를 노출할 수밖에 없다.

포괄안보를 구현하고 있는 사례는 유럽안보협력기구(Organization for Security and Cooperation in Europe)이다. 1975년 8월 1일 헬싱키에서는 유럽안보협력회의(Conference on Security and Co-operation in Europe: CSCE)로 설립되었다가 1995년 현재의 이름으로 변경되었다. 이 기구는 "안보에 대한 포괄적 접근(a comprehensive approach to security)"을 지향목표로 삼으면서 앞 쪽에서 제시하고 있듯이 정치-군사적 요소, 경제적 요소, 인간적 요소를 함께 사용하는 것을 중요시한다. 이 기구는 1975년 8월 1일 핀란드 헬싱키에서 창설되었고, 현재 유럽의 동서 양 진영 국가들을 포함한 57개국이 회원국으로서, 미국과 러시아를 비롯한 유럽, 중앙아시아, 북미의 국가들을 참여시키고 있다. 이 기구는 냉전의 상황에서 창설되었음에도 포괄안보 개념에 의거하여 유럽지역 분쟁해결을 위해 적극적인 활동을 전개함으로써 지역분쟁 해결기구로서 그 역할을 인정받고 있고, 소수 민족을 둘러싼 분쟁의 해결에 적극적으로 관여하고 있다. 이 기구의 최고 의결기관은 부정기적으로 개최되는 회원국 정상회담이지만 상시적인 의사결정은 매년 말 정기적으로 개최되는 장관급 회담에서 이루어진다.

2. 공동안보

공동안보(common security)는 개별국가 중심으로 안보를 추진하게 되면 전체적인 불안을 초래하여 그 국가도 결국 불안해지기 때문에 해당지역의 전체 국가가 안전해야 개별국가도 안전하다는 인식을 바탕으로 하여 주창된 개념이다. 특히 냉전시대에 동서 진영으로 구분하여 대치하고 있던 유럽에서 진영 내에서 단결을 도모하거나 상대의 진영에 대한 대비를 강조할 것이 아니라 양 진영이 함께 노력하는 안보활동이 필수적이라는 문제의식에서 시작되었다. 이 개념은 1982년 '군축에 관한 UN 특별회의'에 제출된 팔메(Olof Palme: 스웨덴 정치가)위원회 보고서에서 유래한 것으로 적대적인 국가들과의 협력을 통하여 상호공존을 추구할 것을 강조하고 있다. 동서 대결의 상황에서 양 진영이 대화와 타협을 통하여 긴장을 완화하고 신뢰를 증진하며 나아가 군축까지도 달성할 수 있어야 모든 국가의 안보가 증진된다는 시각이었다.

일반적인 안보개념과 공동안보 간의 현격한 차이는 적대적인 국가와의 공존을 강조하는 것과 군사적 수단의 사용을 가급적 지양한다는 것이다. 이러한 접근은 동서 화해에 적지 않게 영향을 끼쳤고, 러시아의 고르바초프(Mikhail Gorbachev) 서기장 등장, 소련의 개방과 개혁, 그리고 냉전의 종식에 이르는 데 어느 정도 기여하였을 수 있다.

유럽연합의 '공동안보 방위정책(CSDP)'

- '공동안보 방위정책(CSDP)'은 유럽연합(EU)의 공동방위를 위한 노력, 즉 보통국가의 국방업무에 해당된다. 유럽통합은 기본적으로 안보에 대한 우려에서 출발하였으므로 경제통합이 어느 정도 진전되자 외교와 안보에 대한 통합의 필요성이 자연스럽게 제기되었고, 1992년 마스트리히트 조약에서 공동외교 안보정책(Common Foreign and Security Policy: CFSP)을 도입함으로써 외교 차원에서의 공동대응을 시작하였다. 그리고 1998년 유럽연합의 독자적인 군사행동을 보장할 수 있도록 CSDP를 출범시켰다.
- CSDP는 CFSP의 중요한 축으로서 방위 이슈에 있어서 유럽연합 차원의 공동대응을 모색하고, 유럽연합의 위상과 역할을 강화해 나가기 위한 의도라고 할 수 있다. 유럽의 안보를 나토에 의존하고 있는 방식에서 탈피해야 한다는 의식도 존재하는 것으로 보인다.
- 유럽연합은 2003년 CSDP에 의하여 전 유고슬라비아에 첫 임무단을 파견한 이래 30여 개의 군사 또는 민간 임무단을 파견하였고, 현재도 코소보, 이라크, 팔레스타인, 조지아, 소말리아, 우크라이나 지역에서 5,000여 명의 10여 개 군사 또는 민간 임무단이 파견되어 활동하고 있다.
- 2013년 유럽연합 정상회의에서는 CSDP의 군사적 역량과 방위산업을 강화하겠다는 방향을 선택하기도 하였으나 아직 유럽연합이 어떤 군사능력을 구비해야 하고, 나토와 어떤 관계를 설정할 것인지에 대해서는 견해 차가 존재하고 있다.
- 2017년 유럽연합 정상회의에서는 CSCP의 구현을 위한 '상설협력체(The Permanent Structured Cooperation: PESCO)'를 출범시켜 관련 국가들의 안보협력과 군사력에 대한 통합을 추진해 나가고 있다.

냉전 종식 이후 공동안보는 테러 등 비군사적 위협에 대한 공동대응으로 중점을 전환하였는데, 이 과정에서 원래 지양하던 군사적 수단의 사용을 강화하는 방향으로 변화하기 시작하였다. 2007년 유럽연합(EU)은 앞 쪽에서 설명하고 있듯이 그들 안보정책의 근간을 '공동안보 방위정책(Common Security Defense Policy: CSDP)'이라는 명칭으로 정립하였다. 그런데 공동안보를 지향한다면서 위기상황에 대응할 수 있도록 부대를 창설하고, 지휘부도 구성하였으며, 방위를 위한 예산도 할당하고 있다. 냉전시대 동서를 포괄한다는 개념을 강조하기 위하여 공동안보라는 말은 여전히 사용되지만 실제에 있어서는 포괄안보와 차이가 없어지고 있는 셈이다.

3. 협력안보

협력안보(cooperative security)는 냉전 종식 이후 광범하게 확산된 용어로서 명확한 기원은 제시되어 있지 않다. 명칭에서 나타나고 있듯이 갈등과 경쟁을 전제로 하는 국가안보 개념에서 벗어나 공통의 이익을 지향하는 협력관계를 형성하고, 이를 통하여 상생의 안보를 달성할 수 있다는 주장들이다. 냉전 동안 동서 간의 대결을 완화시키기 위한 목적으로 대두된 공동안보에 비해서 협력안보는 소련의 해체로 협력을 중시하는 안보의 여건이 충족되었다는 인식을 바탕으로 하고 있다. 이 시기에 환경문제, 국제범죄, 전염병, 테러 등 군사적 위협 이외에 국가의 안전을 위협할 수 있는 요소들이 부각되자 이의 대처에는 국가 간의 협력이 필수적이라고 생각한 것이다. 협력안보는 군사적 위협도 포함하면서 공동안보와 유사하게 비군사적이면서 다양한 위협에 대한 국가 또는 세계의 협력을 강조하고 있다.

협력안보는 분쟁이 발발하기 전에 외교적 노력을 통하여 그 원인을 해소하는 방법을 함께 찾는 것을 강조하기 때문에 외교활동을 중시하고, 따라서 외교요원들이 활발하게 사용하였고, 이로 인하여 그 내용과 상관없이 '협력안보'라는 용어 자체는 광범위하게 확산되었다. 특히 협력안보는 쌍무적인 외교보다는 다자외교에 중점을 두고 있고, 따라서 지역적인 다양한 협의 및 협력기구를 만들거나 활성화시킬 때 외부적인 명분으로 거론되곤 하였다. 그래서 협력안보는 지역적 차원에서의 국가적 상호 협의와 합의를 강조하면서 이를 제도화하는 노력 위주로 이해되고 있다.

집단안보도 그 일종이라고 할 수 있을 정도로 협력안보는 글자 그대로 국가 간의 협력을 강조하는 안보의 광범위한 시각이다. 따라서 광의의 포괄적 협력안보라는 개념도 존재하고, 군사적 수단의 공동사용에 중점을 두는 협의의 협력안보 또는 협력방위로도 구분할 수 있다. 광의로 협력안보는 포괄안보와 공동안보까지도 포괄할 수 있다. 적대적인 국가들 간의 협력안보가 공동안보인 셈이다. 다만, 이렇게 포괄성이 큰 만큼 협력안보의 개념, 지향방향, 범위는 모호할 수밖에 없다고 봐야 한다. 아래에 설명되고 있는 한중일 정상회의도 협력안보의 일환이다.

한중일 정상회의

- 한중일 정상회의는 한국, 일본, 중국의 3개국의 정상이 2008년부터 연례적으로 개최하는 국가정상급 회의로서, 동아시아의 평화와 안정에 기여하고 경제협력 및 관계개선, 재난대책 등의 강화를 목적으로 개최되기 시작하였다. 협력안보를 위한 전형적인 노력이라고 할 수 있다.
- 일본-중국-한국 순으로 주최하도록 되어 있고, 2011년부터는 사무국(Trilateral Cooperation Secretariat: TCS)을 서울에 설치하여 운영하고 있으며, 정상회의와 이외에도 다양한 각료회담도 개최된다.
- 한중일 정상회의는 모두가 높은 의욕을 가져서 제1차부터 제5차까지(2008~2012)는 연례적으로 열렸으나 제6차는 3년 뒤인 2015년 한국에서, 제7차는 역시 3년 뒤 일본에서 개최되었다. 특히 중국은 2013년 시진핑(習近平) 주석이 취임한 이후에도 총리를 보냄으로서 한국과 일본의 불만을 사고 있다.
- 한중일 정상회의는 3국 간의 문제나 동아시아 지역에 대한 문제를 해결하는 성과는 도출하지 못하여 점점 관심이 줄어들고 있다. 3국 스스로도 자신들의 회의보다는 아세안이 중재하는 '아세안+3'회의에 더욱 의존하는 모습을 보이기도 한다. 2020년 3월 신종 코로나-19 감염증에 대한 대응을 토의하기 위한 화상회의도 한중일 정상회의가 아니라 '아세안+3' 형식으로 진행되었다.

4. 비 판

포괄안보, 공동안보, 협력안보는 냉전 이후 협력의 중심이 사라진 세계에 협의와 협력을 위한 명분을 제시한 기여는 적지 않다. 특히 냉전시대에 동서 진영으로 구분되었던 도식에서 벗어나 세계 모든 국가들이 공감을 가질 수 있는 주제를 제시하였고, 실제로 이러한 개념을 통하여 유럽은 냉전시대의 구분에서 벗어나 공동의 안보문제를 함께 협의할 수 있었다.

포괄안보, 공동안보, 협력안보는 비군사적 요소를 중심으로 안보를 추진함에 따라서 군비경쟁을 완화시키고, 상호 간의 오해와 불신을 제거한 공로도 적지 않다. 강력한 군사력을 배경으로 하는 평화보장 노력이 안전한 것은 분명하지만, 안보 딜레마를 초래하고, 나아가 서로의 보이지 않은 불신을 초래하는 측면도 적지 않기 때문이다. 비록 각 개념은 구체화 단계에서 변질되면서 군사안보를 수용하는 방향으로 변화하고 있지만, 비군사를 통한 안보노력을 강조함으로써 그러한 방식을 모색하는 사례가 전 세계적으로 확산된 점도 있다. 이러한 노력은 제5장에서 집단안보가 추구하고 있는 바에 비유하여 그림으로 나타내면 [그림 6-1]과 같다. 즉, 비군사적 수단, 운명공동체 의식 고양, 대화와 협력의 정신을 강조함으로써 집단안보의 이상을 추구하는 길에 놓여있는 장애물을 극복하려는 노력이라고 할 수 있다.

그림 6-1 포괄 · 공동 · 협력안보의 노력

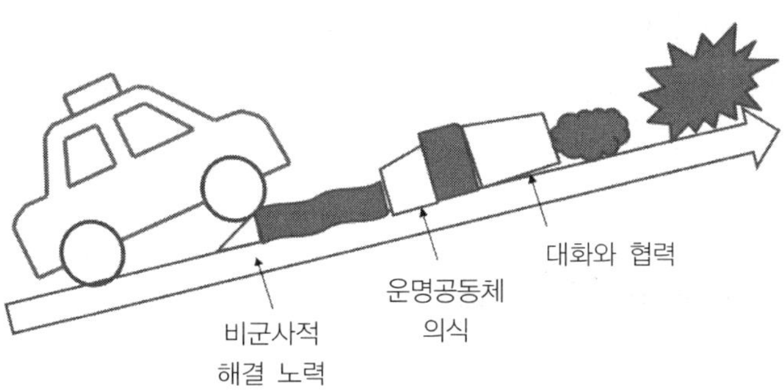

그럼에도 불구하고, 포괄안보, 공동안보, 협력안보는 기대만큼 세계 또는 지역의 안보상황을 개선하였다고 보기는 어렵다. 중요하지 않은 사항에서는 다소 간 협력을 증진시키기도 했지만, 심각한 국익이 충돌될 경우에는 이들 개념에 의하여 만든 체제나 도구가 효과를 발휘하지 못했기 때문이다. 특히 공동안보나 협력안보를 위해서는 공동의 이익을 발견해야 하는데, 안보 차원에서 공동이익을 찾는 것은 쉽지 않다. 또한 협력을 강조할수록 많은 국가들의 관여를 장려해야 하고, 그렇게 되면 의미있는 합의를 도출하는 것이 어려워지는 딜레마도 존재한다. 어떤 분야에서 일부 진전되더라도 그것이 지속되거나 국가안보와 같은 결정적인 분야로 확산되기는 어렵다. 포괄안보, 공동안보, 협력안보도 결국은 군사안보를 중심으로 하는 전통적인 안보로 복귀하는 모습을 보이고 있는 이유이다. 이상을 제시하기는 쉽지만 구현하기는 어렵다는 것을 알 수 있다.

포괄안보, 공동안보, 협력안보는 안보를 지나치게 개념화함으로써 실질적인 문제를 토론하는 기회비용을 초래한 점도 없지 않다. 개념 자체가 추상적임에 따라서 그에 대한 정확한 이해를 어렵게 만들었고, 다양한 사람들이 다양한 내용으로 해석하거나 현학적인 논의에 머물도록 만든 점도 없지 않다. 따라서 오랫동안 많은 논의를 했음에도 아직도 그것이 무엇인지, 어떻게 구현해 나가야하는지에 대한 공감대가 미흡한 부분이 적지 않다.

유럽의 경우에는 유럽안보협력기구나 유럽연합의 공동안보 방위정책에서 보듯이 포괄안보나 공동안보가 나름대로 구현되거나 다소 변질이 되었더라도 현실 정책에 반영된 부분이 없지 않다. 그러나 '한중일 정상회의'에서 보듯이 아시아에서는 이러한 사항이 여전히 슬로건과 회의를 위한 명분으로만 작용하고 있는 수준으로 보인다.

제3절 인간안보와 보호책임

현대는 기존 안보방법의 성과와 효능에 대한 회의의 시대라고 할 수 있다. 많은 비용과 수고를 들여서 노력하는 데도 개선되는 바가 많지 않기 때문이다. 이러한 문제의식에 의하여 제기된 것이 인간안보이고, 그의 인도적인 이미지로 인하여 단기간에 세계적인 관심을 획득하였다. 그 개념과 경과에 이어서 결과물이라고 할 수 있는 보호책임을 설명할 것이다.

1. 인간안보

(1) 개 념

인간안보(human security)는 국가의 안전은 상대적으로 충분히 보호되고 있음에도 국민들의 불안은 여전하다는 문제의식에서 창출된 개념이다. 안보의 대상을 국가가 아닌 인간으로 전환하자는 의미로서, 국민들을 풍요롭게 살도록 만드는 것이 진정한 안보라고 주장한다. 인간안보는 안보도 결국 인간의 삶의 질 차원에서 봐야 한다는 주장이다.

인간안보는 전통적인 안보개념에서의 탈피를 주문하고 있다. "공포로부터의 자유(freedom from fear)"를 추구하는 전통적인 개념에서 "결핍으로부터의 자유(freedom from want)"라는 새로운 개념으로의 전환을 요구한다. 안보의 핵심대상인 '공포'는 인류의 전반적인 '결핍'과 긴밀하게 연결되어 있고, 따라서 결핍을 우선적으로 해결하면 공포도 해결될 수 있다는 주장이다. 그래서 인간안보는 군사분야에서 경제분야로 안보의 중점을 전환할 것을 주문하고, 나아가 지뢰, 초국가적 조직범죄, 테러, 환경 오염 등에 대해서도 관심을 가져야 한다고 강조한다. 당연히 이러한 과제의 해결은 어느 한 국가의 힘으로는 달성할 수 없기 때문에 인간안보는 국제적 협력을 필요로 하는 것이다.

인간안보는 생산자(안보라는 공공재를 제공하는 국가) 중심의 기존 안보개념을 수요자(안보의 혜택을 받아야 하는 국민) 중심의 안보개념으로 전환시킬 것을 촉구하고 있다. 공급 차원에서만 안보의 충족 여부를 평가해서는 불충분하다는 시각이기 때문이다. 국가 단위의 분쟁이 감소된 현대의 시기에 이것은 상당한 공감을 얻었고,

따라서 다수의 국가와 학자들이 이의 연구와 구현 노력에 동참하게 되었다. 가난, 민주적인 통치, 질병의 제거 등 주로 저발전 국가들이 당면한 문제의 해결을 촉구하기 때문에 온정적인 안보개념이라고 할 수 있다.

(2) 발전경과

인간안보가 지향하는 이상 자체는 인류의 역사와 더불어 시작되었겠지만, 이 용어는 1993년 유엔개발계획실에서 발행하는 『인간개발보고서(*Human Development Report*)』에서 처음 공식적으로 사용되었다. 미국과 소련 간의 냉전이 종식됨으로써 절대적 중요성을 부여되었던 국가 중심의 안보를 반성할 수 있는 여유를 갖게 되었고, 세계화가 진전됨에 따라 지구촌의 세부적인 문제에도 관심을 기울여야 하는 상황이 되었기 때문이다.

유엔 『인간개발보고서』에서는 '공포로부터의 자유'로부터 '결핍으로부터의 자유'로 중점을 전환해야 한다는 방향을 설정한 후, 질병, 기아, 실업, 범죄, 사회적 분쟁, 정치적 압제, 환경문제 등 인간사회가 직면하고 있는 대부분의 문제들을 인간안보의 범위에 포함시키고 있다. 이러한 문제들을 해결하려면 경제안보, 식량안보, 건강안보, 환경안보, 개인안보, 공동체안보, 정치적 안보가 필요하고, 따라서 세계의 중요한 대부분의 문재들은 안보 차원에서 접근해야 한다는 주장이었다. 인간안보는 이러한 인도적 시각으로 인하여 금방 전 세계적으로 확산되었다.

인간안보에서 제시한 목표들을 구현할 수 있도록 1999년 노르웨이에서 다수 국가의 장관들이 모여 인간안보 네트워크(Human Security Network)를 구축하기도 했지만, 인간안보와 관련하여 주목할 만한 노력은 인간안보 수임단(受任團)(The Commission on Human Security)에 의한 연구이다. 이 기구는 당시 유엔사무총장이었던 아난(Kofi Annan)이 발족시켰는데, 2003년 제출한 최종보고서를 통하여 인간안보와 국가안보의 조화를 강조하면서 각 개인들에게 스스로를 방어할 수 있는 역량을 배양시켜 주는 것이 중요하다고 강조하고 있다. 이러한 연구는 인간안보센터(Human Security Center) 등 다양한 조직과 전문가들에 의하여 계승되어 지속적으로 연구되었다. 다만, 인간안보의 숭고한 이념에도 불구하고 실천해야 할 과제가 워낙 광범위하고, 대부분의 문제가 장기간이 걸리는 어려운 문제라서 가시적인 성과는 많지 않았다.

특히 인간안보가 활발하게 논의되었을 당시 유엔의 사무총장은 아난이었는데, 그는 1997~2006년까지 재임하면서 인간안보 개념에 근거하여 어떤 국가에서 심각한 비인도적 행위가 발생할 경우 국제사회가 개입해야 한다는 필요성을 강조하였고, 그의 이러한 요청은 결국 '보호책임(Responsibility to Protect)'이라는 개념으로 발전되었다. 따라서 보호책임 개념이 유엔에 반영되도록 한 것은 인간안보 논의의 중요한 기여라고 할 것이다. 이 외에도 인간안보는 분쟁 자체보다 그의 근본원인에 대한 관심을 촉구하였고, 국가 단위를 벗어나서 안보문제를 바라보도록 만들었다.

또한 인간안보가 논의되면서 대인지뢰의 비인도적인 측면이 부각되었고, 따라서 1997년 오타와협약(Ottawa Convention)을 통하여 모든 대인지뢰의 사용을 금지하였다. 여기에 대하여 비판이 없는 것은 아니지만, 이 협약은 군축이 아닌 인간안보 개념에 의하여 추진되었고, 다양한 정부 및 비정부기관들의 협업을 통하여 성공적인 결과를 도출함으로써 국가라는 주체에서 벗어나기를 강조하는 인간안보 노력의 중요한 성공사례로 평가되고 있다.

(3) 비 판

이상주의 차원에서 안보에 접근하는 대부분의 개념이 그러하듯이 인간안보도 그 지향방향이 숭고하고 호소력있는 명분을 제시하고 있지만, 문제를 해결할 수 있는 구체적인 방안이 분명한 것은 아니다. 전 세계가 공존공영을 중요시하는 자세를 가져야 한다는데, 지금까지 인류가 그것을 몰라서가 아니라 현실의 인간사회가 그렇게 되기 어려워서 그러했던 것인데, 그러한 현실을 극복할 수 있는 방법을 제시하는 것이 아니라 여전히 당위만 강조하고 있다는 것이다. 따라서 이상이 큰 데 비하여 지금까지 달성한 바는 많지 않고, 따라서 개념의 모호성, 비현실성 차원에서 비판을 받고 있다.

인간안보는 '안보'라는 용어를 사용하면서 경제, 식량, 건강, 환경, 개인, 공동체,

정치적 문제 등 인간에 관한 대부분의 사항을 포함시켰고, 따라서 인류의 공존공영을 위한 보편적인 활동을 안보로 편입시켰다. 즉, '결핍'을 비롯하여 인간이 지니는 모든 딜레마를 안보문제에 포함시킬 경우 진정으로 보호되어야 할 것을 식별하거나 범주화하거나 우선순위를 매길 수 없게 되어 필요한 노력을 집중하는 것이 어려워진다. 인간안보는 안보를 자유, 평화, 박애, 번영과 같은 추상적 가치로 전환시킨 측면이 없지 않다.

인간안보는 안보의 구현에 필수적 행위자인 국가의 참여를 기피하는 경향을 보였고, 결과적으로 실천력있는 행위주체를 확보하지 못하였으며, 결국 의미있는 성과를 달성하지 못하였다. 대인지뢰 협약도 미국, 러시아, 중국 등 주요 국가들은 서명을 하지 않은 상태이다. 인간안보는 전통적인 안보에 관한 불만족에 근거하여 국가라는 주체의 역할보다는 공동체와 개인의 역할을 강조하였지만, 그로 인하여 자발적으로 참여하지 않는 국가가 더욱 유리하도록 만든 점이 있다.

인간안보는 지나치게 장기적이면서 해결이 어려운 근본적인 문제를 제기함으로써 지속성을 보장하기가 어렵다. 인간안보가 지향하는 엄청난 과제들을 얼마 동안의 집중적 노력으로 해결할 수는 없기 때문이다. 실제로 1990년대 초부터 다수의 국가들이 인간안보 차원에서 외교정책 목표를 조정하고, 이의 개선을 위하여 상당한 투자를 계속하였지만 달성된 바는 많지 않고, 따라서 관심이 줄어드는 추세를 보이고 있다. 또한 인간안보에서 강조하는 사항은 대부분 후진국들의 국내문제로서 선진국들이 쉽게 관여할 수도 없고, 관여한다고 하여 쉽게 해결되지 않는 과제이다. 문제는 제기했지만, 해결의 결과는 별로 없다고 평가하지 않을 수 없다.

2. 보호책임

(1) 개 념

보호책임은 인간안보와 맥락을 함께하는데, 인간안보가 문제의 제기에 중점을 둔 반면에 보호책임은 문제의 해결방향 모색에 중점을 두고 있다. 보호책임은 기본적으로 모든 국가들은 외부의 위협뿐만 아니라 인간안보에서 제기하는 다양한 문제로부터도 국민을 보호할 책임이 있다는 전제에서 출발하여, 특정 국가가 그렇게 하지 못할 때 국제사회가 그 보호책임을 대행하거나 해야 한다고 주장한다.

보호책임은 2005년 국제적인 개입에 관한 공식적인 근거로서 유엔이 채택함으로써 이상에서 벗어나 정책으로 정착되었다. 현재 유엔은 학살(genocide), 전쟁범죄(war crimes), 인종청소(ethnic cleansing), 그리고 인도에 반한 범죄(crimes against humanity)의 네 가지 경우에는 유엔헌장 제7장에 근거하여 군사력의 사용까지도 포함하는 적극적 개입을 결정할 수 있다. 실제로 유엔 안전보장이사회는 2011년 리비아와 코트디부아르에 이 보호책임을 근거로 개입하여 사태를 해결한 바가 있다.

보호책임은 유엔의 정책이 되었지만, 그것만이 비인도적 상황에 대한 국제사회의 개입을 보장하는 것은 아니다. 유엔 안전보장이사회는 국제 평화와 안정에 위반된다고 판단할 경우 제7장에 의한 개입을 결정할 수가 있기 때문이다. 또한 일부 국가의 거부권으로 인하여 유엔 안전보장이사회가 개입을 결정하지 못하더라도 타국의 비인도적 상황에 대한 인도적 개입(humanitarian intervention)은 허용되어야 한다는 인식도 증대되고 있고, 실제로 1990년 영국은 이를 명분으로 이라크에 비행금지구역을 설정하기도 했다.

(2) 발전배경

비인도적 사태에 대한 국제사회의 개입 필요성은 냉전 이후인 1990년대에 소말리아, 르완다, 보스니아, 코소보 등에서의 내전에서 목격되었던 대량학살과 전쟁범죄에서 기인하였다. 당시 엄청난 비인도적 행위가 발생하였음에도 유엔을 비롯한 국제사회는 제대로 개입하지 못한 채 방관만 하였기 때문이다. 2000년 당시 유엔사무총장이었던 아난은 그러한 상황에서 국제사회가 개입해야 할 필요성을 제기하였고, 이에 호응하여 캐나다 정부가 연구를 추진하여 2001년 보고서를 발간하였으며, 그 속에 '보호책임'이라는 용어를 처음으로 사용하면서 집단학살, 전쟁범죄, 인종청소, 인도에 반한 죄에 대해서는 국제사회가 보호책임을 가져야 한다고 주장하게 되었다.

캐나다에서 발간한 보고서는 유엔 내에서도 지속적으로 논의되었다. 2003년 유엔사무총장에 의해 설치된 고위급 패널이 이 문제를 검토한 후 2004년 보고서를 발간하였는데, 그 내용을 통하여 어떤 국가가 대규모의 인권유린 사태를 차단할 의지나 능력이 없는 경우 국제공동체가 책임을 대행해야 할 필요성을 재확인하였다. 그리고 이 보고서에서는 대행을 위한 개입의 기준으로 위협의 심각성, 적절한 목적, 최

2005년 세계정상회의 결과

집단학살, 전쟁범죄, 인종청소, 인도에 반한 죄로부터 주민을 보호해야 할 책임
(Responsibility to protect populations from genocide, war crimes, ethnic cleansing and crimes against humanity)

138. Each individual State has the responsibility to protect its populations from genocide, war crimes, ethnic cleansing and crimes against humanity. This responsibility entails the prevention of such crimes, including their incitement, through appropriate and necessary means. We accept that responsibility and will act in accordance with it. The international community should, as appropriate, encourage and help States to exercise this responsibility and support the United Nations in establishing an early warning capability.
139. The international community, through the United Nations, also has the responsibility to use appropriate diplomatic, humanitarian and other peaceful means, in accordance with Chapters VI and VIII of the Charter, to help to protect populations from genocide, war crimes, ethnic cleansing and crimes against humanity. In this context, we are prepared to take collective action, in a timely and decisive manner, through the Security Council, in accordance with the Charter, including Chapter VII, on a case-by-case basis and in cooperation with relevant regional organizations as appropriate, should peaceful means be inadequate and national authorities are manifestly failing to protect their populations from genocide, war crimes, ethnic cleansing and crimes against humanity···

Source: The General Assembly, "2005 World Summit Outcome", Resolution adopted by the General Assembly on 16 September 2005.

후의 수단, 비례적 수단, 결과의 균형이라는 다섯 가지 원칙을 제시하기도 했다.

이러한 논의에 힘입어 2005년 3월 아난 유엔사무총장은 전쟁범죄를 제외하고는 고위급 패널의 보고서를 지지한다면서 세 가지의 주요 범죄를 대상으로 한 보호책임 시행을 강조하기도 했다. 결과적으로 앞 쪽에서 설명되고 있듯이 2005년 9월에 개최된 세계정상회의에서 보호책임을 주요 의제로 다룬 후 만장일치로 채택하였는데, 캐나다가 최초에 제안한 네 가지 범죄를 모두 포함하면서 그것이 기본적으로는 각국의 책임이고, 국제공동체는 각국의 책임수행을 촉구 및 지원해야 하지만, 동시에 이러한 범죄로부터 국민들을 보호하기 위한 외교적, 인도주의적 또는 평화적 수단을 사용할 책임이 있다는 것을 규정하였다. 2006년 4월에는 유엔 안전보장이사회에서도 결의문을 통하여 이를 공식적으로 인정하게 됨으로써 보호책임이 실행되기 시작하였고, 그 이후에도 유엔 사무처에서는 보호책임에 관한 사항을 지속적으로 발전시켜 왔다.

(3) 적용사례

유엔에서 공식적으로 채택된 보호책임이 처음 적용된 곳은 리비아였다. 리비아에서는 2011년 2월 카다피(Muammar al-Qaddafi)의 독재에 저항하는 민중봉기가 발생하였는데, 이것을 카다피 정부가 무력으로 진압함에 따라 다수의 사상자가 발생하면서 내전 상황으로 악화되었다. 유엔은 2월 22일 안전보장이사회를 소집하였고, 2월 26일 결의안을 통하여 자국 주민에 대한 리비아 정부의 보호책임을 상기시키는 한편 비군사적인 제재를 결정하였다. 이를 카다피가 수용하지 않자 안전보장이사회는 3월 17일 결의안 1973호를 선택하여 유엔헌장 제7장에 근거하여 비행금지구역을 설정하고, 회원국의 무력사용을 허가하게 되었다. 이에 근거하여 나토(NATO)를 중심으로 한 군사적 개입이 추진되어 반군을 지원하게 되었다. 그러자 반군은 8월 23일 수도 트리폴리를 함락하고, 10월 20일 카다피를 사살함으로써 리비아 사태를 일단락시켰다. 리비아 사태는 유엔이 보호책임을 근거로 한 무력사용을 허용한 첫 번째의 사례가 되었다.

두 번째 사례로 유엔이 보호책임을 행사한 곳은 코트디부아르(Côte d'Ivoire, 영어로는 Ivory Coast) 사태이다. 코트디부아르의 경우 2010년 11월 말 대통령 선거에서 그바그보(Laurent Gbagbo) 정권이 야당에 의하여 패배하였으나 부정선거를 이유로 권력이양을 거부함으로써 기존의 내전이 더욱 격화되었고, 이 과정에서 수천 명의 사상자가 발생하였다. 그러자 유엔은 2011년 3월 30일 안전보장이사회 결의안 1975호를 통해 그바그보 측에게 권력을 이양할 것과 민간인에 대한 무력행위를 중지할 것을 요청하면서 2004년부터 코트디부아르에서 임무를 수행하고 있던 유엔평화유지군, 즉 유엔 코트디부아르 작전부대(United Nations Operation in Côte d'Ivoire: UNOCI)에게 민간인 보호를 위해 가용한 모든 수단을 사용하도록 허가하였다. 그래도 그바그보 대통령이 수용하지 않은 채 대량학살을 자행하자 결국 2011년 4월 4일 평화유지군, 프랑스군, 반군이 대대적인 공격작전을 실시하여 4월 11일 그바그보를 생포함으로써 내전을 종식시켰다.

(4) 비 판

보호책임의 가장 큰 문제점은 사태의 발발을 예방할 수는 없다는 것이다. 집단학살, 전쟁범죄, 인종청소, 인도에 반한 죄는 그것이 발생하여야 입증이 되고, 그것에 대하여 유엔 안전보장이사회가 결정을 내리는 데도 상당한 시간이 걸릴 것이기 때문이다. 전쟁범죄는 단기간에 명확하게 판단할 수 없는 것이기 때문에 아난 사무총장은 보고서에서 이것을 제외시키자는 의견을 제시하기도 했다. 따라서 보호책임은 대규모 범죄가 일어난 이후에 개입하여 사후에 처리하는 데 그치고, 사태가 악화되는 초기나 중간에 개입하여 최악의 상황으로 악화되는 것을 예방하지 못하고 있다.

유엔 안전보장이사회에서 결정하지 않을 경우 시행할 수 없다는 점에서 보호책임이 그동안의 관행을 크게 바꾼 것은 아니다. 오히려 최근 들어서 요구되고 있는 '인도적 개입'에 비해서 더욱 소극적일 수 있다. 논의 중에 있기는 하지만 인도적 개입은 비인도적 참상이 심각할 경우 유엔이 결정하지 않더라도 각국이 행동할 수 있어야 한다는 주장인데, 이 보호책임은 대량학살이나 인종청소 등과 같은 너무나 명확한 사태에 대해서도 안전보장이사회가 결정해야만 국제사회가 개입하도록 규정했기 때문이다. 실제로 리비아나 코트디부아르와 유사한 시기에 발생하였음에도 시리아에 대해서는 러시아와 중국이 거부권을 행사하여 보호책임을 적용하지 못하도록 막음에 따라 유엔은 개입하지 못하였고, 그 결과 지금까지도 시리아 내전이 지속되면서 수많은 사상자와 난민을 발생시키고 있다.

보호책임이라는 개념 자체가 강대국이나 침략국에게 남용될 소지도 없지 않다. 이웃 국가를 침공하는 국가는 그 이웃 국가의 정부가 자국민을 보호하지 못하거나 오히려 자국민을 불안하게 만들어서 어쩔 수 없이 개입했다고 주장할 수 있기 때문이다. 안전보장이사회 상임이사국인 강대국이 그러한 명분을 사용할 경우 약소국이 항의해봐야 안전보장이사회에서 거부권을 행사해버리면 속수무책일 수밖에 없다. 실제로 2008년 8월 러시아는 그루지아 내의 자국 국민들이 집단학살당할 위험이 있다면서 보호책임을 명분으로 그루지아로 병력을 진격시켜 남오세티야를 분리시키기도 하였다.

토의주제

- 포괄안보, 공동안보의 공통점과 차이점은?
- 세계평화에 대한 포괄안보, 공동안보, 협력안보 논의의 기여도는?
- 인간안보의 긍정적 측면을 부각해본다면?
- 보호책임은 더욱 적극적으로 적용되어야 하는가?
- 보호책임의 북한 적용 가능성은?

추천문헌

김명섭(2015). "안보 개념에 대한 글로벌 인식의 관점." 『글로벌교육연구』. 제7권 3호, pp. 63-82.

이철기(2008). "유럽연합의 공동안보 방위정책(ESDP)과 다층적 통치이론의 비판적 고찰." 『EU연구』. 제22호, pp.63-95.

김민수(2016). "인간안보의 헌법적 보장과 국가안보와의 조화." 『법학논집』. 제21권 1호, pp. 129-161.

오지혜 · 김일수(2020). "리비아 사태와 보호책임(R2P) 규범의 이행체제 분석." 『한국과 국제사회』. 제4권 1호, pp. 221-256.

김부찬(2015). "북한 인권문제와 보호책임(R2P)." 『국제법학회논총』. 제60권 4호, pp.11-42.

07 | 통합과 통일

국제적인 갈등의 궁극적인 해결은 세계정부를 구성하는 것이지만, 지역적인 통합과 적대적 관계에 있는 국가의 통일도 해당 영역 내에서는 세계정부의 구성과 같은 효과를 가질 수 있다. 통합은 국제적으로 갈등의 소지가 될 일을 줄여 나가는 노력이고, 통일은 갈등의 소지를 아예 없애거나 국내문제로 만들어 버리는 것이기 때문이다. 통합과 통일은 실천의 성격이 커서 사례 위주로 살펴보고자 한다.

제1절 통 합

통합에 관한 정의나 이해는 사람마다 다를 수밖에 없지만, 독자적인 정치체들이 일부 기능을 양보하여 전체 차원에서 수행되도록 하는 것은 말한다. 그 개념과 사례를 살펴보자.

1. 개 념

세계는 무정부 상태에서 각국이 생존을 위하여 경쟁하는 환경이기 때문에 국가들을 하나로 통합(integration)해 나갈 경우 그러한 분쟁의 소지는 줄어들 것이다. 극단적으로 세계정부가 출현하면 현재의 국제적 갈등은 국내법에 의하여 해결될 것이고, 따라서 전쟁과 같은 폭력사태는 줄어들 수밖에 없다. 비록 세계정부에는 훨씬 미치지 못하지만 국가들이 통합적으로 수행하는 기능이 많아질수록 또한 통합에 참가하는 국가들의 수가 많아질수록 세계정부에 점점 가까워지기 때문에 갈등의 소지는 줄어들 것이고, 갈등이 발생하더라도 대화와 타협으로 해결될 가능성은 높아진다.

기본적으로 통합은 분리된 개체나 기능을 일체화하는 모든 활동을 일컫는 말로써 일반적이면서 광범위하게 사용되는 용어이다. 지역, 조직, 회사, 개인의 수준에서 통합은 수시로 사용되고, 국가도 예외는 아니다. 이러한 통합이 철저해지면 통일(unification)이라고 부를 수 있을 것인데, 분리에서 통일로 이르는 사이에 다양한 형태와 수준의 통합이 존재하게 된다. 통합의 대상이 많아질수록 그 효과는 커질 것이지만, 그만큼 통합을 이룩하기는 어려울 것이다.

그림 7-1 점진적 통합의 개념

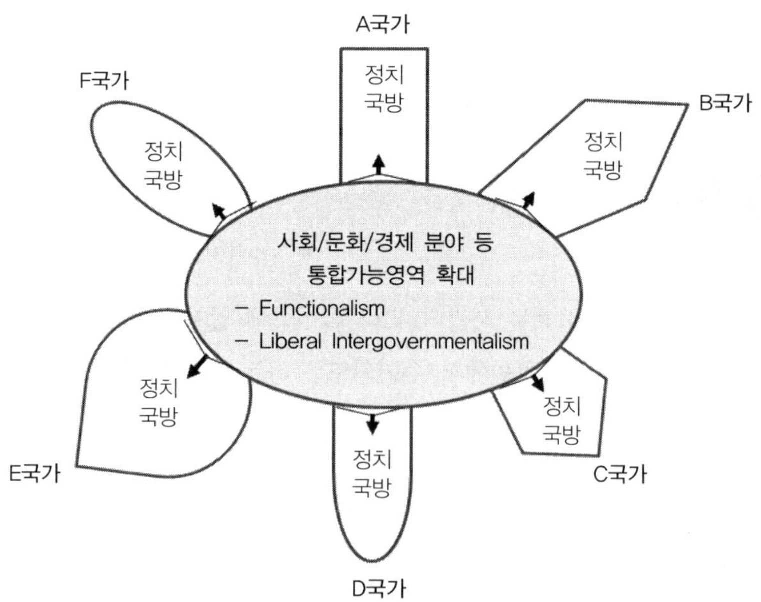

국가안보와 관련하여 사용되는 통합은 국가 사이의 통합, 즉 국제적인 통합을 의미하는데, 이 경우도 다양한 국가의 기능 중에서 어느 것을 어느 정도로 통합할 것이냐에 따라서 다양한 형태로 구분할 수 있다. 처음에는 서로가 거부감을 갖지 않는 사회나 문화 분야에서의 일부 통합으로 시작할 수 있겠지만, 경제분야의 통합 추진으로 발전되고, 그것이 정치와 군사의 통합으로도 확대될 수 있다. 점진적 통합의 지향 방향을 도식화하면 [그림 7-1]과 같다.

통합에 관해서는 유럽이 선도적인 노력을 해오고 있다. 유럽은 다른 어느 지역보다 인종적, 문화적, 지리적인 동질성이 높을 뿐만 아니라 제1, 2차 세계대전을 겪은 후 유사한 전쟁의 재발을 막아야 한다는 각성이 매우 컸기 때문이다. 냉전이 시작되면서 미국과 소련이 세계를 주도하자 유럽의 자존심과 상대적 열세를 통합을 통하여 만회하고자 하는 욕구가 작용하였을 수도 있다. 그리고 이러한 유럽의 시도와 성공은 다른 지역으로도 영향을 주어 통합을 위한 다양한 노력이 촉발되었다.

2. 통합 논의의 이론적 배경

현대적인 통합 논의는 유럽에서 발생하였는데, 기능주의(functionalism)의 시각이 바탕이 되었다. 곧바로 정치적 통합을 논의하는 것은 현실적이지도 않고, 일시적으로는 그렇게 되었다고 해도 지속되지 않을 가능성이 있었기 때문이다. 따라서 국가가 수행하는 제반 기능 중에서 가능한 부분부터 통합한 후 그 범위를 점점 확산시켜 나가는 방식이 제시되었고, 주류로 수용되었다. 기능주의에 의한 유럽의 통합 논의는 폴란드 출신의 미 프린스턴 대학 교수였던 미트라니(David Mitrany, 1888~1975)가 효시라고 할 수 있다.

미트라니의 주장은 독일 출신의 미 버클리 대학 교수였던 하스(Ernst B. Haas, 1924~2003)에 의하여 계승 및 발전되었는데, 그를 신기능주의자(neofunctionalism)로 불리듯이 미트라니에 비해서 통합의 주체를 확대하여 인식하였다. 그는 통합을 추진할 경우 그 주체를 국가만으로 인식해서는 곤란하다면서 유럽이라는 지역 전체에 걸쳐 이해관계를 갖는 이익집단과 유럽지역 전체를 담당하는 조직의 관료들을 적극적으로 활용해야 한다는 점을 강조하였다. 통합의 시작은 국가가 주도하더라도 그 것을 심화시키는 것은 이익집단과 관료들이어야 한다는 것이다. 이 접근을 채택하면 국가가 지역협력기구에게 더욱 많은 권한을 부여하게 될 것이고, 그렇게 되면 시민들이 그 지역협력기구를 더욱 신뢰하게 될 것이며, 그러면 통합이 점점 강화될 것이라는 주장이었다.

유럽연합이 어느 정도 추진되면서 '자유적 정부간(間) 주의(Liberal Intergovernmentalism)'로 불리는 접근방식도 대두되었다. 이것은 유럽연합에 집중적인 노력을 투입해온 미국 프린스턴 대학의 모라칙(Andrew Moravcsik, 1957~) 교수가 주장한 사항으로서 각국 정부들이 끊임없는 협상을 추진함으로써 통합의 불완전성을 지속적으로 개선해야 한다는 점을 강조하고 있다. 유럽과 같은 광범위한 지역의 통합은 너무나 복잡하여 한두 번의 시도나 간단한 접근으로 해결되지 않는다면서, 각 정부들이 합리적 행위자로서 협상에 임하되, 최소한의 공통요소에만 합의하는 데 그치더라도 좌절하지 않은 채 문제해결 과정을 계속함으로써 통합의 정도를 점점 심화시켜 나갈 수 있다는 것이다. 즉, 최초 합의는 대부분 불완전하기 때문에 이행 과정에서 문제가 발생할 것이지만, 그 문제들을 해결하기 위한 협의를 진행하게 될 것이고, 그렇게 협의하여 추가적인 사항을 합의해 나감으로써 통합의 수준을 높이게 된다는 것이다. 이러한 과정이 지속적으로 반복한다면 결국 시간이 흐르면 흐를수록 통합의 정도는 커질 수밖에 없다. 이러한 주장을 하는 인사들은 다양한 경험적 연구를 통하여 유럽연합이 이러한 과정으로 진행되고 있음을 발표하기도 했다.

3. 사례: 유럽연합

유럽연합(European Union: EU)은 27개의 회원국들이 정치와 경제 분야에서 상당한 수준의 통합을 이룬 하나의 정치체이다. 통합의 대상이 되는 인구는 5억 명 정도이고, 영토는 450만km^2 정도로 광대하다. 유럽연합은 사람, 물자, 용역, 자본이 해당지역 내에서 자유롭게 이동하는 데 목표를 두어 통합을 추진해왔고, 아직도 통합을 지속적으로 강화해 나가고 있다. 비록 회원국가들이 합의한 범위에 국한되지만 유럽연합은 단일의 법률을 보유하고 있고, 무역, 농업, 수산업, 지역개발 등에서 공통의 정책을 개발하여 적용하고자 노력하고 있다. 유럽연합은 여권없이 자유롭게 이동할 수 있을 뿐만 아니라 2002년부터 유로(euro)로 화폐를 통일하여 사용하고 있다.

유럽연합은 1951년 설립된 유럽의 석탄 및 철강공동체(European Coal and Steel Community: ECSC)로부터 시작되었다. 1957년에는 유럽경제공동체(European Economic Community: EEC)를 창설하였는데, 처음에는 벨기에, 프랑스, 이탈리아, 룩셈부르크, 네덜란드, 서독의 6개국이었지만, 유럽경제공동체가 성공을 거두자 다른 국가들이 계속 참가하여 그 범위가 확대되었고, 이것이 유럽연합으로 발전하였다. 유럽연합으로 명칭을 바꾼 것은 1993년으로서, 냉전 이후 정치적으로 안정되었을 뿐만 아니라 단일화폐의 사용, 이동의 자유 보장, 추가적인 발전이 충분히 가능하다고 판단하여 연합 차원의 이름을 붙였다.

가입 순서로 보면 유럽연합의 회원국은 벨기에, 프랑스, 독일, 이탈리아, 룩셈부르크, 네덜란드, 덴마크, 아일랜드, 그리스, 포르투갈, 스페인, 오스트리아, 핀란드, 사이프러스, 체코, 에스토니아, 헝가리, 라트비아, 리투아니아, 말타, 폴란드, 슬로바키아, 슬로베니아, 불가리아, 루마니아, 크로아티아이다. 프랑스의 반대로 영국은 1972년에야 유럽경제공동체에 합류하였는데, 2016년 국민투표를 실시한 후(유럽연합 탈퇴에 찬성 52%, 반대 48%) 2017년 3월 탈퇴를 선언하였고, 2020년 1월 31일 탈퇴하였다. “브렉시트(Brexit)”라는 용어가 새롭게 만들어져서 논의되었을 정도로 영국의 탈퇴는 유럽연합의 역사에 상당한 충격을 주었다.

유럽연합이 공식적으로 제기하고 있는 목표는 시민들의 평화, 가치, 복지를 고양하고, 자유, 안전, 정의를 제공하며, 경제적 발전과 경쟁력있는 시장경제, 그리고 사회적 개선과 환경보호이다. 이러한 목표와 관련하여 유럽연합은 인간의 존엄성, 자유, 민주주의, 균형, 법치, 인권의 가치를 강조하고 있다. 현재 유럽연합 내에서는 모든 시민들이 연합 내 어디든 정착할 수 있고, 모든 국가들이 유럽연합 시민을 동등하게 취급하게 되어 있다. 모든 물품, 용역, 자금, 인원의 자유로운 이동이 보장됨으로써 하나의 단일시장이 되었고, 앞으로는 이것을 에너지, 지식, 자본 시장으로까지 확대하고자 한다.

유럽연합은 방위에 대해서도 상당한 합의를 이루어 2003년 유럽연합 자체의 안보전략을 작성하기도 했다. 2007년 공동안보 방위정책(CSDP)으로 체계화하였는데, 이로써 유럽연합은 유엔헌장에 합치되는 범위 내에서 평화유지작전에 참가하거나 기타 국제평화에 기여하기 위한 노력을 경주하게 되었다. 실제로 유럽연합은 2003년 유고사태와 관련하여 처음으로 유럽연합의 부대를 파견하였고, 지금까지 30여 개의 임무를 수행하였다. 이러한 임무수행을 의한 군대는 회원국으로부터 차출하지만, 활동하는 동안에는 유럽연합의 고위대표(High Representative)가 책임자로 지정되어 통제하고 있다. 또한 2017년에 군사기획 및 수행능력단(Military Planning and Conduct Capability: MPCC)을 설치하여 이러한 군사작전을 통제하는 역할을 수행하도록 했

아세안 국가연합 개황

- 동남아시아국가연합(ASEAN, 아세안)은 1967년에 설립되었다. 최초에는 인도네시아, 말레이시아, 필리핀, 태국, 싱가포르가 회원국이었고, 그 이후에 브루나이(1984년), 베트남(1995년), 라오스(1997년), 미얀마(1997년), 캄보디아(1999년)가 가입하여 10개국이 회원국이다. 파푸아뉴기니와 동티모르는 준 회원국으로 인정받고 있다. 아세안의 회원국이 차지하는 면적은 440만km^2이고, 인구는 6억 명이 넘는다.
- 아세안의 목표는 협력을 통하여 역내의 경제성장, 사회적 진보, 문화적 발전을 가속화하고, 평화와 안정을 고양하며, 회원국들의 협력과 상호지원을 확대하는 등으로 설정되어 있다. 또한 아세안은 서로의 독립과 주권에 대한 상호존중, 회원국들의 안보를 위한 자결권, 내정 불간섭, 분쟁의 평화적 해결, 군사력의 사용 포기, 회원국의 효과적 협력 등을 원칙으로 설정해두고 있다. 현재는 "아세안 공동체(ASEAN Community)"를 형성한다는 목표를 설정하여 정치-안보 공동체, 경제 공동체, 사회-문화 공동체라는 세 가지 방향으로 노력하고 있다.
- 지금까지 아세안이 통합 차원에서 이룩한 성과는 많지 않다. 1992년 아세안 자유무역지대(AFTA)에 관한 협정을 체결하였지만, 아직은 아세안 국가들 간 무역의 관세를 0~5%로 제한하는 정도에 그치고 있다. 대신에 1997년부터 'ASEAN+3'이라는 명칭의 조직을 만들어서 중국, 일본, 한국을 참여시키거나, 아시아유럽정상회의(Asia Europe Meeting: ASEM)를 개최하는 등 외연을 넓히는 작업에 더욱 몰두하는 모습을 보이고 있다.

고, 이 기구의 기능을 지속적으로 강화해 나가고 있다. 동시에 유럽연합은 유럽방위기금을 통하여 다국적 작전을 예산적으로도 지원하고 있다. 즉, 유럽연합은 경제적이거나 정치적인 통합에 그치지 않고 국제사회의 안보문제에 관한 참여도를 확대하고 있는 것이다. 특히 나토(NATO)와의 적절한 역할분담을 바탕으로 공동방위를 위한 자체적인 역량을 지속적으로 강화해 나가는 추세를 보이고 있다.

유럽연합 이외에도 앞 쪽에서 설명되고 있듯이 동남아시아국가연합(The Association of Southeast Asian Nations: ASEAN)과 아프리카연합(African Union: AU)이 유럽연합에 비견할 수 있을 만큼 원대한 통합의 이상을 제시한 후 이를 구현하기 위하여 노력하고 있다. 그러나 이들 조직은 유럽연합만큼 통합을 절박하게 추진하지 못하여 통합을 위한 구체적인 방안에 합의하지 못했고, 국경개방이나 단일화폐와 같은 수준의 통합책도 제대로 이행하지 못하고 있다. 이러한 점에서 현재로서는 유럽연합 만이 국가 간의 통합을 어느 정도 달성한 상태라고 할 수 있다.

제2절 통 일

통일(unification)은 분리된 개체를 하나로 합치는 과정과 결과를 말한다. 국제사회에서는 두 개의 국가가 하나의 국가로 완전히 결합하는 것으로서, 이로써 두 개 국가 사이에 존재하였던 갈등은 저절로 해소되거나 국내법에 의하여 처리되게 한다. 국가 간의 분쟁을 해결하는 가장 근본적인 방안인 만큼 그의 달성을 어렵다. 그 개념과 사례를 살펴보자.

1. 개 념

통일은 통합을 위한 노력이 최고 수준으로 진행된 결과물이거나 어떤 갑작스러운 계기로 두 개 또는 그 이상의 국가들이 하나의 정치적 결사체로 변모하는 과정과 결과를 말한다. 역사적으로는 작은 국가들이 점점 큰 국가로 결합하는 형태로 통일이 진행되었지만 최근에는 원래 하나의 정치체였다가 두 개 이상으로 분리된 국가들이 다시 하나로 합치는 경우를 말한다. 후자의 경우에는 재통일(reunification)이라고 말하기도 한다.

통일은 최고 수준의 통합을 달성하는 것이기 때문에 통합이 미흡하여 발생하는 복잡한 문제들을 거의 다 해결해 버린다. 다만, 통일은 대상이 되는 국가가 주권 또는 정체성의 전부 또는 상당한 부분을 양보 또는 포기해야 하기 때문에 이상적인 것은 분명하지만 현실의 세계에서 합의를 이루어 성공하기는 무척 어렵다. 통일이 되면 전체를 통제하는 단일의 중앙정부가 존재하면서 동일한 법률의 적용을 받게 된다. 내부적으로는 통합이 다소 미흡한 부분이 있더라도 외부적으로는 하나의 정치체로 인정받을 수 있어야 한다.

통일의 방식에 있어서는 연방(federation)을 형성하는 것과 일체화된 국가를 형성하는 두 가지가 있을 수 있다. 연방은 미국, 독일 등이 사용하는 방식으로서 주권의 상당한 부분을 연방정부와 지방정부가 분할하여 보유하고 있는데, 대부분의 경우 국내문제는 지역 정부가 담당하게 된다. 연방제는 주권의 양보를 최소화하면서 통일을 달성할 수 있다는 점에서 통일을 협의하는 과정에서 선호될 가능성이 크다. 러시아, 캐나다, 인도, 브라질 등도 연방정부를 구성하고 있지만, 중앙정부와 지방정부 간의 관계는 천차만별이듯이 동일한 연방정부라도 실제 운영되는 형태는 차이가 많다. 그럼에도 불구하고 연방의 핵심적인 사항은 연방정부와 지방정부의 권력 분할로서 중앙정부가 지방정부의 결정을 무력화시킬 수 있는 권한을 보유할 경우 진정한 연방정부가 아니라고도 주장되기도 한다.

연방은 연합(confederation)과 자주 비교 또는 구분된다. 연합은 외부적으로는 하나의 단체로 인정되면서 전체를 통괄하는 중앙의 조직이 존재하지만, 주권은 개별국가나 지방정부가 보유하고 있는 형태이다. 중앙의 조직은 조약에 의하여 합의된 일부 기능만 통합적으로 수행하게 된다. 다만, 그 일부 기능에 국방이나 외교가 포함된다면 중앙조직의 실제 기능은 막강할 수 있다. 무역이나 화폐 등을 통합해도 중앙조직의 권한은 적지 않다. 개별국가나 지방정부가 위임하는 권한의 종류와 정도에 따라서 연합은 더욱 다양한 형태를 띠게 되는데, 느슨한 연합은 국제적인 협력기구 수준일 것이고, 강화된 연합은 연방국가와 유사할 수도 있다. 현재 세계에서는 캐나다, 유럽연합, 스위스, 벨기에, 세르비아·몬테니그로 등이 연합으로 인식되고 있다.

두 국가 또는 다수 국가의 통일은 하나의 국가로 일체화되든가, 연방이나 연합의 형식을 지니게 될 것인데, 어떤 방식을 선택하고, 어느 정도의 통합을 전제로 할 것이냐는 것은 관련 국가들의 합의에 의하여 달라질 수밖에 없다. 동등한 두 개 또는 그 이상의 국가를 하나로 결합할 때는 연방이나 연합이 선호될 것이고, 상대적으로 큰 국가가 작은 국가를 병합할 때는 한 국가로 일체화될 가능성이 높다. 연방이나 연합의 경우에도 하나의 국가가 우세할 경우 중앙정부가 상당한 권한을 행사하는 형태로 통일이 결말지워질 가능성이 크다. 따라서 통일을 달성하는 것도 중요하지만 상황에 맞는 통일방식을 선택하여 추가적인 혼란이 발생하지 않도록 하는 것도 그 못지않게 중요하다.

2. 사례: 독일

동서독 통일은 제2차 세계대전으로 분리되었다가 재통일된 경우이다. 냉전이 붕괴되는 상황에서 동독의 국내정치가 불안정해졌는데, 그 상황을 서독이 효과적으로 활용하여 평화적인 합의통일에 성공하였다. 적대적인 관계에 있는 두 개 국가가 안보 딜레마를 해결하는 가장 근본적이고 효과적인 방법은 통일이라는 것을 독일통일의 사례가 입증한 셈이다.

(1) 독일통일의 경과

서독과 동독은 냉전시대에 세계를 양분하였던 자유민주주의와 공산주의의 대결에서 첨단에 위치하였기 때문에 소련의 태도 변화가 독일통일에는 가장 결정적인 영향을 끼쳤다. 1985년 3월 10일 고르바초프(Mikhail Gorbachev)가 소련 공산당 서기장에 임명된 후 개혁(Perestroika)과 개방(Glasnost)을 강조하였을 뿐만 아니라, 연방

내 다른 국가들의 내정간섭을 보장하는 브레즈네프(Leonid Brezhnev) 독트린을 폐기하였는데, 이러한 소련의 개방적 정책이 동구권 전역으로 확산되면서 동독에서도 민주주의에 대한 요구가 증대되기 시작하였다. 특히 서독을 향하여 동독을 탈출하는 주민들의 숫자가 급증하기 시작하였고, 1989년 5월 2일 헝가리가 오스트리아와의 국경지역에 설치되어 있던 철조망을 제거해줌으로써 동독 주민이 헝가리를 통해 서독으로 탈출할 수 있게 되었다.

이러한 와중에서 동독 시민들의 민주주의 요구가 분출하기 시작하였고, 다수의 정당이 창설되었을 뿐만 아니라 당시 집권당이었던 사통당(SED)에 대한 불만이 급증하였다. 결국 사통당의 해체를 요구하는 시위가 발생하였고, 1989년 10월 18일 호네커(Erich Honecker) 당 서기장이 사임하게 되었다. 이로써 동독의 정부가 국민들을 제대로 통제하기 어려운 상황이 되었고, 그러던 차에 11월 9일 베를린 장벽이 무너져 다수의 동독 주민이 서독으로 이동하게 되면서 동독 정부의 정통성이 크게 흔들리게 되었다.

상황이 급격히 악화되자 동독은 1989년 11월 13일 인민회의를 소집하여 새 의장과 새 총리를 선출하였는데, 한스 모드로(Hans Modrow) 신임 총리는 서독과 "계약공동체(Vertragsgemeinschaft)" 관계를 수립하겠다고 선언함으로써 서독과의 통합을 추진하여 문제를 해결하는 방식을 제시하게 되었고, 서독 콜(Helmut Kohl) 수상과 회담을 개최하여 이를 협의하였다. 오히려 서독이 당시에는 섣부른 통일이 위험하다고 판단하여 국가연합(Confederation)의 형태를 제안할 정도였다. 급기야 동독 주민들은 "우리는 하나의 통일된 독일 국민(Wir sind ein Volk)"이라는 구호를 내세우면서 통일을 요구하였고, 이것이 반영되어 1989년 12월 19일 동서독은 독일통일을 목표로 한다는 내용이 포함된 "협력 및 근린 공동 협정"을 체결하게 되었으며, 이로부터 통일이 본격적으로 논의되기 시작하였다.

통일에 대한 동독 국민들의 의사는 1990년 3월 18일 실시된 동독 선거를 통하여 확인되었다. 이 선거에서 독일편입의 통일방안을 주장하면서 서독 기민당(CDU)의 후원을 받는 독일동맹(Allianz fur Deutschland: AFD)이 48.1%를 얻어 승리하였기 때문이다. 이 결과로 구성된 동독 인민의회는 1990년 4월 12일 데 메지에르(Lothar de Maizière)를 수상으로 하는 정부를 구성하였고, 이 정부는 동독을 서독에 편입시키는 통일의 방식에 합의하였다. 그 후 서독과 동독의 재무장관이 '경제 · 화폐 · 사회연합(일명 '국가조약')'에 서명하여 서독 마르크화를 공통의 화폐로 사용하도록 합의함으로써 동서독의 경제가 통합되었고, 세부적 협의를 거쳐서 1990년 8월 23일 동독 의회가 서독으로의 편입을 승인하였으며, 1990년 8월 31일 동서독은 '통일조약(Einheitsvertrag)'에 서명하여 10월 3일 통일국가가 되었다.

독일의 경우 제2차 세계대전의 패전국으로서 전승국이 주둔하고 있었기 때문에 통일을 위한 국제적인 절차도 필요한 상태였다. 동독에서 통일을 선택한 정당이 선출되어 통일의 방향이 정해지자 1990년 5월부터 '2 + 4'라는 별칭으로 불리듯이 전승국인 미국, 영국, 프랑스, 러시아는 동서독과 함께 독일통일과 그로 인한 국제적인 문제의 해결방안을 협의하기 시작하였다. 그리고 1990년 9월 12일 6개국이 최종적으로 타결된 내용에 서명함으로써 독일통일은 국제적으로도 공인되었다.

(2) 평　가

동서독의 통일은 철저하게 평화적으로 진행되었다. 일부 시위는 있었지만 시위과정이나 진압에서 무력은 사용되지 않았다. 소련의 고르바초프 서기장이 동독 주둔 소련군은 시위에 개입하지 않는다는 점과 유혈진압에는 반대한다는 의사를 표명한 것도 평화적 시위를 가능하도록 만들었다. 베를린 장벽이 무너져 동독 주민들이 서독으로 질주하는 순간에도 무력은 사용되지 않았다. 동독 호네커 의장도 순순히 사임했다. 따라서 통일 과정에 있어서 국제사회가 간섭하거나 통일을 반대할 구실 자체가 발생하지 않은 것이다.

동서독의 통일은 주민들의 의사도 충분히 반영하여 추진되었다. 1990년 3월 18일 동독 주민들이 독일에 편입되는 통일방안을 추진하겠다는 정당을 선출한 후 이 정당이 서독과의 통일을 협의하여 성사시켰기 때문이다. 동독 주민의 대규모 탈출과 시위 자체가 서독과의 통일을 위한 동독 주민들의 의사 표명이었고, 이로써 통일을 반대해온 동독 지도부가 사임하기도 했다. 서독으로 편입되는 절차를 따르겠다고 주장하는 기민당의 선거유세에 서독의 콜 수상이 직접 참여하여 승리함으로써 통일 여부는 물론이고 통일을 추진하는 방식에 대해서도 국민들의 의사가 확인되었다. 독일통일에 유보적이었던 소련도 동독의 선거 과정에서 통일에 대한 동독 주민의 확고한 의사가 확인됨에 따라 통일에 협조할 수밖에 없었다.

1990년 3월 18일 동독 선거는 통일에 대한 국내적 절차를 결정하는 선거로서, 독일의 헌법 제23조[1949년 제정 당시 독일 헌법의 적용을 받는 지역(서독지역) 이외 지역이 독일 헌법이 적용되는 지역으로 가입할 수 있다는 조항]을 적용할 것인지 아니면 새로운 통일헌법을 만들어 통일할 것인지에 대한 투표였다. 이 투표에서 동독 주민들이 헌법 제23조를 적용하여 서독으로 편입되겠다는 정책을 표방한 정당을 선택한 것이다. 이것이 결정되자 바로 동서독 정부는 통일조약을 협의하여 서로의 국무회의와 의회를 통과시켰고, 연방대통령이 비준함으로써 발효시켰다.

독일통일의 경우에는 국제적 절차가 결정적인 걸림돌로 작용할 수 있었다. 제1, 2차 세계대전을 발발한 독일이 통일되는 것에 대하여 영국과 프랑스는 물론이고, 소련도 바람직하게 생각하지 않았기 때문이다. 독일통일에 대해서는 미국의 적극적인 지원이 결정적인 힘이 되었는데, 미국이 주도하여 전승국 4개국과 동서독 간의 '2 + 4'회담이 개최되었고, 여기에서 독일의 나토 가입을 소련이 양해하고, 독일은 제2차 세계대전 과정에서 소련이 획득한 영토에 대한 권리를 포기하였으며, 독일의 군대규모도 37만 명 이하로 유지하기로 양보함으로써 전승국들이 독일통일을 허용하는 조약에 합의하였다. 통일 이후에도 독일은 1990년 11월 9일 소련과 '우호 · 친선 협력 조약'을 체결하면서 동독의 채무를 인수하였고, 소련군 철수에 따른 비용을 부담하는 등 약속을 철저히 이행하였다.

독일의 통일에는 콜 수상을 중심으로 하는 서독 정부의 적극적이면서 지혜로운 통일 과정 관리가 결정적인 역할을 수행하였다. 이들은 동독 주민들의 마음을 살폈고, 합의통일의 형식을 취했으며, 특히 독일통일을 우려하는 주변국들을 안심시키고, 무마시켰다. 서독은 소련군 철수 비용 150억 마르크(철군 비용 120억 마르크, 대소 무이자 차관 30억 마르크), 10억 마르크 상당의 동독산 농산물 제공, 동독의 채무 부담 등 방대한 비용을 제공함으로써 독일통일에 대한 소련의 지지를 획득하였다.

제2차 세계대전 이후 분단된 국가 중 베트남은 북베트남의 무력공격에 의하여 남베트남이 정복당함으로써 통일되었고, 예맨의 경우에는 정치적 통일에 합의했지만 결국 지속되지 못하고 내전상태로 또다시 분리되었다. 결국 현대에는 독일만이 평화적이면서 합의에 의한 통일의 전형을 보여줬고, 이러한 점에서 독일통일은 남북한간의 통일에서도 상당할 정도로 적용될 수 있고, 남북 모두 그 교훈을 학습할 필요가 있다.

동서독 통일의 주요 교훈

- 쌍방의 "합의"에 의한 통일
- 동독 정부와 동독 국민들이 서독과의 통일을 결정 및 선택
- 동독 내에서 선거를 통한 주민의사 확인
- 헌법초안 마련과 통과 시 장애발생을 우려하여 동독의 서독편입 형식 선택
- 그러나 통일 과정이나 이후에도 서독은 동독을 철저하게 존중
- 서독은 통일에 따른 모든 부담과 비용을 불평없이 감당
- 통일에 대한 국제적 여건조성에는 미국의 지지가 절대적으로 작용

3. 한국의 통일방안

(1) 배 경

한국은 1945년 일본의 갑작스러운 패망 이후 남쪽에는 미군이 진주하고, 북쪽에는 소련군이 진주한 후 결국 남한과 북한으로 분리되어 현재까지 지속되고 있다. 1950년에 북한이 무력으로 통일을 시도한 적도 있듯이 남북한 모두 통일에 대한 열망이 매우 강한 상황이다.

특히 1950년 6·25 전쟁이 휴전상태로 종료됨에 따라 현재 남북한은 법적으로는 전쟁 도중이고, 군사분계선을 중심으로 쌍방의 대규모 병력이 일촉즉발의 사태로 대치하고 있다. 또한 북한은 그동안 무장공비 침투나 민간항공기 폭파 등 무수한 도발을 감행하였고, 현재는 핵무기를 개발하여 남한의 안전을 위협하고 있다.

그동안 남북한은 통합과 통일을 위한 무수한 제안과 논의를 가졌고, 1992년 '남북 기본합의서'에서 보듯이 포괄적인 합의를 맺기도 하였으나 제대로 이행되지 못하여 계속 대결의 구도로 진행되고 있다. 또한 남한의 경우 정부가 교체될 때마다 나름대로 야심찬 통일의 방안을 마련하거나 정립하기도 하였으나 아직은 성과를 달성하지 못하고 있다.

(2) 남한의 통일방안

남한의 공식적인 통일방안은 "민족공동체 통일방안"이다. 이것은 1989년 노태우 정부 시기에 발표된 "한민족공동체 통일방안"을 계승하여 1994년 김영삼 대통령이 제시한 통일방안이다. 이것은 점진적인 통일 추진을 기초로 하고 있는데, 남북 간 화해협력을 통해 상호신뢰를 쌓아서 평화를 정착시킨 후 통일을 추구하고, 궁극적으로는 '1민족 1국가'의 통일국가를 실현한다는 목표이다.

이것은 통일의 기본철학으로서 자유민주주의를 제시하고 있고, 민족공동체 건설을 지향하고 있으며, 통일 추진 시 견지해야 할 기본원칙으로서 자주, 평화, 민주를 명시하고 있다. 여기에서 '자주'는 우리 민족 스스로의 뜻과 힘을 바탕으로 한 남북 당사자 간의 상호협의를 강조하는 것이고, '평화'는 전쟁이나 상대방에 대한 전복을 배제한다는 사항이며, '민주'는 민족구성원 모두의 자유와 권리를 바탕으로 하는 민주적 통합을 강조하고 있다.

'민족공동체 통일방안'은 통일의 과정을 "화해 · 협력단계 → 남북연합단계 → 통일국가 완성단계"의 3단계로 설정하고 있다. <표 7-1>에서 제시되고 있듯이 1단계인 '화해 · 협력단계'에서는 남북이 상호 신뢰 속에 긴장을 완화하고 화해를 정착시키면서 실질적인 교류협력을 통하여 평화공존을 추구해 나가는 단계로서, 이로써 민족동질성을 회복한다는 복안이다. 2단계는 '남북연합단계'로서, 남북 간 협의를 위한 법적 · 제도적 장치를 마련하는 것인데, 대체적으로 남북정상회의, 남북각료회의, 남북평의회, 공동사무처 등을 운영한다는 복안이다. 그리고 마지막 '통일국가 완성단계'에서는 남북 두 체제를 하나의 국가로 완전히 통합하는 것을 지향하고 있다. 즉, 남

표 7-1 민족공동체의 통일단계

화해협력	남북한이 서로의 실체를 인정하고 적대·대립관계를 공존·공영의 관계로 바꾸기 위한 다각적인 교류협력 추진
남북연합	남북 간 체제의 차이와 이질성을 감안, 경제·사회공동체를 형성·발전시키는 남북연합을 과도체제로 설정(2체제, 2정부) ① 남북정상회의(최고결정기구) ② 남북각료회의(집행기구) ③ 남북평의회(대의기구/100명 내외 남북 동수 대표) ④ 공동사무처(지원기구/상주연락대표 파견)
통일국가	△ 남북평의회에서 통일헌법 초안 마련 ⇒ △ 민주적 방법과 절차를 거쳐 통일헌법 확정·공포 ⇒ △ 통일헌법에 의한민주적 총선거 실시 ⇒ △ 통일정부와 통일국회 구성(1체제 1정부)

출처: 통일부 홈페이지.

북 의회대표들이 마련한 통일헌법에 따른 민주적 선거에 의해 통일정부, 통일국회를 구성한다는 것이다.

이렇게 보면 남한의 통일방안은 단일의 국가로 통합하는 것이고, 그 과정에서 일시적으로 연합 형식의 공존을 도모하는 방향이라고 할 수 있다.

(3) 북한의 통일방안

북한은 공식적으로 정리하여 그들의 통일방안을 발표하는 것이 아니라 김일성 시대부터 발표해온 내용들을 그대로 견지하고 있는데, 그것은 '조국통일 3대 원칙' '고려민주연방공화국 창립방안', 그리고 '조국통일을 위한 전민족대단결 10대강령'이다. 김정은도 이 세 가지를 '조국통일 3대 헌장'이라고 말하면서 통일의 기준으로 삼아야 한다고 언급하고 있다.

우선 가장 먼저 발표된 내용은 '조국통일 3대 원칙'인데, 이것은 1972년 '7·4 공동성명'을 통하여 남북한 간에 합의된 원칙이기도 하다. 그것은 자주, 평화, 민족대단결로서, 공동성명의 제1항에 명시되어 있다. 그 내용은 "첫째, 통일은 외세에 의존하거나 외세의 간섭을 받음이 없이 자주적으로 해결하여야 한다. 둘째, 통일은 서로 상대방을 반대하는 무력행사에 의거하지 않고 평화적 방법으로 실현하여야 한다. 셋째,

사상과 이념 · 제도의 차이를 초월하여 우선 하나의 민족으로서 민족적 대단결을 도모하여야 한다.”

북한이 추진하는 통일방안 골격은 1980년 10월 10일 노동당 제6차 대회에서 발표된 내용으로서 “고려민주연방공화국 창립방안”이다. 이것은 명칭에서 알 수 있듯이 연방국가를 지향하고 있고, ‘최고민족연방회의’를 최상위의 기관으로 지정하면서 북한과 남한이 동등한 수의 대표를 파견하고, 적당한 수의 해외 동포 대표들로 구성하도록 되어 있다. 또한 연방상설위원회가 조직되어 남북한 지역 정부들을 지도하고, 연방국가의 전반적인 사업들을 관할하는 역할을 수행한다는 것이다. 통일 정부의 하위 정부인 남북한의 지역 정부들은 연방정부의 지도 하에 연방 전체의 근본 이익과 요구에 맞는 범위에서 독자적인 정책을 실시한다는 것이다. 연방국가의 국호는 ‘고려민주연방공화국’으로 하고, 이 공화국은 비동맹, 중립국이 되어야 한다고 주장하였다.

또한 북한은 1993년 4월 7일 최고인민회의 제9기 5차 회의에서 “조국통일을 위

조국통일을 위한 전민족대단결 10대강령

① 전민족의 대단결로 자주적이고 평화적이며 중립적인 통일국가를 창립해야 한다.
② 민족애와 민족자주정신에 기초하여 단결해야 한다.
③ 공존 · 공영 · 공리를 도모하고 조국통일 위업에 모든 것을 복종시키는 원칙에서 단결해야 한다.
④ 동족 사이의 분열과 대결을 조장시키는 일체의 정치적 논쟁을 중지하고 단결해야 한다.
⑤ 북침과 남침, 승공과 적화에 대한 우려를 다같이 없애고 서로 신뢰하고 단합해야 한다.
⑥ 민주주의를 귀중히 여기며 주의 · 주장이 다르다고 하여 배척하지 말고 조국통일의 길에서 함께 손잡고 나가야 한다.
⑦ 개인과 단체가 소유한 물질적 · 정신적 재산을 보호해야 하며 그것을 민족대단결을 도모하는 데 이롭게 이용하는 것을 장려해야 한다.
⑧ 접촉 · 왕래 · 대화를 통해 전민족이 서로 이해하고 신뢰하며 단합해야 한다.
⑨ 조국통일을 위한 길에서 북과 남, 해외의 전민족이 서로 연대성을 강화해야 한다.
⑩ 민족대단결과 조국통일에 공헌한 사람들을 높이 평가해야 한다.

한 전민족대단결 10대강령"을 발표하였다. 앞 쪽에서 설명되고 있듯이 이것은 1992년 남북한이 '남북 기본합의서'에 합의한 상황이라서 매우 유화적인 사항으로 구성되어 있고, 그 내용의 핵심은 "자주적이고 평화적이며 중립적인 통일국가"를 창립한다는 것이다.

북한은 이러한 3대 헌장에 의한 통일을 추진하면서 상황에 따라 일부 내용을 변화하여 남한의 호응을 이끌어내고자 노력하는 모습을 보여 왔다. 예를 들면, 1991년 신년사를 통하여 김일성은 고려연방제를 추진하되 잠정적으로는 지역 자치정부에 더 많은 권한을 부여하는 방안을 언급하기도 했고, 2000년 6·15 공동선언에서는 '낮은 단계의 연방제'를 제시함으로써 남북의 현 정부가 정치, 군사, 외교권을 비롯한 현재의 기능과 권한을 그대로 보유한 채 민족통일기구만을 구성하는 것을 제안하기도 했다. 그럼에도 불구하고 북한은 국가보안법 폐지나 주한미군 철수를 비롯한 한미동맹 포기 등 한국이 수용할 수 없는 선결조건을 상황에 맞도록 변화하여 제시하고 있어서 그 진의를 확신하기는 어렵다고 할 것이다.

토의주제

- 유럽연합이 현재의 수준을 달성하는 데 기여한 요소들은?
- 아세안(ASEAN)이 자신들의 목표를 제대로 달성하지 못하고 있는 원인은?
- 동북아시아에서 통합의 논의가 제기조차 되지 못하는 이유는?
- 독일통일을 성공시킨 요소를 열거한다면?
- 남북한의 통일방안의 공통점은 무엇이고, 상이점은 무엇인가?
- 남북통일을 위한 현실적인 방안은?

추천문헌

구춘권(2009). "유럽통합과 통합이론: 통합이론 발전의 역사적 맥락과 통합이론의 분화." 『21세기정치학회보』. 제19권 1호, pp.253-276.

김미경(2018). "브렉시트(Brexit)와 유럽통합 이론." 『현대정치연구』. 제11권 3호, pp.105-139.

배기현 · 김형종(2019). "아세안 2018: 혁신, 복원력, 진전, 그리고 질서의 재편?" 『동남아시아연구』. 제29권 2호, pp.1-30.

정병기(2019). "동독 개혁과 독일 통일: 위로부터의 개혁과 아래로부터의 개혁이 한반도 통일에 주는 시사점." 『대한정치학회보』. 제27권 2호, pp.1-21.

이성춘(2019). "북한의 통일정책 변화에 관한 연구." 『인문사회 21』. 제10권 5호, pp.957-971.

고유환(2014). "민족공동체 통일방안의 이행과정과 추진전략 재검토." 『통일인문학』. 제60권, pp.241-278.

국·가·안·보·론

PART 03

전쟁과 안보

Chapter

08 | 전쟁과 전략

국가안보에 대한 절대적이면서 궁극적 위협은 전쟁이다. 그 이전의 국가안보를 위한 다양한 조치들은 이러한 전쟁을 예방 또는 억제하기 위한 노력에 불과하다고 말할 수도 있다. 그래서 전쟁과 전략에 관한 이해없이 국가안보를 논의하는 것은 공허할 수밖에 없다. 전쟁, 전략, 그리고 전쟁에서 승리하기 위한 원칙에 대하여 설명하고자 한다.

제1절 전 쟁

전쟁에서 이기는 일이 시급하여 그것의 본질이 무엇인지에 대해서는 깊게 생각하지 않기가 쉽다. 그러나 전쟁 자체에 대한 이해없이 승리의 방법을 추구하는 것은 자칫 전쟁을 위한 전쟁의 오류에 빠질 수 있다. 전쟁의 본질, 원인, 수단, 합법성 여부, 그리고 현대전의 총력전 성격을 알아보자.

1. 전쟁의 본질

본질(nature)은 시대나 상황의 변화와 상관없이 지속되는 어떤 특성일 것인데, 전쟁도 인간세상의 대부분 일처럼 나름대로 일관성이 있으면서 항구적인 특성을 갖고 있고, 이것을 통상적으로 '전쟁의 본질(nature or essence of war)'이라고 부르고 있다.

당연히 전쟁의 본질에 관해서는 수많은 사람이 다양한 언어로 설명하였지만, 변함없는 권위를 갖고 있는 설명은 프러시아의 군사사상가라고 할 수 있는 클라우제비츠(Carl von Clausewitz, 1792~1831)가 내린 정의이다. 사후에 그의 부인이 발간한 『전쟁론(*On War*)』이라는 책에서 클라우제비츠는 "전쟁은 적에게 우리의 의지를 실행하도록 강요하는 폭력 행위(War is thus an act of force to compel our enemy to do our will)"라고 언명하였고, 이것이 전쟁의 본질로 빈번하게 인용된다. 그에 의하면, 전쟁은 개인 간의 결투와 그 본질이 다르지 않는 것으로서, 말이나 설득으로 상대방이 생각을 바꾸지 않을 때 폭력을 사용하여 생각을 바꾸게 만드는 행위와 동일하다.

그렇기 때문에 전쟁은 정치와 밀접한 관련을 갖지 않을 수 없다. 정치는 다양한 사람 또는 국가들의 이해를 조정하는 것인데, 극단적으로 조정이 되지 않을 경우에는 강제적인 수단이 동원될 수밖에 없고, 그때 국민에 대해서는 경찰력을 사용하면 되지만 다른 국가에 대해서는 군사력을 사용하게 되며, 그것에 상대방이 저항하면 전쟁이 되는 것이다. 그래서 클라우제비츠는 "전쟁은 단지 다른 수단에 의한 정책의 연속(War is a merely the continuation of policy by other means)"이라고 설명하고 있고, 이것은 무력을 통한 공산주의 혁명을 정당화해주는 말로 사용되기도 했다. 다소 복잡하게 설명하고 있지만 클라우제비츠의 말은 전쟁은 국가가 추진하는 다양한 정책의 수단 중에서 폭력, 즉 무력을 사용하는 수단이라는 것이다.

한국을 비롯한 동양에서는 전쟁의 본질에 대한 탐구가 활발하지 않았다. 전쟁은 정상상태가 아닌 난(亂)이거나 없어져야 하는 악(惡)이라고 생각하여 그것에 대한 토론 자체를 탐탁하게 생각하지 않았기 때문이다. 따라서 『손자병법』에서도 "전쟁은 국가의 중대사(兵者國之大事)"라면서 그 중요성만 강조하고 있다.

2. 전쟁의 원인

전쟁원인(causes of war)에 대한 연구는 전쟁이 발발하는 이유를 알면 그것을 예방할 수 있는 방법도 찾을 수 있다는 문제의식에서 출발하였다. 직접적인 전쟁의 원인은 국가 간 충돌의 원인이 되는 정책이지만, 인류 전체적으로 전쟁을 발생시키는 더욱 근본적이면서 공통적인 원인이 있을 수도 있기 때문이다. 지구상에 다수의 국가가 존재하는 한 정책적인 충돌은 불가피하지만, 그러한 정책충돌이 반드시 군사적 행동으로 악화되어야 하는 것은 아니다. 따라서 전쟁으로 악화되도록 만든 인류사회의 결함을 찾아내어서 치료한다면 전쟁을 줄일 수 있다는 생각은 지극히 합리적인 사고이다. 암을 발생시키는 일반적인 원인이 무엇인지를 알면 암을 치료하거나 발생 가능성을 줄일 수 있다고 믿으면서 노력하는 것과 유사한 접근방식이다.

전쟁원인에 관해서는 다수의 학자들이 다양한 시각에서 연구를 수행하였는데, 대체적으로 전쟁은 "인간의 본성, 국가의 특성, 국제체제의 한계"에 의하여 발생한다는 주장으로 종합할 수 있다. 즉, 전쟁은 인간의 이기심, 공격적 충동, 어리석음으로 인하여 발생하기 때문에 인간의 본성 자체를 변화시켜야 전쟁을 없앨 수 있고, 나쁜 국가가 불순한 동기로 전쟁을 발발하기 때문에 정부의 합리성을 강화하면 전쟁이 예방될 것이며, 전쟁은 국가별로 자국의 이익을 증진하고자 사용하는 극단적인 행동이기 때문에 세계정부를 형성하면 전쟁을 예방할 수 있다는 것이다.

위에서 열거한 전쟁의 원인 중에서 인간의 본성은 변화시키기 어렵기 때문에 국제적으로는 주로 두 번째와 세 번째의 원인을 중심으로 전쟁의 예방에 노력하고 있다. 즉, 전체주의 국가를 민주주의 국가로 전환시킴으로써 국가들의 호전성과 비합리성을 감소시키고, 아직 세계정부의 형성에까지는 이르지 못한 상태이지만 국제연맹이나 유엔과 같은 세계적 기구는 물론이고 다양한 지역적 기구들을 창설하여 국제적 갈등의 평화적 해결을 지향하고 있다. 나아가 첫 번째 원인에 대해서도 관심을 가져서 대부분의 국가에서는 전쟁의 참혹성과 평화의 중요성을 교육시킴으로써 인간의 본성에도 영향을 주고자 노력하고 있다.

추가적으로 비합리적 전쟁원인을 거론하는 학자들도 적지 않다. 객관적으로 보면 전쟁을 하지 않을 상황인데도 오산이나 오판으로 인하여 전쟁이 발발한다는 주장이다. 스퇴싱어(John Stoessinger, 1927~2017)는 『왜 국가들은 전쟁을 하는가(*Why Nations Go to War?*)』라는 저서를 통하여 제1, 2차 세계대전, 한국전쟁, 베트남 전쟁 등 최근의 주요 전쟁의 발발원인을 분석한 후 가장 중요한 전쟁발발 요인은 오인식(誤認識, misperception)이라고 주장하기도 했다. 저비스(Robert Jervis, 1940~)는 국제관계에서 내려지는 결정의 상당부분이 오인식에 근거하고 있다고 주장하고 있어 전쟁도 예외는 아닐 수 있다. 전쟁을 예방해야 하는 국가는 상대의 합리적 계산에 의한 전쟁발발 가능성은 물론이고, 오인식의 가능성까지도 계산하여 관리해야 하고, 따라서 전쟁의 예방은 더욱 어렵다고 할 것이다(오인식에 관한 추가 설명은 부록 #3. 참조).

3. 총력전

총력전(total war)이라는 용어는 군대는 물론이고, 경제력, 외교력, 문화력 등 국가의 가용한 모든 역량을 전쟁에 모두 투입한다는 의미이다. 이 용어 자체는 제1차 세계대전 당시에 독일의 참모장을 역임하였던 루덴도르프(Erich von Ludendorff, 1865~1937) 장군이 전쟁 이후 당시의 경험을 바탕으로 1935년 『총력전론(*Der Totale Krieg*)』이라는 책을 발간한 데서 유래하였다. 그러나 원시전쟁일수록 아무런 제약이 존재하지 않은 상태에서 단체와 개인의 존망을 걸고 전쟁을 수행했듯이 전쟁은 가용한 모든 국력을 투입하는 것이 본래의 모습이다.

다만, 중세와 근세에는 전쟁의 총력성이 약화된 측면이 있었다. 국가의 존망이 아니라 영주의 재산 중 일부를 건 싸움이 적지 않았고, 기사를 중심으로 하는 귀족들만의 전쟁이었으며, 무엇보다 용병(傭兵)이 활용되면서 용병부대 지휘관들이 적절한 수준에서 전쟁을 종결하려는 동기를 가졌기 때문이다. 이 시대를 겪음에 따라서 1789년 프랑스 혁명으로 '국민국가'와 '국민군대(armee nationale)'가 등장하자 이를

"총력전의 맹아"로 평가했던 것이다. 특히 산업화를 통하여 인류의 문명이 폭발적으로 발달함에 따라서 전쟁의 치열도와 범위는 점점 확산되었고, 제1차 세계대전과 제2차 세계대전을 통하여 절정에 이르렀다. 그래서 영국에서는 제1차 세계대전은 "대전쟁, 총력전쟁(Great War, Total War)", 제2차 세계대전은 "총력전의 세계(A World at Total War)"라는 제목으로 분석하고 있다.

핵무기가 개발되면서 총력전에 대한 우려가 적지 않게 발생하고 있다. 총력전의 개념 하에 핵무기를 모두 사용할 경우 인류 전체가 멸망할 것이기 때문이다. 그래서 오스굿(Robert E. Osgood, 1921~1986)이 '제한전쟁(limited war)'이라는 용어를 도입하였듯이 전쟁을 일정한 정도에서 중단하려는 노력이 중요하게 되었다. 핵전쟁은 클라우제비츠가 말한 "정책의 연속(continuation of policy)"이 될 수 없다는 것이다.

실제로 1950년 6·25 전쟁에서 당시 미국과 소련은 핵전쟁으로의 확전을 회피하고자 전쟁의 범위와 수준을 의도적으로 제한시켰고, 그래서 이를 '제한전쟁'으로 분류한다. 그러나 6·25 전쟁의 경우 미국, 소련, 중국 등의 강대국 입장에서 보면 제한전쟁이지만 한국의 입장에서는 가용한 모든 국력을 투입하여 국가의 존망을 다툰 총력전으로 봐야 한다. 약소국에게 제한전쟁은 사치일 수 있다. 또한 상호공멸이 두려워 핵무기를 보유한 상태라도 재래식 전쟁만 수행할 수 있지만, 극단적인 상황에 이르면 결국 핵무기를 사용할 수 있고, 따라서 더욱 참혹한 총력전이 될 수도 있다.

총력전의 대비와 수행에 관해서도 클라우제비츠의 '삼위일체(Trinity)'가 빈번하게 거론된다. 클라우제비츠는 전쟁은 "적개심과 같은 맹목적 힘, 우연의 작용, 그리고 이성의 측면"이라는 세 가지 요소에 지배받는다고 주장하고, 그 세 가지를 '국민', '지휘관과 군대', '정부'가 담당한다면서 이 세 주체의 조화를 강조하였다. 이 중에서 정부와 군대는 대부분의 경우 전쟁에 철저하게 대비할 것이기 때문에 총력전의 정도를 판가름하는 척도는 국민의 참여 여부가 된다. 실제로 영국의 전쟁역사가인 하워드(Michael Howard, 1922~2019)는 실제의 모든 전쟁에서는 '사회적 차원'이라고 할 수 있는 국민의 참여 정도가 전쟁의 승패를 결정한다면서, 그것이 단지 '잊혀진 차원(forgotten dimension)'이 되어 있을 뿐이라고 설명하기도 한다.

4. 전쟁의 합법성

전쟁의 본질에 대한 클라우제비츠의 규정에서도 알 수 있듯이 인류의 역사에서 전쟁은 국가 간의 정책충돌이 다른 방법에 의하여 해결될 수 없을 때 사용하는 불가피한 수단이었고, 국가와 국민들은 그 결과에 승복하였다. 그러나 전쟁에 의한 피해가 워낙 컸기 때문에 제1차 세계대전 이후 세계는 1928년 파리조약[또는 켈로그-브리앙(Kellogg-Brian) 조약]을 체결하여 국가정책의 도구로서 전쟁을 사용하지 않기로 합의하였고, 현재 유엔헌장을 통하여 그 원칙이 지속되고 있다.

다만, 유엔헌장에서는 무력공격을 받았을 경우 개별적 및 집단적 자위권은 인정하고 있어서 자위를 명분으로 한 전쟁은 가능하다는 여지를 남겨두었다. 특히 자위권이 "고유한(inherent)" 것으로 규정함으로써 유엔 규정과 상관없이 각국이 자위권을 행사할 수 있다는 여지도 남겨두었다. 또한 자위권 이외에도 유엔이 결의하거나 지역적 협정 또는 기구에 의한 강제조치를 이행하는 경우의 군사적 행동은 합법적인 것으로 인정된다. 유엔헌장 제51조의 규정은 아래와 같다.

유엔헌장 제51조

이 헌장의 어떠한 규정도 국제연합회원국에 대하여 <u>무력공격</u>이 발생한 경우, 안전보장이사회가 국제평화와 안전을 유지하기 위하여 필요한 조치를 취할 때까지 개별적 또는 집단적 자위의 <u>고유한</u> 권리를 침해하지 아니한다(Nothing in the present Charter shall impair the <u>inherent</u> right of individual or collective self-defence if an <u>armed attack</u> occurs against a Member of the United Nations, until the Security Council has taken measures necessary to maintain international peace and security). 자위권을 행사함에 있어 회원국이 취한 조치는 즉시 안전보장이사회에 보고된다. 또한 이 조치는, 안전보장이사회가 국제평화와 안전의 유지 또는 회복을 위하여 필요하다고 인정하는 조치를 언제든지 취한다는, 이 헌장에 의한 안전보장이사회의 권한과 책임에 어떠한 영향도 미치지 아니한다.

전쟁에 관한 합법성은 두 가지 차원에서 접근된다. 하나는 '전쟁 자체의 합법성

(jus ad bellum)'으로서, 앞에서 설명한 바와 같이 기본적으로 전쟁은 불법화되어 있다. 다른 하나는 '전쟁행위의 합법성(jus in bello)'으로서 이것은 전쟁에 사용되는 수단과 방법이 국제적 합의를 무시해서는 안 된다는 내용이고, 현대에도 계속 강조되고 있다.

전쟁 자체의 합법성과 관련하여 '정의의 전쟁(just war)'이라는 용어가 가끔 사용된다. 이것은 중세에 기독교나 이슬람교에서, 최근에는 공산주의 국가들이 그들의 전쟁을 정당화하는 명분으로 사용한 개념이다. 자신들이 수행하는 전쟁은 정당하다는 것을 강변하는 용어이다. 그러나 국제사회가 전쟁을 국가정책의 도구로 사용하지 않기로 합의함에 따라 정의의 전쟁 개념도 적용될 수가 없다. 전쟁에서 승리한 국가는 자신이 수행한 전쟁이 정의의 전쟁이라고 말할 것이기 때문에 정의의 전쟁은 승자가 갖는 전리품 중의 하나라고 할 것이다.

전쟁행위의 합법성에 관해서는 지금도 국제사회에서 노력하고 있다. 전투행위의 잔혹성을 완화시키기 위하여 중세부터 공론화되기 시작된 관행이 제1, 2차 세계대전을 전후하여 국제법으로 발전 및 정착된 사항들이다. 대체적으로 불필요한 고통이나 상해를 금지하고, 민간인은 전투대상에서 제외하며, 비례성을 강조하고, 불필요한 폭력사용을 금지하며, 불가피한 최소한의 경제적 및 인적 자원을 사용한다는 원칙을 강조하고 있고, 구체적인 제한사항에 합의하여 부분적으로 시행하고 있다. 또한 국제사회에 의한 전범재판을 강화하여 사후에라도 국가지도자 및 군사지휘관들의 과도한 행위를 처벌함으로써 그것을 자제시키고자 노력하고 있다.

제2절 전 략

1. 의 미

전략(戰略, strategy)은 한자의 뜻으로는 '싸움(戰)의 꾀(略)' 정도로 해석될 수 있지만, 이것은 일본에서 그렇게 번역한 것을 한국도 사용하고 있는 것이고, 서양에서의 어원은 '장군(strategos)'이다. 총사령관이 전체 군사력을 효과적으로 운용하는 방향으로서, 다수의 방진(方陣: 일정한 거리를 두어 병사들을 배치한 사각형의 진형)으로 대규모 대형(formation)을 구성하여 쌍방이 대치하던 고대에는 총사령관이 어떤 방향과 방식으로 전체 군대를 전진, 후퇴, 교전시키느냐가 전쟁의 결정적 승패를 좌우하였기 때문이다.

기사(騎士)의 기마술과 창검술이 지배하던 중세에는 개인의 무용(武勇)이 차지하는 비중이 증대되었고, 결과적으로 전략이 좌우할 수 있는 여지도 축소되었다. 그러나 왕권이 강화되면서 군대의 규모가 증대되자 전략의 중요성이 다시 부각되기 시작하였다. 17세기부터 스웨덴의 구스타부스 아돌푸스(Gustavus II Adolphus, 1594~1632), 프러시아의 프레대릭 대왕(Frederick II the Great, 1712~1786), 프랑스의 나폴레옹(Napoleon Bonaparte, 1769~1821) 등의 명장들이 전략적인 기동을 선보임으로써 전략의 효과와 중요성은 더욱 부각되었다. 클라우제비츠와 조미니(Antoine-Henri Jomini, 1779~1869)의 군사이론에서 나타나고 있듯이 나폴레옹의 전례는 전략에 관한 교재로 사용되었다.

제1차 세계대전을 통하여 전쟁이 다수 국가 간의 총력전으로 변모하면서 전략의 의미와 범위도 확대되기 시작하였다. 영국의 전략가인 리델 하트(B. H. Liddell Hart, 1895~1970)는 전략을 "정책의 목표를 달성하기 위하여 군사적 수단을 분배하고 적용하는 예술"로 정의함으로써 전략을 국가적 차원에서 인식하기 시작하였고, 군사력을 육성하여 할당하는 사항도 포함시켰다. 나아가 그는 '대전략(grand strategy)'이라는 말을 통하여 전략이 국가의 범위를 넘어선 국제관계까지를 포함해야 할 필요성을 제기하였다. 이러한 경향은 제2차 세계대전을 거치면서 더욱 강화되어 현대에 이르고 있다.

현대의 전략은 분야나 수준을 나타내는 용어와 합성되는 형태로 모든 영역에서 사용되고 있다. '국가안보전략', '국가전략' 등에서 보듯이 국가의 역량을 효과적으로 통합하여 집중시키기 위한 내용으로 사용되고, '세계전략', '동맹전략' 등의 용어도 활용된다. 취업전략, 결혼전략 등의 용어에서 보듯이 일상생활에서도 사용되고 있다.

'싸움'이라는 대상은 사라지고 '꾀'라는 의미로만 활용되고 있는 것이다.

2. 체 계

국가 내에서 가장 범위가 큰 전략은 '국가안보전략(National Security Strategy)'이다. 이것은 국가의 안보에 관한 장기적이면서 일관된 방향이라고 할 수 있는 사항으로서, 전시는 물론이고 평시에도 적극적으로 사용된다. 미국에서는 대통령이 국가안보전략서를 작성해서 의회에 제출하는 것처럼 국가안보전략을 명시적으로 발전시켜 발표하기도 한다. 공식적인 문서로 발표하지 않더라도 대부분의 국가들은 다양한 형태로 나름대로의 국가안보전략을 발전시키거나 유지할 것이다.

국가안보전략은 전쟁에서의 승리를 포함하여 국가의 안보를 증진 및 유지하는데 필요한 목표를 설정하고, 그러한 목표를 달성할 수 있는 방향으로 국가 모든 분야의 노력을 통합 및 조정한다. 전쟁이 발발하면 국가안보전략의 핵심은 전쟁에서 어떻게 승리하느냐는 것이지만, 평시에는 전쟁을 어떻게 예방하거나 억제하느냐가 된다. 위협이 큰 국가일수록 군사적 요소가 충분히 반영된 국가안보전략을 발전시키고, 그렇지 않은 국가일수록 국제관계 등의 일반적 요소에 치중하여 개념적인 기술에 그치게 된다.

'군사전략(Military Strategy)'은 국가안보전략을 지원하는 군사분야의 장기적인 활동 방향으로서, 전쟁에서 승리할 수 있도록 전체 군사력을 효과적으로 운용하는 방향을 제시한다. 다만, 유사시 군사력의 효과적 운용을 보장하기 위해서는 평시부터 그러한 방향으로 군사력을 건설해야 하기 때문에 군사전략은 군사력 건설 방향도 제시하지 않을 수 없다. 나아가 현대에는 전쟁억제 차원에서 평시에도 군사력을 운용하거나 그의 사용을 위협한다는 점에서 군사전략은 전・평시를 구분하지 않는 방향으로 변화하고 있다. 군사전략을 순수한 군사측면으로 제한하면서 비군사적인 요소까지도 포함하여 국방전략(Defense Strategy)이라는 용어를 사용하기도 한다.

미국의 트럼프(Donald Trump) 행정부가 최근에 발표한 전략문서들은 전략의 이러한 체계에 충실한 것으로 보인다. 그 발간내역은 <표 8-1>과 같다.

표 8-1 ‖ 미 트럼프 행정부의 전략서 발간 내역

발간 기관	제 목	발간 일자
백악관	미 국가안보전략(The National Security Strategy of the United States of America)	2017년 12월
국방부	미 국가국방전략(The National Defense Strategy of the United States of America)	2018년 1월
합동참모본부	미 국가군사전략(The National Military Strategy of the United States of America)	2018년 12월

3. 구 성

리델 하트에 영향을 받았다고 할 수 있는데, 미 육군대학의 저명한 군사이론가였던 리케(Arthur Lykke, Jr.)가 공식화하였고, 지금도 미군이 교범에 포함시켜 일상적으로 사용하고 있는 전략에 대한 설명은 전략(Strategy) = 목표(Ends) + 방법(Way) + 수단(Means)"이라는 방정식이다. 이 방정식은 "목표 = 방법 + 수단"으로 더욱 단순화하기도 하는데, 설정된 '목표'를 역량과 자원이라는 '수단', 그리고 방향을 의미하는 '방법'을 적용하여 달성하는 것으로 전략을 설명하고 있다. 목표와 수단의 고려없는 전략논의는 공허하다는 점을 인식시키기 위한 의도도 없지 않다. 특히 목표, 수단, 방법에 있어서 불균형이 발생할 경우 국가전략이나 군사전략의 이행태세가 똑바로 균형을 잡지 못한 채 기울어질 수 있고, 그 기울어진 정도를 '위험(risk)'이라고 표현하기도 한다. 이것을 리케가 도식화한 내용을 소개하면 [그림 8-1]과 같다.

"목표 = 방법 + 수단"이라는 방정식으로 단순화하면 전략의 이행태세에 불균형이 발생할 경우 어디에 노력해야 할 것인지를 알아낼 수 있는 장점이 있다. '목표'가 고정되어 있는 상태에서, '수단'이 부족한 상황일 경우 창의적인 '방법'을 개발하여 보완해야 하고, '방법'을 변화시킬 수 없는 상황일 경우에는 '수단'을 확충하여 보완해야 한다는 결론을 도출할 수 있기 때문이다. 어떤 특정 시점에서 '수단'을 금방 확충할 수 없기 때문에 통상적으로 전략은 주어진 '수단'으로 설정된 '목표'를 달성할 수 있는 최선의 '방법'을 개발하는 노력이 된다.

그림 8-1 목표-방법-수단의 관계

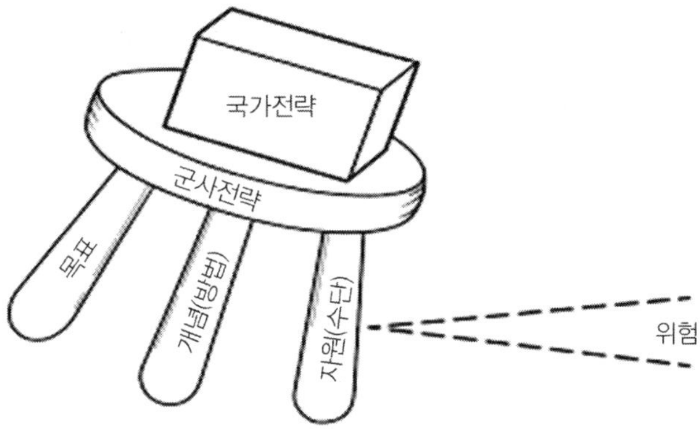

출처: Arthur F. Lykke, Jr. "Toward an Understanding of Military Strategy," *U.S. Army War College Guide to Strategy*, Carlisle: Army War College(1989).

여기에서 '목표'는 전략의 '무엇'과 '왜'('왜'에 해당되는 사항을 '목적'으로 별도로 구분할 수도 있다)에 해당되는 내용이라고 할 수 있는데, 이것은 노력하여 달성하고자 하는 최종의 상태(end state)이면서 결승점이다. 그렇기 때문에 목표는 시행되는 제반 활동의 정당성과 가치를 평가하는 궁극적 기준으로 기능한다. 따라서 목표는 명확해야 하고, 한 번 설정되면 쉽게 바뀌지 않아야 한다. 방법이나 수단 측면의 제한사항을 고려하여 목표를 현실에 맞도록 조정할 수도 있다.

'방법'은 군대에서는 '개념(concept)'이라고 말한다. 전략에서는 전략개념(concept of strategy), 작전에서는 작전개념(concept of operation)이라고 불려진다. 이것은 목표를 달성할 수 있는 방향으로 가용한 모든 수단과 노력을 전개 및 통합시키고자 하는 방향으로서, 좁은 의미에서는 이것만을 전략이라고 부르기도 한다. 전략개념은 목표를 달성하는 데 적합해야 하고(suitability), 실현가능해야 하며(feasibility), 국제사회에서 받아들여질 수 있는(acceptability) 내용이어야 한다.

'수단'은 대부분 현재의 시점에서 활용할 수 있는 자원인데, 전략의 핵심적인 수단은 군사력이지만, 최근에는 국가의 정치, 외교, 경제, 심리 요소도 적극적으로 사용하고, 동맹국의 군사력이나 국력요소도 활용한다. 수단이 많으면 선택할 수 있는 전략의 범위가 넓어져서 유리해진다. 전쟁은 물론이고 사회의 다양한 경쟁에서도 승리하고자 하면 충분한 수단을 보유하기 위하여 노력해둬야 한다. 당연히 수단을 확충할 때는 목표나 방법과 연계성을 갖도록 유의해야 한다.

미군의 '목표＝방법＋수단'에 관한 기술

- "합동기획은 관련된 위험을 고려하면서 어떤 시간과 공간에서 목표(ends)를 달성할 수 있도록 군사력(수단)을 어떻게 사용하는가를(방법) 결정하는 과정이다(Joint planning is the deliberate process of determining how (the ways) to use military capabilities (the means) in time and space to achieve objectives (the ends) while considering the associated risks)."

출처: US JCS, Joint Planning, JP 5-0

- "작전술은 기술, 지식, 경험, 창의성, 판단력을 갖춘 지휘관과 참모들이 목표, 방법, 수단을 통합함으로써 전략, 전력, 작전을 개발하기 위하여 군사력을 조직 및 운용하는 인지적 접근이다(Operational art is the cognitive approach by commanders and staffs—supported by their skill, knowledge, experience, creativity, and judgment—to develop strategies, campaigns, and operations to organize and employ military forces by integrating ends, ways, and means)."

출처: US JCS, Joint Operations, JP 3-0

- "작전적 디자인은 지휘관과 기획자들이 목표-방법-수단-위험의 문제에 대답할 수 있도록 창의적 과정을 통하여 작전술의 비전을 확대한다(Operation design extendsoperational art's vision with a creative process to help commanders and planners answer the ends-ways-means-risk questions).

출처: US JCS, Joint Operations, JP 3-0

4. 시 행

탁월한 전략을 개발하였다고 하여 성공이 보장되는 것은 아니다. 구상한 대로 시행되어야 하는데, 이것은 상당한 노력과 신중함을 요구하는 어려운 과정이다. 필요한 모든 사항을 사전에 준비하고, 제반 사항을 충분히 검토하는 가운데 연습을 통하여 세부 내용을 지속적으로 보완해야 하며, 변화되는 상황을 반영하여 기민하게 대응할 수 있어야 한다. 이러한 점에서 주어진 시간이 정해져 있다면 전략의 개발에 사용하는 시간보다 전략의 시행을 보장하기 위한 노력에 더욱 많은 시간을 할당할 필요가 있다.

전략의 시행을 위해서는 개념적인 사항들을 현실적인 계획으로 발전시켜야 한다. 계획을 통하여 예하 또는 협조관계에 있는 조직들에게 필요한 과업과 지침의 형태로 전달해야 시행될 것이기 때문이다. 당연히 이러한 계획은 현실과 부합되어야 하고, 특별히 강조하고 싶은 사항이나 해서는 곤란한 금지사항을 명확하게 제시해야 하며, 발생할 수 있는 다양한 상황을 상정하여 다양한 우발계획(偶發計劃, contingency plan)을 발전시켜 둠으로써 예상치 않은 사태 전개에도 대비하여야 한다.

전략의 성공 가능성을 높이기 위해서는 사전에 검증하는 기회를 갖는 것도 효과적일 수 있다. 전문가들로 집단을 구성하여 검증하도록 할 수도 있고, 컴퓨터를 통한 모의를 통하여 검증할 수도 있다. 어느 경우든 검증된 내용들이 전략에 반영되어 질적 개선으로 연결되는 것이 중요하다.

전략은 한 번 시행되는 것으로 끝나는 것이 아니다. 지속적으로 그 성과가 평가되어 반영되어야 하고, 그 결과에 의하여 계속적으로 보완되어야 한다. 전략을 개발할 때의 판단과 실제로 적용할 때 전개되는 상황은 다를 경우가 많기 때문에 예상과 다르거나 변화되는 상황에 적절하게 대응하여 잘 조정해 나가는 것은 훌륭한 전략을 수립하는 것 이상으로 중요할 수 있다. 대부분의 훌륭한 전략은 시행 과정에서 잘 조정된 결과라고 말하기도 한다. 훌륭하게 수립되었으나 시행 과정에서 잘못하여 실패한 사례로는 다음 쪽에서 설명하는 "슐리펜 계획"이 자주 언급된다.

슐리펜 계획의 입안과 수정

- '슐리펜 계획'은 독일의 프랑스 공격계획인데, 슐리펜(Alfred von Schlieffen, 1833~1913)이 독일군 참모총장을 역임할 때(1891~1906년) 입안해두었고, 기본 계획은 네덜란드와 벨기에를 거쳐서 프랑스를 북쪽으로 공격하여 원거리 포위를 실시한다는 개념이었다. 이를 위하여 그는 독일군의 우익(북쪽)을 대폭적으로 강화해야 한다고 주장했고, 메츠 이남 프랑스 국경지역(남쪽)의 군대는 오히려 초반에 후퇴함으로써 독일군을 유인해야 한다는 복안이었다.
- 그러나 그의 후임자인 몰트케(Helmuth von Moltke the Younger, 1848~1916)는 우익을 강화하는 대신에 일부 부대를 오히려 남쪽지역으로 전환하였을 뿐만 아니라 후퇴 대신에 프랑스로 진격시켰고, 이로써 원래의 의도를 구현하지 못하여 교착전에 빠지고 말았다.
- 이견이 없는 것은 아니나, 다수의 군사이론가들은 원래의 슐리펜 계획대로 시행되었다면 독일이 제1차 세계대전에서 성공할 수도 있었다고 분석하고 있다.

제3절 전쟁원칙

인간은 모든 분야에서 그것을 더욱 잘할 수 있는 어떤 원칙을 발견하여 공유하고자 노력했는데, 전쟁도 예외는 아니다. 전쟁원칙은 제2차 세계대전 이후 미군이 채택함으로써 세계적으로 확산되었다. 그 의미, 발전 경과, 주요 전쟁원칙을 알아보자.

1. 의 미

전쟁은 불확실성(uncertainty)이 지배하는 영역이기 때문에 승리를 사전에 보장해줄 수 있는 철칙이 존재한다고 보기는 어렵지만, 국가의 존망이 좌우되는 사태이기 때문에 승리의 확률을 조금이라도 높일 수 있는 법칙이나 요소가 있다면 그의 발견을 위한 노력은 충분히 가치가 있다. 따라서 오랜 시간에 걸쳐서 많은 사람들이 승리의 확률을 높일 수 있는 요소를 발견하기 위하여 연금술사(鍊金術師)처럼 노력하였고, 그 결과 종합된 형태로 존재하는 것이 '전쟁원칙(Principles of War)'이다.

전쟁은 워낙 중요한 일이기 때문에 이에서 승리하는 것은 국가에게 절체절명의 과제이고, 따라서 국가를 지도자들은 그러한 전쟁에서 승리할 수 있는 방법을 찾게 되었다. 그런데 이들이 군사에 관한 방대한 사항을 학습하기는 어려울 것이기 때문에 전쟁의 승리를 보장할 것으로 판단되는 몇 가지를 함축적으로 제시하고자 했고, 이것이 전쟁원칙으로 불리게 되었다. 과거의 승전사례로부터 다음 전쟁에서의 승리를 보장할 수 있는 공통점을 찾아내는 것이 군사연구의 초점이라고 한다면, 전쟁원칙은 모든 군사연구의 출발점임과 동시에 결정체라고 할 수도 있다. 이러한 전쟁원칙보다 권위가 다소 약한 내용으로 군에서는 '준칙' 또는 '고려사항'을 발전시켜 교범에 포함시킴으로써 군사이론의 발전과 경험으로 획득된 사항들을 활용하고 있다. 이들의 관계를 도식화하면 [그림 8-2]와 같다.

전쟁원칙은 군사문제의 법칙성을 전제하는 것은 아니다. 전쟁원칙만 준수하면 반드시 승리하는 것은 아니라는 것이다. 지휘관이나 참모들이 그 당시 상황에 맞도록 이러한 원칙들을 적절하게 적용하거나 구현하는 것이 더욱 중요하다. 즉, 전쟁에서의 승리 여부는 특정 원칙의 질에 의존하는 것이 아니라, 지휘관이 그 원칙의 깊은 의미를 깨달은 상태에서 그것을 촉매로 하여 실전에서 승리의 방법을 찾아내고 구현함으로써 결정된다. 패배를 하는 지휘관은 전쟁원칙을 몰라서가 아니라 그것을 구현

그림 8-2 원칙-준칙-고려사항

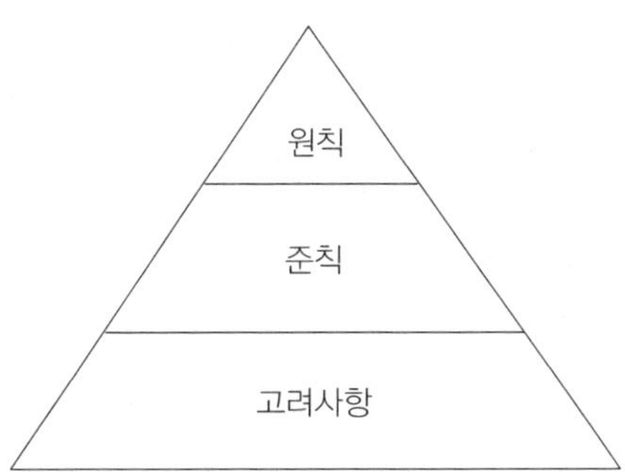

하는 데 있어서 미흡함이 있었기 때문이다.

2. 발전경과

전승을 보장해줄 수 있는 원칙의 발견은 동서양을 막론하고 고대로부터 진행되어 왔다. 동양의 경우에는 군사전문가들이 국왕에게 전쟁에서 승리하는 데 필요한 핵심적인 내용을 간단명료하게 교육시키거나, 선배 군인들이 후배군인들에게 승리를 위한 요결(要訣)을 정리하여 전달하는 방식이었다. 『손자병법』을 비롯한 『무경칠서』(武經七書: '손자(孫子)', '오자(吳子)', '사마법(司馬法)', '위료자(尉繚子)', '삼략(三略)', '육도(六韜)', '이위공문대(李衛公問對)'의 일곱 가지 대표적인 중국의 병서)가 그러한 내용들이지만, 그 외에도 다양한 내용이 존재했었을 것이다.

서양에서는 역사적으로 전승되는 전승 보장의 경귀들을 집대성하기 시작하였다. 18세기 후반 서양 계몽주의자들이 그 주체로서 독일의 뷜로우(Heinrich Dietrich von Bulow, 1757~1807)는 기하학적 차원에서 전승의 방법을 발견하고자 노력함으로써 전쟁원칙 집대성의 기반을 형성하였다고 평가된다. 프랑스의 조미니(Baron De Jomini, 1779~1869)도 『전쟁술(*The art of War*)』이라는 책자에서 전쟁원칙 차원의 다양한 이론, 개념, 금언들을 제시하였다. 이러한 내용들이 영국의 풀러(J. F. C. Fuller, 1878~1966)에 의하여 현대의 전쟁원칙 형태로 선택 및 정제된 것이다.

풀러가 종합한 내용은 1912년 영국군에서 팸플릿으로 처음 발간되었고, 1921년에는 미군도 공식적으로 수용하여 제2차 세계대전 시에 적극적으로 활용되었다. 전쟁 이후 미군은 1949년에 미 육군의 야전근무규정(U.S. Army Field Service Re-gulation)에 아홉 가지의 전쟁원칙을 선정하였고, 그것이 전 세계로 확산되어 전쟁원칙의 근간을 이루고 있다. 당시에 채택한 아홉 가지의 전쟁원칙은 목표(Objective), 공세(Offensive Action), 집중(Mass), 병력절약(Economy of Force), 기동(Maneuver), 지휘통일(Unity of Command), 보안(Security), 기습(Surprise), 간명(Simplicity)이었고, 이것들은 지금도 유지되고 있다.

2000년대 초반에 미군은 정보화시대로의 변화에 따른 전쟁원칙의 변화 필요성을 검토하였다. 중동을 비롯하여 다수 지역에서 테러 등 비국가 단체와의 전쟁을 수행한 경험도 반영되었다. 그 결과 위 아홉 가지의 전쟁원칙은 유지하되 자제(Restraint), 끈기(Perseverance), 정통성(Legitimacy)를 추가하여 열두 가지로 확대하였고, 그 명칭도 "합동작전의 원칙(Principles of Joint Operations)"으로 변경하였다. 군사작전에만 국한될 수 없을 정도로 전쟁의 범위가 커져서 '전쟁원칙'이라는 용어가 부적절하다고 판단한 것이다.

3. 주요 전쟁원칙

전쟁원칙은 각각이 독립적으로 존재한다기보다는 상호 간에 밀접하게 연관된 가운데 종합적으로 작용한다. 승리하는 부대는 적용한 전쟁원칙들의 긍정적 합계가 커서 승리했을 수 있고, 패배한 군대는 그 반대라서 패배했을 가능성이 크다. 그럼에도 불구하고, 전쟁원칙 중에는 대부분의 승리한 전쟁에 공통적으로 적용되었던 원칙이 있을 수 있고, 간혹 적용되는 원칙이 있을 수 있다. 전략가들이 주장한 내용이나 각국의 전쟁원칙을 비교해 볼 경우 가장 핵심적인 원칙은 집중, 기동, 기습이라서 이 세 가지에 관하여 그 내용을 설명해 보고자 한다.

(1) 집중의 원칙(Principle of Mass)

집중은 군사작전이 수행되는 시간과 장소에서 적에 비해 우세한 전투력을 보유하여 적용하는 과정과 결과이다. 현대에는 전투력의 집중에서부터 제반 노력의 집중으로 범위가 확대되고 있다. 집중은 상대적인 개념으로서 전체적으로는 열세하더라도 군사작전이 일어나는 결정적인 시간과 장소에서 우위를 달성하고, 이를 연속적으로 조직화하면 승리할 수 있다. 현대에는 병력보다는 화력의 집중이, 공간적 집중보다는 시간적 집중이 더욱 중요시된다.

집중은 "큰 것은 작은 것을 이긴다"는 단순한 원리를 기초로 하고 있다. 이러한 계산이 적용되지 않는 경우는 전투력의 크기를 정확하게 계산하지 못하였거나, 크기

만큼의 전투력을 발휘하지 못하도록 하는 요인이 존재하였을 뿐 집중의 원칙이 기능하지 않은 것은 아닐 수 있다. 따라서 우선은 전체적으로 우세한 전투력을 보유하고, 그러한 전투력들이 기능을 제대로 발휘하도록 보장하는 것이 중요하다. 전체 전투력이 충분하지 않을 경우 어느 한쪽에서의 집중을 위해서는 다른 쪽에서는 병력을 절약해야 한다는 점에서 집중의 원칙은 절약의 원칙(principle of economy of force)과 긴밀한 관련을 갖는다.

집중을 달성하고자 한다면 전쟁의 목적과 목표를 분명하게 정립한 상태에서, 충분한 군사력을 육성하고, 합리적인 전쟁수행계획을 수립하며, 제반 요소들의 노력을 효과적으로 통합할 수 있어야 한다. 동시에 결정적이지 않는 임무나 지역에서 전투력을 절약할 수 있어야 한다. 예비대를 효과적으로 운용하여 포착되는 기회를 최대한 활용하는 것도 중요할 수 있다. 집중을 달성하기 위해서는 정확한 정보, 신속한

사막의 폭풍작전

- 걸프전쟁은 쿠웨이트를 침공한 이라크를 축출하기 위하여 1990년 8월 2일부터 1991년 2월 28일까지 진행된 전쟁이다. 이 중에서 본격적인 군사작전이 시행된 것은 "사막의 폭풍작전(Operation Desert Storm)"이라고 하는데, 이것은 1991년 1월 17일부터 시행되었고, 실제 공격적인 지상군 위주 군사작전은 2월 24일부터 시작하여 100시간 만에 종료되었다.
- 걸프전쟁에서 미군은 제2차 세계대전 이후 최대 규모의 군사력을 결집하였다. 당시 미 중부군사령관이었던 슈워츠코프(Norman H. Schwarzkopf)는 지나치다고 비판받을 정도로 엄청난 전력을 결집하였다. 미군의 규모는 54만 명을 상회하였는데, 이것은 2003년 이라크전쟁을 위하여 투입된 미군 병력의 두 배에 해당된다. 또한 34개국에서 지원하는 연합군도 20만 명을 넘었다. 이들의 군사작전을 위한 물자도 1,000만 톤을 넘을 정도로 방대했다. 그러나 실제 군사작전은 100시간 만에 종료되었다.
- 걸프전쟁은 다소 작은 부대 규모, 특히 더욱 적은 비용을 사용하면서도 승리하였을 수도 있다. 그러나 그렇게 할 경우 승리하지 못할 가능성이 높아지는 것은 분명하다. 비록 과도한 비용을 감수해야 했으나 공격작전을 시행하기 전에 압도적인 군사력 집중을 달성함으로써 확실한 승리를 보장하였다는 점은 분명하다.

기동과 공세적인 행동, 적절한 전투근무지원이 필수적이다. 현대에는 효과적인 합동·통합·연합작전을 통하여 가용한 군사력의 상호보완효과를 극대화하고, 분산된 상태에서 일정한 시간에 목표에 집중하는 사항을 중요시한다. 어느 한 지점에 대한 집중은 다른 지점에서의 전투력 열세를 수반하게 된다는 점에서 집중에 따른 위험성도 잘 판단하여 사전에 조치해야 한다.

(2) 기동의 원칙(Principle of Maneuver)

기동은 언제든지 전투에 투입할 수 있도록 준비된 부대가 한 장소에서 다른 장소로 이동하는 활동을 말하는데, 이를 통하여 군사작전의 주도권을 확보할 수 있고, 하나의 성공을 또다른 성공으로 확대할 수 있다. 기동 자체만으로 우리의 취약성을 크게 감소시킬 수도 있다. 집중과 기습의 대부분은 기동을 바탕으로 달성된다고 할 정도로 기동은 중요하다. 적에 비해 상대적으로 우세한 기동력을 보유할 경우 모든 군사활동에서 충분한 행동의 자유(freedom of action)를 가질 수 있고, 군사작전의 계획과 시행에 있어서 융통성을 가질 수 있다.

기동력을 향상시키고자 한다면 부대를 기계화함으로써 기동속도를 증대시키는 것이 가장 중요하다. 인간의 힘으로는 한계가 있기 때문이다. 연속적으로 기동할수록 대비되지 않은 적을 공격할 기회를 포착할 확률이 늘어나기 때문에 기동력 향상을 위해서는 군수 등을 비롯한 작전지속능력 확보가 중요하고, 장병들도 강인한 체력과 정신력을 보유해야 한다. 소규모 부대의 경우에는 신속한 기동이 가능하나 충분한 작전지속능력을 구비하기 어렵고, 대규모 부대의 경우에는 작전지속능력은 충분하나 신속한 기동이 어렵다는 점에서 이를 조화시킬 수 있어야 하며, 소부대 규모의 신속한 기동을 대부대로 확대시키고자 노력할 필요가 있다.

명확한 목표와 방향을 제시하는 것도 기동성을 강화하는 데 중요하다. 그렇지 않을 경우 불필요한 기동이 발생할 수 있기 때문이다. 적이 배치되지 않았거나 예상하지 않는 방향으로 기동함으로써 저항과 지체를 최소화하는 것도 긴요하다. 이러한 점에서 야간을 비롯한 악천후와 험한 지형을 이용할 경우 적의 저항을 받지 않아서 더욱 효과적인 기동이 가능할 수 있다. 가능하기만 하다면 기동할 때는 분산하여 기동속도를 보장하다가 적을 접촉하게 되면 결집하여 함께 공격할 수 있는 태세를 구비해야 한다. 적에 관하여 정확한 정보를 획득함으로써 경계소요를 최소화하고, 공간을 넓게 활용하는 것도 중요하다. 현대에는 공중을 적극적으로 활용하여 기동속도를 높이는 경향을 보이고 있다.

이라크 자유작전

- 이라크전쟁은 2003년 3월 20일 미국의 이라크 침략으로 시작되어, 2011년 12월 15일 종전되었는데, 초반의 군사작전은 단기간에 종료되었으나, 이후 이라크를 안정화시키는 데 상당한 시간과 노력을 소모하였다.
- 본격적인 군사작전이라고 할 수 있는 '이라크 자유작전(Operation Iriqi Freedom)'은 2003년 5월 1일 부시(George W. Bush) 대통령이 주요 전투작전의 종료를 선언함으로써 종료되었는데, 이 작전 동안에 미군은 엄청난 기동으로 이라크군을 속수무책으로 만들고 승리를 달성하였다.
- 이라크전 수행을 위해서도 걸프전 때와 같은 대규모 병력집중이 요구되었으나 미국 지도부는 신속한 공격을 요구하였고, 따라서 압도적인 기동으로 집중이 미흡한 부분을 보완하는 효과를 달성하였다고 할 수 있다. 선두 공격부대였던 미 보병 제3사단은 이라크 남부 국경선에서 공격을 개시한 후 3일 만에 바그다드 근처에 도달함으로써 1일 100km의 기동속도를 보이기도 했다. 지상군 부대들은 핵심지역 위주로만 점령하면서 신속하게 진격하였고, 또한 다정면(多正面)으로 기동함으로써 적의 판단을 어렵게 만들면서 저항을 분산시킬 수 있었다. 이로써 미군은 작전개시 20여 일 만에 사담 후세인(Saddam Hussein) 정부를 전복하고, 수도인 바그다드를 점령함으로써 전세를 결정지었다.
- 이라크전에서 미군은 기동 위주의 군사작전 수행으로 조기에 군사적 승리는 달성했으나, 이라크군을 충분히 소모시키지 못하였고, 결과적으로 병력이 부족하여 이라크를 안정화시키는 데 상당한 문제점을 노출하기도 했다. 그러나 초기의 군사작전 자체만으로 본다면 이라크 자유작전은 기동의 원칙이 구현됨으로써 유발되는 긍정적 효과를 극대화한 작전으로 볼 수 있다.

(3) 기습의 원칙(Principle of Surprise)

기습은 적이 예상하지 않는 의도, 시간, 장소, 방법을 통하여 군사작전을 수행함으로써 유리한 결과를 유발하는 활동으로서, 단순하게 말하면 우리의 전투력은 제대로 발휘되는 상태를 유지하고 적의 전투력은 제대로 발휘되지 않는 상황을 조성하는 것이다. 기습의 정도가 클 때는 적은 심리적으로 마비되어 공항상태에 빠지면서 아무런 조치도 취할 수 없기 때문에 집중, 기동 등의 다른 원칙들이 불필요해질 만큼 그 효과가 크다. 기습은 인간의 창의성에 의존하는 측면이 커서 군사력으로 열세한 군대가 취약점을 극복하는 방편으로 즐겨 사용한다.

기습은 전쟁의 수준에 따라서 전략적 기습, 작전적 기습, 전술적 기습으로 나눌 수 있는데, 상위 수준에서 기습을 달성할수록 더욱 결정적인 효과가 있다. 군사행동의 실시 여부나 목적을 모르도록 하는 의도의 기습이 가장 효과가 크지만, 그것이 쉽지 않기 때문에 대부분 시간, 장소, 방법 등에서 기습을 추구하고, 각 분야에서의 기습의 효과가 종합되어 전체적인 성과로 나타난다. 쌍방 모두 다양한 영역에서 기습을 달성하기도 하고 허용하기도 한다는 점에서 기습도 상대적인 성격이 적지 않다. 기습은 주로 공격하는 입장에서 거론되지만, 방어하는 입장에서도 노력하면 달성할 수 있는 바가 없지 않다.

적의 취약성을 공격하게 되면 일반적으로 기습 효과를 달성할 수 있다. 따라서 적에 관하여 정확한 정보를 수집하는 것이 중요하고, 적의 의도, 시간, 장소, 방법을 역이용할 수 있어야 한다. 이 경우에 능동적인 기만행동을 통하여 인위적으로 기습이 보장되는 상황을 조성할 수도 있다. 또한 기습은 이를 적극적으로 추구하여 달성할 수도 있지만, 우리는 최선을 다하여 적절하게 대응하였을 뿐인데 적이 실수하거나 방심하여 기습적인 효과를 거두는 경우도 적지 않다.

기습을 달성하기 위해서는 위험을 각오해야 할 경우도 적지 않다. 정보 자체가 부정확할 수도 있고, 기습을 시도하는 과정에서 우리의 취약점을 노출시킬 수도 있기 때문이다. 이러한 점에서 기습을 달성하는 것보다는 적으로부터 기습을 당하지 않으려는 노력이 더욱 중요하고, 따라서 보안의 원칙(principle of security)이 중요해진다. 쌍방 간의 파악도가 낮은 전쟁의 초기에는 기습이 가능할 수 있으나 전쟁이 계속될수록 쌍방 간의 파악도가 증대되어 기습의 가능성은 줄어든다.

6 · 25 전쟁과 기습

- 1950년 6월 25일 발발한 6 · 25 전쟁은 모든 측면에서 기습을 당한 사례이다.
- 우선, 북한의 공격 가능성 자체를 국가나 군대 수준에서 전혀 인지하지 못했다는 점에서 의도의 기습이고, 전략적 기습이었다.
- 시간의 경우에도 일요일 새벽 4시로 아무도 대비하지 않는 시간이었고, 장소의 기습요소는 적었지만, 방법의 경우 북한이 보유하고 있었는지도 남한이 전혀 모르는 상황에서 200여 대의 전차를 공격의 주축으로 사용함으로써 남한군을 심리적으로 위축하도록 만들었다.
- 동시에 이러한 기습은 북한군이 노력하여 획득한 부분도 없지 않지만, 남한의 해이한 안보의식, 미흡했던 훈련과 전투준비태세, 정부의 전쟁수행 의지와 국민들의 총력안보의식 미흡 등이 북한군 기습달성의 효과를 증폭시키는 역할을 수행한 점도 적지 않다. 기습을 당한 결과로 남한은 3일 만에 서울을 함락당하고, 한 달도 채되지 않아서 낙동강까지 밀리고 말았는데, 유엔군이 개입하지 않았다면 북한의 공격은 완벽한 성공을 거두었을 것이라고 평가하지 않을 수 없다.

4. 연합작전에서 중요한 전쟁원칙: 지휘통일의 원칙

전쟁원칙 중에서 현대에 들어서 가장 부각되고 있는 것은 지휘통일(unity of command)의 원칙이다. 국적이 다른 군대끼리의 연합작전이 빈번하게 되었는데, 그 경우에 가장 달성하기가 어려운 것이 이 지휘통일이기 때문이다. 미군의 정의에 의하면, 지휘통일은 "모든 군사력이 필요한 권한을 가진 지휘관 하에 운용되어 공동의 목표를 추구할 수 있도록 지도하는 것"이다. 어떤 일에 대하여 최종적인 결정을 내리고 책임을 지는 사람은 한 사람이어야 한다는 원칙이라고 할 수 있다.

지휘통일은 편제(編制)부대 내에서는 자연스럽게 보장되지만 소속이 다른 부대들이 추가될 경우 어려움이 발생한다. 대부분의 사람들과 부대는 해당부대 지휘관이 아닌 다른 사람의 명령은 따르지 않고자 하기 때문이다. 국적이 다른 국가의 군대인 경우에는 더욱 그러하다. 그래도 하나의 목표에 관련된 노력을 통합적으로 적용해야 승리할 수 있기 때문에 각 부대들의 고유권한에 대한 침해를 최소화하면서도 전체 작전의 일관성을 보장할 수 있는 다양한 관계를 개발해왔는데, 그것을 '지휘관계(command relations)'라고 한다.

예를 들면, 미군은 통제의 권한이 큰 순서대로 전투지휘(Combatant Command: COCOM), 작전통제(Operational Control: OPCON), 전술통제(Tactical Control), 지원(Support) 네 가지 지휘관계를 설정하여 사용하고 있다. 한국군은 "예속(隷屬), 배속(配屬), 작전통제, 전술통제"의 네 가지이다. 이 중에서 대부대급이나 연합작전에서 가장 보편적으로 사용되는 지휘관계는 작전통제로서 특정한 임무를 수행하는 데 한정하여 통제 권한을 행사할 수 있다. 따라서 작전통제는 행정 및 군수, 군기, 내부 편성 및 단위부대 훈련 등에 관한 책임이나 권한, 즉 주권적인 요소가 큰 사항은 포함하지 않는다. 6·25 전쟁 때 유엔군사령관이 한국군에게 행사했던 권한이나 현재 한미연합사령관이 한국군에 대하여 행사하는 권한 모두 작전통제이다.

작전통제에 대해서도 거부감을 갖는 군대가 없지 않다는 점에서 최근에는 지휘통일보다는 '노력통일(unity of effort)'라는 말이 더욱 자주 사용된다. 지휘관계의 권한이 제한되더라도, 심지어 특별한 지휘관계를 사용하지 않더라도 관련된 기관이나 부대들의 자원과 노력을 동일한 목표에 결집시키면 되기 때문이다. 노력통일은 지휘통일을 포함하는 더욱 넓은 개념이기도 하지만, 참여군대들의 자발적인 복종을 유도하고 기대한다는 희망에 의존하는 부분이 많고, 따라서 실제 작동 여부는 불확실할 수밖에 없으며, 고육지책(苦肉之策)이지 최선은 아니다. 최근 다국적 작전을 실시할 경우 미군은 지휘통일을 순순히 수용하는 유럽국가의 군대들에게는 작전통제 관계를 설정하고, 그것을 허용하지 않는 국가들 간에는 협조나 지원관계나 또는 묵시적인 협력관계를 통하여 어떻게든 관련된 모든 국가 또는 군대의 노력이 한 방향으로 모아지도록 노력하고 있다.

토의주제

- 민주화가 진행되면 전쟁은 줄어드는가?
- 핵공격을 준비하는 국가에 대한 선제타격은 자위권 행사인가?
- '목표 = 수단 + 방법'의 등식에서 위험을 감소시키기 위한 대책은?
- 인천상륙작전을 집중, 기동, 기습의 측면에서 분석한다면?
- 전쟁원칙을 기업경영에 적용한다면?

추천문헌

이재영(2008). "전쟁의 본질: 현실주의 시각을 중심으로." 『동북아연구』. 제13권, pp.125-170.

이창위(2018). "예방적 자위권과 비공개적 공작에 대한 국제법적 평가: 이라크와 시리아의 원자로에 대한 이스라엘의 선제공격을 중심으로." 『서울법학』. 제26권 1호, pp.107-141.

최영근(2019). "트럼프 행정부의 대중 군사전략: 압도적 우위를 위한 군사태세의 재조정." 『한국국가전략』. 제4권 3호, pp.91-130.

이상택(2019). "북한 군사전략의 역사적 고찰." 『군사』. 제112권, pp.129-170.

박휘락(2006). "정보화시대 전쟁원칙의 실용성에 대한 고찰." 『군사』. 제61권, pp.235-268.

09 | 전쟁의 억제-대비-수행

전쟁에서는 승리해도 그 피해가 워낙 크기 때문에 최선은 전쟁이 일어나지 않도록 하는 것이다. 다만, 노력하지만 누구도 전쟁의 발발 여부를 확신할 수 없기 때문에 철저히 대비해야 하고, 전쟁이 발발하면 효과적으로 수행하여 승리할 수 있는 태세를 구비할 수밖에 없다. 전쟁의 억제-대비-수행을 연결하여 사고하는 것이 중요하다.

제1절 전쟁의 억제

상대방이 어떤 의도를 갖고 있는지를 알 수 없기 때문에 전쟁을 발발하고자 해도 감행할 수 없도록 상대방의 판단에 영향을 주어야 하는데, 이것이 바로 전쟁억제이다. 그 개념, 방법, 성공요소를 알아보자.

1. 개 념

전쟁의 억제는 전쟁도발의 의사를 갖고 있다고 판단되는 상대방에게 전쟁을 발발하지 않도록 영향력을 행사하는 과정과 행위를 말한다. 전쟁을 제거하거나 예방하는 것이 현실적으로 어렵다는 인식에 의하여 생성된 개념으로서 상대방으로 하여금 전쟁을 유발해도 성공할 수 없거나 얻을 수 있는 이익보다 더욱 큰 손해를 감수해야 할 것임을 깨닫게 하여 전쟁을 발발하지 못하도록 하는 노력이다. 현대에는 핵무기가 개발되어 전쟁이 발발하면 인류의 종말로 연결될 수 있기 때문에 전쟁수행계획의 우발계획으로 전쟁억제계획이 존재하는 것이 아니라 전쟁억제계획의 우발계획으로 전쟁수행계획이 존재한다고도 할 만큼 전쟁억제가 중요해졌다.

전쟁억제는 상대방에게 대규모의 피해를 입을 것임을 각오하게 하여 전쟁을 발발하지 못하게 하는 것이기 때문에 힘을 직접 사용하는 것이 아니라 힘의 사용을 위협하는 것이다. 그래서 역설적이지만 전쟁억제를 위해서는 더욱 강력한 군사력이 필요해진다. 상대방의 공격을 좌절시키는 것은 물론이고, 상대방에게 더욱 심한 응징을 가할 수 있다는 것을 상대방이 분명하게 깨닫도록 만들어야 하기 때문이다. 이러한 노력은 상대도 마찬가지일 것이기 때문에 전쟁억제는 결과적으로 군비경쟁을 유발하게 되고, 이런 측면에서 비판받는다.

전쟁의 억제는 범죄의 억제와 여러 가지 측면에서 유사하고, 실제로 전쟁억제의 이론이 범죄억제의 이론을 참고하여 만들어졌다. 전쟁이나 범죄를 억제시키는 기본적인 설득 논리는 전쟁이나 범죄의 발발이나 자행이 ① 성공의 가능성이 적고, ② 이익보다 손실이 많은 대안임을 상대에게 확실하게 인식시키는 것이기 때문이다. 범죄억제에는 추가적으로 준법자를 우대하는 등으로, ③ 범죄에 의존하지 않는 것이 이익이 된다는 것으로도 설득하는데, 국제적으로 인정하기를 꺼리지만 전쟁억제에도 이러한 측면이 있다. 전쟁의 억제와 범죄의 억제 두 분야 모두 그의 핵심수단으로 보유하고 있는 군사력이나 형벌을 가능하면 사용하지 않으려고 노력한다는 점도 동일하다. 전쟁억제와 범죄의 비교는 <표 9-1>과 같다.

표 9-1 ‖ 전쟁억제와 범죄억제의 비교

구 분	전쟁억제	범죄억제
주체–객체	국가–국가	국가–개인
영향의 대상	적국 지도자/국민의 심리	개인의 심리
목표	군사력의 불사용	형벌의 불사용
방법	방위태세	방범대책
	응징	형벌
	우호국 우대	준법자 우대
주요 요소	군사력	경찰력
	대응의지의 강도/신뢰성	검거의지의 강도/신뢰성
	상대국과의 의사소통	홍보
성공의 결과	평시 지속	치안 유지
조치의 효과 평가	곤란 다른 조치의 효과와 복합	곤란 다른 조치의 효과와 복합

전쟁억제는 상대방의 심리에 영향을 끼쳐서 전쟁이 발발하지 못하도록 하는 노력이기 때문에 적의 판단에 영향을 주어야 한다. 객관적으로 전쟁억제를 보장하는 조건이 충분하다고 해도 상대방이 그렇게 생각하지 않으면 전쟁이 발발할 수 있고, 객관적으로는 나의 전쟁억제 태세가 미흡해도 상대방이 승리의 가능성이 없거나, 승리를 통하여 얻을 수 있는 이익보다도 더욱 큰 손해를 입을 것으로 생각하거나, 현재의 상태가 더욱 이익이 된다고 인식하면 전쟁은 발발하지 않을 수 있다. 특히 이념적 사명감이나 영토적 야심으로 기어코 전쟁을 하고자 결심한 상태인 상대방을 억제시키는 것은 무척 어렵다. 죽음을 무릅쓰고 범죄를 저지르기로 결심한 흥분상태의 범죄자를 막기가 어려운 것과 같다.

전쟁억제는 상대방이 합리적 기준과 방식, 그것도 나와 유사한 기준과 방식으로 판단할 것이라는 사실을 전제로 하고 있다는 약점이 있다. 합리성이라는 공통적 기준이 있어야 상대방의 입장에서 얻을 수 있는 이익과 감수해야 할 손해를 계산하거나 비교할 수 있기 때문이다. 다만, 그러한 합리성도 실제로는 자신의 입장에서 생각한 합리성이라는 점에서 전쟁억제는 주관적일 수밖에 없고, 이것이 근본적인 취약점이다. 현실에서 상대방은 합리적으로 사고하거나 판단하지 않을 수 있기 때문이다. 형벌을 강화하여 범법 행위 시 엄청난 손해를 보도록 만들어도 범죄가 여전히 발생하는 것과 유사하다.

전쟁억제는 그 성공 여부와 정도를 평가하기가 어렵다. 전쟁이 일어나지 않는 동안에는 전쟁억제에 성공하고 있는 것으로 말할 수 있지만, 전쟁이 일어나는 순간 바로 실패로 규정될 것이기 때문이다. 전쟁이 일어나지 않는 것이 전쟁억제 노력에 의한 것인지 아니면 애초부터 상대방이 도발의사가 없었는지도 판단하기가 어렵다. 사람들이 범죄를 저지르지 않는 것이 범죄억제책 때문인지 아니면 원래 품성이 선량하여서인지 판단하기 어려운 것과 같다. 또한 전쟁억제를 위하여 우리가 군사력을 강화하면 상대방도 이에 대응하여 유사한 조치를 취함으로써 강화된 부분을 상쇄할 것이기 때문에, 군사력의 강화가 전쟁억제 효과의 증대로 연결된다고 말하기도 어렵다. 이러한 점에서 전쟁억제는 자기충족(self-fulfilling) 차원의 희망에 불과할 수도 있다.

전쟁억제의 경우 내가 전쟁을 억제하겠다는 의지를 간절하게 표명하거나 집착할수록 상대방은 나의 의지와 능력을 낮게 평가하여 도발을 적극적으로 검토하게 된다는 문제점도 지니고 있다. 즉, 전쟁억제 노력이 오히려 전쟁을 유발할 수 있다는 것이다. 그렇기 때문에 각국은 내면적으로는 전쟁억제를 의도하면서도 외면적으로 철저한 방어태세는 물론이고, 적이 공격할 경우 즉각 반응하여 엄청난 보복을 가할 것을 강조하는 것이다. 이러한 메커니즘이 서로의 경계심을 강화하면서 군비경쟁을 조장하게 된다.

2. 방 법

가장 빈번하게 언급되는 전쟁억제의 방법은 '응징을 통한 억제(deterrence by punishment)' 또는 '응징적 억제'로서, 도발국가에 대하여 얻을 수 있는 이익보다 더욱 큰 손해를 각오해야 한다는 사실을 인식하도록 하여 전쟁을 도발하지 못하도록 한다는 논리이다. 이는 적이 도발 시 더욱 큰 군사적 피해를 끼칠 뿐만 아니라, 추가하여 적이 소중하게 여기는 도시, 시설, 인원들을 손상 또는 파괴시키겠다는 위협으

대가치 전략과 대병력 전략

- 이것은 미국의 핵전략에서 토론하는 개념이지만, 최근 재래식 무기의 위력이 증대되어 재래식 전쟁억제에도 적용할 필요가 있는 논쟁이다.
- 대(對)가치(counter-value) 전략은 적의 도시를 집중적으로 공격하겠다고 위협함으로써 국민들의 안전이 두려운 적이 공격을 감행하지 못하도록 하는 전략이다. 이는 표적 선정이나 공격이 간단한 장점은 있지만, 인도적인 문제가 크고, 무엇보다 적의 공격력을 무력화시키지 못하여 우리도 상당한 피해를 각오해야 한다.
- 대(對)병력(counter-value) 전략은 적의 군대, 특히 핵무기 등 적의 전략무기, 군수산업 시설 등을 집중적으로 타격하겠다고 위협하는 방식인데, 이것은 적의 공격력을 약화시킬 수 있으나 표적 선정이 복잡하고, 무엇보다 억제효과가 떨어질 수 있다. 다만, 핵무기의 소형화와 타격력의 정밀화가 진전됨에 따라 억제보다는 선제타격을 위한 적 핵전력의 제거 필요성과 성공 가능성이 높아짐에 따라 대병력 전략이 차지하는 비중이 높아지는 경향을 보이고 있다.

로 전쟁을 억제하려 한다. 표적의 선정방법에는 위에서 설명하고 있듯이 '대가치 전략'과 '대병력 전략'이 있다. 당연히 이러한 응징은 단계적으로 강도를 높여갈 것인데, 도발을 마음먹는 국가가 있으면 당사국은 물론이고, 이웃 국가들도 외교관계 단절, 무역중단, 투자 및 자산 동결, 원조 중단 등의 조치를 시행하겠다고 위협하거나 시행함으로서 전쟁을 억제하고자 노력한다.

응징에 의한 억제는 적의 기습공격을 허용하더라도 적을 응징하여 더욱 큰 피해를 부과할 수 있는 충분한 군사력, 특히 대규모의 공세적 군사력을 보유해야 하기 때문에 국방력 강화와 공세적인 태세를 중시하는 국민들의 지지를 획득하는 데 유리하다. 다만, 서로가 응징력을 경쟁적으로 강화해 나갈 것이기 때문에 군비경쟁을 유발할 수 있고, 상당한 규모의 국방예산을 투자해야 하며, 전쟁이 발발하였을 경우 그 치열도가 상당히 커질 가능성이 있다. 또한 형벌이 엄해진다고 하여 범죄가 반드시 억제되는 것은 아니듯이 응징의 위협만으로 억제가 달성된다고 보기 어렵다.

역사를 통하여 계속적으로 적용되어 왔을 뿐만 아니라 가장 현실적인 전쟁억제의 방법은, 상대국에 대하여 도발을 하면 성공하지 못할 것이라고 인식시키는 '거부에 의한 억제(deterrence by denial)' 또는 '거부적 억제'이다. 이것은 철저한 방어태세를 구비함으로써 적에게 성공하지 못할 것이라는 인식을 갖도록 하여 전쟁을 도발하지 못하도록 한다는 논리이다. 이는 방어적인 군사력과 그 태세를 핵심적인 수단으로 활용한다. 이를 위해서는 대규모 상비군사력을 유지하는 것이 최선이지만, 그렇게 되면 너무나 많은 비용을 소요하기 때문에는 현대에는 총력안보태세를 통하여 모든 국력을 활용함으로써 비용을 최소화하는 방법을 중요시하고 있다.

거부에 의한 억제는 억제가 실패하더라도 사전에 예상 및 준비한 대로 전쟁을 수행하여 승리하면 되기 때문에 응징에 의한 억제에 비해서 안전하고, 확실한 방책이다. 범죄를 실제로 억제시키는 것은 무거운 형벌보다는 다양한 방범대책이듯이, 전쟁도 이해득실의 계산보다는 성공의 가능성 판단에 의하여 억제되는 측면이 클 것이기 때문이다. 다만, 거부에 의한 억제는 전략적 수세의 입장을 선택할 수밖에 없기 때문에 전략과 군사력 건설에 관하여 주도권을 상실할 가능성이 크고, 막대한 비용이 소요되어 비효율적일 수 있다. 더구나 약소국의 경우에는 강대국에 대한 거부능력을 구비하는 것이 거의 불가능하다는 점에서 이 방식을 채택하는 것 자체가 비현실적일 수 있다.

전쟁억제를 위해서는 도발을 하지 않을 경우에 상응한 보상이 있음을 인식시켜 자제시키는 과정이나 행위도 필요할 수 있다. 도발의 의사가 있는 국가에게 경제적 원조나 각종 편의를 제공하는 등으로 보상을 실시함으로써 도발의사를 자제시킨다는 것이다. 이 방법은 군사력 이외의 다양한 국력을 사용한다는 측면에서 융통성이 크다. 다만, 이 방법은 국가의 자존심이 손상받을 수 있고, 비도덕성이 개입될 수 있으며, 유화정책으로 비난받을 수 있어 국민들에게 용납되기 어렵다. 또한 보상할 수 있는 범위가 제한되고, 한 차례의 보상은 더욱 큰 보상요구를 초래할 수도 있다. 다만, 약소국의 경우 이러한 방법까지 사용해야 할 불가피한 상황이 발생할 가능성도 배제할 수는 없다.

전쟁억제를 위해서는 상대방을 자극하지 않거나 오해를 예방할 필요가 있다. 상대방이 우리의 의도와 능력을 오판하여 예방전쟁 차원의 군사행동을 고려할 수 있기 때문이다. 따라서 철저한 방위태세를 유지하되, 공세적인 태세보다는 수세적인 태세로, 대규모 상비전력보다는 예비전력과의 통합으로, 양적인 증강보다는 질적인 증강으로, 그리고 전방에 배치된 전력의 증강이나 대규모 훈련을 자제하는 등으로 상대방에게 오해의 소지를 제공하지 않도록 유의할 필요가 있다. 쌍방의 국방정책에 관한 사항을 가급적 공개하거나, 훈련이나 특정 군사시설을 상호공개 및 참관함으로써 서로의 신뢰를 구축하는 활동을 신뢰구축조치(CBM)로 명명하여 강조하고 있는 것도 이러한 오해에 의한 전쟁발발을 예방하기 위한 목적이다.

3. 성공요소

전쟁억제의 성공을 위해서는 어떠한 희생을 무릅쓰고라도 적의 도발을 저지하거나 응징하겠다는 의지와 능력을 보유하여야 하고, 그런 상태에서 적이 그것을 충분히 인식하도록 만들어야 한다. 이러한 의지는 역사와 전통, 국가에 대한 충성심, 국민들의 자부심과 단결 등에 의하여 형성되고, 위협받고 있는 가치가 클수록 강해지며, 국가지도자의 성향과 지도력에 의하여 크게 좌우된다. 다만, 이러한 의지는 상대방에게 신뢰성있게 받아들여져야 한다는 점에서 확고한 결의를 수시로 표명하거나, 총력안보체제를 바탕으로 한 실질적인 대응태세를 구비하거나, 대응조치의 단계적 상승을 통하여 그 확고성을 입증할 수 있어야 한다.

전쟁억제의 성공을 위한 가장 실제적인 요소는 상대방이 도발하더라도 충분히 방어할 수 있을 뿐만 아니라 상대방에게 이익보다 더욱 큰 손실을 끼칠 수 있는 군사력이다. 따라서 요망하는 억제효과를 발휘하는 데 충분한 양과 질의 무기 · 장비 · 물자를 확보해야 하고, 상대방이 기습적으로 공격하더라도 생존하여 효과적으로 대응할 수 있는 태세를 구비해야 하며, 체계적인 동원체제를 구비함으로써 잠재적 군사력의 전환 속도와 질을 향상시켜야 한다.

전쟁억제가 결실을 거두기 위해서는 억제를 위한 의지와 능력을 적에게 정확하게 전달할 수 있어야 한다. 전쟁억제는 상대방의 심리에 영향을 끼치는 과정과 행위이고, 전쟁억제는 쌍방 간의 '작용-반작용'이 지속된 결과로서 나타나는 것이기 때문이다. 군사력이나 군사태세의 일부를 공개하는 것도 효과적인 전달의 수단일 수 있고, 모호성을 증대시키거나 역정보활동을 통하여 상대방에게 대응방향의 선택을 어렵게 할 수도 있다. 상대방의 소규모 도발이나 다른 국가의 도발에 대하여 단호하게 대처하거나, 필요시 제한된 선제공격을 실시하는 것도 의지와 능력의 강력한 전달방법이다. 대치하고 있는 쌍방 간의 불필요한 충돌이나 감정적인 사태 악화를 방지하면서도 명확한 의사전달을 보장하기 위해서는 국제기구나 제3국을 중재자로 사용할 수도 있다.

4. 위기관리

전쟁의 억제와 관련하여 현대에는 위기관리(crisis management)가 중요한 개념으로 토론되고 있다. 평시로부터 전시로 이전되는 중간지대가 위기인데, 이를 제대로 관리하면 전쟁을 억제하는 결과가 되지만, 그렇지 않으면 전쟁을 도발시키거나 전쟁수행 시 불리하게 되기 때문이다.

일반적으로 위기는 신속하게 조치하지 않을 경우 중대한 가치의 위협이 예상되는 상황 또는 사건으로서, 갑자기 발생하고, 대처의 시간이 제한되며, 상황의 불확실성이 크다. 위기상태에서는 정보가 불충분하거나 부정확하고, 쌍방 간 또는 내부적인 의사소통도 원활하지 못하며, 목표와 방향이 유동적이고, 대응을 위한 계획을 수립하기도 어려우며, 계획된 대로 제대로 실행되지 못하는 경우가 많고, 정책결정자에게 심리적이거나 육체적인 혼란과 피로가 발생하여 제대로 판단하거나 조치하지 못할 가능성도 적지 않다.

위기관리가 위험한 것은 상황이 불확실하기 때문에 정확한 판단이 어렵고, 특히 감정에 치우쳐 서로가 상황을 악화시키는 의사결정을 내릴 가능성이 크다는 것이다. 위기가 발생하면 대부분 '맞대응(tit-for-tat)' 전략을 사용하여 강력한 대응을 경고하고, 상대방의 조치보다 다소 강한 조치를 강구하게 되는데, 이러한 과정이 반복되면서 서로가 자제하지 못하게 될 것이기 때문이다. 따라서 위기관리에서는 상대방에게 굴복하지도 않으면서 상황을 극한적으로 악화시켜서도 곤란하고, 따라서 이 둘을 조화시키는 것이 핵심사항이면서도 가장 어렵다. 특히 전쟁으로 악화되었을 경우의 유리점과 불리점도 고려하면서 지혜로운 위기관리에 노력해야 하고, 그래서 위기관리가 어렵고 복잡한 것이다.

효과적인 위기관리를 위해서는 먼저 상황에 대한 충분한 정보를 파악한 다음, 이를 기초로 하여 위기의 성격, 위협받고 있는 가치, 상대방의 의도와 조건 등을 정확하게 평가하고, 적용할 수 있는 몇 가지 방책을 개발하며, 이들을 비교하여 최선의 방책을 선정하고, 실행계획으로 발전시킨 후, 필요한 조치를 시행할 수 있어야 한다. 따라서 평소부터 이러한 과정을 체계적으로 수행하기 위한 조직, 절차, 인원을 준비하고, 연습을 실시함으로써 시간적으로 긴박한 상황에서도 건전한 대응을 보장할 수 있어야 한다. 특히 효과적인 위기관리를 위해서는 지도자의 주도적인 역할이 중요하다.

판문점 도끼만행 사건

- 1976년 8월 18일 10시 30분경 유엔군 측이 시계(視界) 확보를 위해 판문점 공동경비구역 내 미루나무를 자르기 시작하자 북한군이 도끼를 비롯한 무기로 공격하여 미국의 보니파스(Arthur G. Bonifas) 대위와 바렛트(Mark T. Barrett) 중위가 사망하고 수명이 부상당하였다.
- 유엔군사령부와 한국은 이를 북한의 계획적인 도발로 인식하면서 방어태세를 격상시켰고, 미국 정부도 특별팀을 구성하여 대책을 논의하였다. 또한 B-52 폭격기를 비롯하여 한반도 주변에 대한 공군력과 해군력도 증강하였으며, 주일 미 해병대를 한국에 증파하는 등 결전의 태세를 과시하였다.
- 그러나 유엔군사령부는 문제의 미루나무를 절단하는 정도로 사태를 정리한다는 방침 하에 8월 21일 새벽 다수의 항공기 엄호 하에 "Paul Bunyan"이란 작전명으로 미루나무를 절단하였다.
- 이에 대하여 북한은 반발하지 않았을 뿐만 아니라 김일성이 유감 표명하였는데, 다소 미흡하지만 이를 유엔군사령부가 수용함으로써 위기는 종결되었다.
- 이 당시 일부 부대는 방어준비태세-1을 발령했을 정도로 일촉즉발의 상황이었고, 따라서 자칫 감정적으로 위기를 관리했다면 전쟁으로 악화될 가능성도 존재하였다.

제2절 전쟁의 대비

"평화를 원하거든 전쟁을 대비하라"라는 격언의 실천 노력이 민주주의 국가의 전쟁대비다. 총력전에서는 국민들도 당연히 전쟁대비에 참여해야 하지만, 현실적으로는 군대가 중심이 될 수밖에 없다. 그 개념, 핵심과제, 그리고 그 적절한 수준을 알아보자.

1. 개 념

전쟁의 대비는 전쟁이 일어날 경우를 가정하여 필요한 군사력을 준비하고, 추가적으로 국가의 경제와 국민들을 군사력으로 전환시킬 수 있는 태세를 발전시키며, 국민들로 하여금 유사시 행동요령을 익히게 하는 전반적인 노력을 말한다. 전쟁은 언제 발발할지 알 수 없고, 전쟁이 임박했을 때 집중적으로 대비에 착수하면 늦어질 가능성이 크기 때문에 평화 시라고 하더라도 국가의 전쟁대비는 소홀히 할 수 없다. 국가가 형성된 근본적인 목적이 개인의 안전을 집단적으로 보장하는 것이라는 차원에서 본다면 전쟁대비는 국가의 가장 핵심적인 과업이라고 할 것이다.

전쟁의 대비는 전쟁을 하기 위한 것이 아니라 하지 않기 위한 것이다. 전쟁대비가 철저해야 전쟁억제의 효과가 커질 것이기 때문이다. 우리의 전쟁대비가 소홀할 경우 상대방은 승리할 수 있다고 판단하여 침략할 수 있다는 점에서 전쟁을 회피할수록 전쟁을 해야만 하는 상황에 놓이게 된다. 임진왜란, 정묘호란, 병자호란, 한국전쟁은 전쟁에 제대로 대비하지 않았기 때문에 발생한 측면이 적지 않다.

현대전은 총력전의 정도가 매우 커진 상태라서 국가의 어느 분야도 전쟁대비에서 제외될 수 없다. 국가의 많은 분야가 전쟁대비에 참여할수록 상비군의 규모를 줄일 수 있어 군사력 증강에 들어가는 비용을 절약할 수 있고, 그렇게 되면 그 부분만큼 경제 등 다른 분야에 투자할 수 있다. 그래서 현대의 국가들은 상비군을 최소한으로 유지하는 대신에 총력전 수행체제를 강화한다. 군비에 소요되는 비용을 생활의 질 향상을 위하여 사용하고자 하는 국민일수록 총력적 대비의 부담을 수용해야만 한다.

총력전의 체제 하에서도 대부분의 국가에서는 적절한 규모의 군대를 유지한다. 유사시에 신속하게 총력전 수행체제로 전환하기 위해서는 기본적인 군사조직이 필수적이고, 전쟁대비에 관한 전문성을 가진 요원들을 유지하는 것이 중요하며, 군사적인 전통을 계승시킬 필요도 있기 때문이다. 군대가 전쟁대비의 상당한 부분을 담당해줄 경우 국민들의 평시 총력전 대비 부담은 줄어들 수 있고, 생활의 자유를 확대시킬 수 있다. 군대는 전쟁대비 차원에서 최소한으로 구비되어야 할 사항을 도출 및 준비하고, 위기가 고조될 경우 필요한 초기 조치를 강구하며, 위기가 더욱 악화될 경우 총력전 체제로 전환시키는 주체가 될 수 있다.

대부분의 국가는 나름대로의 체제와 노력으로 전쟁에 대비하지만, 제1차 세계대

젝트의 비밀 재군비

- 제1차 세계대전의 패배로 독일은 배상금 이외에 육군병력 10만 명(장교는 4,000명)으로 제한, 일반참모본부(general staff) 보유 금지, 전쟁물자 획득 제한, 징병제도 폐지, 해군 1.5만 명 제한 등 다시는 전쟁을 시도할 수 없도록 군비를 제한당하였다.
- 전쟁 직후인 1920~1929년 사이에 참모총장을 역임한 사람이 젝트인데, 그는 이러한 제한을 준수하면서도 비밀리에 전쟁을 철저하게 준비하였다.
- 그는 소련과 비밀군사협정을 맺어서 필요한 무기와 장비를 획득했고, 필요시 국가경제를 동원할 수 있도록 동원국도 설치하였으며, 예비군 제도도 발전시키고, 군 조종사들을 민간항공에서 교육시키는 등 외형적인 전쟁준비에도 노력하였다.
- 그러나 더욱 중요한 것은 무형적인 사항으로서, 그는 사병들이 유사시에 간부로 전환할 수 있도록 귀족 가문에서 엄선한 후 충분한 교육을 시켜 엘리트 군대로 육성하였고, 영국과 프랑스에서 발전시킨 전차의 공세적 활용개념을 수용하여 교리화함으로써 전격전(blitzkrieg)의 기초를 형성하였으며, 특히 일반참모본부의 기능을 각 민간부서로 위장 분산하여 유지한 후 그 요원들을 2~4년 동안 교육을 받도록 하여 정예 참모요원을 육성하였다.
- 결과적으로는 히틀러(Adolf Hitler)에게 이용당하는 군대를 제공한 셈이 되었지만, 젝트가 실시한 비밀 재군비는 국가 차원에서 군이 어떤 정신으로 어떻게 전쟁을 준비하는지를 보여준 모범적인 사례라고 할 수 있다.

전의 패배로 상당한 제약을 부과받은 상황에서 독일에 전쟁을 준비한 것은 그 자체만으로는 탁월한 점이 있다. 당시 참모총장이었던 젝트(Hans von Seeckt, 1866~1936)가 주도한 독일의 비밀 재군비 사례는 앞 쪽에서 설명한 바와 같다.

2. 핵심과제

개념적으로는 총력적 대비라고 말하지만, 대부분의 국가에서 평시에 전쟁에 대비하는 조직은 군대이다. 군대야말로 적이 침략할 경우 국민의 생명과 재산을 지키는 최후의 보루로 지정되어 있고, 그러한 임무만을 전문적으로 수행하는 조직이기 때문이다. 대부분의 경우 군대의 전쟁대비를 군사력 증강에만 초점을 두어 인식하지만 차근차근히 따져볼 경우 그 외에 필수적인 과제들이 적지 않다.

(1) 군사위협의 평가

군대의 전쟁대비는 군사적 위협의 대상, 형태, 정도를 정확하게 평가하는 작업으로부터 시작된다. 명확한 적국이 존재하지 않을 경우에는 잠재적국으로 인식하여 주변 국가들의 의도와 능력을 지속적으로 분석하면서 가능한 최악의 상황까지 설정하여 대비하게 된다. 적국의 군대를 파악할 경우에는 병력, 무기·장비·물자, 동원태세 등의 구조적(structural) 측면을 우선적으로 파악하고, 부대의 배치와 훈련, 전투준비태세 등의 운용적(operational) 내용까지 파악하게 된다. 그러한 결과로써 적의 능력과 계획을 분석해 내고, 최종적으로 적의 약점을 도출해 낼 수 있어야 한다. 추리나 주관적 판단이 아닌 자료에 근거하여 적을 분석 및 평가하는 것이 무엇보다 중요하다.

군사적 위협을 분석 및 평가하는 데 사용되는 적에 관한 사항 중에서 검증하여 신뢰성있는 내용이라고 판단한 사항을 정보(intelligence)라고 하는데[그 이전에 단순히 수집 및 획득된 적에 관한 사항은 첩보(information)라고 한다], 이러한 정보를 생산·전파·활용하는 사항은 군대가 수행하는 과업 중에서 가장 중요한 과업으로 간주된다. 적이 누구이고, 그 위협이 어느 정도인지를 알지 못하거나 정확하게 파악하지 못한 상태에서는 명확한 대비방향을 설정하거나 대비조치를 결정하는 것 자체가 불가능하기 때문이다. 그렇기 때문에 모든 국가에서는 군사정보에 관한 활동을 매우 중요시하고, 이를 위한 전문기관을 설치하여 운영하며, 그 요원들을 체계적으로 교육 및 관리하면서 최상의 대우를 보장한다. 다만, 군사정보의 수집은 정보기관에서만 담당하는 것이 아니라 모든 군인들이 기본적으로 수행하는 임무이다.

정보는 수집하여 분석한 다음, 생산하여 전파 및 활용하게 되는데, 이러한 과정이 유기적으로 연결 및 시행되도록 체계적인 과정과 절차를 수립하여 운영하는 것이 중요하다. 그렇게 함으로써 생산된 정보의 활용성이 높아지고, 전쟁승리에 기여하는 정도가 극대화될 것이기 때문이다. 이러한 과정 전체에 걸쳐서 적이 모르도록 철저한 보안태세가 강구되어야 함은 물론이다. 적에 관한 정보활동에서는 적시성이 결정적인 중요성을 갖는 경우가 많기 때문에 수집, 분석, 생산, 전파, 활용의 모든 과정을 신속하게 처리하고자 노력할 필요가 있다. 최근에는 컴퓨터 네트워크가 일상화되었기 때문에 그러한 과정이 무척 단축되었고, 결과적으로 정보의 실시간(real time) 활용 가능성이 높아진 상태라고 할 것이다.

정보는 그 내용의 수준을 기준으로 전략적 정보, 작전적 정보, 전술적 정보 등으로 구분할 수 있고, 수집하는 대상과 수단 측면에서는 기술정보(Technical Intelligence: TECHINT)와 인간정보(Human Intelligence: HUMINT)로 구분한다. 수준이 높은 정보일수록 중요성이 큰 반면에 수집이 쉽지 않다는 점에서 작전적, 전술적 정보를 체계적으로 분석하여 전략적 정보로 전환하는 노력이 요구된다. 현대에는 첨단 기술을 활용한 기술정보의 영역이 확대되고 있는 추세이지만, 아직도 인간의 융통성있는 판단력을 대체하는 것이 어렵다는 차원에서 인간정보가 여전히 유용하게 활용되고 있다.

(2) 무기 · 장비 · 물자의 증강

무기 · 장비 · 물자의 증강은 전쟁대비의 경성요소(hardware)에 관한 사항으로서 모든 전쟁대비 활동의 실제적 기준이 된다. 그의 영향이 큰 것도 사실이고, 그 양이나 질도 분명하게 식별되어 비교나 판단이 쉽기 때문이다. 이론적으로는 군사전략, 전법, 교리 등의 연성요소(software)에 바탕을 두어 경성요소의 증강이 이루어져야 하지만, 실제에 있어서 두 요소 간의 일관성을 보장하는 것은 말처럼 쉽지 않다. 따라서 대부분의 국가에서는 무기 · 장비 · 물자의 실체적인 증강에 일차적인 관심을 부여하고, 그러한 경성요소의 역량을 최대로 발휘할 수 있는 방향으로 연성요소를 발전시키는 경향을 보이고 있다. 한국이 1974년부터 추진한 "율곡사업"이 경성요소 증강에 중점을 둔 무기 · 장비 · 물자 증강의 전형적인 사례이다.

율곡사업

- 임진왜란 이전에 국방력 강화를 제안한 율곡(栗谷) 이이(李珥) 선생의 호를 사용하여 한국군이 1974년부터 진행한 군 현대화 사업인데, 미군의 일방적 철수에 의한 자주국방력 강화를 위한 사업으로서 필요한 무기와 장비의 국산화에 점을 두고 추진하였다.
- 제1차 율곡사업(1974~1981)에서는 박격포, 105/155밀리 곡사포, 3.5 "로켓포탄, 106밀리 무반동총, 소총, 대전차 지뢰, 수류탄과 같은 기본병기의 국산화에 중점을 두었다. 제2차 율곡사업(1982~1986)에서는 정밀무기 해외기술도입 생산과 기본병기의 국산화를 지속하였는데, KI 전차, K200 장갑차, 155밀리 자주포, 500MD 헬기 등을 생산하고, 고속정, 호위함, 초계함, 잠수함을 국한화하고, 공군을 제공호를 생산하면서 F-16 전투기를 도입하였다. 제3차 율곡사업(1987~1992)에서는 미래지향적 군사력 건설로 방향을 전환하여 해군의 경우 구축함과 잠수함을 생산하고, 공군은 KF-16 108대를 기술도입 생산으로 확보하기도 했다.
- 방위세를 신설하는 등 어려운 여건에서도 율곡사업 추진을 위하여 상당한 재원을 투자하였는 바, 정부재정만을 고려할 때 제1차 율곡사업에는 2조 7,702억 원, 제2차 율곡사업에는 5조 3,088억 원, 그리고 제3차 율곡사업에는 14조 1,741억 원 등 총 22조 2,531억 원을 사용하였다.

무기 · 장비 · 물자의 체계적인 증강과 관련하여 가장 핵심적인 사항을 무엇을 증강해야 할 것인가, 즉 '소요(所要, requirements)'를 도출하는 것이다. 이론적으로 이것은 적의 위협에 효과적으로 대응할 수 있는 군사전략이나 미래전에서 승리할 수 있는 작전수행개념에 기초하여 도출되는 것이지만, 그것이 말처럼 쉽지 않을 뿐만 아니라 현실적인 사항들을 무시할 수 없기 때문에, 실제로는 외국군이 증강해 나가는 추세나 내용, 경험적 지식을 바탕으로 군 수뇌부의 직관, 기술적 가용성, 재원의 가용성 등 다양한 요인들의 종합적 작용에 의하여 결정된다. 소요가 잘못 도출되면 그 이후 '획득(獲得, acquisition: 필요하다고 판단하는 무기 · 장비 · 물자를 자체 개발하거나 외국으로부터 구매하여 확보하는 모든 활동)'을 위한 장기간의 노력이 시행착오가 될 수도 있다는 점으로 인하여 군대에서는 정확한 소요의 도출을 보장하는 체계를 구축하는 데 상당한 노력을 기울인다. 특히 미래전에서 어떻게 싸우는 것이 효과적일 것이냐는 것을 연구하거나, 그러한 연구결과를 어떻게 소요로 구체화할 것이냐를 중심으로 제도를 지속적으로 발전시키고 있다.

한국의 경우 방위사업청을 별도로 창설하여 전문적으로 추진하고 있듯이 무기 · 장비 · 물자의 획득은 막대한 예산이 투입되는 중요한 사업이다. 수많은 요소가 개입되거나 이해관계가 복잡하게 얽힐 수밖에 없고, 천문학적인 자금이 사용되기 때문에 부정부패의 소지도 배제할 수 없다. 다수의 국가들이 무기 · 장비 · 물자의 증강에 관한 투명성과 효율성을 향상시키기 위한 노력을 경주하고 있지만, 투명성을 강화하려고 견제장치를 추가하면 효율성이 낮아지고, 효율성을 높이면 투명성을 보장하기 어려운 딜레마를 극복하는 것이 쉽지 않다.

무기 · 장비 · 물자가 중요한 것은 분명하지만, 그것만 발전된다고 하여 군대의 질이 높아지는 것은 아니다. 군대의 효과적인 전투력 발휘를 위해서는 무기 · 장비 · 물자 이외에 다양한 사항이 종합적으로 작용해야 하기 때문이다. 이러한 측면에서 미군에서는 "전투발전 분야(Combat Development Domain)" 또는 "DOTMLPF"로 호칭하면서 "교리(Doctrine), 조직(Organization), 훈련(Training), 물자(Materiel), 간부개발(Leadership Development), 인력(Personnel), 시설(Facilities)"에 걸친 종합적인 발전을 중요시하고 있다.

(3) 교리와 교육훈련

교리(doctrine)는 실전 경험, 전례 분석, 실험 등을 통하여 검증된 원칙과 절차를 정립하여 전체 군대에 통일적으로 적용시킴으로써 표준화와 효율성을 보장하려는 노력이다. 예를 들면, 차렷 자세는 어떻게 하고, 공격할 때 개인별로 위장은 어떻게 하며, 적 진지를 공격할 때 돌격선에서는 어떤 행동을 하고, 적에게 포로로 잡혔을 때는 어떻게 행동하느냐 등 군대의 모든 활동에 관하여 사전에 통일시켜 둔 내용이다. 형식적으로 볼 때 교리는 교범(Field Manual: FM)의 형태로 발간된 내용이지만, 넓은 의미에서는 군대에서 제정하여 사용하고 있는 각종 규정이나 절차도 교리에 포함시켜 인식할 수도 있다.

교리를 익히는 것이 훈련(training)이다. 군대에서는 간부들의 역량을 새롭게 개발하는 것은 교육(education)이라고 하고, 알고 있는 사항을 숙달하는 것을 훈련이라고 하는데 통상적으로는 '교육훈련'이라고 하여 통합하여 관리한다. 교육훈련을 통하여 군대는 보유하고 있는 무기 · 장비 · 물자의 효능을 극대화하고, 개인적인 역량을 전체의 역량으로 효과적으로 전환시키게 된다. 교리를 체질화하는 것이 교육훈련이라고 할 수 있는데, 교육훈련을 하는 과정에서 교리를 수정 및 발전시킬 수도 있다.

전쟁대비 차원에서 각국 군대에서 비중을 두어 강조하고 있는 사항은 간부들에 대한 체계적이면서 지속적인 교육이다. 간부들이야말로 군대의 제반 과업에 대하여 핵심적인 결정을 내리고, 군대의 미래지향적인 발전방향을 정립하여 구현하는 주체이기 때문이다. 그렇기 때문에 대부분의 군대는 계급이 상승할 때마다 그에 상응하는 자질과 지식을 함양시키고 있고, 이것은 군사전문교육체계(Professional Military Education)라고 한다. 이외에도 현대의 군대들은 민간대학이나 외국 군사학교에서 공부할 수 있는 기회를 간부들에게 제공함으로써 시야를 넓히도록 하고 있고, 일과 후나 휴일을 활용하여 자기 스스로 공부하는 것을 장려하여 지원하기도 한다.

(4) 전쟁수행계획의 작성

전쟁수행계획은 국가의 최고 기밀에 해당되는 내용으로서, 정부 차원에서 종합적인 전쟁수행계획을 보유할 수도 있고, 군대의 작전계획을 지원하는 데만 초점을 맞춘 계획을 수립할 수도 있다. 어느 경우든 국가의 전쟁수행에서는 군대의 의견이나 계획을 충분히 반영하지 않을 수 없다. 명확하고 체계적인 계획을 보유할수록 전쟁수행을 위한 국가의 모든 노력이 효과적으로 통합될 수 있기는 하지만, 평화를 애호하는 민주주의 국가의 경우 그와 같은 계획을 발전시키거나 보유하는 것은 쉽지 않다. 따라서 대부분의 경우 군이 중심이 되어 발전시키고 있다가 유사시에 국가에 건의하여 시행하는 형태를 취할 가능성이 높다.

국가 수준의 전쟁수행계획은 엄격한 형식을 강조하는 군대의 작전계획과는 달리 특별한 형식을 갖는 것은 아니지만, 잠재적국이나 적국의 능력과 계획에 관한 분석과 판단, 국가의 전쟁목적과 목표, 전쟁수행의 일반적인 방향, 동맹을 포함한 국제관계의 추진 방향, 국가 자원의 동원, 국가 제 분야가 노력해야 할 과제, 군사작전에 관한 지침 등이 포함될 수 있다. 종합적인 하나의 문서로 작성할 수도 있고, 필요에 따라 하달한 지침들이 모여 전쟁수행계획을 구성하는 자유로운 방식도 가능할 수 있다. 다만, 전쟁상황이 심각해질수록 종합적이면서 체계적인 계획의 형태를 유지할 필요가 있다.

군사 부문에서의 전쟁수행계획은 평소에 유지해오던 군사전략을 전쟁의 상황에 맞도록 더욱 구체화한 내용이라고 할 수 있는데, 국가의 전쟁수행계획을 구현하고, 타 부문에 필요한 사항을 요청하며, 주요 작전부대에 달성해야 할 과업을 할당하고,

작전계획 양식

1. 상황(적 상황, 우군 상황)
2. 임무
3. 실시(작전개념, 예하부대 임무, 협조지시)
4. 행정 및 군수
5. 지휘 및 통신

부록

기타 필요한 지침과 방향을 제시할 수 있어야 한다. 이에 근거하여 작전부대들이 작전계획을 작성하게 되고, 말단 제대에 이르기까지 이러한 과정이 반복된다. 작전계획의 기본적인 항목은 앞 쪽에 제시되어 있다.

전쟁수행계획은 주기적인 연습(exercise)을 통하여 계획과 실행상의 문제점을 파악하여 지속적으로 보완해 나가는 것이 중요하다. 비용이나 공간이 충분하지 못하여 실제 연습이 제한될 경우에는 과학화된 모의기법을 활용하여 연습상황을 묘사하거나 전쟁수행계획의 타당성을 점검할 수 있다. 연습을 통하여 상·하 제대 간 개념과 방향의 일치 여부를 확인하고 조정할 수 있어야 한다.

(5) 동원태세 발전

동원(動員, mobilization)태세는 제반 국력을 군사력으로 전환시킬 수 있는 준비로서, 국가와 국민의 평시 부담을 최소화하면서 유사시의 총력전 수행을 보장하기 위한 장치이다. 대부분의 국가는 나름대로의 수준으로 위기나 전쟁상황 발생 시를 대비한 동원계획을 수립해두고 있다. 최소한의 군대 수준을 유지하면서도 일상생활에 전념하고자 한다면, 유사시 군사력을 증강할 수 있는 체계적인 계획과 체제가 준비해 두어야 할 것이기 때문이다. 그렇기 때문에 동원계획을 실행하는 조치는 국가가 전쟁으로 돌입한다는 의사표명으로서 다른 국가를 압박하거나 전쟁을 억제하는 수단으로 사용되기도 한다.

동원의 가장 핵심적인 기능은 전시에 군대가 필요로 하는 인력 및 물자를 적시적으로 지원하는 사항이기 때문에 모든 국가들은 위협의 긴박성과 국가적 여건을 고려하여 현역과 예비군을 균형된 비율로 유지하고 있다. 전쟁위협이 적은 국가일수록 현역을 최소규모로만 유지하다가 위기가 고조되거나 전쟁이 발발하면 국가를 동원하여 군대를 증강시키는 방식을 선택하게 된다. 이러한 국가일수록 동원계획이 체계적이고 효율적이어야 함은 물론이다. 대부분의 경우 국가의 동원은 전면전이 발생하여 국가의 존망이 위급해질 경우에 실시하는 것이지만, 미국의 이라크 전쟁이나 아프가니스탄 전쟁의 경우에서처럼 현역을 보강하거나 현역의 부담을 덜어주기 위하여 부분적이거나 일시적으로 예비전력을 동원하여 활용할 수도 있다.

전쟁의 효과적 대비 측면에서는 철저한 동원계획을 수립하고 시행하는 것이 요구되지만, 국민 생활의 편의성이나 국가경제의 효율성도 고려하지 않을 수 없다. 지나치게 완벽한 동원태세를 요구하면 국민들이 거부감을 갖게 될 수 있고, 국가경제에 악영향을 줄 수 있으며, 동원계획이 형식화될 우려가 있다. 따라서 동원태세는 안보상황과 기타 관련 요소들을 종합적으로 고려하여 실질성이 보장되는 가운데 적정한 수준으로 유지하는 것이 중요하다. 실제 행동이 필요한 부분, 계획발전만으로도 충분한 부분, 현황 파악만 필요한 부분을 구분하여 적절하게 조치하고, 주기적으로 점검할 필요가 있다. 한꺼번에 모든 것들을 총동원(full scale mobilization)하는 것보다는 상황에 맞는 부분동원(partial mobilization)을 잘 활용하는 것이 효과적일 수 있다.

(6) 즉각 대응태세 유지

전쟁대비와 관련하여 중요한 사항 중의 하나는 어떠한 경우에도 기습을 허용해서는 안 된다는 것이다. 아무리 체계적으로 전쟁에 대비해 왔다고 하더라도 기습공격을 받으면 제대로 전력을 발휘할 수 없기 때문이다. 상비군을 작은 규모로 유지하는 국가일수록 적의 침략을 사전에 인지하여야 대규모 동원을 시행할 여유를 가질 수 있다.

기습의 방지를 위해서는 적국이나 잠재적국의 동향에 대해서는 항상 철저하게 감시하는 태세를 구비해야 하고, 초기에 즉각적으로 대응하는 부대를 지정하여 철저한 대비태세를 유지하도록 하며, 상황이 긴박해짐에 따라 강화되는 대비태세의 정도를 설정하고, 그에 맞도록 대응계획을 준비하여 연습해두어야 한다. 특히 적의 활동 중에서 도발 징후(徵候)로 볼 수 있는 항목들을 시간적인 순서나 중요성의 비중별로 분류하고, 이들을 집중적으로 감시, 평가, 종합하여 적 군사활동의 의도와 능력을 경고할 수 있어야 한다. 그리고 징후의 정도에 상응하도록 감시 및 대비 정도를 단계적으로 격상시킬 수 있는 체제를 구축해두어야 한다.

국민들의 경우 민간방위체제를 구축하고, 위기나 전쟁상황 발발 시 채택해야 할 행동들을 숙달 및 보완하기 위한 연습을 주기적으로 실시할 필요가 있다. 미래전은 전후방의 구분이 없을 뿐만 아니라 공중공격을 통하여 종심의 국가지도부나 핵심적인 산업시설을 집중적으로 타격하는 방식으로 진행될 가능성이 크기 때문이다. 모든 지역사회는 군대 및 관공서와의 긴밀한 협조를 바탕으로 스스로 필요한 시설을 방어하거나 피해를 복구하는 체계를 정립함으로써 기습에 대한 대응력을 강화하고, 그 결과로서 군인들로 하여금 작전 및 전투 수행에 노력을 집중하도록 해야 한다.

3. 정부의 군 전쟁대비 관여

총력전이라고 하지만 평시 전쟁의 대비는 군이 중심이 되어 수행한다. 그럼에도 불구하고 정부가 직접 고민하거나 관여해야 할 사항은 없지 않다.

(1) 적정 대비수준 제시

군대와 관련하여 답변되기 어려운 상태로 계속 회자되는 질문은 "얼마 정도면 충분하냐?(How much enough?)"이다. 미래는 불확실하고 위협은 다양하기 때문에 누구도 이 정도면 충분하다는 전쟁대비의 수준을 단정하여 제시할 수가 없기 때문이다. 그래서 대부분은 만전지계(萬全之計) 차원에서 다소 과도하더라도 방위충분성을 보장할 수 있는 수준으로 전쟁대비를 하고자 하고, 일부는 그것이 지나치다면서 비판하는 것이다.

군대의 입장에서는 당연히 더욱 안심할 수 있는 충분한 수준의 전쟁대비를 요구하게 된다. 외부위협으로부터 국가와 국민을 보호할 수 있는 군사력 수준에다가 안전여유(safety margin)까지 요구할 가능성이 크다. 그러나 군대의 요구를 그대로 수용할 경우 상당한 국방예산이 소요되어 경제 등 국가발전을 느리게 만들 것이고, 나중에는 필요한 국방예산을 충당하지 못하는 상황이 될 수 있다. 따라서 정부는 국방에서도 최소한의 투자로 최대한의 효과를 산출할 것을 강조하지 않을 수 없다. 그래서 전쟁대비에서는 군의 효과성(effectiveness) 요구와 정부의 효율성(efficiency) 요구가 균형을 잡아나가는 모양을 보이게 된다.

국가 차원에서 전쟁대비의 효율성을 강화하고자 한다면, 총력방위태세를 확립하는 것이 최우선 과제이다. 군대는 필수적인 전쟁대비에만 전념하도록 전문화하면서 국민들이 나머지 일반적인 부분을 담당하는 것이다. 동원태세를 확립하여 유사시 국민들이 바로 군인으로 전환하거나 민간자원을 바로 군사자원으로 전용하도록 준비하는 것이다. 동원태세가 확립되어 민간에서 군대로 전환하는 속도가 높아질수록 평시 상비군의 규모나 국방예산 투자를 줄일 수 있고, 그렇게 되면 경제성장도 지속되면서 나중에 가용한 국방예산도 늘어나는 순순환 구조가 된다.

또한 동맹 등을 통하여 다른 국가의 군사력을 활용하는 것도 효율적인 전쟁대비 방법이다. 비록 동맹관계를 맺으면 당연히 동맹국으로 인하여 국제관계에서 제약이 따를 수밖에 없지만, 그만큼 군사력을 절약하여 경제발전에 투자할 수 있는 것은 분명하다. 특히 강력한 군대를 가진 국가와의 동맹은 이러한 점에서 매우 효과적이고 유용하다. 그렇기 때문에 상당수의 국가들이 미국과 동맹관계를 체결하고, 냉전이 종식된 이후에도 그 관계를 그대로 유지하고 있는 것이다.

국방예산의 효율적 사용에 관해서도 정부는 상당한 관심을 갖지 않을 수 없다. 군대의 경우 비밀로 유지되는 사항이 많고, 군대 자체의 폐쇄적인 정서나 문화가 많아서 효율성이나 투명성이 미흡할 소지가 없지 않기 때문이다. 다만, 군대의 경우 미래의 불확실한 다양한 상황에 대비해야 할 뿐만 아니라 군대의 무기 및 장비는 어떤 환경에서도 작동해야 한다는 점에서 낭비적으로 보이지만 불가피한 부분도 적지 않다. 꼭 필요한 부분만 확보하거나 가능성이 높은 각본에만 대응하다가는 그러한 취약점을 집중적으로 공격하는 적에 의하여 패배할 수 있기 때문이다.

정치지도자가 관심을 가져야 하는 중요한 사항은 첨단 무기체계의 개발이다. 이것은 상당한 기간과 예산을 소요함은 물론이고, 실패의 위험성도 크기 때문에 정치지도자가 강력하게 후원하지 않을 경우 적극적으로 추진하기 어렵다. 그러나 첨단무기야말로 전략적 상황을 근본적으로 바꿀 수 있는 중요한 전쟁대비 노력이다. 따라서 국가 차원에서 첨단 전력개발을 책임지는 전문적인 기관을 조직하고, 이 조직에게 첨단 전력개발의 기획으로부터 시행에 이르는 모든 사항에 대한 책임과 권한, 충분한 인원과 예산을 보장함으로써 독립성을 보장할 필요가 있다. 이러한 개발기관을 중심으로 군대, 국가 차원의 과학기술 발전 기관, 방위산업체 등이 유기적인 협력관계를 형성할 수 있도록 정치지도자는 관심을 가질 필요가 있다. 첨단 전략과 관련하여 미군이 적용한 새로운 접근방법을 소개하면 아래와 같다.

나선형 개발과 진화적 획득

- 나선형 개발과 진화적 획득은 부시(George W. Bush) 행정부의 럼스펠드(Donald H. Rumsfeld) 국방장관이 강조한 사항으로서, 컴퓨터 소프트웨어 개발에 사용되는 나선형 개발(spiral development)을 첨단 무기 및 장비의 개발에 적용하여 획득기간을 단축하는 방식을 말한다. 개발과 구매를 포괄하는 개념으로는 진화적 획득(Evolutionary Acquisition)이라고 부른다. 나사의 모양처럼 다소의 시행착오는 거치지만 전체적으로 바른 방향으로 간다는 의미이다.
- 전통적인 무기 및 장비 개발은 필요한 최상의 성능을 제시한 후에 이를 구현하기 위해 수년을 노력하고, 그것이 완성되면 시험하여 실전 배치하게 된다. 그러나 이것은 너무나 긴 시간이 소요되고, 성공률도 높지 않으며, 특히 기술의 수명주기가 짧은 현 시대에는 맞지 않다. 대신 컴퓨터가 286, 386, 486, 586으로 개량을 지속해 나가는 것처럼 가용 기술을 적용하여 일단 어떤 수준의 무기나 장비를 개발하고, 필요할 경우 배치까지 한 다음에 성능을 계속 보완해 나가는 방식이다.
- 당시 부시 행정부는 2004년 탄도미사일방어(Ballistic Missile Defense) 무기체계를 최초에 배치할 때 이러한 방식에 의존하였고, 이후에는 다른 다양한 무기 및 장비의 개발에도 확대하여 적용하였다. 첨단개념기술시범(Advanced Concept Technology Development: ACTD)이라는 명칭으로 가용한 개념이나 기술로 일단 원형을 만들어 시범을 본 후 채택이나 개량 여부를 결정하기도 한다. 한국도 ACTD를 학습하여 시행하고 있으나 성과는 기대에 미치지 못하는 상황이다.

(2) 군대의 전문성 보장

군대의 전쟁준비에 관하여 정부가 유의해야 할 중요한 사항은 군의 독자성과 전문성(professionalism)의 보장이다. 군의 무기와 장비, 교리 등의 고유한 영역은 일반인들이 쉽게 이해하기 어려운 전문성과 복잡성을 내재하고 있을 뿐만 아니라 군 나름대로의 사명감과 문화가 있어 이를 존중하는 것이 중요하기 때문이다. 특히 군은 총과 포로 대표되는 국가의 폭력을 소유하면서 관리하는 집단이기 때문에 제대로 관리하지 못하면 그 폭력이 국내적으로 행사되는 사태를 유발할 수도 있다. 특히 장교집단은 전문집단으로서의 전문성(expertise), 책임성(responsibility), 단체성(corporateness)을 보유하고 있다는 점에서 그 위상을 특별하게 존중해줘야 한다고 강조되고 있다.

실제로 이러한 군의 전문성은 전 세계적으로 공통성을 보유하고 있고 상호인정하고 있다. 세계의 모든 국가들이 군대의 고유성을 보장하고 있고, 군복을 비롯한 군대 나름의 독특한 문화를 인정하고 있다. 세계 각국의 군인들이 수시로 방문하여 유대관계를 강화하고 있고, 계급도 공통적으로 존중하고 있다. 연합작전에서 보듯이 국가 간 공통적인 교리와 규칙도 발전되거나 적용되고 있다. 특히 전시에 군사령관이나 작전장교는 쉽게 대체할 수 없고, 단기간에 육성되지도 않는다. 따라서 정치지도자는 군 통수권자라는 권위에 의하여 필요할 경우 평소에도 군을 통제하지만, 동시에 군의 전문성을 침해하지 않도록 유의할 필요가 있다.

이러한 측면에서 헌팅톤(Samuel P. Huntington, 1927~2008)은 문민통제(civilian control)의 개념을 정립하여 정부와 군의 상호존중을 강조하였다. 그는 주관적 문민통제(Subjective Civilian Control)와 객관적 문민통제(Objective Civilian Control)로 구분하고 있는데, 전자는 정치지도자가 주관적인 기준으로 군대를 통제하는 데 중점을 두기 때문에 자칫하면 군국주의로 빠지거나 군을 경시하게 되어 유사시 군이 본연의 임무를 제대로 수행할 수 없게 될 수도 있다. 따라서 정치지도자와 군대가 상호존중하는 객관적 문민통제가 되어야 한다는 것이다. 그에 의하면, 현대의 군대는 철저한 정치적 중립성을 유지함으로써 외침을 방어하기 위한 폭력을 정부나 국민을 향하여 사용하는 일이 없도록 유의해야 하고, 대신에 정부는 군의 전문성을 철저히 존중한다는 태도를 견지하여 중요한 사항 이외에는 간섭하지 않은 채 군 스스로 결정하도록 충분한 재량권을 부여하면서 군이 건의하는 사항은 가급적 수용하는 태도를 보여야 한다는 것이다.

민주주의가 정착되면서 헌팅톤이 주장하는 객관적 문민통제가 정착되는 추세를 보이고 있다. 다만, 국민에 의하여 선발된 정치지도자들이 정치적 권위만을 강조하면서 군대에 대한 인사권을 지나치게 확대하여 행사하거나 정치적 성향에 따라서 군대를 임의적으로 관리함으로써 주관적 문민통제의 요소가 일부 재부상하는 경향이 발견되고 있다. 또한 최근 전 세계적으로 전쟁이 드물어짐에 따라서 군의 전문성도 약화되어 군 스스로 정치지도자의 성향에 지나치게 편승하는 측면도 나타나고 있다. 객관적 문민통제를 보장하기 위한 정치지도자와 군의 공동 노력이 필요한 상황이다.

(3) 국방개혁 독려

원래 국방분야의 개혁은 국방부와 군대가 책임을 지고 시행하는 사항이다. 미래의 전쟁상황에서 승리하기 위한 작전수행개념을 개발하거나 이를 구현하기 위한 무기와 장비를 획득하는 것을 정치지도자가 관여하기가 어렵고, 군의 전문성을 보장해주는 것이 필요하기 때문이다. 한국의 경우 대통령이 군 출신이던 때는 국가지도자가 직접 지침을 주기도 했지만, 대부분 자주국방력을 조기에 강화하기 위한 노력이었고, 그 외의 정치적 의도는 포함되지 않았다.

상황에 따라서 정치지도자는 국방개혁을 독려할 수도 있다. 정치지도자는 군 통수권자이고, 군을 정치적 요구나 환경의 변화에 적응시켜야 할 필요성이 발생할 수 있기 때문이다. 프랑스의 경우에는 징병제를 모병제로 전환한다는 정치적 결정을 구현하기 위하여 1996년부터 대대적인 국방개혁을 추진하였다. 미국은 냉전에서의 승리로 소련이라는 주적이 소멸됨과 더불어 정보화 시대로 진입함에 따라서 당시 갓 출범한 부시 행정부의 럼스펠드 국방장관이 "국방변혁(Defense Transformation)"이라는 이름으로 대대적인 국방개혁을 추진하였고, 이것은 2001년 9·11 사태가 발생함으로써 더욱 가속화되기도 했다.

한국의 경우에도 1993년 김영삼 정부가 들어서면서 '하나회 척결' 등으로 군의 대대적인 변화를 도모하였고, 1998년 김대중 정부에서도 시행하지는 못했지만 남북화해협력시대에 부합되는 군대로의 변신을 위한 포괄적인 국방개혁 계획을 수립하기도 했다. 그러다가 2003년 노무현 정부가 등장하면서 한미연합사령관이 행사하고 있는 전시 한국군에 대한 작전통제권을 환수한다는 정치적 의제를 지원하기 위한 목적으로 '국방개혁 2020'이라는 명칭으로 대대적인 국방개혁이 추진되었고, 이것이 법제화됨으로써 아직까지도 지속되고 있다.

국방개혁이 지속되고 있다는 것은 바람직한 현상이 아니다. 개혁은 지금 당장 문제가 존재하기 때문에 정상과는 다른 속도와 폭의 변화를 추구해야겠다고 판단하여 시행하고 있는 급진적인 방식이기 때문이다. '개혁'과 같은 특별한 슬로건이나 집중적인 노력없이 평시의 정상적인 활동을 통하여 지속적으로 군대를 발전시키는 것이 정상이고, 최선이다. 또한 어떤 대대적인 슬로건을 사용하여 통상적인 군대의 발전 방향을 전환할 경우 바람직한 방향으로 조기에 변화할 수도 있겠지만, 예상치 않던 다양한 부작용에 직면하거나 편향된 방향으로 진행되어 상당한 시행착오를 겪을 수도 있다. 특히 민주주의 국가의 경우 행정부의 교체로 일관성이 보장되지 못할 수도 있고, 상당한 시간과 노력을 투입하여 거창한 계획을 수립하곤 하지만 제대로 구현이 되지 못한 상태에서 또 다른 계획으로 대체됨으로써 계획 수립 노력만 반복될 가능성도 적지 않다. 실제로 한국군은 '국방개혁 2020'을 추진하였으나 <표 9-2>에서 보듯이 행정부 교체 시마다 계획을 변경함으로써 일관성과 개혁의 속도가 훼손되기도 했다.

표 9-2 ‖ '국방개혁 2020' 추진계획

시 기	정 부	계획의 명칭	주요 내용
2005.9	노무현 정부	국방개혁 2020	2020년까지 예산 621조 원 투입 병력 50만 명으로 감축
2009.6	이명박 정부	국방개혁 2020 수정안	투입예산 규모 현실화 병력감축 목표 다소 상향 조정
2011.3	이명박 정부	국방개혁 307	73개의 단/중/장기 과제 식별 합동군사령부 설치
2012.8	박근혜 정부	'국방개혁 기본계획 12-30'	병력감축 및 무기획득 시기 연기
2018.8	문재인 정부	국방개혁 2.0	해공군 전력에 중점 병력감축 가속화

제3절 전쟁의 수행

과거에 전쟁은 군대가 전적인 책임을 지고 수행하였고, 정치지도자는 군대의 전쟁수행을 지원하면서 그 결과를 수용하는 방식이 대부분이었다. 그러나 현대의 총력전은 정부의 수반이 중심이 되어야 하고, 그렇게 되고 있다. 국가안보가 전쟁의 수행까지 포함하지 않을 수 없는 이유이다.

1. 개념과 필요성

전쟁수행은 정부가 군대를 포함한 국가의 모든 역량을 총동원하여 전쟁을 종료시키고 평화를 회복하려는 노력으로서, 그 범위와 내용은 시대와 더불어 변화되어 왔다. 군대 간의 대결 결과에 의하여 전쟁의 승패가 결정되던 시대에는 국가의 전쟁수행도 군사지휘관이 담당하여 필요한 요구사항을 제기하였다. 정치지도자가 군사지휘관을 겸직하는 경우는 그렇지 않았지만, 그 반대이면 정치지도자는 군사작전의 결과를 기다리기만 했다. 그렇기 때문에 중국의 병서에서는 전쟁터에 나간 장수에게 정치지도자가 간섭하지 말 것을 요구하고 있고, 독일의 루덴도르프(Erich Ludendorff)는 제1차 세계대전을 치룬 이후 전시에는 국가보다 군사적 필요성이 우선되어야 한다고 주장하기도 했다.

그러나 현대의 총력전에서는 군사지휘관이 전쟁의 결과를 결정하거나 전쟁의 수행 과정을 배타적으로 전담할 수는 없다. 군사가 여전히 중요한 것은 사실이지만 외교, 경제, 사회 등을 망라하는 전체의 한 부분이어야 하고, 정부의 수반이 최종적인 결정을 내려야 한다. 군대에 관한 지휘권은 보장되지만, 전쟁의 목적이나 목표, 주요 군사작전 방향에 관해서는 정부의 지침에 따라야 한다.

민주주의가 고도로 발달한 현대의 국가에서는 군사적 고려사항보다 정치적 환경과 결정이 더욱 지배적일 수밖에 없다. 국민들의 요구에 끊임없이 부응해야 하고, 상대 국가도 마찬가지일 것이기 때문이다. 군사작전이 전개되기 이전이나 이후는 물론이고 치열한 군사작전이 수행되는 와중에도 정치적 사항이 수시로 영향을 준다. 군사적으로 어떤 결과를 달성했다고 해서 자체적으로 종결될 수 없고, 정치 및 외교를 통하여 활용 및 확대될 때 비로소 완결된다. 현대의 군대 또한 과거처럼 군사작전만 수행하는 것이 아니라 해당지역의 안정화 등 정치적 성격이 포함된 임무를 수행할 수밖에 없고, 군대 이외에 정치, 경제, 사회, 외교 등의 다양한 영역을 통합적으로 활용하지 않을 수 없다.

현대전의 효과적 수행을 위해서는 국제적인 역량과 활동도 효과적으로 동원 및 통합하지 않을 수 없다. 제2차 세계대전 이후 동맹 개념이 확산되고, 지역 및 세계단위에서 집단안보체제가 구축되었으며, 다수 국가의 연합(coalition)을 통한 전쟁수행이 일상화됨에 따라 자국의 국력이나 군사력과 함께 다른 국가의 국력이나 군사력도 효과적으로 통합해야 하고, 다른 국가의 사정도 반영해야 하기 때문이다. 정부가 나서서 동맹 및 우방국과 필요한 사항을 조율해야 하고, 따라서 군사적인 측면에서만 전쟁을 수행하기가 어렵게 되었다.

이러한 점에서 볼 때 현대의 전쟁은 정부가 군사작전의 기본적인 방향도 제시하고, 국가의 역량을 총동원하며, 다른 국가와의 협력을 추진해야 한다. 군사지휘관은 정부의 지침 내에서 군사작전을 수행해야 한다. 결국 현대전의 주체는 정부가 되는 것이며, 정부의 수반이 군 통수권자로서 직접 전쟁을 수행하게 된다.

2. 체 제

국가마다의 상황과 여건에 따라서 다르지만, 대부분의 국가들은 전시에 정부, 군대, 국민의 요소들을 효과적으로 통합할 수 있는 체제를 정립하고, 지속적으로 발전시키고 있다. 최근에는 대통령이나 수상을 비롯한 정부 수반의 역할이 강화되고 있는 추세이다. 클라우제비츠의 '삼위일체론'에 근거하여 정부, 군대, 국민별로 전쟁 동안에 노력해야 할 방향을 제시하면 다음과 같다.

(1) 정 부

현대전에 있어서 정부는 과거에 비해서 더욱 적극적인 역할을 수행해야 한다. 군대와 상의는 해야겠지만, 정부는 전쟁을 통하여 달성해야 할 목적과 목표를 설정하고, 그러한 목적과 목표를 달성할 수 있도록 계획을 수립하면서, 그러한 계획의 구현에 필요한 모든 국가적 조치들을 시행해야 한다. 정부는 "평시 → 전시 → 평시", 또는 "전쟁억제 → 전쟁수행 → 전쟁억제"의 전환과 수행에 관한 제반 결정을 내리고, 그러한 결정의 시행을 위한 강제력을 발동하거나 집행한다.

정부의 전쟁수행활동에서 가장 핵심적인 역할은 행정부의 수반, 즉 전시의 총사령관(Commander-in-Chief)이다. 그는 전쟁의 수행, 국민들의 지지 확보, 국제적 협력 보장, 전후 평화구축에 관한 제반 사항에 관한 최종적인 결정을 내린다. 국가별로 의회와의 사이에 일정한 역할을 분담하거나 견제하는 장치를 만들고는 있지만, 대부분의 경우 행정부 수반에게 전쟁수행에 관한 충분한 권한을 부여하고 있다. 한국의 경우에도 아래 설명에서 제시되고 있듯이 대통령은 국군통수권자로서 선전포

헌법상 전쟁에 관한 대통령 권한(대한민국)

- 제66조 ② 대통령은 국가의 독립·영토의 보전·국가의 계속성과 헌법을 수호할 책무를 진다.
- 제72조 대통령은 필요하다고 인정할 때에는 외교·국방·통일 기타 국가안위에 관한 중요정책을 국민투표에 붙일 수 있다.
- 제73조 대통령은 조약을 체결·비준하고, 외교사절을 신임·접수 또는 파견하며, 선전포고와 강화를 한다.
- 제74조 ① 대통령은 헌법과 법률이 정하는 바에 의하여 국군을 통수한다.
- 제76조 ② 대통령은 국가의 안위에 관계되는 중대한 교전상태에 있어서 국가를 보위하기 위하여 긴급한 조치가 필요하고 국회의 집회가 불가능한 때에 한하여 법률의 효력을 가지는 명령을 발할 수 있다.
- 제77조 ① 대통령은 전시·사변 또는 이에 준하는 국가비상사태에 있어서 병력으로써 군사상의 필요에 응하거나 공공의 안녕질서를 유지할 필요가 있을 때에는 법률이 정하는 바에 의하여 계엄을 선포할 수 있다.

고와 강화를 실시하는 권한을 보유하고 있고, 군사력의 운용을 포함한 대부분의 사항을 최종적으로 결정한다.

(2) 군 대

군대는 국가의 의지를 적에게 강요하기 위하여 특별히 육성 및 보유하고 있는 국가의 공식적인 강제력으로서, 평시에는 보유하고 있는 강제력의 사용을 위협함으로써, 그리고 전쟁이 일어나면 직접 사용하여 국가정책을 구현한다. 전쟁에서 핵심적인 사항은 적의 군사적 침략을 격퇴하는 것이기 때문에 이를 방어하는 군대는 당연히 국가 내에서 절대적인 비중을 갖는다. 정부는 예산이나 국가자원 활용 등의 모든 요소에서 군대를 최우선시할 것이고, 국민들도 이를 지원하면서 동원 과정을 통하여 군대에 참여하게 된다. 전시에 군대는 국가의 창끝이고, 그 외의 분야는 창대를 형성하여 군대를 지원한다고 해도 과언이 아니다.

군대는 군사작전의 성공을 보장하기 위한 모든 노력을 경주해야 한다. 이를 위하여 승리가 보장되는 계획을 수립 및 적용해야 할 것이고, 그것을 지원할 수 있는 체계적인 군수지원 체제를 가동하며, 승리를 위하여 필요한 사항이 있을 경우 정부에게 요구하여 조치받아야 한다. 군사지휘관은 충분한 재량권을 발휘하되 중요한 사항은 국군통수권자인 정부 수반에게 즉각적으로 보고해야 할 것이고, 필요시에는 국민들에게 전황을 설명할 필요도 있다. 어느 경우든 군대는 군사작전의 승리를 위해 모든 지혜와 역량을 투입하는 모습을 보여줘야 하고, 승리라는 결과로 정부과 국민에게 보답해야 한다.

(3) 국 민

과거의 국민(군인을 별도로 제외한 국민)들은 전쟁수행과는 무관한 상태에서 그 결과만 적용받았지만, 국민국가의 등장 이후에는 스스로가 전쟁수행의 주체로 나서게 되었다. 현대전에서 국민들은 전쟁의 희생자나 부담이 아니라 군대를 유지 및 보충하고, 국가를 지탱하는 적극적인 역할을 수행한다. 나아가 과거에 군대가 수행하던 역할 중의 일부분을 대행함으로써 군대로 하여금 더욱 중요한 임무에 집중하도록 보장한다.

국민들은 정부의 결정에 따라 군인으로 전환하여야 하고, 군의 물자 및 인력 동원에 적극적으로 협력해야 한다. 전쟁을 수행하더라도 국가사회는 정상적으로 운영될 수 있도록 각자의 일에 충실하되, 민방위 개념에 의하여 전쟁으로부터 피해를 최소화하거나 후방지역에 발생하는 전쟁의 피해는 스스로 복구할 필요가 있다. 무엇보다 정부와 군의 전쟁수행을 적극적으로 지지함으로써 국가의 일체화된 의지와 노력을 적에게 과시할 필요가 있다.

전쟁에 대한 국민의 영향

- 클라우제비츠의 『전쟁론』을 영어로 번역하기도 한 영국의 군사역사학자인 하워드(Michael Howard)는 1979년 "전략의 잊혀진 차원(The Forgotten Dimensions of Strategy)"이라는 제목의 논문에서, 전쟁의 수행에는 통상 작전적 차원, 기술적 차원, 군수적 차원만 강조되지만, 실제로 승패를 결정하는 것은 '사회적 차원(social dimension)'이라고 주장하였다. 이것은 전쟁에 대한 국민들의 단결과 의지라고 할 수 있는데, 핵전쟁에서는 더욱 이 부분이 중요하고, 이러한 점에서 전체주의 국가가 유리할 수 있다고 주장하였다.
- 예비역 대령이면서 언론인인 서머즈(Harry G. Summers, Jr, 1932~1999)는 클라우제비츠의 삼위일체론(Trinity)을 적용하여 미국의 베트남 전쟁과 걸프 전쟁을 분석하는 책자를 발간하였는데, 그는 미국의 베트남 전쟁 패배와 걸프 전쟁의 승리를 좌우한 결정적인 요소는 국민의 지지 여부였다고 결론을 내리고 있다.

3. 전쟁수행을 위한 정부의 주요 과업

전쟁에서 정부가 어떤 역할을 수행할 것인가는 각국의 상황과 여건에 따라 달라진다. 그중에서 핵심적으로 수행해야 할 몇 가지 과업을 제시하면 다음과 같다.

(1) 전쟁의 목적과 목표 정립

전쟁의 목적과 목표는 전쟁수행에 관한 의사결정의 최종적인 기준으로서 전쟁수행에 관한 특정한 조치를 허용하거나 제약하는 조건으로 기능하고, 전쟁에 대한 정당성의 근거로서 국민들의 의지를 결집시키며, 국제사회로부터 지지와 지원을 획득하게 하는 근거가 된다. 전쟁의 목적과 목표가 명확하지 않으면 군사작전을 통하여 달성해야 할 목표를 분명하게 제시하거나 군사작전의 범위를 한정하기가 어려울 수밖에 없다.

전쟁의 목적과 목표는 국가의 목적이나 목표에 부합되고, 국가의 능력으로 달성 가능하며, 이해득실의 계산상으로도 합리적이어야 한다. 가능하면 간명하고 명확한 내용으로 제시함으로써 모든 국민들이 쉽게 이해하고 그의 달성을 위하여 노력을 집중할 수 있도록 할 필요가 있다. 또한 전쟁의 목적과 목표는 일관성이 있어야 하지만, 상황에 따라 변화할 필요도 있다. 상황이 유리하면 확대될 수도 있고, 상황이 불리하면 축소될 수도 있으며, 상황이 전혀 다른 방향으로 진전되면 전혀 다른 내용으로 변화될 수도 있다.

(2) 전쟁수행계획 수립

전쟁수행계획은 전쟁의 목적과 목표를 달성하기 위한 개략적이거나 세부적인 방법을 제시하는 내용으로서, 구체성의 정도는 국가마다 다르지만, 어떤 형태로든 이것은 구비해야 하고, 절대적인 비밀로 유지해야 한다. 사전에 발전시켜 두었다가 실제적인 상황을 반영하여 수정하는 것이 일반적이지만, 여의치 않다면 전쟁이 발발한 이후라도 신속하게 발전시켜야 한다.

전쟁수행계획에는 전쟁의 목적과 목표, 기본적인 수행방향, 개전의 시기, 전쟁의 단계와 단계별 목표, 군사작전에 관한 지침, 군사력의 증강에 관한 사항, 국가와 국민의 동원, 동맹 및 국제관계에 관한 내용, 종전의 조건과 방향, 기타 전쟁수행에 있어서 중요한 사항 등 전쟁수행에 관한 핵심내용이 포함된다. 필요할 경우에는 전략적인 차원에서 적을 기만하기 위한 방책이나 첨단 과학기술을 활용한 비밀 무기 및 장비의 개발을 추진하는 것도 포함될 수 있다. 방어의 입장에서도 나름대로의 전쟁수행계획을 수립해야 전체적인 전쟁수행 노력이 체계성과 일관성을 가질 수 있다.

(3) 유리한 국제환경 조성

세계의 모든 국가들은 유엔이나 개별적 국제관계를 통하여 긴밀하게 연결되어 있기 때문에 국제환경의 유리함과 불리함은 군사작전의 승패뿐만 아니라 전쟁의 정치적 성과를 결정하는 데도 결정적인 중요성을 지니고 있다. 따라서 우리를 지원하는 국가는 늘리고, 반대로 적을 지원하는 국가는 줄이는 방향으로 적극적인 전시외교를 진행해야 한다. 나아가 현대에는 세계 여론도 중요하기 때문에 전쟁수행 간에도 국제법과 국제여론을 존중해야 할 것이고, 특히 국제사회에서 전쟁범죄로 규탄받거나 문제시되는 상황이 발생하지 않도록 유의할 필요가 있다.

전쟁수행에 관한 국제환경 조성에서 결정적인 것은 동맹국들과의 관계를 강화하고 필요한 지원을 획득하는 것이다. 동맹국과 함께 침략국을 규탄하거나 집단적 자위권을 발동하여 전쟁수행의 정당성을 강화하고, 동맹국으로부터 군사력이나 군수물자를 지원받아 적국과의 군사력 균형을 유리하게 변모시킬 수 있어야 한다. 이를 위하여 위기단계에서부터 동맹국과 긴밀하게 협의하고, 제반 상황과 정보를 적시적으로 공유하며, 연합전쟁을 수행할 경우에는 조기에 연합지휘체제를 수립하여 노력의 누수가 발생하지 않도록 만들어야 할 것이다.

(4) 국가 제역량의 통합

전쟁에서의 승리는 단기적으로는 군사작전의 결과에 의하여 결정되지만, 장기적으로는 전체적인 국력의 다과와 운용의 효율성에 의하여 결정된다. 전쟁에서의 승리를 보장하는 방향으로 국가의 모든 역량을 통합해야 하는 이유이다. 외교부서에서는 전쟁의 승리를 위한 국제적 여건을 조성하거나 전쟁 자체의 국제적 효과를 극대화하고, 정보 관련 부서에서는 전쟁의 향방을 좌우할 수 있는 결정적이고 정확한 정보를 분석해 내어야 하며, 경제부서에서는 경제적인 측면에서 군사를 효과적으로 지원할 수 있어야 하고, 행정부서에서는 국민 각자가 전쟁에 최대한 기여할 수 있도록 체제를 구축하여야 한다. 다양한 비정부기구들의 협조도 획득 및 통합할 수 있어야 한다.

국민들에게 전쟁에 대한 정당성을 주지시키고, 승리에 대한 확신을 갖게 하며, 전황을 정확하게 이해하도록 함으로써 총력전을 보장하는 것도 중요한 사항이다. 미국의 베트남 전쟁 패배에서 나타났듯이 아무리 군사력이 강하더라도 국민들이 전쟁의 정당성과 목적에 대하여 확신하지 못하거나 자발적으로 희생을 감수하겠다는 의식을 갖지 않은 상태에서는 전쟁에서 승리하기 어렵기 때문이다. 국민들의 적극적인 참전의지야말로 국가지도층이 가장 신경을 써서 노력해야 하는 과제이다.

(5) 군사작전 지도

국군통수권을 보유하고 있다는 점에서 제도적으로는 행정부의 수반이 군대를 통제하고 있지만, 대부분의 경우 정부는 군대가 달성해야 할 목표만을 제시하거나 군대에서 건의하는 사항을 승인해주는 정도로 관여함으로써 군대의 전문성을 최대한 존중하고자 한다. 그러나 최근에는 총력전이 강화되고, 시간 및 공간적 제약이 최소화됨에 따라 정부에서 군사작전을 적극적으로 조정 및 통제하는 것도 요구되거나 가능해지고 있다. 현대의 정부는 전쟁수행 과정에서 군대가 준수해야 할 강조사항과 금지사항을 제시하고, 군대의 주요 작전계획을 보고받으며, 필요하다면 그 준비 정도와 타당성까지도 검토한다. 정치지도자가 다양한 연습에 참가하여 필요한 과정과 절차를 익혀둘 필요도 있다.

실제로 전시에 정부의 수반이 전쟁수행에 끼치는 가장 결정적인 영향은 주요 군사지휘관들을 임명하거나 해임하는 일이다. 어떤 지휘관을 선택하느냐에 따라서 군사작전의 방향이 현저하게 달라질 수 있기 때문이다. 다만, 이 경우 군사적인 전문성을 최우선시하면서 정치적 고려나 개인의 선호도는 배제하고자 노력할 필요가 있다. 임명이나 교체한 이후에는 지휘관을 존중하면서 충분한 권한을 부여하고, 수시로 군사적인 사항을 토의하되 그들의 건의를 들은 후 결정하는 태도를 가질 필요가 있다.

(6) 종결노력

전쟁은 그것 자체가 목적이 될 수는 없기 때문에 정부는 전쟁의 개시에도 신중해야 하지만, 전쟁이 개시되었더라도 언제나 냉정하고 현실적인 시각으로 전황을 분석하고, 전쟁의 종결을 염두에 두어야 한다. 전쟁 자체에 몰두할 것이 아니라 '더 좋은 평화(a better peace)'를 위한 진통으로 전쟁을 활용할 수 있어야 한다. 따라서 전쟁 수행 과정에서도 피아(彼我)가 수용할 수 있는 종전의 조건과 방법들을 지속적으로 검토하면서, 그의 달성을 위한 외교활동을 전개하여야 한다. 전쟁이 아무리 치열하고 급박하더라도 그 자체에 휩쓸리지 않고 전쟁의 종결과 그 이후의 국가운영을 냉철하게 구상하는 능력이야말로 국가의 지도자가 구비해야 할 가장 필수적인 역량이라고 할 것이다.

이런 점에서 정치지도자는 전쟁을 개시하기 전에 국가 차원의 종결조건을 설정

전쟁의 수행과 지도

- 동양의 경우 과거 왕조시대의 전통에 근거하여 전쟁수행의 주체를 군대로만 인식하는 경향이 잔존하고 있다. 왕은 승리할 수 있다고 판단되는 지휘관을 선별하여 임명하고 나면 그를 신뢰하여 전권을 부여하면서 가능하면 군사문제에 관여하지 않은 것이 최선이라고 생각하였다. 전쟁을 '지도'한다는 개념이 비판없이 수용되는 이유이다. 승리를 위해서 불가피하다면 지휘관은 왕의 명령을 거역할 수 있어야 한다는 사고도 적지 않았다.
- 한국군의 경우 1970년부터 국방대학교와 육군을 중심으로 전쟁 긴박기, 전쟁 수행기, 전쟁 종결기로 구분하여 정치지도자가 담당해야 할 역할을 제시하였는데, 그때 사용한 용어가 '전쟁지도'이다. 이 '전쟁지도'라는 용어는 제2차 세계대전 이전에 일본의 장군이 기술한 책에서 차용한 것으로서, 민주주의 시대의 환경에는 맞지 않다. 현대의 국가지도자는 전쟁을 '지도'하는 것이 아니라 국가안보에 관한 책임을 담당하고 있는 최고의 사람으로서 국가의 전쟁을 '수행'해야 한다.
- 한국에서는 『전쟁의 지도』라는 제목으로 번역하여 사용하고 있지만, 풀러(J. F. C. Fuller)가 1961년 기술한 책의 영어 제목은 *The Conduct of War*로서, 직역하면 '전쟁의 수행'이다.

할 필요가 있고, 그를 전제로 군사작전의 범위를 한정해야 할 수도 있다. 정부가 설정한 조건을 달성하였거나 적이 종전제의를 할 경우, 전쟁수행이 곤란할 정도로 피해가 크거나 국민들의 전쟁수행의지가 약화되어 있는 경우, 세계여론이 종전을 압박하는 경우에는 종전을 고려하여야 한다. 당연히 전쟁종결에 지나치게 집착함으로써 전략적 수세에 빠지거나 전쟁의 일시적인 봉합에 그치지 않도록 유의해야 할 것이다.

토의주제

- 응징적 억제와 거부적 억제의 적절한 균형 방법은?
- 북한의 도발사례별 한국 정부의 노력을 "단호한 대응과 확전방지"의 두 측면으로 구분해본다면?
- 한국이 추진해온 '율곡계획'의 성과와 비판은?
- 한국군에 대한 객관적 문민통제 수준은?
- 정치지도자의 효과적 전쟁수행을 보장하기 위한 추가적인 대책은?

추천문헌

김재철(2016). "김정은 정권의 도발요인 분석과 재도발 억제전략." 『한국동북아논총』. 제79호, pp.111-130.

김성진(2020). "한국군 군사(軍事)위기관리체계의 효율성 제고방안 고찰: 통합방위체계를 주축(主軸)으로 하는 군사위기대응기구를 중심으로." 『군사논단』. 제101호, pp.140-170.

박헌옥(2010). "북한군의 6·25전쟁 준비와 평가." 『군사논단』. 제62호, pp.31-50.

박휘락(2018). "한국의 '국방개혁 1.0' 평가: 북핵 '위협'과 '대응'을 중심으로." 『국가정책연구』. 제32권 3호, pp.155-176.

박휘락(2009). "전시 작전통제권 전환과 국가의 전쟁수행: 개념과 과업의 분석." 『국제정치논총』. 제49권 1호, pp.375-399.

서상문(2016). "전쟁지도(戰爭指導) 개념의 몇 가지 문제 논고(論考)." 『군사논단』. 제85호, pp.100-124.

10 | 현대전 수행이론

전쟁의 양상이 변화함에 따라서 그에 맞도록 다양한 수행이론이 개발되어 왔고, 세계에서 가장 막강한 군대이면서 도처에서 전쟁을 수행하여 실전성이 높은 미군이 이러한 현대전 수행이론을 선도하고 있다. 미군이 채택한 바 있는 효과기반작전, 네트워크중심전, 분산작전 등을 개념, 발전배경, 의의, 취약점으로 구분하여 내용을 소개한다.

제1절 효과기반작전

1. 개 념

효과기반작전(Effects-based Operations: EBO)은 주어진 목표에 집착하지 않고, 그러한 목표를 확보하여 달성하고자 하는 '효과(effects)'에 주목함으로써 동일한 효과를 달성할 수 있는 다양한 다른 목표, 수단, 방법을 선택하여 융통성을 넓힐 수 있다는 개념이다. '효과'는 어떤 행위로 인하여 야기되는 결과일 것인데, 목표를 통하여 추구하는 효과를 고려할 경우 동일한 효과를 달성할 수 있는 다른 대안을 발견할 수 있고, 결과적으로 성공의 확률을 높이거나 최소한의 시간과 노력으로 동일한 효과를 달성할 수 있다는 접근이다. 그래서 효과기반작전은 작전수행개념이 아니라면서 '효과기반 접근(effects-based approach)'이라는 말을 사용해야 한다는 의견도 없지 않다.

효과기반작전을 실례를 들어서 설명한다면, 적의 도하를 차단(효과)하고자 교량을 확보(목표)하라는 명령을 받았지만 적이 교량 부근에 철저한 방어태세를 구축함으로써 교량의 확보가 어렵게 된 상황이라고 하자. 이때 적의 방어를 무력화시키려는 공격을 계속할 것이 아니라 지뢰를 매설하는 등 적의 도하 차단이라는 동일한 효과를 달성할 수 있는 다른 방법과 수단을 사용하면 된다는 사고이다. 그래서 효과기반작전에서는 군사적 행동으로부터 직접적으로 산출되는 효과를 직접적 효과(direct effects), 직접적 효과가 파급되어 발생하는 2, 3차적인 효과를 간접적 효과(indirect effects), 그리고 의도하지 않은 뜻밖의 효과를 부수적 효과(collateral effects)를 식별하고, 요망하는 효과는 극대화하면서 부정적인 부수효과는 극대화할 것을 강조한다.

효과기반작전은 미 공군이 중심이 되어 발전시켰는데, 적과 표적을 복합체계(System of Systems Analysis: SoSA)로 인식하여, 그 체계의 기능을 발휘하는 데 핵심적인 요소만을 공격함으로써 최소의 노력을 투입하여 최대한의 성과를 달성하고자 한다. 예를 들면, 적의 전력체계를 공격할 경우 발전소를 비롯한 모든 관련 시설을 타격하는 것이 아니라 전력 생산에 핵심적인 역할을 수행하는 몇 개의 표적만 타격함으로써 최소한의 노력으로 요망하는 효과를 달성한다는 것이다. 적 군단의 경우에도 그 군단의 역량 발휘에 핵심적인 요소가 군단장이라면, 군단장을 집중적으로 공략함으로써 최소한의 노력만으로 요망효과를 달성할 수 있다는 것이다. 그렇기 때문에 효과기반작전에서는 적에 관한 체계적이면서 정확한 평가를 통하여 적의 결정적인 취약점을 찾아내는 것이 강조된다.

2. 발전배경

효과기반작전이 지향하는 내용이 최근에 새롭게 강조된 것은 아니다. 그렇게 부르지는 않았지만, 효과기반작전의 방식은 오래전부터 적용되어왔기 때문이다. 『손자병법(孫子兵法)』의 핵심적인 주제 중 하나인 "전투하지 않은 채 적을 굴복시키는 것"도 힘들게 적의 군대를 파괴시키는 데(목표) 집착하지 않은 채 적의 굴복(효과)을 얻어낼 수 있는 다양한 방법을 찾아낼 것을 강조하고 있다. 제2차 세계대전의 초기에 미국은 베어링이 없으면 독일의 전쟁잠재력인 산업능력이 붕괴될 것이라고 생각하여 베어링 공장만 집중적으로 공격한 적이 있다. 그것이 기대했던 효과를 달성하지 못하자 후반기에 미국은 철도망을 집중적으로 공격함으로써 독일의 전쟁잠재력을 결정적으로 약화시켰는데, 이것은 모두 효과기반의 접근방식이다.

효과기반작전은 미 공군에 의하여 발전되었는데, 데프튤라(David A. Deptula) 당시 미 공군중령(나중에 중장으로 전역)이 1991년 걸프 전쟁에서 이러한 개념에 의하여 표적공격 계획을 작성하였고, 그는 나중에 논문을 발표하여 효과기반작전의 기본적인 개념을 제시하였다. 미 공군에서 이 효과기반작전을 집중적으로 발전시키도록 한 배경은 정밀타격 능력과 스텔스 기술의 발전이 공군력을 급증시켰기 때문이다. 이 두 가지 기술의 발달로 공군기들은 전후방 모든 표적을 동시에 공격하는 능력을 구비하게 되었고, 따라서 효과기반작전의 유용성이 가시적으로 입증되었다.

그 당시에 발달된 다양한 공중공격 이론도 효과기반작전 정립에 기여하였다. 대표적으로 미 공군의 워든(John A. Warden, III) 대령은 "5원 이론(five-ring theory)"을 통하여 인체와 마찬가지로 국가도 5겹의 원으로 방어되고 있다고 주장하면서 맨 가운데 지도부에 대한 집중공격의 필요성을 강조하였다. 즉, 과거에는 5겹 방어의 맨 바깥에 있는 야전군사력에서 시작하여 국민 → 기간시설 → 조직 필수요소 → 국가지도체제의 순서로 공격해야 했다. 그러나 현대의 기술적 성과를 활용하여 국가지도체제에 대한 우선적이면서 집중적인 공격을 감행함으로써 다른 부분에 대한 공격노력을 절약할 수 있고, 따라서 최소한의 노력으로 최대의 성과를 거둘 수 있다는 것이다. 이것은 모든 표적의 동시공격을 강조한다는 의미에서 병행전(parallel war)이라고 불렸는데, 이것이 효과기반작전을 통하여 더욱 체계화된 것이다. 5겹의 방어체제는 [그림 10-1]과 같다.

1991년 걸프 전쟁에서 미군은 정밀타격 및 스텔스 기술을 활용하여 최소한의 출격 회수(sortie)와 폭탄을 사용하여 요망하는 효과를 달성함으로써 효과기반작전을

그림 10-1 워든의 5원 이론

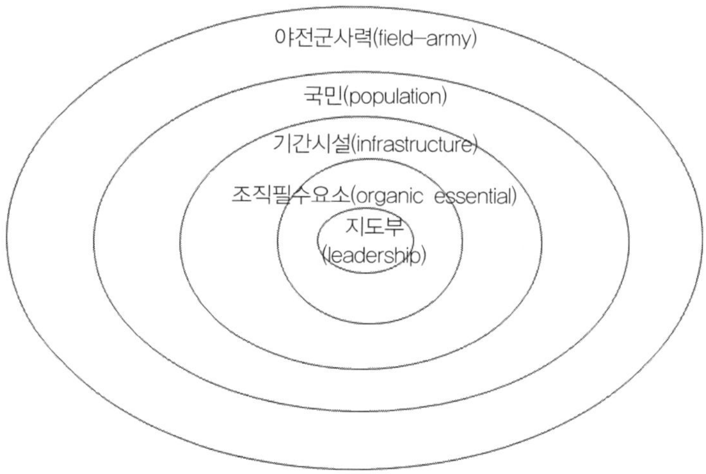

부각시켰다. 2003년의 이라크 전쟁에서는 공군작전뿐만 아니라 국가 전체 차원에서도 효과기반작전에 의해 전쟁을 수행하였다. 즉, 정규적인 전투작전보다 심리전이나 특수부대작전을 적극 활용함으로써 대규모 전투없이 이라크 굴복이라는 효과를 조기에 달성할 수 있었다. 이라크 전쟁을 시작하는 하루 전에 미 국방부에서 효과기반작전에 관한 내용을 설명하였을 정도로 효과기반작전은 미군의 중요한 전쟁수행개념으로 기능하였다.

그러나 효과기반작전이 강조되면서 '효과'에 대한 계량적 평가를 시도하였고, 따라서 수식화(數式化)로 흐르게 되었으며, 따라서 이에 대한 비판도 강화되었다. 특히 트럼프(Donald Trump) 대통령 시대에 국방장관을 역임했던 매티스(James N. Mattis) 당시 해병대장은 2007년 9월 합동전력사령관(Joint Forces Commander)으로 부임한 직후 이 용어를 사용하지 않도록 지시하였고, 실제로 그 이후에 이에 관한 언급은 급격히 줄어들었다.

효과기반작전은 한 때 한국군에서도 활발하게 토론되고, 반영에 노력하기도 했다. 그러나 수식화에 치우친 미군의 방식을 비판없이 학습함에 따라서 실질적인 성과는 거두지 못한 채 군사논의 현장에서 사라지고 말았다.

3. 의 의

효과기반작전의 가장 중요한 의의는 목표(표적), 수단, 방법의 선택과 식별에 있어서 융통성을 권장하고 있다는 것이다. 요망효과를 달성할 수 있는 다양한 목표(표적), 수단, 방법을 식별하고 선택하는 것을 강조하기 때문이다. 따라서 적의 체계 중에서 가장 취약한 부분을 찾아서 목표(표적)를 선정하게 되고, 소속이나 영역에 구애받지 않고 사용하거나 지원받을 수 있는 모든 수단과 방법을 고려하게 된다. 국가 차원에서 효과기반작전의 의도를 적용하게 되면 그동안 지원 차원에서 머물렀던 정치, 경제, 외교, 문화 등의 요소가 전쟁의 직접적인 수단으로 활용될 수 있다.

효과기반작전은 제반 군사행동의 인과관계와 이를 통한 일관성을 중시하고 있다. 효과기반작전은 국가의 안보목표에 부합되는 방향으로 모든 군사행동이 조직화되어야 한다는 점과 그를 위한 인과적 연결을 강조하고 있기 때문이다. 효과기반작전은 모든 군사행동이 상위의 목표와 상급지휘관의 지침에 논리적으로 부합될 것을 강조하기 때문에 전체 노력의 일관성이 강화될 수밖에 없다. '효과'를 기준으로 그러한 연결을 보장하고, 군사행동의 타당성을 평가하며, 평가결과를 계획에 반영하여 수정함으로써 전체 노력이 한 방향으로 집중하게 된다.

효과기반작전은 효율성의 개념을 전쟁수행에 도입하고 있다. 지금까지의 전쟁에서는 대부분 '효율적으로' 승리하는 것보다는 '승리'라는 최종적인 결과를 달성하는 것을 우선시하는 경향이 있었고, 따라서 승리하기만 한다면 대규모 전투력의 소모도 정당화될 수 있었다. 그러나 효과기반작전에서는 최소한의 전투력을 사용하여 특정한 목표를 달성하고, 그러한 과정에서 절약되는 여력을 다른 목표를 공격하는 데 사용함으로써 결과적으로는 전체적인 전투력의 효율성을 극대화하게 된다.

효과기반작전은 첨단 기술의 우위와 위력을 충분히 보장하고 있다. 첨단 감시장비를 활용하여 적 표적 중에서 핵심적인 취약점을 쉽게 발견할 수 있고, 정밀타격능력을 활용하여 적의 취약점을 정확하게 공격한다는 개념이기 때문이다. 현대의 부대들은 네트워크를 통하여 긴밀하게 연결되어 있기 때문에 특정한 표적에 대한 최선의 수단과 방법을 쉽게 발견하여 곧바로 임무를 부여할 수 있다. 기술의 발전 정도가 높은 국가일수록 더욱 높은 질의 효과기반작전을 구현할 수 있다.

4. 취약점

효과기반작전의 가장 큰 문제점은 파괴의 최소화를 강조함으로써 궁극적인 승리의 달성을 보장하지 못하거나 전후 처리를 어렵게 만들 수 있다는 것이다. 마비된 적은 일정시간 이후에 저항을 재개할 수 있기 때문이다. 특정한 작전에서는 효과기반작전의 접근이 타당하더라도 전체 전쟁의 시각에서 보면 적의 군사력을 어느 정도 소모시키는 것이 필요할 수도 있다. 2003년 미군은 효과기반작전을 사용함에 따라 이라크의 군사력을 소모시키지 못하였고, 따라서 안정화 작전에서 상당한 어려움을 겪었다. 테러리스트 등과 같은 적에 대해서는 소모전 이외에 더욱 효과적인 방법이 없을 수도 있다.

효과기반작전은 정밀타격능력에 지나치게 의존하는 점이 있다. 현대전에서 정밀타격능력이 유용한 것은 분명하지만, 그것만으로 전쟁의 승리를 결정할 수는 없고, 종국적으로는 지상군이 적 지역으로 진격하여 성과를 완결해야만 하기 때문이다. 정밀타격능력은 지속적으로 향상되어 왔지만, 여전히 악천후에 취약하거나 유도장치도 불완전하고, 매우 고가일 뿐 아니라 생산에 오랜 시간이 걸리며, 정치적인 고려에 의하여 사용이 제한되는 경우도 많다. 따라서 효과기반작전은 매우 선진화된 군대라야 제대로 구현할 수 있는 비싼 전쟁수행방식일 수 있다.

실제 전쟁에서 효과기반작전을 시행하는 데는 복잡한 절차와 조정을 필요로 한다. 효과기반작전의 성공을 위해서는 작전의 목표를 분명히 설정하고, 그에 따라서 요망되는 효과를 결정해야 하며, 그러한 효과를 달성하는 데 적절한 무기체계를 선정하고, 그의 시행을 위한 세부계획을 수립하며, 체계적인 협조를 보장할 수 있어야 한다. 충분한 시간을 두고 준비를 하는 경우에는 이러한 작업이 어느 정도 용이할 수 있으나 실전의 상황에서 이러한 요소를 모두 고려하여 공격계획을 수립하고 시행하기는 어렵고, 결국 제반 상황을 급박하게 처리해야 하는 각급 부대에게 부담으로 작용할 수 있다.

효과기반작전에서는 적에 관한 분석에 지나치게 많은 역량을 기울이는 경향이 나타나게 된다. 효과기반작전이 강조하는 사항 중의 하나는 모든 목표와 표적을 체계로 인식하여 그중에서 결정적인 중요성이 있는 부분을 파악하여 공격하는 것인데, 우선 그러한 파악이 말처럼 쉽지 않을 것이기 때문이다. 적을 하나의 복합체계로 인식 및 분석해야 한다는 말은 쉽지만, 급박하게 상황이 전개되는 전시에 복합체계를 분석하여 취약점을 정확하게 도출해내는 것은 어려울 뿐만 아니라 임무만 가중시킨 채 성과는 크지 않을 수도 있다.

제2절 네트워크중심전

1. 개 념

네트워크중심전(Network-Centric Warfare)이라는 말은 네트워크로 제반 전투요소들을 연결하여 전투력을 적시에 적절하게 운용함으로써 전체 전투력의 효율성을 극대화하고, 결과적으로 전쟁에서 승리할 수 있다는 개념이다. 이것을 창안한 미 해군의 세브로스키(Arthur K. Cebrowski) 중장은 "관련 요소들을 네트워크로 연결함으로써 정보를 공유하고(information sharing), 이러한 실시간 정보공유는 모든 요소들의 공통된 상황인식(shared situation awareness)을 보장하며, 그 결과 요소들 간 협동과 자체적인 조율이 가능해져서 작전의 지속력(sustainability)과 지휘속도(speed of command)를 높이게 되고, 결과적으로 효과적인 임무수행(mission effectiveness)을 보장하게 된다"는 개념을 직접 설명하기도 했다. 즉, "부대와 개인의 연결 → 정보의 공유 → 정확한 상황파악 → 신속하고 정확한 의사결정 → 군사력의 효율적 운용 → 전쟁승리"라는 것이다.

네트워크중심전은 현대의 네트워크 기술을 통하여 부대들을 연결함으로써 공간적이거나 시간적인 제한사항을 극복한다는 개념이다. 연결의 방법으로서 현대의 첨단 과학기술, 특히 컴퓨터를 중심으로 한 첨단 장비와 소프트웨어를 활용하는 것이지, 그러한 현대적 기술만 강조하는 것은 아니다. 컴퓨터가 아닌 원시적인 어떤 수단을 활용해서라도 부대와 개인을 체계적으로 또는 적보다 더욱 긴밀하게 연결하여 정보의 공유 → 정확한 상황파악 → 신속하고 정확한 의사결정 → 군사력의 효율적 운용의 결과로 전쟁에서 승리한다면 그것도 네트워크중심전이라고 할 수 있다. 이러한 점에서 보면 네트워크로 연결하는 것보다 연결을 통하여 적시적절하게 군사력를 사용하는 측면을 더욱 강조하고 있다고 봐야 한다.

네트워크중심전에서 더욱 중점을 두는 것은 연결보다는 적에 대한 상대적 정보우위이다. 다양한 수단으로 수집 및 분석된 정보를 모든 사람들이 동시에 공유하도록 함으로써 대응의 시간을 단축시키고 대응 조치의 정확성을 기하고자 하는 목적이기 때문이다. 그래서 네트워크중심전은 '정보(information)'라는 새로운 힘의 근원을 식별하여 전쟁에 최대한 활용하는 개념이라고 말하기도 한다. 이러한 정보우위 결과로써 네트워크중심전은 의사결정 사이클을 빠르게 순환시킴으로써 전장의 불확실성

그림 10-2 우다 루프

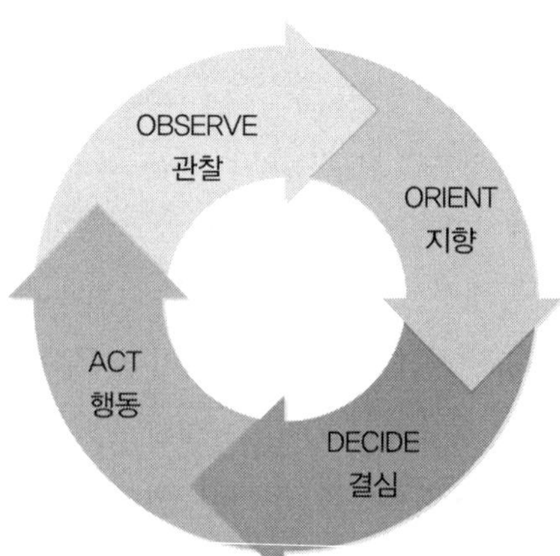

을 해소하고, 결과적으로 군사력의 운용 효율성을 극대화할 수 있다는 개념이다.

네트워크중심전은 미 공군의 보이드(John Boyd, 1927~1997) 대령이 1950년대에 창안하여 발전시킨 "우다 루프(OODA loop)"와 연결되어 설명되기도 하고, 이로 인하여 우다 루프가 나중에 더욱 유명해지기도 했다. 앞 쪽에서 제시되고 있듯이 우다 루프는 "관찰(observe) → 지향(orient) → 결심(decide) → 행동(act)"의 순환과정을 말하는 데 네트워크중심전은 이 과정을 단축하거나 질적으로 향상시킬 수 있기 때문이다. 보이드 대령은 공군작전에 관하여 이 우다 루프를 창안하였지만, 이 순환과정은 지상군은 물론이고, 전체 군사작전에서도 빈번하게 활용되고 있다. 최근에 이 과정은 일반 기업활동이나 교육에서도 활용되고 있다. 우다 루프의 도식은 [그림 10-2]와 같다.

2. 발전배경

정보화시대가 시작되면서 전쟁수행의 개념에 획기적인 변화가 발생할 것을 예감한 미국은 '군사분야 혁명(Revolution in Military Affairs: RMA)'이라는 명칭으로 새로운 무기 및 장비와 함께 새로운 군사작전수행개념 개발을 독려하였는데, 그 산출물 중의 하나가 네트워크중심전이다. 현대의 발전된 컴퓨터 기술이 부대와 개인들을 단순히 연결하는 것뿐만 아니라 상당한 세부적인 정보를 순식간에 교환할 수 있게 만들었기 때문이다. 이러한 배경에서 1990년대에 미 해군에서 논의되기 시작하여 다른 군에게도 점차 확산된 것이 네트워크중심전이다. 특히 그의 주창자 중 한 명인 세브로스키 제독이 2001년 10월 미 국방부의 '전력변혁실(Office of Force Transformation: OFT)' 책임자로 임명됨으로써 네크워크중심전은 미군 변혁의 핵심 주제로 부상하여 전 세계로 소개되었다.

이견이 없는 것은 아니지만 미군은 네트워크중심전이 2001년에 시작된 아프가니스탄 전쟁과 2003년의 이라크 전쟁에서도 부분적으로 적용되었다고 평가한다. 예를 들면, 아프가니스탄 전쟁에서 미 특수부대들은 그들이 발견한 표적의 좌표를 휴대용 컴퓨터를 활용하여 항공기에 전송함으로써 즉각적인 공격이 가능하도록 하였고, 이라크 전쟁에서는 '우군부대 추적장치(blue force tracker)'를 통하여 일부 정보들을 전송함으로써 정보의 공유와 지휘속도의 향상을 가능하게 만들었다는 것이다.

네트워크중심전이 활발하게 논의되면서 그 개념의 한계도 발견되어 다른 용어로 대체되기도 했다. 네트워크중심전의 경우 '전(戰, warfare)'이라는 글자를 붙여서 군사작전 수행의 방향을 제시하는 것 같지만, 실제로는 연결 이후 부대를 어떻게 운용하는지에 대한 방향성은 포함되어 있지 않기 때문이다. 그래서 '네트중심환경(Net-Centric Environment)', '네트중심작전환경(Net-Centric Operational Environment)'이라는 용어를 통하여(Net는 Network의 줄임말) 각 부대나 개인들을 연결하고, 정보의 공유도를 강화하여 지휘의 속도와 질을 향상하는 데 중점을 두고 있다.

네트워크중심전에 대한 관심은 한국군에서도 강화되어 사이버전, 정보전, 정보작전 등의 유사한 용어가 네트워크중심전으로 통일되기 시작하였고, 합동 차원 및 각 군별로 네트워크중심전의 개념을 적극적으로 반영하고자 노력해 왔다. 다만, 한국군의 경우 아직은 컴퓨터 네트워크를 통한 모든 부대 및 구성원들의 연결에만 치중한 채 그러한 연결을 통한 정보공유나 지휘의 속도와 질 향상에 대해서는 관심이 적은 점이 있다.

3. 의 의

네트워크중심전의 결정적인 의의는 정보의 공유를 통하여 보유하고 있는 군사력의 효율성을 극대화한다는 것이다. 적과 상황에 대한 정확한 정보를 수집하여 적시에 공유함으로써 가장 적절한 군사력으로 부여된 임무나 표적을 처리하기 때문이다. 이로써 군사력의 낭비가 최소화되고 예상하지 못하는 최악의 상황까지 상정하여 대비해 두어야 하는 예비대의 규모를 축소시킬 수 있다. 모든 부대들이 정확한 정보 하에서 움직이기 때문에 이동과 수송소요도 대폭 감소된다. 따라서 전체 전투력이 열세하더라도 네트워크화의 정도가 높은 부대는 그렇지 않은 부대에 대하여 상대적 집중을 달성하여 승리할 수 있게 된다.

네트워크중심전은 정보의 활용도를 극대화할 수 있다. 수집된 모든 정보들이 네트워크를 통하여 필요로 하는 모든 부대 및 개인들에게 순식간에 통합 또는 전파되기 때문이다. 그렇게 되면 정보수집에 있어서 중복성이 없어지고, 특정 정보를 심층 깊게 파악할 수 있어 정보의 질도 향상된다. 공통된 하나의 상황판(situation map)을 모든 부대나 개인들이 동일한 시간에 공유하게 되기 때문에 당시 상황에 대한 공통 인식이 보장되고, 따라서 각 부대들이 일관성있는 조치를 강구하게 된다.

네트워크중심전은 전쟁수행에 대한 경험과 전문지식도 공유하게 만든다. 부대와 개인들의 효과적인 대응방법도 정보와 마찬가지로 실시간에 교환되고 유통될 수 있기 때문이다. 인간에게 비유할 때 네트워크를 통하여 군사력의 효율성을 증대시키는 것이 육체의 힘을 강화하는 것이라면, 지식의 공동활용을 보장하는 것은 머리를 공동으로 활용함으로써 전체적인 지능을 향상시키는 것이라고 할 수 있다. 전투에 투입된 장병들이 예측하지 못하였거나 해결하기 어려운 상황에 직면하였을 경우 네트워크를 통하여 지휘소에 문의하게 되고, 그렇게 되면 지휘소나 다른 지역에 있는 전문가들이 즉각 동원되어 상황의 해결을 위한 최선의 해답을 제공할 수 있다.

4. 취약점

네트워크중심전은 보편적으로 사용되기는 하지만 그 범위나 내용이 명확하게 확립되어 있거나 통일된 것은 아니다. 네트워크와 관련된 모든 이론을 포함하는 것으로 넓게 해석될 수 있고, 네트워크를 통하여 군사력들을 연결해 나가는 수준으로 좁게 해석될 수 있다. 전자로 이해하면 너무나 넓어서 네트워크중심전의 실체가 무엇인지 애매해지고, 후자라면 새로운 개념이라고 할 것이 없다. 따라서 동일한 용어를 사용하지만 사람마다 실제 의미하는 바는 다를 수 있는 것이다.

네트워크중심전의 결정적인 약점은 그것이 군사력 운용의 방법(how to fight)은 아니라는 점이다. 연결한다는 개념 이외에 다른 군사이론과 차별되는 군사력 운용의 방향은 포함되어 있지 않기 때문이다. 그래서 미군은 '네트워크중심작전'이라는 용어를 통하여 군사력 운용에 관한 나름대로의 내용을 개발하고자 노력하기도 했다. 네트워크중심전은 군사력 운용 측면에서 효과기반작전을 지원하는 역할로 설명되기도 한다. 미군조차도 '네트중심환경'이나 '네트중심작전환경'이라는 말을 선호하고, 영국 등 나토(NATO) 회원국들은 네트워크중심전 대신에 '네트워크 보장능력(Network Enabled Capabilities: NEC)' 또는 '네트워크 보장작전(Network Enabled Operations)'이라는 용어를 사용하기도 한다.

네트워크중심전에서는 정보우위만 확보되면 승리가 보장되는 것으로 강조하고 있는데, 정보우위의 개념도 애매하지만, 충분한 정보를 갖고 있다고 하여 적의 방책을 정확하게 예측하거나 정확한 결정을 내린다는 보장은 없다. 전쟁에 관한 사항은 여전히 과학에 속하지 않는 부분이 많은데, 네트워크를 통한 연결이 인간의 지능, 평소의 훈련 수준, 지휘관의 통찰력 등을 대체할 수는 없기 때문이다. 또한 정보유통의 속도와 양의 증대는 오히려 정보의 홍수를 야기하여 혼란을 가중시킬 수 있고, 정교한 정보체계에 지나치게 의존하게 되면 그것을 관리하는 데 많은 노력과 자원을 소모할 수 있다.

네트워크중심전은 컴퓨터와 그 소프트웨어의 발전에 기초를 두고 있기 때문에 기술에 의존하는 정도가 매우 크다. 첨단 기술의 개발은 쉽지 않을 뿐만 아니라 많은 관심, 시간, 노력을 소요하게 되어 군대의 관심을 전환시키고, 수단에 불과할 수 있는 네트워크중심의 환경구축이 최종적인 목표인양 추진될 가능성이 있다. 국가의 전쟁지도부에서 전장의 모든 부대가 활동하는 상황을 실시간에 관찰하고, 조치한다는 네트워크중심전의 이상을 구현하는 것 자체부터 현실적으로 쉽지 않을 뿐만 아니라, 어느 한 부분이 잘못되면 전체가 제대로 기능하지 못하는 위험도 존재한다.

제3절 분산작전

1. 개 념

분산작전(Distributed Operations)은 테러 등의 비정규적 위협이 중심이 되는 작전환경에서 미군이 보유하고 있는 우수한 기동력, 화력, 지휘통제, 군수지원, 방호력 등의 이점을 극대화하기 위하여 고안된 지상군 중심의 군사작전 개념이다. 이의 핵심 내용은 글자 그대로 모든 부대들이 넓은 지역에 분산되어 있다가, 필요시에 가용한 모든 요소들의 화력과 기동력을 집중함으로써 임무를 효과적으로 달성할 수 있다는 주장이다.

효과기반작전이나 네트워크중심전이 전체 군사력의 효율적 운용에 초점을 맞춘 것이라면 분산작전은 지상군의 운용에 중점을 두고 있고, 특히 소규모 부대의 행동을 중심으로 하고 있다. 소규모지만 능력이 뛰어난 부대들이 폭넓은 전장에 분산되어 활동함으로써 행동의 자유와 생존성을 강화하는 동시에, 필요한 목표에 대해서는 다양한 합동 화력을 활용하여 무력화하는 형태이다. 과거의 기동전이 내포하고 있는 단점(밀집으로 인한 취약성과 개별역량 발휘 곤란)은 최소화하면서 장점(목표상의 집중)은 극대화한 형태라고 할 수 있다.

분산작전에서 강조되는 중요한 요소는 '권한의 분산(distribution of authority)'이다. 전투수행에 관한 상당한 권한을 현장에 위치하는 초급지휘관들에게 위임함으로써 지휘속도(speed of command)를 증가시키고, 이로써 적을 신속하게 약화시키거나 요망하는 효과를 조기에 달성하며, 그 결과로써 적의 응집력을 와해시킨다는 개념이다. 따라서 분산작전의 이행을 위해서는 위임되는 권한을 최대한 활용하여 효과적으로 임무를 수행할 수 있는 초급지휘관들의 역량이 중요해진다.

성공적인 분산작전의 수행을 위해서는 당연히 기동, 화력, 정보, 지휘통제 분야에서 요구되는 수준의 능력을 확보하여야 하지만, 더욱 중요하면서도 어려운 과제는 적시적절한 군수지원을 보장하는 것이다. 분산될수록 군수지원소요가 증가될 수밖에 없고, 집중을 보장하기 위해서는 군수지원이 신속해야 하기 때문이다. 따라서 전투부대와 유사한 기동력과 생존성을 구비한 적시(適時), 적소(適所), 적량(適量)의 군수지원체제를 구축하는 것은 물론이고, 첨단의 기술을 활용하여 군수소요 자체를 최소화할 수 있어야 하며, 다양한 수송수단, 특히 공중을 통한 군수지원이 활성화되어야 한다.

2. 발전경과

다수의 다른 군사작전 수행이론과 같이 분산작전도 현대에 들어서 새롭게 창안된 개념이나 이론은 아니다. 역사적인 대부분의 군사작전에서 이 개념은 추구되었고, 그로 인하여 성공한 경우도 적지 않다. 제2차 세계대전 중 핀란드는 비교가 되지 않을 정도로 열세한 군사력이었음에도 소련군을 대상으로 상대적으로 우세한 기동력과 초급간부들의 탁월한 역량을 바탕으로 분산과 집중을 조화시킴으로써 소련군을 패배시킨 적이 있고, 분산작전 이론가들은 이를 중요한 사례로 설명하고 있다.

분산작전에 대한 이론적 배경은 1990년대부터 미 랜드(RAND) 연구소에서 아퀼라(John Arquila) 등이 발전시킨 스와밍(Swarming) 이론이다. 이것은 특정한 지점에 대한 짧은 시간의 집중과 순간적 분산을 강조하는 개념으로서, 벌이나 파리 등이 일순간에 모여들 듯이 부대나 전투원들이 단기간에 일정지점에 집중하여 순간적인 전투력의 우세를 달성하여 승리를 거둔 후 원래대로 분산한다는 것이다. 스와밍은 [그림 10-3]에서 설명되고 있듯이 위치식별(locate) → 결집(converge) → 공격(attack)

그림 10-3 스와밍 전술

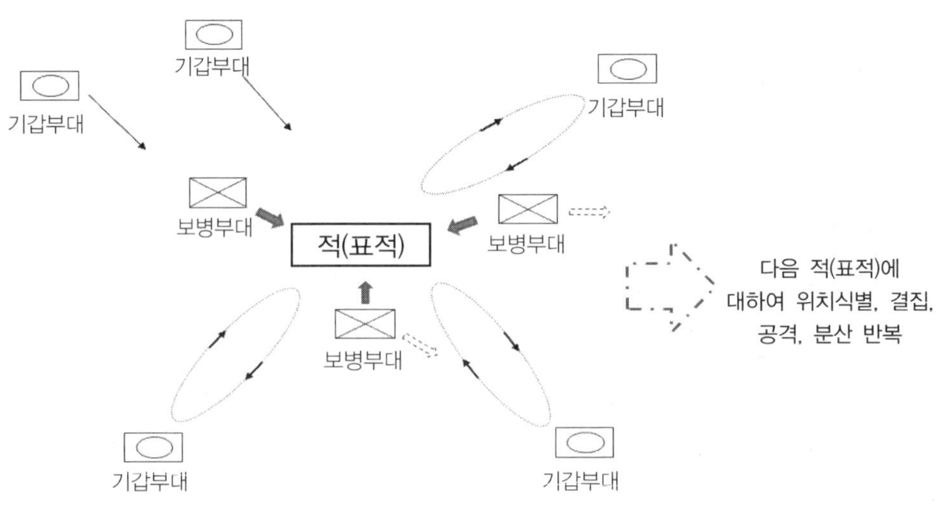

→분산(disperse)의 4단계로 진행되는데, 적을 식별한 후 은밀하게 결집하여 공격하고 그 후에 바로 분산함으로써 생존성을 보장하면서도 차후 공격을 대비한다. 아퀼라는 역사를 통하여 인간의 교전형태는 혼전(the melee), 집중(massing), 기동(maneuver)의 순서로 진화되어 오다가 현대에는 스와밍(swarming)으로 진화되고 있다고 주장하였다.

'분산작전'이라는 용어와 그에 대한 일반적인 개념이 공식적으로 소개된 것은 2005년 4월로서 당시 해병대 사령관이었던 헤이지(Michael W. Hagee) 대장은 『분산작전의 개념(*A Concept for Distributed Operations*)』이라는 책자를 발간하여 그의 기본개념을 제시하고, 해병대 차원에서 발전시키도록 하였다. 이러한 미 해병대의 노력은 미 합참에도 영향을 주어서 2006년 미 합참은 분산작전을 중심으로 한 미래전수행개념의 문서를 발간하면서 전군을 대상으로 이러한 개념을 적용하는 방안을 논의하기도 했다. 그러나 시간이 지나면서 이에 대한 관심을 줄어들었고, 미 해병대에서도 유지는 하고 있지만, 적극적으로 발전시키고 있는 상황은 아니다.

한국의 경우 스와밍 등에 대해서는 일부 개념이 소개되었으나 분산작전에 관한 소개는 많지 않았다. 한국 해병대에서 일부 학습 및 논의하기는 했지만, 전군 차원에서 활발하게 소개되거나 토론되지는 않았다.

3. 의 의

분산작전의 가장 큰 장점은 비정규적인 적들로부터 비롯되는 다양한 현대적 위협에 대처하는 데 효과적일 수 있다는 것이다. 현대의 전장은 비전통적 위협, 이것과 전통적 위협이 결합된 혼합위협 등 다양한 형태의 위협이 예상되는데, 이에 효과적으로 대응하려면 상황에 따라 신속하게 집중과 분산을 반복할 수 있는 기민성과 융통성이 필수적이기 때문이다. 특히 소규모 테러분자가 대량살상무기를 보유하여 그 사용으로 위협할 경우, 광범한 지역에서의 분산을 통하여 정확한 정보를 수집하면서 기습의 기회를 모색하고 있다가 짧은 시간에 집중하여 소탕하는 방법 이외에는 대안이 없을 수 있다.

분산작전은 우수한 기동력, 화력, 지휘통제력, 군수지원력, 방호력을 구비한 군대가 지니고 있는 강점을 극대화하는 데 효과적이다. 넓은 공간을 사용하기 때문에 기동력과 지휘통제력의 효과를 극대화하고, 정밀하면서도 위력이 강한 화력이 가용함에 따라 단기간의 집중으로도 충분한 성과를 달성할 수 있기 때문이다. 강력한 전투력을 보유한 군대가 분산작전을 실시하면 정확하면서도 충분한 정보수집을 바탕으로 작전수행의 템포(tempo)를 증대시켜 적을 혼란시킬 수 있다. 특히 한쪽이 분산하면 다른 쪽도 분산할 수밖에 없기 때문에 전투력의 질이 높은 군대의 유리점은 더욱 커질 수 있다.

4. 취약점

분산작전의 가장 큰 제한사항은 소부대용이라서 대부대에 적용되기에는 그 내용이 너무나 단순하고, 지향하는 바도 전술적 성공에 불과하다는 측면이다. 전술적 성공을 작전적 성공으로 확대시킬 수 있기는 하지만, 국가의 대규모 군사력이 일정한 지역에서 대결을 벌리는 전통적인 군사작전에 분산작전을 주된 개념으로 사용하기는 어렵다. 대부대급의 경우 분산작전에 필요한 충분한 군수지원과 방호를 제공하는 것도 용이하지 않다.

분산작전은 모든 사항이 예상하는 방향으로 잘 진행될 경우에는 문제가 없지만 잘못될 경우 심각한 위험이 야기될 수 있다. 넓은 공간에서 상호지원거리 바깥으로 분산되어 있는 부대들이 적에 의하여 연결이 차단되거나 군수지원이 불가능하게 되면 고립되어 자체의 생존이 어려워질 수 있기 때문이다. 분산이 광범할수록 간격이 많이 발생하여 적의 차단 및 포위 활동이 용이할 수 있다. 분산작전을 제대로 수행하기 위해서는 부하들에게 상당한 책임과 권한을 위임하여야 하는데, 그들이 실수하거나 그들 간의 활동이 제대로 조정되지 못할 경우 상당한 노력의 낭비와 시행착오를 초래할 수 있다.

분산작전에 성공하기 위해서는 전장을 확실하게 지배하는 상태가 되어야 하는데, 이것을 달성하는 것 자체가 현실적으로는 쉽지 않고, 전장지배가 확고할 경우에는 굳이 분산작전을 실시하지 않더라도 승리할 가능성이 높다. 즉, 분산작전을 위한 조건 자체가 군사작전을 통하여 달성하고자 하는 목표일 수도 있다는 점에서 분산작전은 본말을 전도시킬 가능성이 있다. 예를 들면, 분산작전을 위해서는 공군화력의 적시적인 지원이 필수적인데, 지상군에 대한 전술항공지원을 위하여 공군력을 전용할 수 있다는 것은 전체적인 전쟁의 향방은 이미 결정된 상태일 수 있다는 것이다.

분산작전의 개념은 특수전 부대의 작전과 중복될 가능성이 있다. 분산작전이 지향하고 있는 군사작전의 방향은 특수전 부대가 현재 수행하고 있는 방향과 유사하기 때문이다. 전군 차원에서 분산작전을 실시한다는 것은 대부분의 군대를 현재의 특수전 부대의 형태로 발전시키는 것을 의미하는 것이고, 부분적으로만 실시한다고 할 경우에는 다양한 특수전 부대나 정찰부대를 활용하고 있는 현재의 개념과 큰 차이가 없어진다.

제4절 다영역작전

1. 개 념

다영역작전(Multi-Domain Operations)과 관련하여 '도메인'을 '영역'으로 번역하는 것에 이견이 있을 수 있지만, 한국 육군에서 광범하게 사용하고 있는 번역이라서 그에 따르고자 한다. 이것은 지상, 해양, 공중은 물론이고, 우주와 사이버까지 포함하는 모든 도메인을 종합적으로 관리하여 군사작전을 수행한다는 개념이다. 지상, 해양, 공중을 담당하는 각군들의 노력을 통합하는 것은 합동작전(joint operations)이라고 하는데, 여기에 우주와 사이버공간까지 통합하겠다는 의도이다. 이것은 미 육군이 만든 개념이지만, 해군과 공군은 물론이고, 합참까지도 함께 논의에 참가하여 발전시키고 있고, 2020년대 후반부터 구현시켜 나간다는 목표이다.

다영역작전은 미국이 중국이나 러시아와 같은 군사강대국과 국가 생존을 건 전

그림 10-4 모든 도메인의 통합

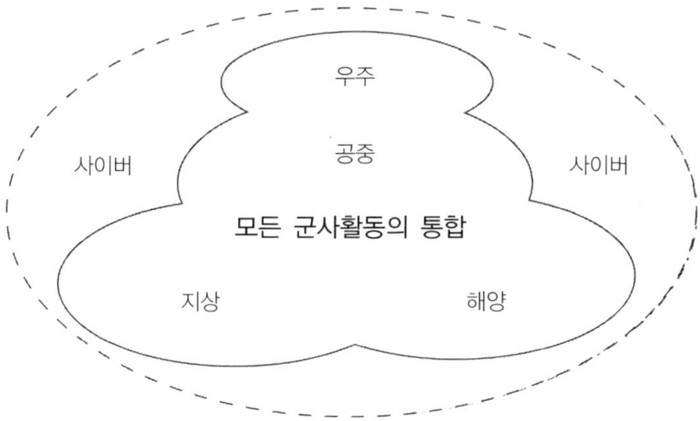

쟁을 수행한다는 전제 하에 만들어진 개념이다. 미국으로서는 중국이나 러시아가 방해하는 가운데, 즉 반접근/지역거부(Anti-Access/Area Denial)가 예상되는 환경에서 세계의 도처에 군사력을 투사해서 승리로 이끌어야 한다. 이를 위하여 미 육군이 제시하고 있는 개념이 다영역작전이고, 그 방향은 '경쟁(compete) → 돌파(penetrate) → 와해(disrupt) → 전과확대(exploit) → 재경쟁(re-compete)'의 순환과정이다. 즉, 평시를 경쟁상태로 인식하는 가운데, 문제가 발생한 지역에서 적의 반접근/지역거부를 돌파하여 접근한 다음, 적을 와해시키면서 적의 종심지역까지 전과확대한 후, 승리를 달성하여 경쟁의 상태, 즉 평시로 다시 환원하는 것이다.

이러한 임무를 수행하기 위하여 미 육군은 "군사력 태세의 적정화(Calibrate Force Posture)", "지구력있는 대형 운용(Employ Resilient Formation)", "능력의 결합(Converge Capabilities)"이라는 세 가지를 다영역작전의 지주(tenet)라면서 강조하고 있다. 이러한 세 가지는 미군이 다영역작전 구현을 위하여 실천해야 한다고 판단한 사항으로서, 상황에 맞는 규모와 형태의 군사력을 구축하고, 이들이 쉽게 무너지지 않도록 필요한 모든 능력을 구비시키며, 그리고 전구(theater), 야전군(army), 군단(corps), 사단(division) 수준에서 가용한 모든 군사력을 결합시켜 승수효과를 보

표 10-1 ‖ 다영역작전의 작전구역 구분

명 칭	전략적 지원지역	작전적 지원지역	전술적 지원지역	근접지역	종심기동 지역	작전적 종심화력 지역	전략적 종심화력 지역
거리	5,000km 이상	1,500km 이상	500km 이상	200km 이상		500km 이상	1,000km 이상

장한다는 개념이다.

다영역작전에서는 작전지역을 명확하게 구분하고 있다. 적과의 교전이 있는 근접지역을 중심으로 후방에는 전략적 지원지역, 작전적 지원지역, 전술적 지원지역으로 구분하고, 적 지역에는 종심기동지역, 작전적 종심화력지역, 전략적 종심화력지역으로 일곱 개로 구분하여 각 작전지역에서 어떤 군사행동이 이루어져야 하는지를 제시하고 있다. 작전구역의 구분 기준은 <표 10-1>과 같다.

2. 발전배경

다영역작전은 1982년 미 육군이 군사작전수행개념으로 발전시켰던 공지전투(Air-Land Battle)의 개념을 계승하고 있다. 공지전투에서 강조한 공중과 지상의 통합이 해상, 우주, 사이버공간까지의 통합으로 범위가 넓어진 셈이다. 또한 2000년대에 미 합참에서도 '전 영역 우세(Full Spectrum Dominance)'라는 명칭으로 2020년을 대상으로 한 미래전수행개념으로 제시하면서 모든 지상, 공중, 해상, 우주, 정보 차원에서 적에 비해 우세를 확보할 것을 강조하였는데, 이번의 다영역작전은 그것을 계승하되 사이버공간을 추가하였다고도 볼 수 있다. 그래서 일부에서는 다영역작전이 옛날 것을 포장만 바꿨다고 비판하는 것이다.

다영역작전의 전신은 2017년 12월 미 육군이 발표한 '다영역전투(Multi-Domain Battle)'인데, 이것은 육군이 2025~2040년 사이에 구현해야 할 미래전수행개념으로 제시되었다. 이것이 상당한 공감대를 얻음에 따라서 육군은 해군 및 공군과 함께 토론을 하는 것으로 확대하였고, 명칭도 '작전'으로 격상시켰으며, 타군의 의견을 수용하여 내용의 상당한 부분을 수정 및 보완하였고, 앞으로도 지속적으로 개선해 나간다는 방침이다.

미군은 다영역작전 개념의 현실성을 평가하기 위한 실험을 합동 차원에서 실시하고 있고, 2018년 하와이에서 실시된 림팩(Rimpac) 훈련에서 이 개념을 적용하여 실험하기도 했다. 유럽 등 동맹 및 우방국 군대와의 토론도 실시해 나가고 있고, 나토(NATO) 등에서는 이에 관심을 갖고 그 내용을 파악할 뿐만 아니라 자체적인 수용 방안을 논의하고 있다. 일본군도 이 다영역작전을 적극적으로 반영하여 나가고 있다.

한국의 경우 육군본부와 교육사령부를 중심으로 미군의 다영역작전 발전 노력을 인지하면서 발전 정도를 파악하고 있고, 일부는 반영하고 있다. 다만, 논의의 구체성이나 전군 차원에서 관심을 두는 정도는 아직 작다.

3. 의 의

다영역작전은 미 육군에서 작성했지만 미군 전체에 적용되는 방향으로 격상되고 있고, 공군의 역할이 부각되는 최근 군사작전수행개념을 지상군 중심으로 전환하는 내용이라고 할 수 있다. 효과기반작전, 네트워크중심전, 분산작전 등은 대규모 지상군 운용에 적용되기에는 부적합한 측면이 있기 때문이다. 특히 정규작전에서 제반 노력을 결집하려면 지상군이 기준이 될 수밖에 없는데, 이 다영역작전이 그러한 기능을 수행하겠다고 자임한 셈이다. 다영역작전에서는 개념적으로 다른 군의 참여를 강조하는 데 그치지 않고, 후방지역, 근접지역, 종심지역으로 지역을 구분한 후 각 지역별로 작전수행방법을 제시하고, 그것을 구현하는 데 필요한 구체적인 임무들을 다른 군에게 요구하고 있다.

다영역작전의 가장 핵심적인 변화는 테러분자나 불량국가(rogue state)가 아니라 러시아나 중국과 같은 강력한 군대를 대상으로 하는 전쟁에서 승리하고자 한다는 점이다. 미래의 전쟁은 러시아나 중국과 같은 군사대국과의 존망을 건 전쟁일 것이라고 미군은 생각하고 있는 것이다. 따라서 다영역작전은 러시아나 중국이 미군의 접근을 거부하기 위한 온갖 조치를 강구하는 환경 속에서 지상군을 기동시켜 돌파, 와해, 전과확대, 원상회복시킬 수 있어야 한다고 판단하였고, 그러한 목표를 달성할 수 있도록 전투수행방법을 구상하였다. 러시아와 중국의 경계심을 유발하여 군비경쟁을 초래할 수 있다는 것을 알면서도 군의 임무는 최악의 상황을 대비하는 것이라는 냉정한 시각에서 접근하고 있다고 할 것이다.

다영역작전은 지상군의 투입을 기정사실화하는 것은 물론이고, 지상군을 전투수행의 핵심으로 인식하고 있다. 냉전 이후 미군은 가급적이면 지상군의 투입을 최소화함으로써(fewer forces in harms way) 부담을 줄인다는 기조였는데, 이제는 그 방향을 전환한 것으로 보인다. 자국의 존망을 건 전쟁이 발생할 수도 있다고 생각하고 있다는 것이고, 지상군이 투입되지 않으면 최종적인 목표를 달성할 수 없다는 인식이 부활하고 있다고 할 것이다. 실제로 미군은 이 개념서를 구현하려면 미 육군을 상당한 수준으로 증강하거나 동맹 및 우방국의 군대를 최대한 활용해야 할 것으로 판단하고 있다.

미군의 다영역작전은 우방국들과의 협력도 지속적으로 강조하고 있다. 세계적인 차원에서 미군이 어떤 사태가 발생한 지역으로 전개하고자 한다면 우방국들의 공중공간이나 지상을 활용해야 하는 것은 물론이고, 그들의 군사적 역량도 최대한 활용해야 할 것이기 때문이다. 그래서 미군은 다영역작전에서 우방국과의 협조와 우방국 군대와의 상호운용성(interoperability)을 강조하고 있는 것이다.

4. 취약점

다영역작전의 경우 상당한 노력에도 불구하고 미래전 수행에 관한 구체적인 모습을 찾기는 여전히 어렵다. 전장을 우주와 사이버공간까지 확대하고, 러시아나 중국과의 대결을 전제로 하면서 전 세계적 차원에서 작전단계와 작전지역 구분을 제시하고 있지만 미군이 어떻게 싸울 것인가에 대하여 이전과 다른 새로운 모습은 제시하지 못하고 있기 때문이다. 다영역작전에서 제시하고 있는 핵심적인 주제는 가용한 모든 군사력의 통합인데, 이것은 모든 군대가 노력하는 당연한 사항일 수 있다. 다른 국가는 합참이 중심이 되는데, 미군은 그것이 어려워 육군이 주도하고 있고, 따라서 실제 구현은 어려워질 수 있다.

미군의 다영역작전은 공중, 해양, 우주, 사이버까지 포함하고 있어서 내용상 합동작전수행개념의 성격에 더욱 가까워 타군의 협력이 절대적으로 필요한데, 그것이 가능할지는 확실하지 않다. 다른 군이 참가하고 있기는 하지만 대부분의 발전을 육군이 주도하고 있고, 다른 군에서 다영역작전을 구현하기 위한 세부적인 개념서를 발전시키거나 군사력 증강 소요를 도출하고 있지 않은 것 같기 때문이다.

미군의 다영역작전을 위해서는 동맹국이나 우방국의 협조와 협력이 절대적인데 이 부분도 불확실성이 적지 않다. 그들은 그들 나름대로의 전략적 판단으로 미군의 군사작전에 대한 동참의 여부와 정도를 결정할 것이기 때문이다. 만약 해당지역에 있는 동맹 또는 우방국이 미국이 요망하는 정도로 협력하지 않을 경우 다영역작전은 구현되기 어려울 수 있다.

제5절 추가 이론

이외에도 현대전에 관하여 몇 가지 중요한 개념이 생성되어 활발하게 논의되었는데, 그중에서 관심을 가질 필요가 있는 것은 제4세대전과 혼합전이다. 다만, 이들이 어떤 국가의 군대에 의하여 구현되고 있는 것은 아니라는 점에서 그 개략적인 개념만 제시하고자 한다.

1. 제4세대전

제4세대전(the Fourth Generation of War: 4GW)은 지금까지 알고 있는 것과는 전혀 다른 형태로 장차전이 수행되거나 되어야 한다는 점을 강조하기 위한 용어이다. 이것은 1989년에 린드(William S. Lind) 육군대령을 비롯한 미 해병 및 육군 장교들이 공동으로 작성한 논문에 포함되어 발표되었는데, '세대'라는 말을 사용함으로써 현대전이 과거와는 매우 다르다는 점을 강조하고 있다.

제4세대전 주창자들은 유럽의 국경이 확정된 1648년 웨스트팔리아(Westphalia) 조약 이후 발발한 전쟁을 네 개의 세대로 구분하였는데, 제1세대전은 활강총 시대의 전쟁으로서 질서정연한 대열을 바탕으로 한 규율이 핵심이었고, 나폴레옹 전쟁까지 계속되었다. 제2세대전은 19세기 중반에 강선총, 기관총이 등장하면서 시작된 전쟁으로서 화력의 집중을 통한 소모전이 특징이었으며 제1차 세계대전이 포함된다. 제3세대전은 제2차 세계대전에서 선보인 독일의 '전격전(Blitzkrieg)'처럼 기동과 부분적인 비선형전(非線型戰) 형태라고 할 수 있는데, 부대의 자율성이 매우 증대되었다. 그리고 제4세대는 현재의 전쟁으로서 분산과 분권화가 더욱 강화되고, 전방과 후방, 군인과 민간인의 구분이 의미가 없어지는 등의 특성을 보이고 있다. 따라서 대부분은 이것이 이라크 전쟁을 비롯한 대테러 전쟁의 모습이라고 생각하여 제4세대전이라는 용어를 적극적으로 사용하였고, 그래서 미군의 이라크 전쟁 수행 동안에 전 세계로 확산되었다. 그 결과로 원래의 이론과 다르게 제4세대전이라는 용어는 '반란(insurgency)'에 효과적으로 대응하기 위한 전략적, 정치적, 전술적 변화의 필요성을 강조하는 방편으로 사용되는 경향도 보이고 있다.

제4세대전은 미래에는 지금까지와 전혀 다른 형태의 전쟁이 전개될 것이기 때문에 전혀 다른 방향으로 대비해야 한다는 점을 강조하는 데는 성공하였으나 '세대'라는 거창한 용어를 사용하면서도 그에 상응하는 정도의 차별성을 제시하지 못하였고, 세대를 구분하는 기준의 적절성도 수긍하기 어려운 부분이 적지 않다.

2. 혼합전

혼합전(Hybrid Warfare)은 국내에서는 음역하여 "하이브리드전"으로도 논의하고 있는데, 말 그대로 다양한 형태의 전쟁이 복합되어 있다는 것을 강조하기 위한 용어이다. 미 해병대의 호프만(Frank G. Hoffman) 중령이 2005년경부터 이 용어를 사용하기 시작하였고, 2007년경에는 연구한 내용을 논문으로 발표하였다. 이것은 미군이 이라크와 아프가니스탄에서 직면하고 있는 위협이나 대응의 복잡성을 이해시키고,

새로운 형태의 대응방법이 필요하다는 문제제기 차원에서 논의를 시작하고 있다. 즉, 이라크 전쟁의 경우 미군은 3주도 채 되지 않는 기간에 전통적인 주요 군사작전(major combat operations)을 종료하였음에도 그것을 정치적 성공으로 연결시키는 데 5년 이상을 소요하였고, 아프가니스탄에서는 군사력의 절대 우위에도 불구하고 성공 여부를 장담하기 어려운 상황이었기 때문이다. 그러나 전쟁의 복합성이나 혼합성은 예로부터 계속 강조되어오던 것으로서 새롭지는 않지만, 하이브리드(hybrid)라는 새로운 용어를 사용함으로써 관심을 끌게 된 측면이 있다.

혼합전은 비국가단체에 의한 테러나 범죄 등을 군사위협으로 격상시켜 포함시키고, 이에 효과적으로 대응하기 위한 사고의 전환이나 방법의 개발이 필요하다는 점을 촉구하였다는 점에서 이의가 크다. 과거에는 부수적인 위협으로 인식하였던 것을 전쟁수행 및 대비의 공식적인 대상으로 포함시킨 것이다. 그러나 혼합전은 '혼합'의 의미를 사람마다 다르게 해석할 수 있다는 점에서 개념이 모호할 수밖에 없고, 전통적으로 사용해오고 있는 대(對)비정규전(counter-irregular warfare)이나 대(對)전복전(counter-insurgency) 등으로도 설명이 가능함에도 새로운 용어를 사용하여 혼란을 야기한 측면이 있다. 특히 혼합전은 원거리에 전개하여 원정작전(expeditionary operations)을 전개하는 미군에게 해당되는 사항으로서, 침략하는 적을 자국 영토 내에서 방어하는 대부분의 국가와는 관련이 적을 수 있다.

토의주제

- 효과기반작전의 개념을 국가의 전쟁수행에 적용해본다면?
- 군사교리의 공유나 자유로운 소통의 문화가 네트워크를 통한 연결보다 더욱 중요한 것 아닌지?
- 분산작전에서 권한위임을 보장하기 위한 전제조건은?
- 미래전에서 공격적 사이버공간 활용이 차지할 비중과 대비과제는?
- 새로운 용어와 개념 창안의 장점과 단점은?

추천문헌

장원구 · 이경호(2020). "사이버공간에서의 효과중심작전 적용방안 연구." 『인터넷정보학회논문지21』. 제21권 1호, pp.221-230.

이원우 · 유진철 · 임원택 · 신규용(2012). "한국군에 적합한 네트워크 작전수행방안 연구." 『국방연구』. 제55권 2호, pp.47-75.

박휘락(2008). "정보화시대 전쟁수행 이론의 분석과 한국군의 과제." 『국제문제연구』. 제8권 3호, pp.195-224.

허광환(2019). "미국의 다영역 작전(Multi-Domain Operations)에 대한 비판과 수용." 『軍史硏究』. 제147집, pp.125-153.

박일송 · 나종남(2015). "하이브리드 전쟁(Hybrid War): 새로운 전쟁 양상?" 『한국군사학논집』. 제71권 3호, pp.1-32.

국·가·안·보·론

PART 04

핵위협과 안보

11 | 비핵화와 억제

아무리 인정하고 싶지 않다고 해도 북한은 핵무기를 개발하였고, 이를 미사일에 탑재하여 언제든지 한국을 공격할 수 있다. 북핵이 한국 안보의 결정적인 주제가 되지 않을 수 없는 이유이다. 당연히 외교적 노력으로 이를 폐기시키는 것이 최선이지만, 국가안보는 도박할 수 없기에 억제시키는 방안도 철저하게 준비하지 않을 수 없다. 핵무기의 위력, 비핵화, 그리고 억제전략을 설명하고자 한다.

제1절 핵무기의 위력

1. 핵무기의 종류

핵무기는 원자핵이 분열이나 융합할 때 발생하는 방대한 에너지를 인명 살상 및 시설 파괴에 사용하는 무기를 총칭한다. 핵무기는 제2차 세계대전 시 독일이 핵무기를 개발할 가능성이 있기 때문에 미국이 미리 개발해 두어야 한다는 과학자들의 건의를 미국 정부가 수용하여 개발에 착수하였고, 1945년 8월 일본의 히로시마와 나가사키에 최초에 사용됨으로써 인류에게 소개되었다. 미국의 핵무기 기술은 냉전시대에 소련에게 어떻게든 전파되어 1949년 소련도 최초의 핵무기 실험을 실시하여 개발에 성공하였고, 이후부터 세계는 핵무기의 경쟁체제로 변화하였다. 현재 미국과 러시아를 비롯하여 중국, 영국, 프랑스의 5개국이 핵무기를 보유하는 것으로 공식적으로 인정되고 있고, 이스라엘, 인도, 파키스탄, 북한도 핵무기를 보유하고 있는 것으로 평가되고 있다.

핵무기는 크게 핵분열무기(예: 원자폭탄)와 핵융합무기(예: 수소폭탄)로 분류할 수 있으나 대부분 핵분열반응과 핵융합반응을 적절하게 혼합하여 사용하고 있다. 우선, 원자폭탄은 우라늄-235 또는 플루토늄-239라는 핵분열성 물질을 순도높게 농축하거나 분리한 다음, 강력한 화약을 사용하여 점화시킴으로써 핵분열반응을 급속하게 진행시키고, 그 결과로 에너지가 폭발적으로 방출되도록 하는 폭탄을 말한다. 분열반응을 얼마나 동시에 발생시켜 위력을 크게 만드느냐에 따라서 핵무기의 질이 결정된다.

수소폭탄은 중수소, 3중수소, 리튬 등 가벼운 원자가 결합할 때 발생하는 핵융합반응을 활용한 무기로서 열핵무기(Thermonuclear Weapon)라고도 부른다. 중수소나 3중수소의 융합반응에 의해 방출되는 에너지를 이용하고, 원자폭탄을 기폭제(trigger)로 사용하여 방사능 발생을 최소화시킨 것이 기본적인 수소폭탄인 리튬탄이다. 수소폭탄의 주위를 천연우라늄으로 에워싸고 핵융합반응에 의하여 발생하는 고속중성자로 천연우라늄을 핵분열시켜 폭발에너지 및 잔류방사능 효과를 증대시킨 3F탄, 주위를 코발트로 에워싸 방사성 코발트를 발생시킴으로써 잔류 방사능 효과를 증대시키는 코발트탄, 주위를 질소화합물로 에워싸 폭발시킴으로써 방사성탄소를 발생시켜 잔류 방사능 효과를 증대시키는 질소탄 등도 있다.

중성자탄은 일명 방사선 무기라고도 하는데, 중성자를 이용하여 방사선의 효과를 높임으로써 사람에 대한 살상률은 증대시키는 대신에 물리적 요소의 파괴는 최소화하는 무기이다. 사람은 물론이고 건물, 전차 등 물리적 요소도 파괴하는 원자폭탄이나 수소폭탄의 약점을 보완한 폭탄이다.

그림 11-1 원자폭탄과 수소폭탄

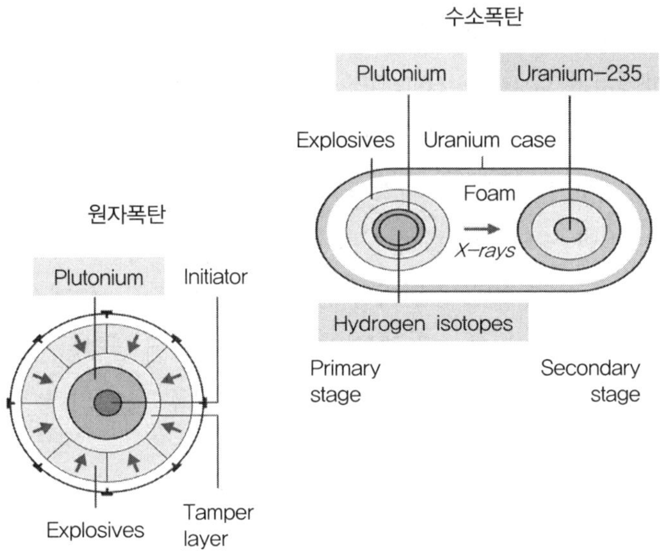

2. 핵무기의 위력

핵무기가 폭발하면 폭풍파(blast), 열복사선(heat), 방사선(radiation)이 대량으로 방출하게 된다. 지상에 대형의 구덩이가 발생하고, 대규모 화염이 발생하며, 폭풍이 전달되고, 버섯 모양의 구름이 형성되는데, 그 과정에서 열복사선이 빛의 속도로 전파되어 화재를 발생시키고, 강력한 폭풍이 인명을 살상하면서 건물을 파괴시킨다. 대체적으로 폭풍파의 위력이 가장 크지만, 핵무기의 종류와 폭발의 방법에 따라서 달라진다. 핵무기 폭발로 발생하는 방사능은 해당지역의 토양을 오염시키고, 공기를 통하여 원거리로 이동하는 낙진(落塵, fall-out)이 되어 장기간에 걸쳐 넓은 지역에 피해를 준다. 전자기 파동(Electro-Magnetic Pulse: EMP) 효과가 발생하여 미사일, 항공기 등 고성능 군사장비의 전자적 기능을 교란시킬 수 있다.

핵무기는 엄청난 살상효과를 지니고 있어서 핵전쟁의 피해는 인류의 종말을 걱정해야 할 정도로 크다. 최근 강대국들이 보유하고 있는 TNT 수백 킬로 톤 위력을 가진 핵무기들은 1발로 대형도시를 초토화시킬 수 있다. 1945년 8월 일본의 히로시마에는 TNT 약 16kt, 나가사키에는 약 20kt의 원자폭탄이 투하되었다고 하는데, 그 결과 히로시마에서는 90,000~166,000명, 나가사키에서는 60,000~80,000명 정도가 사망한 것으로 알려지고 있다. 당시 일본의 도시에 비해서 인구밀도가 훨씬 높아졌을 뿐만 아니라 핵무기의 위력도 커져서 핵무기 1발이 현대의 도심지에 투하되었을 경우 수십만~수백만 명의 인류를 살상할 수 있다. 지금까지 실험된 핵무기 중에서 가장 강력한 것은 1961년 10월 소련이 실험한 것으로서 TNT 50 메가톤, 즉 50,000kt이었다. 이것은 히로시마에 투하된 핵무기의 약 3,800배에 달하는 위력이다. 그래서 핵무기 개발 직후부터 과학자들은 아래에서 보듯이 인류 "종말의 날"을 예고하는 시계를 만들어 경고하고 있다.

Doomsday Clock

- 이것은 미국의 핵과학자들이 1947년부터 유지해오는 시계로서, 자정을 인류의 종말로 보면서 매년 1월 1일 재평가하여 자정에 가까워진 정도를 나타내는 시계이다. 1947년에는 7분 전이었는데, 가장 멀어진 것은 냉전 이후인 1991년의 17분이었고, 가장 가까워진 것은 2020년 1월 1일로서 100초에 불과하다.

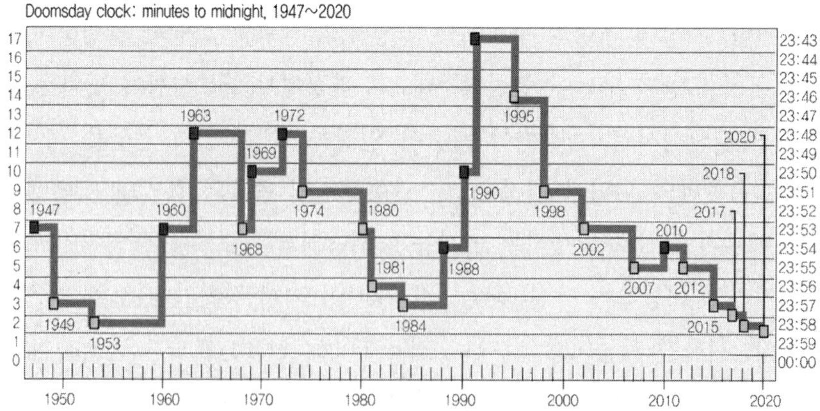

한국에 핵무기가 폭발했을 경우에 대한 추정 노력도 없지 않다. 2004년 미국의 연구자들은 중국 북경에서 열린 세미나에서 미 국방부가 1990년대에 모의분석해본 자료를 소개한 적이 있는데, 이 자료에 의하면 서울은 인구밀도가 높아서 1945년 히로시마와 나가사키에 투하된 동일한 핵폭탄이 동일한 형태(지상 500미터 공중폭발)로 폭발할 경우 6배, 공중이 아니고 지면에서 폭발시킬 경우에는 10배 이상의 사상자가 발생할 것이라고 추측하였다. 한국 국방연구원에서도 2010년 "통상적인 기상조건 하에서 서울을 대상으로 20kt급 핵무기가 지면폭발 방식으로 사용된다면 24시간 이내 90만 명이 사망하고, 136만 명이 부상하며 시간이 경과할수록 낙진 등으로 사망자가 증가한다. 100kt의 경우 인구의 절반인 580만 명이 사망하거나 다친다"라는 모의실험 결과를 공개한 바가 있다.

3. 비핵화와 억제의 절대성

핵전쟁은 대량살상무기(Weapons of Mass Destruction)라고 불리고 있듯이 엄청난 인원을 살상시키고, 해당지역에 방사능이 계속적으로 잔류하여 해당지역을 거주불가능한 지역으로 만든다. 공기를 타고 낙진이 광범하게 이동하면서 폭발 이외 지역에도 상당한 피해를 끼치게 된다. 핵무기는 기후와 환경에도 상당한 기간 동안 매우 부정적인 영향을 끼칠 것으로 예상하고 있다. 인도주의는 물론이고, 인류의 생존을 위해서도 핵전쟁은 발발하지 않아야 한다.

전쟁 자체가 국제적으로 금지되어 있긴 하지만, 핵전쟁은 "전쟁은 정책의 수단"이라는 클라우제비츠의 전쟁관 자체를 의미없게 만들 정도로 강력하다. 정책을 만들어서 집행하는 국가 자체를 파멸시켜 버리기 때문이다. 다만, 문제되는 것은 전쟁은 일방이 마음만 먹으면 가능하다는 사실이다. 어떤 국가가 핵전쟁도 정책의 유효한 수단이 될 수 있다고 판단하면 핵전쟁은 충분히 발생할 수 있다. 또한 일방 또는 쌍방의 오판이나 오해, 심지어 핵운용 요원의 실수로도 핵전쟁은 발발할 수 있다.

이와 같이 엄청난 피해를 가져올 핵전쟁은 예방이 최우선적이고, 그의 가장 결정적인 방법은 핵무기를 제거하는 것이다. 그래서 지금까지 국제사회는 핵무기를 개발하려는 국가의 노력을 차단하여 왔고, 한국과 미국은 외교적으로 북한의 핵무기 제거를 위하여 노력해 왔다. 그러나 한 번 개발된 핵무기를 없애는 것은 쉽지 않다. 쌍방이 합의해야 하는데, 그것이 쉽지 않고, 그러한 합의를 강제할 수 있는 세계정부도 존재하지 않기 때문이다. 현재의 국제사회에서는 서로가 서로의 진정성을 신뢰할 수 없어 대부분 상대방이 먼저 폐기하면 자신도 폐기하겠다는 입장이어서 핵무기 폐기는 사실상 불가능하다. 어떤 연유로 핵무기가 모두 폐기된다고 해도 핵무기 제조의 기술이 존재하여 금방 핵무기를 만들 수 있고, 그 기술까지 없앤다고 해도 핵무기를 만들 수 있다는 것은 아는 한 핵무기 개발 기술은 어떻게든 발견해낼 수 있다. 결국 인류가 핵무기로부터 자유로울 수 있는 가능성은 없는 셈이다.

그나마 인류가 노력해오고 있는 것은 핵무기가 더 이상 확산되지 않도록 하는 활동으로서, 그의 핵심적인 노력이 핵확산금지조약(Nuclear Non-Proliferation Treaty)이다. 이것은 1968년에 서명되어 현재 190개국이 참가하고 있는데, 당시에 핵무기를 개발하여 보유하고 있었던, 미국, 소련, 중국, 영국, 프랑스의 5개국은 핵무기 보유를 인정하는 대신에 다른 국가로의 확산을 금지하는데 국제사회가 합의한 것이다. 그러나 인도, 파키스탄, 이스라엘처럼 이 조약에 가입하지 않은 국가가 핵무기를 개발하는 것은 방지하지 못하였다. 또한 북한처럼 비밀리에 핵무기를 개발하면서 국제사회가 제재를 가하자 탈퇴를 선언해버리면 대책이 없다. 미국과 소련의 방대한 핵무기를 상호감축하기 위한 노력도 다양하게 전개되었지만, 숫자를 감축하는 만큼 핵무기의 위력과 질을 증대시킴에 따라서 핵전쟁의 위험성은 전혀 달라지지 않았다.

결국 완전하지는 않지만, 인류는 핵무기 개발을 자제시키고, 기존 핵무기 숫자를 줄이기 위한 노력을 경주하면서 현실적으로는 핵무기를 가진 국가가 핵전쟁을 하고 싶어도 감행할 수 없도록 억제하는 수밖에 없는 실정이고, 이것이 현재 모든 국가들이 노력해오고 있는 사항이다. 한국의 학자들 중에는 핵억제의 경우 특별성을 강조하면서 '억지(抑止)'라는 말도 사용하지만, 이것은 'deterrence'의 일본식 번역일 뿐만 아니라 일상적으로 사용하는 용어가 아니다. 국방부에서는 '억제'라고 한다.

제2절 비핵화

당연히 외교적 노력으로 핵무기 개발을 차단하거나 제거하는 것이 최선이다. 그러나 핵무기 개발을 결심한 국가는 나름대로 상당한 각오를 했을 것이라서 비핵화의 성공은 기약하기 어렵다. 비핵화에 관한 이론과 사례를 살펴보자.

1. 비핵화 관련 이론

핵능력을 제거하는 행위로는 '핵 비무장화(nuclear disarmament)' 또는 '비핵화(denuclearization)'가 일반적으로 사용되는데, 핵 비무장화는 핵무기를 감소, 제한, 폐기하는 것을 말하고, 비핵화는 핵무기의 생산에 필요한 군사적 시설과 물질을 제거한다는 의미이다. 전자는 완성된 핵무기에 대하여, 후자는 핵무기 생산 과정에 있을 때 주로 사용되는데, 북한의 경우 핵무기 개발에 성공한 상황임에도 비핵화라는 용어를 계속 사용되고 있다. 핵무기와 시설의 해체를 강조하고자 '핵 폐기(nuclear dismantlement)'라는 용어를 사용해왔고, 이것이 가장 분명한 용어이지만, 상대방에게 강요한다는 의미가 너무 커서 사용을 자제하는 추세이다.

핵무기를 보유했다가 폐기한 국가가 극소수이기 때문에 비핵화에 관한 이론화는 미흡한 상태이고, 대부분의 학자들은 비확산(non-proliferation) 목적에서 국가들의 핵무기 개발 동기를 분석하여 그것을 제거하기 위한 노력들을 강조해 왔다. 세이건(Scott D. Sagan, 1955~)의 핵무기 개발 모델이 그의 전형적인 사례인데, 그는 안보불안을 해소하기 위한 목적으로 핵무기를 개발한다는 안보모델(security model), 특정 국가의 지도자 또는 일부 집단들이 자신의 국내 가치를 높이고자 핵무기를 개발한다는 국내정치 모델(domestic politics model), 현 시대적 상황과 인식이 핵무기 확산을 허용하는 방향으로 변화하고 있다는 규범모델(norm model)을 제시하고, 해당국가가 어느 모델인지를 판단하여 그것을 해소해줌으로써 핵무기 확산을 방지할 수 있다고 주장하였다. 다수의 학자들이 그의 주장을 기초로 일부 국가들의 핵무기 개발 동기와 폐기 가능성을 분석하기도 했다.

다만, 비확산의 이론은 핵무기를 개발하려는 의도가 있거나 과정에 있는 국가를 대상으로 하는 이론으로서, 이미 핵무기를 개발하여 보유하게 된 국가로 하여금 핵무기를 포기하도록 하는 데 적용하기는 쉽지 않다. 일단 핵무기 개발에 성공하게 되면 그동안 투입된 시간과 자원이 아깝거나 핵보유국으로서 고양된 국제적 위상을 포기하는 것이 쉽지 않고, 포기에 대한 내부의 동의를 획득하는 것은 더욱 어려워 핵무기 개발의 동기를 해소하여 준다고 하여 핵무기를 쉽게 포기하지는 않을 것이기 때문이다.

2. 비핵화의 과정

특정 국가의 비핵화에 있어서 출발점이 되는 것은 핵보유국이 핵무기 및 핵능력을 폐기하겠다고 결심하는 일이다. 핵보유국의 자발적 협력없이 핵능력을 확실하게 폐기하는 것은 불가능하기 때문이다. 내정간섭이 금지되는 국제사회에서 강대국이라고 하여 약소국의 핵능력 폐기 결정을 강요할 수 없고, 군사적으로 공격하여 파괴시키는 방안은 핵전쟁으로 상황을 악화시킬 위험이 크다. 핵보유국의 핵무기 개발 동기를 제거하거나, 경제제재로 압박하거나, 다양한 유인책을 제시하는 등으로 핵보유국이 스스로 비핵화 결정을 내리도록 유도하는 수밖에 없고, 해당 핵보유국은 이를 위한 국내적 의사결정 절차를 거치거나 국제적으로 약속해야 한다.

핵보유국이 비핵화를 결심하더라도 협상을 통하여 처리해야 할 사항은 적지 않다. 일반적으로 핵보유국은 비핵화로 인하여 그들의 안보가 위태로워질 것을 걱정할 것이고, 관련 국가들은 그 걱정을 해소해주기 위한 조치를 강구해야 할 것이며, 그 외에도 비핵화 과정에서 발생할 수 있는 제반 문제를 사전 또는 도중에 협의하여 결정하게 된다. 비핵화의 결심이 확고할 경우 이 단계는 일사천리로 진행될 수도 있지만, 대부분의 경우에는 비핵화 결정에 이르는 것이 쉽지 않고, 세부적인 의견조율과 적지 않은 시간이 필요하여 협상의 타결은 쉽지 않다. 또한 협상 과정에서 예상치 못한 장애가 발생할 수도 있다.

비핵화에 관한 합의가 이루어졌을 경우 바로 이행해야 할 실질적인 조치는 보유하고 있는 핵무기를 제거하는 작업이다. 당연히 배치된 핵무기부터 제거되어야 할 것이고, 이를 통하여 비핵화의 의지를 확신하게 된다. 이 단계에서는 보유 핵무기를 자체적으로 폐기하거나 다른 국가로 이전하고, 핵무기를 미사일에 장착하였다면 해당 미사일도 함께 제거해야 한다. 이를 위해서는 핵보유국이 사전에 핵무기의 수량이나 위치를 신고해야 하고, 그에 따른 사찰도 시행되어야 할 것이며, 불능화의 단계를 거쳐 폐기한 후 검증하게 된다.

보유하고 있던 핵무기를 제거하는 것과 동시에 또는 후속하여 시행되는 작업은 핵무기의 생산능력을 제거하는 것이다. 이것은 핵무기 생산이 가능한 핵물질과 핵무기 제조시설이나 핵물질 생산시설을 해체하는 작업으로서, 핵무기 탑재가 가능한 미사일 생산 시설 제거도 포함되어야 한다. 나아가 핵무기 개발에 관한 지식, 그러한 지식을 가진 인력을 없애는 일도 포함되어야 할 것이다. 이 과정 또한 신고, 사찰, 불능화, 폐기, 검증의 과정을 거쳐야 한다는 점에서 보유 핵무기를 제거하는 것만큼 또는 더욱 복잡하고, 시간이 많이 소요될 가능성이 높다.

보유한 핵무기와 그 생산능력을 제거하면 비핵화를 위한 기본적인 작업은 종료되지만, 해당국가의 상황과 여건을 핵무기 개발이 불필요한 수준으로 개선해줌으로써 재발을 방지하는 사항도 중요하다. 이를 위한 확실한 방법이 존재하는 것은 아니지만, 해당국가를 국제사회의 일원으로 등장시켜 다양한 국가들과 수교하도록 지원하고, 민주주의의 발달을 지원함으로써 핵무기 개발과 같은 위험한 결심을 내리지 않도록 만들며, 시장경제를 활성화시켜 다른 국가와의 상호의존성을 강화함으로써 핵무기 개발의 결행 자체가 어렵도록 만드는 작업이 포함될 수 있다. 상당한 기간에 걸쳐 정교한 노력이 필요한 작업이지만 이것을 게을리할 경우 해당국가가 또다시 핵보유를 시도할 수 있다.

3. 사례 분석

인류의 역사에서 지금까지 자신이 개발한 핵무기를 폐기한 국가는 남아프리카공화국 밖에 없다. 다만, 이 국가의 경우 자발적으로 핵무기를 폐기한 다음에 국제사회에 알린 경우라서 일반적이지는 않다. 우크라이나의 경우에는 자신이 개발한 무기가 아니라 소련이 냉전시대에 배치해둔 핵무기의 보유 여부를 고민하다가 포기한 사례이다. 그럼에도 불구하고 핵무기 폐기의 사례는 소중하기 때문에 핵프로그램을 중간에 개발한 국가, 즉 리비아와 이란의 사례도 함께 분석해 볼 필요가 있다.

(1) 남아프리카공화국 사례

남아프리카공화국(남아공)은 1948년 원자력법을 제공하고, 우라늄의 개발과 생산을 주관하는 원자력위원회(Atomic Energy Board: AEB)를 설치하여 평화적 목적의 핵기술을 개발하기 시작하였다. 이를 위하여 과학자들을 미국에 파견하여 선진 핵기술을 습득하였고, 1965년 최초의 연구용 원자로를 건설했으며, 1969년에 착공하여 1970년대에는 우라늄 농축과 핵연료 제조능력을 확보하게 되었다.

이를 바탕으로 남아공의 보스터(John Vorster) 수상은 1974년 "제한적 억제능력"만 보유한다면서 핵무기 개발 및 핵실험장 건설을 승인하였다. 그 과정에서 1977년 칼라하리 사막에 건설하던 핵실험 장소가 소련과 미국에게 발견되어 폐쇄되기도 했다. 결국 남아공은 핵실험을 실시하지 않은 채 1979년 고농축우라늄(HEU)을 활용한 첫 번째와 두 번째 핵무기를 제조하였고, 1982년 세 번째 핵무기를 개발하였으며, 1989년까지 항공기로 투하할 수 있는 총 6기의 핵폭탄을 보유하게 되었다. 남아공의 핵무기는 고농축우라늄을 사용하여 만들었고, 각각 10~18kt의 위력을 가진 것으로 추정되었다.

1989년 9월 14일 드클레르크(F. W. de Klerk)가 대통령으로 당선되면서 남아공은 핵무기에 관한 정책을 변경하게 되었다. 드클레르크 대통령은 취임 직후 전문가들에게 핵무기 보유에 따른 비용과 편익을 비교하도록 의뢰하였고, 그들이 건의한 폐기방안을 승인하였다. 이 결정에 근거하여 남아공 정부는 1990년 7월부터 1991년 6월 동안에 6기의 핵무기를 비밀리에 폐기하였다. 남아공은 핵무기 폐기 직후인 1991년 7월 핵확산금지조약에 가입하였고, 9월 국제원자력위원회(IAEA)와 안전조치

협정을 체결하였다. 이에 따라 1992년부터 1월부터 IAEA가 핵사찰을 실시하였고, 이것이 종료되자 1993년 3월 드클레르크 대통령, 9월 IAEA는 남아공의 핵무기 프로그램이 종결되었다고 발표하였다.

남아공의 핵무기 개발과 폐기에는 안보적인 요소가 작용하였다. 냉전시대 친소련 노선을 견지하는 주변국가들이 등장하는 것이 두려워 핵무기 개발을 시작하였다가 그것이 감소되자 폐기하였기 때문이다. 그럼에도 불구하고, 남아공의 핵무기 폐기를 촉발한 결정적인 요소는 드클레르크 대통령의 당선이었다. 그는 평소부터 핵무기 해체를 주장해 왔었고, 대부분의 각료들도 유사한 생각을 가진 사람들이었다. 또한 확인하기는 어렵지만 인종차별 정책 폐지가 불가피해짐에 따라 흑인 대통령에게 핵무기를 인계하는 것을 두려워하여 폐기하였다는 주장도 존재한다.

(2) 우크라이나

우크라이나는 벨라루스, 카자흐스탄과 함께 소련이 자신의 영토에 배치해둔 핵무기가 독립으로 인하여 자신의 소유가 되었는데, 당시 우크라이나에 잔존한 소련의 핵무기 규모는 방대하였다. 나토(NATO)가 SS-19로 명명한 대륙간탄도미사일(ICBM) 130기, 최신예 ICBM인 SS-24를 포함한 전략미사일 46기, 그리고 전략폭격기 46대 등 총 222기의 전략 핵무기 투발수단을 비롯하여 이에 탑재하여 운반할 수 있는 수천 발의 핵탄두를 보유하고 있었다. 다수의 전술핵무기도 보유하고 있는 상태라서 우크라이나가 이의 소유를 선언할 경우 세계 3위의 핵보유국이 될 수 있었다. 또한 우크라이나에는 176곳의 전략미사일 저장고가 존재했고, 전술핵탄두 투발수단 및 관련 지휘 본부, 저장고, 지원 및 정비 시설들이 산재해 있었다.

1991년 8월 우크라이나 의회가 독립을 선언한 직후 핵무기 보유 여부에 대한 토론이 시작되었으나 결국 폐기로 결론을 내렸다. 이에 따라 1991년 10월 24일 우크라이나 의회는 우크라이나 비핵화 선언(Statement on Non-Nuclear Status of Ukraine)을 채택하여 영토 내의 모든 핵무기와 그 부속물을 완전히 폐기하고, 1991년 12월 러시아와 민스크 협정(Minsk Agreement)을 체결하여 1994년 말까지 폐기하는 것으로 합의하였다. 그리고 1992년 5월 3일 리스본에서 미국과 소련 간에 1991년 체결되었던 전략무기감축협정(Strategic Arms Reduction Treaty: START)의 조치에 따르는 것으로 합의하였다. 이로 인하여 우크라이나, 벨라루스, 카자흐스탄의 세 나라는 러시아 및 미국과 함께 그 협정의 당사자가 되었다. 이때 우크라이나는 소련에게 우크라이나 영토의 일체성과 정치적 독립을 저해하는 핵무기의 사용 또는 사용 위협을 하지 않는다는 점을 보장해줄 것을 요구하였고, 이에 러시아는 동의하였다.

그 후 안전보장에 대한 미흡을 이유로 우크라이나 의회가 리스본 조약의 비준을 거부함에 따라 우크라이나에서는 핵보유 여부를 둘러싼 논란이 1년여 추가로 진행되었으나 결국 핵무기를 폐기한다는 결론에 이르렀다. 그래서 1994년 1월 14일 모스크바에서 우크라이나, 미국, 러시아의 대통령이 합의사항을 발표함으로써 우크라이나의 핵폐기가 본격화되었다. 1994년 12월 5일 "부다페스트 각서(Budapest Memorandum)"를 통하여 이러한 사항이 체계적으로 정리되었고, 이에 따라 우크라이나는 핵무기를 러시아로 이송시켰고, 1996년 6월에 이 작업의 완료를 발표하였다. 2010년 4월 우크라이나는 농축우라늄도 전량 폐기했다고 선언하였다.

우크라이나는 자신이 개발한 것이 아니었기 때문에 핵무기에 대한 애착이 크지 않았고, 국제적으로도 핵무기에 대한 소유권을 주장하는 것이 쉽지 않은 상황이었다. 핵무기의 보유를 선언할 경우 러시아가 우크라이나에 대하여 전쟁을 선포할 가능성도 배제할 수 없었고, 국제사회에서 받을 불이익도 적지 않았다. 국제사회로부터의 지지, 지원이 필요했던 신생 독립국가 우크라이나로서는 핵무기를 보유하겠다는 결정이 현실적으로 어려운 상황이었다.

(3) 리비아

리비아의 핵무기 개발 동기가 분명하게 표현된 것은 아니지만 대체적으로 아랍국가 내에서의 맹주 위치를 확보하는 데 유리하다고 판단하여 핵무기 개발을 시도한 것으로 추측되고 있다. 1969년부터 1971년 사이에 리비아는 기 개발된 핵무기를 확보하려 하였으나 여의치 않았다. 이후 유사시 핵무기 개발이 가능한 민간 차원의 핵연료 사이클을 보유하고자 하였으나, 이것에도 의미있는 성과를 거두지 못하였다. 결국 리비아는 1995년부터는 원심분리를 사용한 우라늄 농축으로 전환하여 핵무기 개발을 본격적으로 추진하게 되었다.

원심분리기를 확보하기 위하여 리비아는 파키스탄의 칸 박사와 접촉하였고, 그와 핵무기 개발에 관한 계약을 맺었다. 칸(Abdul Qadir Khan) 박사는 다양한 국가들로부터 필요한 물품을 확보하여 2000년에 원심분리기를 설치 및 시험하기도 했다. 이에 고무된 리비아는 10,000개에 달하는 원심분리기를 설치 및 주문하기도 하였으나 국내 전문가들이 부족하여 2002년경까지도 핵무기 개발에서 의미있는 진전을 이루지 못하였다.

2003년 미국이 이라크에 대한 군사작전을 감행한 직후 리비아의 지도자인 카다피는 미국의 다음 공격 대상이 자신일 수 있다고 판단하여 영국을 통하여 미국에게 핵폐기 의사를 전달하였고, 이를 확인한 미국은 리비아로 하여금 핵무기 개발 사실과 폐기 의사를 공개적으로 밝히도록 요구하였다. 이에 따라 카다피는 2003년 12월 19일 미국과의 국교 정상화와 경제제재 해제를 희망한다면서 핵무기를 포함한 대량살상무기 모두를 폐기하겠다고 선언하였다.

리비아의 핵프로그램 포기는 신속하게 진행되어 2003년 12월에 핵무기 개발 능력, 관련 시설과 장비, 설계도면 및 물질 등에 대한 모든 정보를 IAEA, 미국 및 영국에게 공개했다. 2004년 1월 22일 리비아가 확보한 핵무기 설계 정보도 미국으로 보내졌고, 며칠 후에는 리비아가 보관하고 있던 5만 5천 톤의 핵물질이 미국으로 공수되었다. 리비아가 제공한 정보에 기초하여 2004년 IAEA는 리비아를 사찰하였고, 2005년 10월 리비아 핵프로그램의 완전 폐기를 발표하였다.

이에 따라 2004년 봄 미국 정부는 그동안 시행해왔던 경제제재를 해제하였고, 같은 해 6월 28일 연락사무소를 설치하였다. 연락사무소는 2006년 5월 대사관으로 승격되었고, 6월 미국은 리비아를 테러지원국 명단에서 삭제하였다. 다만, 그로부터 5년 정도 지난 2011년 2월 리비아에서 내전이 발생하였고, 그 내전의 과정에서 발생한 다양한 인권침해를 명분으로 나토가 개입하였으며, 그 와중에서 2011년 5월 카다피가 반군에게 사살당하고 말았다. 나토가 리비아의 내전에 개입한 것은 리비아 정부가 자국 국민들을 대량으로 살상하겠다고 위협함에 따른 인도적 명분의 "보호책임(Responsibility to Protect: RtoP)"을 근거로 한 것이었고, 리비아가 핵무기 개발에 진전을 이루지 못했다는 점에서 핵무기 프로그램을 폐기했기 때문에 카다피가 죽음을 당했다는 주장은 과장된 측면이 없지 않다.

(4) 이 란

이란은 1970년대 후반부터 핵무기 개발을 비밀리에 시도해왔는데, 이것이 국제적 이슈로 부각된 계기는 2002년 8월 15일 이란의 반(反)정부단체인 국민저항위원회(National Council of Resistance of Iran: NCRI)가 이란 정부가 나탄즈(Natanz)와 아라크(Arak)의 2개 지역에 IAEA에 신고하지 않은 비밀 핵시설을 운영하고 있다고 폭로한 것이었다. 이 폭로에 근거하여 IAEA는 2003년 고농축우라늄 생산 시설을 사찰하였고, 이란이 이 시설을 계속 가동할 경우 2년 후인 2005년 말에는 히로시마급 핵무기 한 개를 만들 수 있는 20kg의 HEU 생산이 가능한 것으로 판단하였다.

IAEA의 사찰 결과에 놀란 국제사회는 이란에 대하여 제재와 외교적 해결 노력을 병행하였는데, 2003년 10월 영국, 프랑스, 독일(EU-3)이 이란과 협상을 추진하여 이란은 우라늄 농축을 중단하고 IAEA에 협조한다는 테헤란 선언을 발표했다. 그러나 2005년 6월 당선된 강경파 아마디네자드 이란 대통령은 테헤란 선언을 무효화하면서 우라늄 농축을 재개하였다. 이에 따라 국제사회는 4차에 걸쳐 유엔 안전보장이사회의 제재를 가하였고, 미국과 유럽연합은 추가적 제재책을 강구하였다.

2013년 8월 중도 성향의 로하니 행정부가 출범하면서 핵에 대한 이란의 입장이 달라져 2013년 10월 스위스 제네바에서 P5+1(안전보장이사회 상임이사국과 독일)과 이란 간의 첫 번째 협상이 시작되었다. 이들은 2013년 11월 24일 스위스 제네바에서 핵협상 타결을 위한 기본 합의를 도출했고, 2014년 1월부터 구체적인 실행방안 협상에 들어가 2015년 4월 2일 잠정 합의안을 발표하였으며, 7월 14일 최종 합의에 이르렀다. 이들이 합의한 "공동의 포괄적 행동계획(Joint Comprehensive Plan of Action: JCPOA)"에 따르면, 이란은 15년에 걸쳐 우라늄 농축 정도를 3.7%로 유지하고(당시는 20%), 재고도 300kg으로 줄이며(당시는 10,000kg), 1만 9천 기 정도의 원심분리기를 5천 기 정도로 유지하고, 포르도 농축시설은 원심분리기 1,000기를 유지하되 연구목적으로만 사용하고, 아라크 중수로는 플루토늄 생산이 불가능하도록 재설계하되 추가 중수로는 건설하지 않으며, 의심시설에 대한 IAEA의 접근을 허용한다는 내용이었다. 이렇게 되면 이란의 브레이크 타임(핵무기 1기를 위한 무기용 핵물질 생산에 필요한 기간)이 당시의 2~3개월에서 1년 이상으로 늘어난다는 것이다.

이란의 핵폐기 대가로 국제사회는 이란에 대한 경제제재를 해제하였는데, 다만, 이란이 합의를 이행하지 않을 경우 65일 안에 제재가 다시 부과된다는 스냅백(snap back) 조항(합의 위반, 기대 이익의 침해 등이 발생할 경우 관세나 제재를 복구하는 조항)을 포함시켜서 언제든지 제재를 다시 부과할 수 있게 했다. 2018년 5월에 미국이 이란과의 협정을 파기한 것도 이 조항에 근거한 것이다.

이란과의 핵협상에서 특징적인 사항은 낮은 순도의 우라늄 농축을 허용하였을 뿐만 아니라 합의된 목표를 달성하는 기간을 15년 부여한 것이다. 15년 동안 점진적으로 목표에 맞춘다는 내용으로서, 그 사이에 돌발사태가 발생할 경우 금방 핵무기 개발 체제로 전환할 수 있다는 위험이 있었다. 이란의 경우 독일이 추가되었지만 유엔 안전보장이사회 상임이사국이 협정의 체결 당사자였는데, 이것은 이란이 약속을

표 11-1 ‖ 핵무기 폐기 사례 비교

항 목	남아공	우크라이나	리비아	이 란
핵무기 보유 여부	○	○	×	×
전략 핵무기 여부	×	○	×	×
자발성 여부	○	○	○	×
협상기간	없음	7~38개월	8개월	13년
협상 관여국가	없음	5개 상임이사국	영국, 미국, 러시아	5개 상임이사국 + 독일
보상조건	없음	안전보장 폐기 비용	수교 경제제재 해제	경제제재 해제 평화적 이용 보장
폐기기간	11개월	1년 6개월	1년 10개월	15년

위반하였을 경우 바로 유엔 안전보장이사회 제재로 전환할 수 있다는 것을 의미한다. 이로 인하여 협정의 구속력은 높아졌으나, 다수의 국가가 일치된 목소리를 내기가 어렵다는 단점도 존재하였다.

남아공, 우크라이나, 리비아, 이란의 비핵화는 매우 상이한 협상 과정을 거쳤다. 그러나 이들 사례에서 나타나고 있는 것은 해당국가가 자발적인 비핵화 의사를 가졌을 때는 성공하였지만, 이란처럼 의사가 불분명할 때는 성사가 쉽지 않고, 협상이나 비핵화에도 오랜 기간이 걸릴 수밖에 없다는 사실이다. 이러한 비교결과를 정리하면 <표 11-1>과 같다.

제3절 억제전략

핵무기에 대한 억제전략의 경우 이론이 발달되기 이전에 미국과 소련에 의한 실행이 우선되었고, 따라서 현실이 이론을 선도한 측면이 크다. 따라서 미국과 소련이 실제 적용한 바가 중심이 될 수밖에 없다.

1. 응징적 억제

핵전쟁의 억제에는 상대방에게 얻을 수 있는 이익보다 더욱 큰 손해를 부과하겠다는 응징적 억제가 우선적으로 적용되었다. 폭격기나 미사일을 통한 핵공격을 효과적으로 방어할 수 있는 무기가 없었기 때문이다. 따라서 상대방이 핵미사일로 먼저 공격(제1격, the first strike)할 경우 이로부터 어느 정도의 피해는 입을 것을 각오하면서 그 1격에서 생존한 핵무기로 반격(제2격, the second strike)하여 상대국가를 초토화시키겠다고 위협함으로써 상대방이 핵무기 공격을 가하지 못하게 한다는 방식을 적용하여야 했다. 이러한 논리에 근거하여 냉전시대에 미국과 소련은 상대방의 공격으로부터 생존하여 보복할 수 있는 대륙간탄도미사일, 전략폭격기, 전략잠수함

[당시에 미국은 이것을 '삼각축(triad)'으로 명명하였다]을 집중적으로 증강하였다.

이러한 핵전쟁 억제전략의 논리는 충분히 이해된다 해도 그 결말이 워낙 심각하여 일반인들은 이것을 "공포의 균형(balance of terror)"에 의한 억제라면서 비판하였고, '미친(mad)'이라는 말을 연상하도록 '상호확증파괴전략(Mutually Assured Destruction: MAD)'이라고 명명하기도 했다. 실제로 미국과 소련은 서로가 상대방보다 우위의 제2격 능력을 확보하고자 노력함으로써 핵군비경쟁을 감행해왔고, 결과적으로 세계를 수십 번이라도 파괴시킬 수 있는 엄청난 핵전력을 구비하게 되었다. 만약 합리적이지 않은 지도자들이 핵단추를 갖게 되거나, 세계여론의 압력이 충분히 강하지 못할 경우 누구도 예상하지 못하는 사태가 발생할 가능성도 배제할 수 없다. 이러한 응징적 억제의 참담한 현실은 [그림 11-2]에 제시되어 있는데, 지도자의 합리성과 세계여론이라는 제어책만 유효할 가능성도 배제할 수는 없다.

핵전쟁에 대한 응징적 억제는 보유하고 있는 핵전력의 규모에 따라 두 가지로 나

그림 11-2 핵 군비경쟁에 의한 억제의 불안성

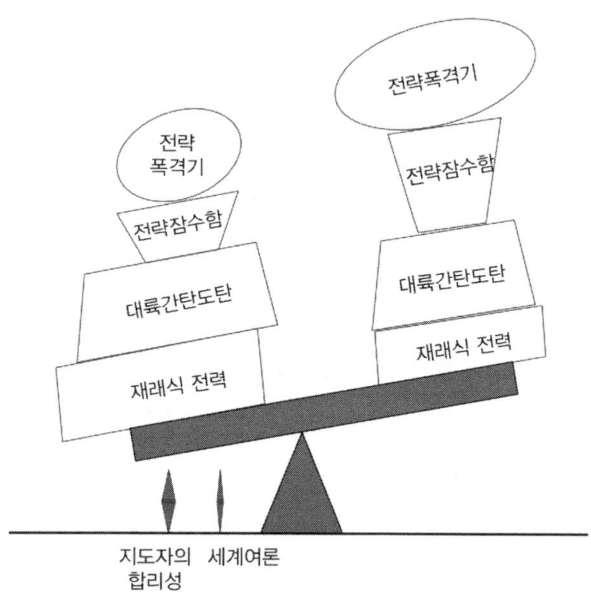

눌 수 있는데, 하나는 최대억제(minimum deterrence)이고, 다른 하나는 최소억제(minimal deterrence)이다. 전자는 위에서 언급한 바와 같이 상대방이 핵공격을 가할 경우 그보다 더욱 큰 보복을 가하겠다는 위협을 통하여 억제하는 것으로서 세계 5대 공식적 핵보유국 중에서 미국과 러시아가 채택하고 있고, 중국도 최근에 다양한 핵전력을 강화하여 이를 구현해 나가고 있다. 이들과 달리 영국과 프랑스는 핵전력이 열세하여 핵무기 공격을 받을 경우 상대국을 초토화시킬 수 없기 때문에 상대방이 가장 소중하게 생각하는 결정적인 한두 개의 표적이라도 철저하게 파괴할 수 있다는 점을 과시하여 상대방의 공격을 억제한다는 개념을 채택하고 있는데, 이것이 바로 최소억제 전략이다. 그렇기 때문에 영국과 프랑스는 적의 제1격으로부터의 생존성이 가장 높은 잠수함발사탄도미사일(SLBM)을 중점적으로 보유하고 있는 것이다.

2. 거부적 억제

핵전쟁에 대한 응징적 억제는 냉전시대부터 계속 적용되어온 방식이지만 끝없는 핵군비경쟁을 유발한다는 결정적인 단점이 있었다. 서로가 상대의 제1격으로부터 생존할 수 있는 충분한 핵무기를 구비해야 했고, 그것이 끝없는 핵 군비경쟁을 초래하게 되었기 때문이다. 또한 미국과 같이 잃을 것이 많은 국가의 입장에서는 상대방이 공멸을 각오하면서 공격할 경우 대책이 없다는 점에서 불안함을 떨쳐버릴 수가 없다.

또한 응징적 억제의 실효성에 대한 비판도 꾸준히 제기되어 왔다. 냉전시대에 응징적 억제가 작용하였다고 하지만 그것이 억제 노력의 결과인지 아니면 상대방이 애초부터 공격할 의사가 없었던 것인지를 평가하기가 어려운 것이 사실이기 때문이다. 나아가 소련의 경우 국토가 넓으면서 공산주의 체제로 국민통제가 용이하다는 점을 활용하여 대규모 핵대피 시설을 마련하였을 뿐만 아니라 국방부에 민방위 담당 차관을 설치하였을 정도로 대피를 전략적으로 활용하기 시작하였다. 미국이 제2격으로 대규모 보복을 하더라도 소련은 그다지 큰 피해를 입지 않을 수도 있는 상황이 야기된 것이다. 이것은 미국이 신뢰하고 있는 응징적 억제의 붕괴를 의미하는 것이었고, 따라서 미국은 기존의 억제전략을 지속할 수 없게 되었다.

결국 1983년 미국의 레이건(Ronald W. Reagan) 대통령은 '전략적 방어 제안(Strategic Defense Initiative: SDI)'이라는 슬로건으로 공격해오는 상대방의 핵미사일을 요격할 수 있는 방어능력을 구비할 것을 촉구하게 되었는데, 이것은 재래식 전쟁에 적용되어온 '거부적 억제(deterrence by denial)'를 핵전략에 적용하는 방식이었다. 상대의 공격을 막아낼 수 있는 능력을 구비함으로써 상대방으로 하여금 성공하지 못할 것이라고 판단하여 공격을 단념하도록 만든다는 것이다. 거부적 억제 차원에서 시행되는 조치는 대부분 방어적이라서 국제적으로도 정당한 것으로 인정받고, 신뢰성도 크다. 다만, 공격해오는 핵미사일을 공중에서 요격하는 것이 기술적으로 어렵다는 것이 문제였다.

실제로 미국은 1949년 소련이 핵무기를 개발하자마자 그에 대한 방어가 필요하다고 판단하여 1956년부터 나이키 제우스(Nike Zeus)라는 명칭의 프로그램으로 소련이 핵미사일로 공격할 경우 북극 상공에서 다른 소규모 핵폭탄을 폭발시켜 파괴한다는 개념을 발전시켰고, 'Sentinel'이나 'Safeguard'로 명칭을 바꿔가면서 지속적으로 추진했다. 당시에는 공격해오는 미사일을 공중에서 격추시킬 수 있는 기술의 개발이 불가능하다고 생각하였기 때문이다. 그러나 미국이 추진했던 방식은 핵무기 폭발로 인한 부작용만 클 뿐 방어의 신뢰성도 높지 않아서 결국 중단하면서 1972년 소련과 반(反)탄도탄(Anti-Ballistic Missile: ABM) 조약을 체결하여 서로가 방어망을 구비하지 않기로 약속함으로써 상호확증파괴전략에만 의존하게 되었다. 그런데 소련의 엄청난 대피노력으로 응징적 억제의 신뢰성이 위협받는 미국으로서는 계속 불안감을 느낄 수밖에 없었다.

레이건 대통령의 '전략적 방어 제안'은 응징적 억제라는 전략적 공격에서 거부적 억제라는 전략적 방어로 전환한다는 미 핵전략의 근본적인 변화의 시작이었다. 다만, 미국은 상당한 시간을 투입하였음에도 상대방의 핵미사일을 공중에서 요격하기 위한 기술의 개발에 성공하지 못하였다. 그럼에도 미국은 부시(George H. W. Bush, 아버지) 및 클린턴(Bill Clinton) 행정부를 거치면서 탄도미사일방어(Ballistic Missile Defense: BMD)를 미 본토용 국가미사일방어(National Missile Defense: NMD)와 해외미군 보호용 전구미사일방어(Theater Missile Defense: TMD)로 구분하여 상황에 맞는 방어개념과 무기를 개발하는 등 꾸준히 노력하였다.

레이건 대통령이 제시한 핵무기에 대한 거부적 억제는 20년 정도 후인 부시(George W. Bush, 아들) 대통령에 의하여 실천되었다. 그동안 미국은 공격해오는 미사일의 몸체를 직접적으로 타격하여 확실하게 파괴시키는 직격파괴(hit-to-kill)에 성공하지 못하였는데, 부시 행정부에서 필요한 기술적 돌파(breakthrough)를 이룩한 것이다. 부시 대통령은 1972년 소련과 맺은 반탄도탄조약도 파기함으로써 이의 추진을 위한 법적인 장애를 제거하였고, 국가미사일방어와 전구미사일방어의 구분을 없앰으로써 국가미사일방어망 구축에 대한 국내적 반대를 극복하였다. 이러한 노력의 결과로 부시 행정부는 2004년부터 일부 무기체계를 실전에 배치하기 시작하였고, 이로써 핵전쟁에서도 거부적 억제가 실제로 기능하게 되었다. 다만, 미국의 미사일방어체계는 아직 다수의 핵미사일을 요격할 수 있는 수준은 아니기 때문에 러시아나 중국과 같은 대규모 핵보유국의 핵미사일을 모두 요격할 수 없고, 따라서 이들에 대한 거부적 억제는 제한적일 수밖에 없다.

3. 확장억제

'확장억제(extended deterrence)'는 미국이 동맹국을 위하여 제공하겠다고 약속하고 있는 핵억제의 개념이다. 자신에 대한 핵억제의 논리를 동맹국에게도 '확장(extend)'하여 적용한다는 개념이다. 이것은 핵전쟁과 재래식 전쟁에 모두 적용되는 용어이기 때문에 핵확장억제는 '핵우산(nuclear umbrella)'이라는 말을 사용하여 특별히 강조하기도 한다. 냉전시대에 미국은 동맹국에 대한 핵공격의 보복을 위하여 자신의 전략핵무기를 적극적으로 사용하겠다고 약속함은 물론이고, 그 신뢰성을 강화하고자 유럽과 아시아 동맹국들에게 다수의 핵무기를 배치해두기도 했다. 지금도 미국은 유럽에 150~200기의 핵무기를 배치해 두고 있다.

억제는 상대방의 심리에 영향을 주어 공격을 자제시키는 개념이기 때문에 근본적인 불확실성을 내포하고 있는데, 확장억제는 그의 이행에 대한 미국의 결정이라는 또다른 요소를 고려해야 하기 때문이 불확실성이 더욱 커진다는 약점이 있다. 미국이 아무리 확약을 해도 동맹국들이 확장억제의 이행 여부를 확신하지 못하는 이유이다. 미국의 입장에서도 자신의 도시에 핵공격이 가해질 수도 있고, 자칫 잘못하면 러시아나 중국과의 대규모 핵전쟁으로 악화될 위험성이 낮지 않기 때문에 약속했다고 하여 확장억제를 자동적으로 이행할 수는 없다. 그렇기 때문에 확장억제는 동맹국들이 듣고 싶어하는 수사(修辭)에 불과하다는 평가도 나오는 것이다.

4. 기타 억제형태

소수의 핵무기를 보유한 국가는 핵강대국에 대하여 최소억제를 추구할 수밖에 없는데, 이를 위해서는 핵강대국의 1~2개 도시를 분명하게 초토화시킬 수 있는 능력을 구비하고 있어야 한다. 그러나 영국과 프랑스처럼 잠수함발사탄도미사일을 개발하여 유지하는 것은 쉽지 않다. 따라서 아래에서 설명되고 있는 바와 같이 인도와 파키스탄은 핵무기의 사용의지를 적극적으로 표명함으로써 최소억제를 달성할 수

파키스탄의 핵전략

- 파키스탄은 국력과 군사력의 격차로 인하여 인도와의 재래식 전력에서 열세일 수밖에 없었고, 그래서 1971년 인도와의 전쟁에서 패배하였다. 1974년 인도가 핵무기를 개발하자 핵무기 개발에 착수할 수밖에 없었고, 칸(Abdul Qadir Khan) 박사가 이를 성공시켰다. 파키스탄은 1998년 단기간에 6회의 핵실험을 실시함으로써 핵무기 개발에 성공했음을 과시하였다.
- 파키스탄은 불가피할 경우 핵무기를 사용할 수 있다는 점을 시사하고 있다. 인도가 공격하여 영토의 상당부분을 점령하거나 파키스탄 군대를 상당할 정도로 격멸하는 등으로 심각한 피해를 끼칠 경우 핵무기를 사용할 수밖에 없다는 것이다. 이것이 바로 적극적인 사용의지를 과시하여 상대방의 핵공격을 억제하는 신뢰적 억제전략의 개념이다.
- 신뢰적 최소억제라는 용어 자체가 파키스탄이 만들어 낸 말로서, 핵무기 개발 이전에도 사용했고, 핵무기 개발 이후에는 공식적인 핵전략으로 채택하였다. 1999년 5월 20일 인도의 샤리프(Nawaz Sharif) 총리는 국방대학교에서 그들의 핵태세를 설명하면서 "신뢰적 최소억제"를 채택하고 있다는 점을 설명한 바 있다.

있다고 주장하면서 스스로 이것을 '신뢰적 최소억제(credible minimum deterrence)' 라고 부르고 있다. 주먹은 약하지만 사생결단의 전투의지를 과시함으로써 힘센 친구를 굴복시키는 경우와 유사한 논리로서, 이 신뢰적 최소억제는 수단의 부족을 적극적인 사용 의지와 추가적인 대책으로 보완해서 최소억제를 구현하는 방식이다.

최대억제, 최소억제, 신뢰적 최소억제 전략 이외에도 핵전쟁의 억제와 관련하여 다양한 용어들이 개발되었다. 그중 하나는 핵무기 보유만으로도 억제가 가능하다는 '존재적 억제(existential deterrence)'로서, 핵무기는 워낙 위력이 크기 때문에 보유 자체만으로 억제의 효과가 발생한다는 주장이다. 특히 소규모 핵보유국이 핵무기의 정확한 수준이나 사용의 의지를 모호하게 유지하면 할수록 존재적 억제의 효과는 높아질 수 있다. 또한 '휴식 억제(recessed deterrence)'나 '비무기화 억제(non-weaponized deterrence)'라는 말처럼 핵무기를 제조할 수 있는 잠재력을 보유하고 있는 것만으로도 억제효과를 기대할 수 있다. 정도의 차이는 있겠지만, 소규모 핵무기를 보유하더라도 핵강대국에 대하여 다소 간의 억제효과를 달성할 수 있다는 점은 인정하지 않을 수 없다.

토의주제

- 결국 인류는 핵무기로 인하여 멸망할 것인가?
- 리비아가 핵무기를 포기한 이유는?
- 우크라이나가 핵무기를 포기하지 않았다면?
- 핵전쟁의 응징적 억제는 정말 '미친' 전략인가?
- 신뢰적 최소억제 전략은 논리적 타당성이 있는가?

추천문헌

채규철(2009). "핵문제의 해법: 기존모델과 북한의 사례 비교."『한국정치외교사논총』. 제30권 2호, pp.153-174.

박휘락(2019). "북한 비핵화를 위한 우크라이나 사례의 교훈: 비핵화 과정을 중심으로."『평화학연구』. 제20권 1호, pp.157-178.

이재학(2011). "억제이론으로 본 중국의 핵억제전략."『신아세아』. 제18권 2호, pp.96-121.

김정섭(2015). "한반도 확장억제의 재조명: 핵우산의 한계와 재래식 억제의 모색."『국가전략』. 제21권 2호, pp.5-40.

12 | 핵위협 방어

핵공격을 받게 되면 수많은 국민들이 사망하면서 전 국토가 초토화될 것이기 때문에 최악의 상황을 가정한 방어조치도 강구하지 않을 수 없다. 특히 방어는 거부적 억제 수단으로도 활용될 수 있고, 안정적이라는 장점이 크다. 핵위협이 심각해지는 만큼 방어태세의 강도도 높아져야 할 것이다. 핵위협 방어의 핵심적인 요소인 미사일방어, 선제와 예방, 민방위에 대하여 설명하고자 한다.

제1절 미사일방어

1. 개 념

미사일방어는 공격해오는 상대방의 미사일을 공중에서 요격(邀擊, interception)하여 파괴시키기 위한 활동을 말하는데, 이것은 기본적으로 항공기에 대한 방어의 개념을 적의 미사일에 대하여 적용하는 방식이다. 특히 대부분의 핵무기는 탄도미사일로 운반되기 때문에 미사일방어는 탄도미사일방어, 즉 Ballistic Missile Defense라고 불리고, BMD라고 약어로 말한다. 한국에서는 주로 '미사일방어'라고 칭한다.

미사일은 탄도미사일(ballistic missile)과 순항미사일(cruise missile)로 구분할 수 있는데, 전자는 고체 또는 액체연료를 사용하는 로켓의 추진력에 의해 발사 및 가속된 뒤 관성유도로 비행하다가 최종단계에서 자유 낙하하는 미사일을 말하고, 후자는 로켓을 계속 분사하면서 비행하는 미사일을 말한다. 순항미사일은 등고선을 따라 은밀 비행을 할 수 있다는 장점이 있으나 속도가 느리고 탑재 가능한 탄두중량이 작다. 반면에 탄도미사일은 속도가 빠르고, 장거리 비행이 가능하며, 중량이 큰 탄두를 운반하기에 용이하여 핵미사일의 대부분을 구성한다.

장거리 및 핵무기 탑재용 탄도미사일은 당시 가용한 가장 강력한 엔진을 사용하기 때문에 그것보다 더욱 빠른 요격미사일을 개발할 수 없고, 따라서 탄도미사일방어는 표적지역에서 기다리다가 돌진해오는 상대방의 공격미사일을 정면충돌하여 파괴하는 방식을 취하고 있다. 또한 탄도미사일은 관성유도되기 때문에 전파방해를 받지 않고, 속도가 빠르고 레이더 피탐면적(Radar Cross Section: RCS)이 매우 작아서 탐지가 어렵다. 또한 대기권 재진입 시 공기밀도나 속도의 변화로 불규칙 나선형(corkscrew) 운동을 하기 때문에 최종단계에서의 비행궤적 추정 및 예측이 어렵다. 따라서 비행궤도의 정교한 예측이 필수적이고, 몸체를 직접 맞추는 직격파괴가 보장되어야 하기 때문에 고도의 기술을 요구한다.

그러므로 탄도미사일방어는 공격해오는 상대의 탄도미사일을 탐지, 추적, 요격, 파괴하는 무기체계 또는 그러한 무기체계를 개발해 나가는 프로그램과 기술을 총칭한다고 할 수 있다. 순항미사일방어는 기존의 항공기에 대한 방어체계로도 어느 정도 담당할 수 있다.

2. 체 계

탄도미사일방어는 미국이 주도하여 왔기 때문에 미국이 시행해온 개념이 세계적으로 확산되어 있는데, 기본적으로 미사일방어는 다층방어(Multi-layered defense)에 의존한다. 공기밀도나 온도 등이 고도별로 달라서 전 고도를 담당하는 요격미사일을 개발할 수 없기 때문이다. 또한 핵미사일은 반드시 요격해야 하기 때문에 다층방어를 활용함으로써 이전 단계에서 요격을 하지 못했으면 다음 단계에서 요격함으로써 요격확률을 높여야 한다. 따라서 미국의 탄도미사일방어는 고도를 몇 구간으로 나눈 후 그에 맞도록 무기체계를 개발하여 배치하고 있다.

미국의 경우 본토방어를 위해서 발사단계인 부스트단계(boost phase), 대양을 횡단하는 중간경로단계(midcourse phase), 목표에 진입하는 종말단계(終末段階, terminal phase)로 구분하여 필요한 무기체계를 개발하여 배치하고 있다. 또한 해외미군 보호, 다른 말로 하면 단거리 및 중거리 탄도미사일 위협에 대한 방어를 위해서는 중간경로단계를 설정하기 어렵기 때문에 부스트단계와 종말단계로 나눈 후, 종말단계를 상층방어(upper-tier defense)와 하층방어(lower-tier defense)로 구분하여 3단계로 조직화하고 있다.

미국의 경우 아직 부스트단계에 사용할 수 있는 방어체계는 기술적 어려움과 '우주의 무기화(weaponization of space)'에 반대하는 의견으로 적극적으로 추진하지 못하여 개발이 되지 않은 상태이다. 따라서 미국의 본토방어는 중간경로단계 방어에 의존하고 있고, 이를 위한 요격미사일을 개발하여 배치해두고 있다.

종말단계 상층방어를 위하여 미군이 개발한 것이 사드(Terminal High Altitude Area Defense: THAAD)로서 40~150km의 고도에서 공격해오는 상태방의 탄도미사일을 요격할 수 있도록 개발하였고, 유사시 본토방어를 위하여 사용하거나 전진배치된 해외미군을 보호하기 위하여 사용한다. 하층방어는 약 15km 정도의 상공에서 상대의 탄도미사일을 요격하는데, 이를 위하여 개발한 무기가 PAC(Patriot Advanced Capabilities)-3이다. 따라서 상층방어는 지역을 방어하고, 하층방어는 전략적 시설, 국가행정의 중심부 등 특별한 지역이나 시설을 보호하는 데 활용된다.

3. 사 례

탄도미사일방어는 미국의 선도적 노력이 전 세계로 확산되면서 각국이 나름대로의 체계를 구비해 나가고 있다. 중동과 유럽의 미국 동맹국들은 미국으로부터 PAC-3 하층방어 미사일을 구매한 상태이고, 중동의 동맹국들은 상층방어인 사드(THAAD)도 구매하고 있다. 이 중에서 선도국인 미국, 한국과 유사한 환경에 있다고 판단되는 이스라엘과 일본의 경우를 간략하게 소개하고자 한다.

(1) 미 국

미국은 1983년 레이건(Ronald W. Reagan) 대통령의 '전략적 방어 제안(SDI) 이래 탄도미사일방어 능력 구비에 오랫동안 노력해오다가 2004년 부시(George W. Bush) 때 최초의 중간경로 요격미사일을 배치하였다. 당시는 '나선형 개발' 개념에 의하여 완벽한 상태는 아니어도 일단 배치한 후 개량하는 방식을 선택하였다.

현재 미국이 설치하고 있는 탄도미사일방어는 러시아나 중국의 대규모 핵미사일을 요격할 수 있는 수준은 아니다. 그들 핵미사일의 숫자만큼 엄청난 숫자의 요격미사일을 개발하여 배치한 것이 아니기 때문이다. 현재 미국은 중간경로방어 지상기반 요격체계(Ground-based Interceptor)로서 캘리포니아와 알래스카의 군사기지에 44기를 배치해두고 있는데, 이것은 불량국가나 테러분자들의 제한된 미사일 발사로부터 미 본토를 배치할 수 있는 수준이다.

미국은 해외주둔 미군의 보호를 위하여 SM-3 해상요격미사일, 사드(THAAD), PAC-3 등의 요격미사일을 개발하여 주둔지 근처에 배치하거나 본토에 배치해두었다가 유사시에 바로 전개할 수 있도록 준비하고 있다. 또한 미군은 우방국들과의 탄도미사일 협력을 통하여 해외주둔 미군의 방어효율성을 높이고자 노력하고 있다.

(2) 이스라엘

이스라엘의 경우 2만km^2 정도밖에 되지 않는 좁은 면적의 국토라서 부스트단계 요격에 주안을 둔 채 상층방어와의 결합을 통한 탄도미사일방어를 구상하였다. 그러나 미국과 공동으로 개발하던 부스트단계용 레이저 무기의 기술적 한계를 극복하지 못하여 이 개념을 더 이상 추진하기는 어렵게 되었다. 따라서 이스라엘은 상층방어와 하층방어로 두 번 요격한다는 개념으로 전환하였고, 상층방어의 애로우(Arrow)를 지속적으로 발전시키면서 미국이 개발한 PAC-3 요격미사일을 구매하여 하층방어 능력을 단기적으로 충당하였다. 또한 PAC-3와 애로우 사이에서 한 번 더 요격하는 개념이 필요하다고 판단하여 데이비즈 슬링(David's Sling)이라는 독자적인 요격미사일을 개발해둔 상태이다. 나아가 헤즈볼라(Hezbollah)와 하마스(Hamas)의 간헐적인 로켓탄이나 박격포 공격으로 다수의 사상자가 발생하자 그것들을 공중에서 요격할 수 있는 방어체계도 개발하였다.

이스라엘의 상층방어체계는 애로우로서, 미국과 공동으로 개발하였는데, 애로우-2는 2000년부터 배치되었고, 애로우-3도 2016년부터 배치되었다. 이것은 90~150km의 사거리(고도는 50~60km)를 담당할 수 있고, 상당한 정확성을 가진 것으로 평가되고 있다. 자체 개발한 데이비즈 슬링은 사거리 70~250km인데, 탄도미사일은 물론 항공기와 순항미사일도 요격할 수 있고, 하층방어의 윗부분과 상층방어를 동시에 담당할 수 있다. 하층방어로는 PAC-3 4개 포대를 구입하여 배치한 상태이다. 또한 이스라엘이 개발한 아이언 돔(Iron Dome)은 4~70km의 범위 내에서 항공기는 물론이고 포병탄도 요격할 수 있다.

(3) 일 본

일본은 해양으로 이격되어 있다는 장점을 최대한 활용할 수 있도록 미국과의 공동연구를 통하여 탄도미사일방어를 추진하였다. 우선은 SM-3 요격미사일을 장착한 해상의 이지스함이 상층방어를 담당하고, 지상의 PAC-3가 하층방어를 담당한다는 2회 요격의 개념으로 출발하였다. 그러나 이것으로는 부족하다고 판단하여 일본은 미국이 개발하여 현재 루마니아에 배치해둔 지상용 SM-3를 구매하는 것으로 결정하였다. 이것은 기술적 문제로 중단되었으나 일본은 해상 상층방어 또는 지상 상층방어 → 지상 하층방어로 2~3회의 요격을 의도하고 있다.

일본의 상층방어는 고도 160km, 사거리 500km에 달하는 SM-3 미사일을 장착한 구축함인데, 6~8척을 확보하고 있다. 나아가 일본은 대륙간탄도미사일의 요격도 가능하도록 사거리를 확장한 SM-3 Block IIA도 미국과 공동으로 개발하였다. 지상 상층방어로는 SM-3 지상용을 50기 이상 배치하여 가능방어 가능지역을 확장하고, 하층방어는 20개 포대 이상의 PAC-3 요격미사일을 전국의 주요 도시별로 배치하여 마지막 단계에서 국민들을 보호하고 있다. PAC-3 요격미사일의 경우에도 PAC-3 MSE(Missile Segment Enhancement)로 성능을 향상시켜 방어범위와 정확성을 증대시켰다. 또한 일본은 이러한 미사일 방어에 대한 전국적 통제를 보장할 수 있도록 JADGE(Japan Aerospace Defense Ground Environment)를 구성해두고 있고, 미군과의 일원화된 통제체제도 구축해두고 있다. 일본의 탄도미사일방어 개념도는 [그림 12-1]과 같다.

그림 12-1 일본의 탄도미사일방어

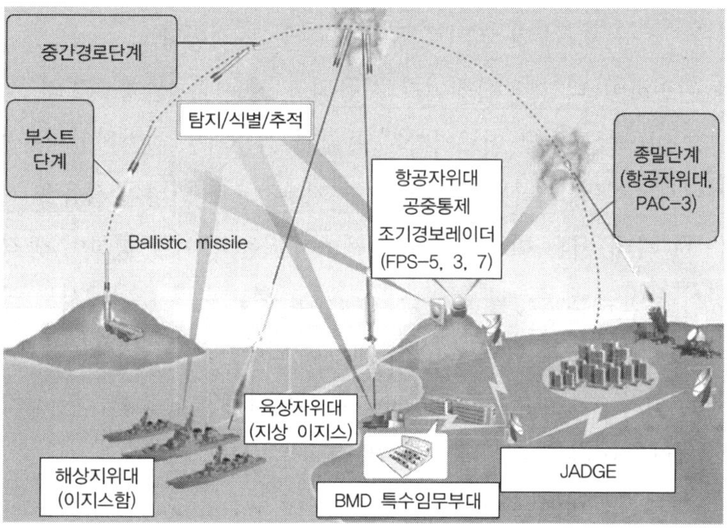

출처: JMOD, Defense of Japan 2019.

제2절 선제와 예방

핵공격을 받으면 반격 자체가 어려워지기 때문에 상대가 핵공격을 가하겠다는 명백한 징후가 존재함에도 아무런 조치를 강구하지 않을 수는 없다. 다만, 선제조치의 논리는 이해하더라도 외부적으로 드러나는 것은 상대를 공격하는 행위라는 점에서 간단한 문제는 아니다. 이와 관련하여 대조적인 개념일 수 있는 선제와 예방의 개념을 비교하여 이해해보자.

1. 개 념

선제(先制)의 사전적 의미는 "손을 써서 상대방을 먼저 제압"하는 것이다. 그래서 통상적으로 국민들은 적보다 미리 공격한다는 의미로 사용하고, 6·25 전쟁의 경우에도 북한의 '선제공격'으로 시작되었다고 말한다. 이때 선제공격은 기습공격이나 미리 공격하는 '선공(先攻)'의 의미로 사용되고 있는 것이다.

'선제'와 관련하여 다양한 합성어가 사용되고 있는데, '선제공격'의 경우 대규모 전쟁에서부터 전술적 행위에 이르기까지 폭넓게 적용되는 일반적인 용어이지만, 민주주의 국가에서는 '공격'이라는 용어에 대한 거부감으로 인하여 사용을 꺼리는 경향이 있다. 9·11 사태 이후 미국에서는 '선제조치'라는 용어를 통하여 공격적인 이미지를 감추면서 용어의 융통성과 범위를 넓히기도 했고, 군사분야에서는 타격의 형태에만 치중하여 '외과수술적 타격(surgical strike)'이라는 용어를 사용하기도 한다. 한국의 경우에는 미리 행동한다는 의미와 공군기나 미사일을 통한 정밀타격의 의미를 결합하여 '선제타격'이라는 용어를 일반적으로 사용한다.

한국에서 '선제'로 번역하기는 하지만, 영어의 'preemption'은 명확한 조건이 전제되어 있는 전문적인 용어로서 '상대의 공격적 행위가 임박한 상태'에서 먼저 행동하여 그것을 못하도록 한다는 불가피성을 전제하고 있다. 대부분의 국민들이 일반적으로 이해하는 선공 차원의 선제는 '예방적(preventive)' 조치를 의미한다. 예방적 조치는 상대방의 공격이 임박하지 않은 상황에서 취하는 행동으로서, 불가피성이 약하다. 상대방의 핵무기 사용에 대한 명백한 징후가 '없는' 상태에서 미리 공격하는 조치이다. 그래서 선제공격은 자위를 위한 무력행위로서 어느 정도 '정당방위'로 인정되는 반면, 예방공격은 '과잉방어'로서 부당하게 인식된다.

군사적으로 보면 선제에 비해서는 예방이 훨씬 합리적이다. 선제는 적의 공격이 임박해진 이후부터 적이 실제 공격을 가하는 순간까지의 짧은 시간에 탐지, 타격, 공격해야 한다는 점에서 성공의 가능성이 낮기 때문이다. 사전에 경고된 상태라도 그 짧은 시간 내에 성공시킨다는 것은 어려울 것인데, 경고마저 없을 경우에는 더욱 어려울 수밖에 없다. 특히 선제의 경우 적의 임박한 공격에 대응하는 개념이기 때문에 적이 공격의 시점을 정하지만, 예방의 경우에는 내가 판단하는 최적의 시간에 실시한다는 유리점이 있다. 예방의 경우 충분한 시간을 가진 상태에서 정확한 정보를 수집한 후 정밀한 계획을 세워 시행할 수 있고, 다양한 모의(simulation) 기법을 통하여 성공 가능성이 확실시될 때 결행할 수 있다.

따라서 선제와 예방은 기본적으로 정당성과 성공 가능성 두 가지 중에서 어느 것을 우선시할 것이냐에 따라서 선택이 달라질 수밖에 없다. 또한 [그림 12-2]에서 제시되고 있듯이 선제와 예방이 분명하게 구분되는 것이 아니라 두 가지 개념 사이에 다양한 복합 상황이 존재할 수밖에 없다. 결국 각국은 당시 상황을 바탕으로 최선의 시점에서 가장 타당하다고 생각하는 선제와 예방의 조합을 선택할 수밖에 없다고 할 것이다.

개념적으로는 공격을 위한 명백한 징후의 유무를 기준으로 구분할 수 있다고 하

그림 12-2 선제와 예방의 비교

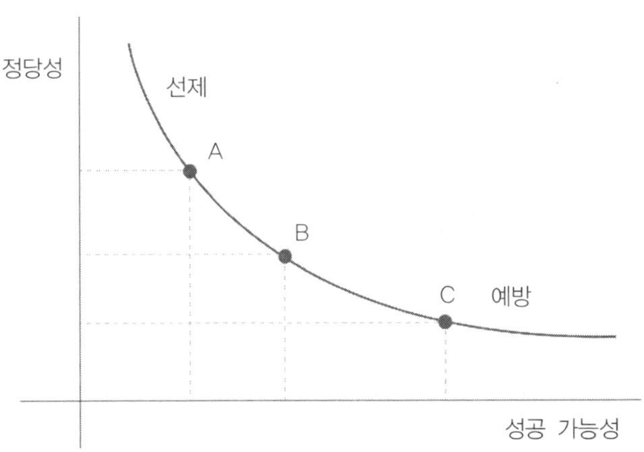

더라도 현실의 조치 중에서 어떤 것이 선제이고, 어떤 것이 예방이라는 것을 구분하는 것이 간단한 것은 아니다. 공격의 임박성이나 징후의 명백성 모두 주관적인 판단에 그칠 수밖에 없고, 어떤 조치가 선제거나 예방이라고 결정해줄 수 있는 권위를 지니고 있는 기구도 세계에는 없기 때문이다. 이와 같이 논쟁의 소지가 많기 때문에 대부분의 국가에서는 선제공격이나 선제타격을 회피하고자 하거나 시행을 망설이는 것이다.

2. 국제법적 근거

선제공격의 적법성은 국제법에서도 여전히 논란이 되고 있는데, 이와 관련된 개념은 '예상 자위(anticipatory self-defense)'이다. 자위권은 통상적으로 어떤 무력공격이 선행되어야 정당화될 수 있는데, 핵공격의 경우에는 그것을 허용하면 국가가 파멸되어 자위권 자체를 행사할 수가 없다. 따라서 핵무기와 같이 치명적인 위협일 경우에는 공격이 예상되어 미리 대응하는 것도 자위권으로 볼 수 있다는 개념이 예상 자위권이다. 이 개념은 1962년 쿠바 사태 이후 국제사회에서 활발하게 논의하기 시작하였고, 2001년 9 · 11 테러 이후 광범위하게 확산되었다. 9 · 11 이후 미국은 국가안보에 심각한 위협이 된다고 판단할 경우 모의단계의 테러분자에 대한 선제적인 조치를 강구하겠다고 말하여 예방과 선제 모두를 포괄하는 정책을 공식화하기도 했다.

예상 자위권을 둘러싼 논쟁은 자위권을 규정한 유엔헌장 제51조와 관련하여 전개되고 있다. 제51조에서는 무력공격(armed attack)이 발생한 경우에 한하여 자위권 행사를 보장하기 때문이다. 그래서 대부분은 '무력공격'이 실제로 발생해야 함을 강조하지만, 예상 자위권에 동의하는 학자들은 유엔헌장에서 언급하고 있는 '무력공격'에는 '급박한 무력의 위협'도 포함시켜야 한다고 주장한다. 급박한 위협이 구현될 것을 예상하여 자위권을 발동할 수도 있다는 주장이다. 특히 제51조에는 자위권이 "고유한(inherent)" 권리라고 규정하고 있기 때문에 유엔헌장에 규정된 바가 국가의 궁극적인 자위권을 제한할 수 없다고 주장한다.

현대에 들어서 무기체계가 고도화되면서 예상 자위권을 인정하는 경향이 증대되는 것은 사실이다. 위협되는 공격이 '임박'하고, 다른 수단으로 그것을 완화시킬 수 없으며, 행동이 비례적일 경우 위협받은 국가는 군사적 조치를 강구할 수 있다는 입장이 유엔에서도 표명된 바 있고, 다수의 국제법학자들도 핵무기 및 화생무기와 같은 대량살상무기에 대한 공격이 예상되는 상황에서 적절한 대응수단이 없을 경우 자위권 차원의 선제적 무력사용이 필요하다는 입장을 제시하고 있다. 핵공격을 받은 후 반격해봐야 이미 입은 피해를 복구할 방법이 없을 뿐만 아니라 자칫하면 방어 자체가 불가능해질 수 있기 때문이다.

남용의 위험성이 커서 국제사회가 예상 자위권이나 선제공격을 공식적으로 허용해주기는 어렵지만, 핵공격과 같은 치명적인 공격이 예상되는 상황에서 아무런 조치를 취하지 않아야 한다고 말할 수는 없다. 결국 선제조치의 여부는 특정 국가가 그 당시의 상황과 여건에 맞춰서 판단 및 결심해야 할 사항이고, 그 이후의 국제적 비난이나 논란도 스스로가 감당할 몫이라고 할 것이다.

3. 사 례

재래식 전쟁에 관한 선제공격의 사례는 역사적으로 많지만, 핵무기에 대한 선제공격의 사례는 아직 없다. 핵무기로 공격하겠다고 직접적인 위협을 가한 국가는 아직 없었기 때문이다. 그러나 예방공격의 사례는 있다. 다음 쪽에서 추가로 설명하고 있듯이, 1981년 6월 7일 이스라엘이 "오페라 작전(Operation Opera)" 또는 "바빌론 작전(Operation Babylon)"이라는 명칭으로 공군기를 동원하여 2,000km 정도 떨어진 이라크의 오시라크(Osirak) 핵발전소를 타격하여 파괴한 것이 이의 전형적인 사례이다. 2007년 9월 6일에도 이스라엘은 "과수원 작전(Operation Orchard)"이라는 명칭 하에 시리아의 데이르 에즈조르(Deir ez-Zor) 지역에 건설 중인 핵발전소를 동일한 논리에 근거하여 공군기로 파괴시켰다. 미국도 2003년 이라크가 핵무기를 개발하였을 수도 있다는 의심을 근거로 이라크를 침공하여 사담 후세인을 사살하고, 그 체제를 붕괴시킨 바 있다. 이스라엘과 미국의 예외주의(exceptionalism)가 비판받기도 하지만, 버려두면 핵무기를 개발하여 대응이 어려워지기 때문에 사전에 예방적으

이스라엘의 오시라크 발전소 타격

- 1976년 이라크는 프랑스로부터 원자로를 구매하였다. 이것이 평화적 목적으로 사용되지 않을 것이라고 의심하던 이스라엘은 1979년경 이라크가 1982년 정도에는 핵무기를 만들 수 있는 장치와 물질을 확보하게 될 것이고, 1985년 정도에는 초보적인 핵무기를 만들 수 있을 거라고 평가하게 되었다.
- 이라크에 필요한 장비를 공급하지 않도록 프랑스 등을 설득하였으나 성공하지 못하자 이스라엘은 예방타격으로 이라크의 핵무기 제조공정을 와해시키기로 결정하였다.
- 이스라엘은 1981년 6월 7일 공군기로 타격하여 파괴시켰는데, 8대의 F-16A가 각각 2,000파운드 폭탄을 두 개씩 장착하였다. F-15 두 대가 이 편대를 호위하였고, 나머지 다수의 F-15는 이라크 상공에서 대기하였다. 투하된 16개 폭탄 중에서 8개가 핵발전소에 명중한 것으로 나중에 밝혀졌고, 이스라엘은 아무런 피해도 입지 않았다. 다만, 핵발전소 폭격과정에서 10명의 이라크 병사와 1명의 프랑스 기술자가 사망하였다.
- 국제사회에서는 이스라엘의 행위를 비난하였으나 예상 자위권 자체를 부정하지는 않았고, 결국 제재에도 이르지 않았다.

로 파괴시킨다는 논리가 터무니없는 주장은 아니다.

다만, 지금까지 핵무기를 개발해버린 상대에 대하여 예방타격이나 공격을 실시한 사례는 없다. 실패할 경우 바로 핵전쟁을 감수해야 한다는 위험이 너무나 크기 때문이다. 미국의 경우 1950년대에 소련의 핵무기에 대하여, 1960년대에는 중국의 핵무기에 대하여 예방타격의 가능성을 검토했지만 핵전쟁으로 상황이 악화될 것을 우려하여 포기하였다는 주장도 없지 않다. 이집트도 1960년대에 이스라엘의 핵무기 개발을 차단하기 위한 예방공격을 검토하였으나 이스라엘이 신속하게 핵무기를 개발해버림에 따라 포기하였다는 분석도 존재한다. 논리적으로는 예방공격의 필요성이 충분히 인정되지만, 핵전쟁의 위험을 감수하면서까지 예방적 조치를 결정하기는 어려운 것이 현실이다.

제3절 민방위

현재까지 핵전쟁 억제의 기본적인 전략은 상대방의 도시에 대한 대량보복이기 때문에 핵전쟁의 직접적인 피해를 입게 되는 대상은 국민이다. 국민들의 피해를 방지할 수 있는 정도는 핵전략에도 영향을 주고 있다는 점에서 민방위의 개념, 경과, 사례에 대한 이해도 중요하다.

1. 개 념

민방위(civil defense)는 국민 각자가 적의 공격에 대한 피해를 최소화하는 조치를 강구함으로써 군대의 전쟁지원을 간접적으로 지원하는 활동으로서, 전쟁의 시작과 더불어 존재해온 개념이다. 다만, 재래식 전쟁에서 공격자는 대규모 군사력을 기동시켜 방어자의 군대를 격파하고 나서 국토를 점령하고, 이후에 주민들을 통제한다는 개념이었기 때문에 민방위 활동이 전쟁의 승패에 큰 비중을 갖지는 못하였다. 그러나 핵전쟁에서 공격자는 군대의 투입없이 핵폭탄 투하만으로 도시에 거주하고 있는 방어국의 주민들을 대규모로 살상하기 때문에 국민들이 직접적인 피해의 대상이고, 따라서 국민들의 피해를 줄이기 위한 노력은 매우 절박해졌다. 따라서 핵무기 개발과 동시에 민방위 개념이 제시되었고, 냉전시대 핵무기 경쟁이 치열해지는 정도에 맞춰 민방위 활동도 강화되었다.

핵무기 공격으로부터 피해를 최소화하는 데 필요한 방법은 크게 보면 위험한 지역에서 위험하지 않은 지역으로 주민들을 이동시키는 소개(疏開, evacuation)와 방사선을 차단할 수 있는 물질로 둘러싸인 공간에서 일정한 기간 대피할 수 있는 대피소(shelter)를 구비해두는 것이다. 그리고 적시적절한 소개와 대피를 위해서는 당연히 경보(warning)가 필요하고, 소개와 대피의 도중에서 지속적인 안내(communication)가 필요하다. 따라서 [그림 12-3]에서 제시하고 있는 바와 같이 국민의 입장에서는 핵폭발이 발생할 경우 우선은 가장 가까운 대피소로 이동을 하고, 그 이후에 상황을

그림 12-3 핵대피의 판단 과정

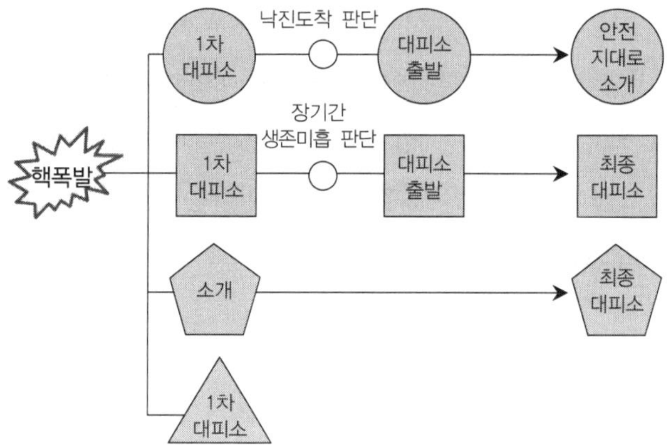

판단하여 안전한 지역으로 소개하거나 더욱 안전한 대피소로 이동하게 된다.

민방위를 위하여 국가가 시행하는 조치 중에서 경보와 안내는 국민들에게 핵공격이 임박하거나 일어났다는 사실, 그리고 핵공격 이후 진행되고 있는 상황이나 바람직한 조치 및 행동의 방향을 알려주는 활동이다. 이것이 신속하면서도 정확하게 수행될 경우 소개와 대피의 효과성이 높아지고, 따라서 피해를 크게 감소시키게 된다.

소개는 핵무기 폭발의 위험이 큰 지역에 있는 사람들을 그렇지 않은 지역으로 이동시키는 활동이다. 적이 핵무기 공격을 가할 것으로 예상되거나 천명한 경우에는 정부가 소개를 지시할 수 있고, 국민 스스로도 생존을 위하여 위험지역을 이탈할 수 있다. 다만, 현실적으로 핵무기의 투하지점을 사전에 정확하게 아는 것이 어려워 소개나 이탈을 결행하는 것은 쉽지 않다. 소개나 이탈 자체가 상당한 혼란을 야기할 수도 있고, 그 도중에 핵공격이 감행된다면 완전 무방비 상태에서 심각한 피해를 입을 수 있다.

대피는 핵폭발의 피해를 보호해줄 수 있는 시설로 이동하여 일정기간 생활하는 활동이다. 핵폭발 시의 폭풍으로부터 보호받을 수 있을 정도로 강력한 대피소를 구축하는 것은 너무나 많은 비용이 소요되기 때문에 대부분은 낙진과 일부 핵폭풍으로

그림 12-4 방사선 차단을 위한 물질별 두께

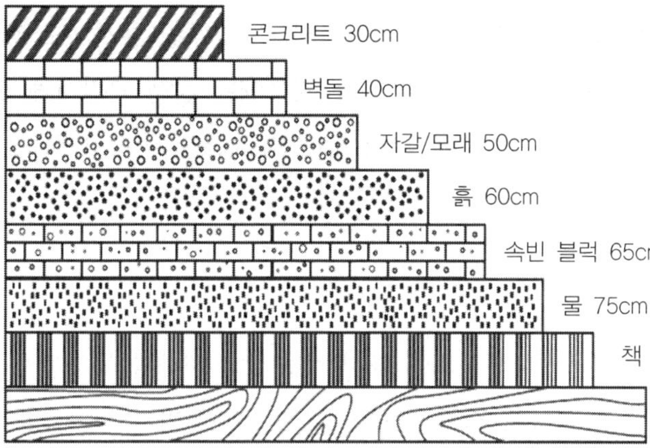

부터도 보호받을 수 있는 수준의 대피소를 구축한다. 대피소의 경우 보호할 수 있는 두꺼운 벽과 출입문을 지니고 있어야 하고, 공간 내의 사람들이 2주 정도 외부에 나가지 않고 생활할 수 있는 제반 물자와 시설을 갖추어야 한다. 물질별로 방사선으로 인한 피해의 대부분을 차단할 수 있는 두께는 [그림 12-4]와 같은데, 핵폭발 후 방사선으로부터 생존을 보장하려면 30cm 이상의 콘크리트벽, 40cm 이상의 벽돌벽으로 둘러싸인 공간에 대피해 있어야 한다.

핵전쟁에 대한 민방위는 전략적 중요성을 지니고 있다. 어떤 국가가 핵민방위에 노력하고 있다는 것은 핵전쟁을 불사하겠다는 의지, 즉 제1격을 받을 경우 제2격을 적극적으로 감행하겠다는 의지를 나타내는 것이고, 그렇게 되면 상대방은 쉽게 제1격을 감행할 수 없을 것이기 때문이다. 확고한 핵민방위태세를 갖추어둘 경우 상대방은 핵무기 공격을 교환할 경우 자신도 상당한 피해를 입을 각오를 해야 하기 때문에 공격을 자제할 가능성이 높다. 즉, 핵민방위는 기본적으로는 핵전쟁에서 국민들의 피해를 줄이기 위한 노력이지만, 핵공격을 억제하는 데 있어서도 어느 정도 기여한다는 것이다.

다만, 핵민방위를 시행하는 것은 억제가 실패할 것으로 가정한다는 인상을 상대방에게 제공함으로써 상대의 핵공격을 부추길 위험성도 일부 존재하는 것은 사실이다. 또한 공격자는 핵무기를 사용하여 처참한 피해를 끼칠 경우 국제사회로부터 비난을 받는 것이 두려울 것인데, 사상자가 최소화될 수 있다면 공격해도 괜찮겠다는 생각을 할 수도 있다. 상대가 갑옷을 입고 있을 경우에는 칼을 과감하게 휘두를 수 있는 것과 같은 이유로서 이것을 핵민방위의 '역설(parodox)'이라고 한다.

2. 발전경과

1945년 일본의 히로시마와 나가사키에 대한 핵공격의 피해를 목격한 서구에서는 소련이 대규모 핵전력을 구비하게 되자 억제와 피해 최소화라는 두 개의 목표를 충족시킬 수 있는 핵민방위의 필요성을 절감하여 국가별로 다양한 조치를 강구하였다. 미국, 영국, 독일을 비롯한 나토(NATO) 국가들을 물론이고, 스위스나 스웨덴과 같은 중립국가들도 핵민방위 특히 핵대피소 구축에 상당한 노력을 경주하였다. 재래식 전쟁에 관한 민방위제도를 구비하고 있던 국가(예: 영국, 핀란드, 스웨덴, 덴마크)에서는 핵전쟁용으로 중점을 전환하였고, 민방위제도를 공식화하지 않았던 국가(예: 미국, 프랑스, 독일, 이스라엘 등)들은 핵민방위제도를 도입하였다.

핵민방위에 관한 노력 역시 미국이 선도하였다. 다만, 미국은 자유민주주의 국가라서 대대적인 민방위 노력이 쉽지 않았고, 예산의 우선순위를 높이기도 어려웠다. 반면에 소련은 일사불란한 통제체제를 바탕으로 대대적인 민방위를 추진하였고, 이것이 미국의 핵전략에도 영향을 주어서 레이건 대통령은 '전략적 방어 구상'을 발표하였으나 민방위 강화보다는 공격해오는 소련의 핵미사일을 공중에서 요격하는 기술개발에 중점을 두었다. 미국과 소련의 민방위 노력은 유럽국가들에게도 전파되었고, 특히 북유럽국가들은 상당한 수준의 핵민방위 시설을 구축하였다.

냉전이 종료되고 나서 핵민방위에 대한 관심도 줄어들었다. 다만, 최근 테러분자들이나 북한과 같은 불량국가로부터의 핵공격 가능성이 증대됨에 따라서 미국은 이러한 상황을 전제로 민방위체제를 점검하고 있다. 다만, 최근에 러시아와 미국 간의 불신과 전략적 경쟁이 가중되고 있어서 핵민방위에 대한 관심이 재강화될 가능성도 없지 않다.

3. 사 례

냉전 동안에는 미국과 소련을 중심으로 전 세계가 상당한 수준의 핵민방위체제를 구축하였는데, 영세중립국인 스위스가 가장 철저한 대비태세를 보였다. 대표적이라고 판단되는 스위스, 러시아, 미국의 민방위 사례를 설명하면 다음과 같다.

(1) 스위스

스위스는 제2차 세계대전 이후부터 핵전쟁을 포함하여 전쟁에 대한 체계적인 경보체계를 정립하였는데, 스위스 국방부 소속 시민보호실(Federal Office for Civil Protection) 예하의 국가비상작전센터(National Emergency Operations Centre: NEOC)가 임무를 수행하고 있다.

스위스는 대피소 구축과 함께 경보에 우선적인 관심을 보였는데, 그의 핵심적인 요소는 사이렌이다. 스위스는 초기의 몇 분이 결정적이라고 생각하여 전국에 8,200여 개의 사이렌을 설치하면서 이동식 사이렌도 운영하고 있고, 매년 1회 전국적으로 훈련을 실시한다. 사이렌이 울리면 국민들은 일단 집이나 대피소로 들어가고, 모든 방송을 중단한 채 ICARO(Information Catastrophe Alarm Radio Organisation)를 통하여 국민들에게 필요한 지침을 하달하며, 국민들은 대피소에서 방송을 청취하고 그에 따라 행동하게 된다. 다만, 1980년대부터 스위스는 자연재해 등 모든 상황을 통합하면서 일반적인 사이렌(general siren)과 물 사이렌(water siren)으로 구분하여 사이렌을 운영하고 있다.

스위스의 경우 소개에 관한 사항은 거의 언급하고 있지 않다. 국토가 좁아서 소개 자체가 의미가 없기도 하겠지만, 대피가 충분히 갖추어졌기 때문에 소개의 필요성을 크게 느끼지 않고, 소개에 따른 위험을 감수하지 않기로 결정하였을 수 있다.

대피소의 경우 스위스는 1990년대에 이미 국민 모두를 대피시킬 수 있는 대피시

소넨베르그 터널

- 소넨베르그 터널(Sonnenberg Tunnel)은 1,550m의 터널으로 냉전시대인 1971~1976년 사이에 건설되었다. 2만 명을 수용할 있도록 설계되었는데, 당시에는 세계에서 가장 큰 핵 대피소였다. 이것은 TNT 1,000kt의 핵폭발을 견디도록 설계되었고, 터널 출입문은 1.5미터 두께와 350톤의 무게이다.
- 이 터널에는 각각 1만 명을 수용할 수 있도록 64개의 수용공간을 보유하고 있는 두 개의 자동차길 터널이 있고, 동굴지휘소를 포함한 7층 높이의 지원시설이 가운데 위치하고 있다.
- 냉전 종료 이후에 터널 유지 경비가 문제가 되어서 스위스는 자동차길 대피소는 사용하지 않은 채 중간의 7층 동굴을 대피소로 변화시켜서 관리하고 있고, 관광도 허용하고 있다.

설을 확보하였고, 그 이후 계속적으로 그 질을 향상시켜 왔다. 공공대피소만 5,100개 정도에 이르는 수준이다. 스위스는 1950년대부터 건물을 신축하거나 1,000명 이상의 주민이 거주하는 지역에는 대피소를 설치하도록 의무화하고, 소요되는 경비의 상당한 부분을 정부가 보조하면서 기준에 맞게 설치하는지 심사하여 왔다. 각 가정별로도 환기 및 공기여과장치를 구비한 대피시설을 구축해두고 있고, 최근에는 이를 유지하되 다양한 용도로 사용하는 경향을 보이고 있다.

(2) 소련(러시아)

소련은 수소폭탄 실험에 성공한 1954년부터 민방위를 시작하였고, 1961년부터는 국방부가 이를 통제하도록 하면서 민방위담당 차관까지 편성하였다. 냉전시대에 소련은 세계에서 가장 규모가 크면서 포괄적인 핵전쟁 생존 프로그램을 가진 국가로 평가되는 수준이었다. 현재의 러시아는 소련을 계승하였기 때문에 민방위의 개념과 실태는 높은 수준이라고 봐야 한다. 다만, 소련 시절에 민방위는 국방부에서 담당하였으나 러시아는 1994년 민방위를 비롯한 국가의 비상사태를 담당하는 부서를 독립시켰다.

경보 및 안내의 경우 소련은 국민보다는 그들 핵미사일 부대들이 미국의 핵공격에 신속하면서도 정확하게 대응하도록 하는 데 중점을 두었다. 조기경보가 이루어져야 미국의 공격에 의하여 그들 핵전력이 무력화되기 전에 반격할 수 있다고 생각하였기 때문이다. 국민들에 대한 경보를 위해서는 사이렌과 라디오를 중점적으로 활용하였다. 경보가 하달되면 국민들은 지시에 따라 대피시설로 이동하고, 민방위 대원들이 소집되며, 필요한 대피소를 추가적으로 구축 및 보강하고, 필요한 장비를 불출하는 조치들을 강구하게 된다.

소련의 경우 전략적인 차원에서 국민들의 소개를 추진하였다. 핵전쟁이 발발할 기미가 높아질 경우 핵심 도시지역에 있는 주민들을 시골지역으로 소개시킴으로써 적의 1격에 의한 피해를 예방하거나 적에게 표적을 제공하지 않는다는 개념이었기 때문이다. 소련은 국토가 광활하여 모든 지역이 핵공격을 받지 않을 것이라는 판단하에 핵공격을 받을 경우 위험지역에 있는 주민들을 안전한 지역으로 소개시키고, 핵 방사선에 노출된 국민들을 구조한다는 방침이었다.

소련은 대피소 구축에도 집중적인 노력을 경주하여 1970년대 후반에 이미 핵공격을 받더라도 인구의 2~3% 정도만 희생되는 수준으로까지 대피소를 구축하였다고 평가한 자료도 있다. 1980년대에 소련은 더욱 집중적으로 민방위에 재원을 투입하였고, 이로 인하여 핵민방위체제가 향상되었으며, 결국 미국의 레이건 대통령은 '전략적 방어'로 전환하지 않을 수 없었다.

(3) 미 국

미국은 1949년 소련이 핵실험에 성공하자 1950년 연방 민방위법(Federal Civil Defense Act)을 제정하여 연방민방위청(Federal Civil Defense Administration: FCDA)을 창설하고, 핵공격에 대한 대피호 마련, 경보체제 구축, 보급품의 집적, 민방위 교육 등을 추진하였다. 그러나 이의 구현에 필요한 예산이 충분히 할당되지 않아서 그 추진의 성과는 좋지 않았다. 특히 레이건 대통령이 공격해오는 핵미사일을 공중에서 요격하는 방향을 제시하여 이의 기술개발에 노력함에 따라 핵폭발 시 피해 최소화를 위한 조치를 절박하게 느끼는 정도도 낮아졌다.

경보 및 안내체계의 경우 미국은 1951년 트루먼(Harry S. Truman) 대통령부터 CONELRAD(Control of Electromagnetic Radiation)라는 체계로 가용한 모든 방송 수단을 사용하여 핵전쟁의 상황을 국민들에게 알리는 노력을 체계화하였다. 중간의 발전 과정을 거쳐서 2006년 부시 대통령은 IPAWS(Integrated Public Alert and Warning System)로 변화시켰는데, 국토안보부 예하의 연방비상관리국(FEMA)에서 관장하여 연방 및 주의 정부기관은 물론이고, 민간기업 및 다양한 비영리단체들과도 협력을 추구하는 개념이다. 현재 미국은 라디오나 텔레비전은 물론이고, 인터넷이나 휴대폰 등 현대적 기술에 의하여 가용해진 모든 수단들을 종합적으로 사용하고자 노력하고 있다.

소개의 경우 미국은 높은 비중을 두지는 않지만, 2012년 일본 후쿠시마(Fuku-shima) 원전의 방사능 유출 시 일본이 주변 국민들을 소개시킨 사례를 본 후 이에 관한 논의를 진행하기도 했다. 그러나 핵공격이 언제 어디에 가해질지 정확하기 알기 어렵다는 점에서 미국은 소개를 적극적으로 준비하고 있지 않다. 다만, 주요 군사시설 주변에 거주하는 주민들을 소개시키는 데 대한 개념 정도는 연구하고 있다.

대피소 구축의 경우 미국은 높은 필요성의 인식에도 불구하고 예산의 제한으로 필요한 정도의 숫자와 질을 구비하지 못하였다. 다만, 미국인들의 주거방식이 지하실을 적극적으로 사용하는 형태이고, 토네이도 등의 자연재해를 위한 대피소를 구축하고 있어서 조금만 노력할 경우 대피소의 숫자는 금방 증가될 수 있다. 미국은 최소의 예산으로 대피소를 구축한다는 방침 하에 폐광산이나 건물의 지하층을 활용하는 방식으로 접근하고 있다.

토의주제

- 미국의 탄도미사일방어 노력은 새로운 군비경쟁을 촉발한 것인가, 합리적인 방어 노력이었는가?
- 일본 탄도미사일방어의 수준과 그 수준에 이른 원인은?
- 어떤 상황에서 예방타격 성격의 선제타격을 실시해야 하는가?
- 이스라엘의 이라크와 시리아에 대한 예방타격은 합리적 결정이었는가?
- 민방위 노력이 전략적 가치를 갖는 이유는?
- 스위스의 엄청난 민방위 노력은 타당한 정책결정이었는가?

추천문헌

박휘락(2016). "이스라엘, 일본, 한국의 탄도미사일방어(BMD) 비교와 한국에 대한 함의." 『국제지역연구』. 제20권 1호, pp.3-32.

박휘락(2014). "북한 핵무기에 대한 '예방타격' 분석: 이론, 국제법, 그리고 필요성." 제21권 4호, pp.31-56.

브루스클링너(2017). "북한의 임박한 공격에 대한 선제적 대비." 『한국국가전략』. 제2권 1호, pp.309-352.

박휘락(2014). "핵공격 시 민방위(Civil Defense)에 대한 비교연구: 북한 핵대비를 중심으로." 『평화학연구』. 제15권 5호, pp.81-106.

13 | 북핵 위협과 한국의 대응

현재 한국 안보를 불안하게 만드는 가장 직접적이면서 강력한 위협은 북한이 보유하고 있는 핵무기이다. 냉전시대에 미국과 소련의 학자들이 핵전쟁 억제를 위하여 매진한 것에 비교하면 이에 대한 한국 학계의 관심은 낮은 수준이다. 북한 핵위협의 정도, 비핵화를 위한 정부의 노력, 그리고 한국의 현 대응태세를 설명하고자 한다.

제1절 북한의 핵위협 평가

핵무기는 대량살상이 가능하여 상대국이 한 개라도 보유하고 있다고 해도 치명적이다. 북한의 핵능력과 핵전략을 알아보자.

1. 북한의 핵능력

북한은 한국전쟁 종료 직후인 1950년대에 다수의 기술자를 소련에 보내어 핵무기 개발에 필요한 기술을 습득하도록 하였고, 1960년대에는 IRT-2000이라는 소련의 실험용 원자로를 도입함으로써 핵무기 개발의 기초를 구축하였다. 북한의 핵무기 개발은 1970년대에도 지속되었고, 결국 1980년대에 5MWe 영변 원자로를 자체 기술로 완공함으로써 핵무기 개발을 위한 발판을 마련하게 되었다. 1993년 핵무기 개발 사실이 국제원자력기구(IAEA)에 의하여 노출됨으로써 위기를 맞았으나 북한은 핵확산금지조약(NPT) 탈퇴 선언, 1994년 미국과의 '제네바 합의'로 위기를 넘겼다.

제네바 합의로 기만하면서 핵무기 개발을 지속한 북한은 미국, 중국, 러시아, 일본, 한국과의 '6자회담'이 개최되어 압박함으로써 또 한 번 위기를 맞았다. 그러나 북한은 2005년 '9 · 19 공동선언'에서 모든 핵무기와 핵프로그램을 포기하기로 약속함으로써 위기를 넘긴 채 핵무기 개발을 지속했다. 결국 북한은 2006년 10월 9일 제1차 핵실험을 실시함으로써 핵무기 개발에 성공하기 시작하였다. 2009년 5월 25일 제2차 핵실험을 거쳐, 2013년 2월 12일 제3차 핵실험을 통하여 원자폭탄을 개발하였고, 2017년 9월 3일 제6차 핵실험을 통하여 수소폭탄의 개발에도 성공하였다.

정보의 획득이 워낙 어려울 뿐만 아니라 계속 핵무기를 생산하고 있어서 북한이 몇 개의 핵무기를 개발하여 보유하고 있는지를 확정하기는 어렵다. 한국 정부에서 북한의 핵능력을 평가한 결과를 공식 문서를 통하여 공개한 자료는 없다. 다만, 조명균 당시 통일부장관은 2018년 10월 1일 국회에서의 보고를 통하여 북한이 20~60개의 핵무기를 보유하고 있다고 발표한 적이 있다. 세계 핵보유국들의 핵능력을 지속적으로 평가하고 있는 미국과학자협회(FAS)에서는 2020년 4월 현재 북한이 35개의 핵무기를 보유하고 있다고 평가하고 있다. 당연히 시간이 흐를수록 북한의 핵무기 보유량은 늘어날 것이다.

더욱 위험한 요소는 핵무기를 탑재하여 공격할 수 있는 북한의 미사일 능력이다. 북한은 다양한 탄도미사일을 구비하고 있고, 이의 대부분에 핵무기를 탑재할 수 있다. 핵무기 탑재가 가능하다고 판단되는 탄도미사일로 북한은 최소한 100기 이상의 스커드 미사일(300~700km 정도), 50기 정도의 노동미사일(1,300km 정도), 50기 정도의 중거리 미사일(2,000~4,000km)을 보유하고 있다. 여기에 추가하여 북한은 2019년에 13번, 2020년 전반기에 4회에 걸쳐 신형의 미사일과 방사포 시험발사를 실시하였는데, 북한판 이스칸데르(Iskander)로 불리듯이 요격회피 기동이 가능한 단거리 미사일, 북한판 에이태킴스(ATACMS)라고 할 수 있는 전술미사일, 대구경의 방사포가 그것이다. 현재 북한은 언제 어디서든 한국의 모든 지역에 대하여 요격당할 걱정없이 핵무기를 투하할 수 있는 능력을 구비하고 있다고 봐야 한다.

더욱 주목할 필요가 있는 북한의 핵능력은 대륙간탄도미사일(ICBM)을 지향하고 있는 장거리 탄도미사일 능력이다. 북한은 2017년 '화성-12형'과 '화성-14형' 등의 시험발사를 통하여 기술을 축적한 후 2017년 11월 29일 '화성-15형'을 발사함으로써 워싱턴과 뉴욕을 포함한 미 대륙 전역을 타격할 수 있는 잠재력을 과시하였다. 미 정부도 그들의 "핵태세 검토보고서(Nuclear Posture Review)"를 통하여 북한이 대륙간 탄도미사일 완성에 근접한 수준이라고 평가하였다. 또한 북한은 해저로 이동하여 탐지가 되지 않아 보복의 확실성이 높고, 따라서 '최소억제'의 필수적인 요소로 인식되고 있는 잠수함발사탄도미사일(SLBM)의 개발에도 지속적인 노력을 기울이고 있다.

북한은 미 본토에 대해서는 공격 가능한 잠재력을 보유하고 있는 수준이지만, 동북아시아 지역에 있는 미군기지나 서태평양 상의 미 영토에 대해서는 당장이라도 핵무기로 공격할 수 있는 능력을 보유하고 있다. 북한에서 가장 가까운 미군기지는 한국의 평택에 있는 '캠프 험프리스'인데, 이것은 휴전선에서 100km를 조금 상회하는 거리이기 때문에 요격당할 우려가 적은 단거리 핵미사일로 공격이 가능하고, 미군의 기지가 밀집한 일본 오키나와(평양에서 1,500km)도 노동미사일이나 북극성-2형에 핵무기를 탑재하여 공격할 수 있다. 나아가 미군의 영토이면서 주요 군사기지인 괌(3,400km)은 무수단미사일, 알래스카(6,000km)는 화성-12형, 하와이(7,600km)는 화성-14형으로 공격이 가능하다. 당연히 북한의 '화성-15형'은 각도를 높여 발사함으로써 서태평양의 미국 기지나 영토는 물론이고, 알래스카와 하와이도 타격할 수 있다.

2. 북한의 핵전략

미국의 보복에 의하여 자신도 초토화될 각오를 해야 하기 때문에 북한이 실제로 핵무기를 사용하는 것이 쉽지는 않지만, 북한이 핵무기를 사용하지 못할 것으로 단정할 수는 없다. 북한이 과시용으로 핵무기를 개발한 것은 아닐 것이기 때문이다. 북한은 2013년 제3차 핵실험 후 핵무기 사용에 관한 법을 제정하였는데, 그 내용에서

"다른 핵보유국"이나 "적대적인 핵보유국과 야합"하는 비핵국가에 대해서는 핵무기를 사용하거나 위협할 수 있음을 시사한 바 있다.

핵무기의 위력이나 전략적 가치가 워낙 크기 때문에 북한의 군사전략은 이제 핵전략 중심으로 전환되었을 가능성이 높다. 북한의 재래식 전력은 숫자는 많더라도 질적으로는 미흡한 점이 적지 않아 유효한 정치적 수단이 되기 어려울 것이기 때문이다. 한국도 재래식 전력의 질적인 측면에서 상당한 노력을 기울여 왔고, 한미연합방위태세가 철저하여 북한의 수뇌부는 더 이상 재래식 중심의 군사전략에 의존할 수 없을 것으로 판단하고 있을 가능성이 크다. 대신 한국은 아직 핵무기를 보유하지 못함에 따라 북한의 핵무기는 결정적인 비대칭적 우위를 보유하게 되었고, 따라서 북한이 핵무기의 위협이나 사용을 중심으로 하는 군사전략을 정립하였을 가능성은 매우 크다.

한국에 대한 북한 핵전략의 기본적인 방향은 1945년 미국이 히로시마와 나가사키에 핵무기를 투하할 때처럼 핵무기 공격을 가하거나 그러한 공격에 대한 위협으로서 한국을 굴복시키는 것이다. 이 경우 핵무기 사용의 위협에 그칠 수도 있지만 직접적으로 사용할 가능성도 배제할 수 없다. 실제로 북한은 "3일 전쟁", "일주일 전쟁", "7일 전쟁" 등의 다양한 명칭으로 핵무기와 재래식 무기를 배합한 대남공격 계획을 발전시켜 오고 있다고 한다. 더욱 문제가 되는 것은 북한이 실제적으로는 재래식 전력만 사용하더라도 한국은 북한의 핵무기 사용 가능성을 고려하지 않을 수 없다는 사실이다. 상대가 핵무기를 갖고 있는데 없는 것처럼 무시할 수는 없기 때문이다. 핵무기 보유 자체로 이미 북한의 핵전략은 가동되고 있다고 할 수 있다.

남한에 대한 북한의 기습공격 전략을 구현하는 전제는 미국의 한반도 축출일 수밖에 없다. 미국은 세계 최강의 국가로서 한국과 동맹관계를 맺고 있고, 특히 '확장억제'라는 개념으로 대규모 핵 응징보복을 가하기로 약속하고 있어서 북한의 남한 공격이 궁극적 성공에 이르기는 어렵기 때문이다. 미국이 한국의 동맹국으로 버티고 있다는 이 문제를 해결하지 않을 경우 북한의 대남전략은 제대로 구현될 수가 없다. 그래서 북한은 핵무기와 병행하여 미국을 공격할 수 있는 대륙간탄도미사일과 잠수함발사탄도미사일 개발을 추진하였던 것이다.

미국의 핵 응징보복을 차단하기 위하여 북한이 추구하는 전략은 '최소억제'이다. 이것은 현재 영국과 프랑스가 채택하고 있는 전략으로서 핵강대국의 핵공격보다 더욱 큰 피해는 끼치지 못하지만, 1~2개 도시는 확실하게 초토화시킬 수 있는 능력을 구비함으로써 그 피해를 두려워하는 핵강대국이 공격을 하지 못하도록 한다는 전략이다. 다만, 이 최소억제 전략을 의도대로 구현하려면 북한은 핵무기 탑재 잠수함을 3~4척을 구비해야 하는데, 현재 1척을 구축하는 과정에 있고, 그것만으로도 상당한 위협이 될 수 있다.

북한은 핵잠수함 보유에 노력하면서 당분간은 인도나 파키스탄과 같은 '신뢰적 최소억제' 전략을 구사하기로 결정한 것으로 보인다. 이것은 최소억제의 역량을 구비하지 못한 상태에서 최소억제의 효과를 거두고자 하는 방법으로서 핵무기를 사용하겠다는 의지와 가능성을 적극적으로 과시함으로써 상대방의 대규모 핵 응징보복을 차단한다는 개념이다. 장거리 미사일 개발이 이러한 노력의 일환이다. 그래서 '화성-15형' 시험발사에 성공한 직후 2018년 신년사에서 김정은은 미국을 공격할 수 있는 핵단추가 그의 책상 위에 있다는 점을 미국에게 강조한 것이다.

'신뢰적 최소억제'를 위한 능력을 어느 정도 구비했다고 판단할 경우 북한은 미국의 기지나 영토에 핵미사일 공격을 가하겠다고 위협함으로써 주한미군 철수를 요구할 수 있다. 한국을 방어해주고자 미국이 핵전쟁을 감수하지 않을 것이라고 판단할 수 있기 때문이다. 최소한 북한은 미국이 확장억제의 이행에 나설 경우 그것을 차단할 수 있다고 믿을 수 있다. 미국은 잃을 것이 많고, 자신의 안전을 우선시할 것이라고 판단할 것이기 때문이다.

3. 평 가

핵무기를 보유함으로써 북한이 대남전략에서 결정적인 우세를 확보하게 된 것은 누구도 부정할 수 없다. 핵보유국은 비핵국가에 대하여 전략적 우위에 설 수밖에 없기 때문이다. 다만, 한국은 세계 최강의 군사력과 핵전력을 구비한 미국과 동맹관계이고, 따라서 북한은 미국과의 전쟁 가능성을 고려하지 않은 채 대남도발을 감행할 수는 없다. 결국 6·25 전쟁 때도 그러했다고 분석되었듯이 북한이 도발을 결심하고자 한다면 미군이 개입할 수 없는 상황을 만들어야 한다.

실제로 북한은 핵무기를 개발하면서 미국을 지속적으로 위협해 왔다. 북한은 수소폭탄과 장거리 미사일 시험발사에 성공할 때마다 미국을 명시적으로 거론하면서 위협하였고, 비핵화를 명분으로 미국과 협상을 실시하면서 미국과의 평화협정 체결을 추진하기도 했다. 그러한 노력의 결과로 북한은 주한미군과 한국군의 대규모 연합훈련을 중시키거나 한미동맹에도 적지 않은 균열을 발생시키는 데 성공한 측면도 없지 않다. 그럼에도 불구하고 아직은 주한미군이 건재하고, 미군대장이 한미연합사령으로서 한국의 전쟁억제와 유사시 승리의 책임을 맡고 있는 한미연합체제는 지속되고 있기 때문에 북한으로서 쉽게 공격을 감행하기는 어렵다.

그러나 전쟁은 반드시 이러한 합리적 계산에 의하여 결정되지 않는다는 점도 감안하지 않을 수 없다. 전쟁발발을 포함하여 국제관계에서 내려지는 결정의 대부분이 상대방의 의도와 능력에 대한 오인식(誤認識, misperception) 때문이라는 주장도 없지 않기 때문이다. 북한의 권위주의적 특성과 폐쇄성을 고려할 때 북한의 지도자가 충분한 합리성을 보유하지 못할 수도 있고, 합리적 판단에 필요한 충분한 정보가 가용하지 않을 수 있다는 점까지도 고려하지 않을 수 없다. 국가안보는 최악의 상황까지 고려하여 대비해야 하기 때문이다.

한미동맹의 존재로 인하여 북한도 자신의 공멸을 각오해야 할 것이기 때문에 합리적으로 보면 북한이 핵무기를 사용하기는 어렵다. 그럼에도 불구하고 북한은 통상적인 국가와 다르다는 점도 감안하지 않을 수 없다. 국민들을 현재처럼 곤궁하게 만들면서 핵무기 개발에만 매진한 북한을 합리적인 잣대로만 판단할 수는 없기 때문이다. 북한은 핵미사일로 미국을 위협하여 개입을 저지한 상태에서, 수십만 명의 특수전 부대로 남한의 핵심시설을 타격한 후, 제1 제대와 제2 제대의 군대들을 통합하여 한국군 방어지대를 조기에 돌파하는 기동전을 수행할 수도 있다.

제2절 한국의 비핵화 노력

핵무기는 개발단계에서는 완성하지 못하도록 차단해야 하고, 개발된 이후라면 폐기하도록 노력하지 않을 수 없다. 북한이 공격적 의도를 바탕으로 핵무기를 개발하였다고 판단되기 때문에 더욱 이러한 비핵화 노력은 중요하고, 절실하다.

1. 핵무기 개발단계

1890년대와 1990년대에 한국은 북한이 핵무기를 개발하고 있다고 의심하면서 북한 핵무기 개발의 차단을 위한 외교적 노력을 적극적으로 전개하였다. 1992년 "남북한 기본합의서"를 체결하여 남북관계를 "잠정적 특수관계"로 정의하면서 정상화하고자 노력하였고, "한반도 비핵화에 관한 공동선언"을 통하여 핵무기의 시험 · 제조 · 생산 · 보유 · 접수 · 저장 · 사용을 금지하는 데 합의하기도 하였다. 그러나 북한은 추가적인 회담을 결렬시켜 비핵화 공동선언을 사문화하면서 비밀 핵무기 개발을 지속하였다.

북한의 핵무기 개발은 1993년 국제사회에 노출되었다. 북한은 1985년 12월에 핵확산금지조약(NPT)에 가입하였기 때문에 핵사찰을 받아야 하는데, 1992년 사찰 결과 북한이 신고한 플루토늄 추출량과 국제원자력기구(IAEA)의 추정량 사이에 수 kg의 차이가 있음이 드러나 특별사찰 필요성이 제기된 것이다. 그런데, 북한은 특별사찰을 거부하면서 핵확산금지조약을 탈퇴한다고 선언하였다. 결국 미국의 카터(Jimmy Carter) 전 대통령이 중재하여 미국과 북한 간에 1994년 10월 '제네바 합의'를 맺었고, 이 합의를 통하여 북한은 핵무기 개발을 포기하기로 약속하는 대신에 미국은 2기의 원자력 발전소와 그것이 건설되는 동안 전력을 생산하는 데 필요한 중유를 제공하기로 하였다. 미국이 전면에 나서기는 했지만, 한국은 이때 원자력 2기의 건설에 필요한 대부분의 자금을 제공하는 등 외교적 비핵화를 위하여 적극적으로 노력하였다. 그러나 2002년 10월 북한 고위인사가 고농축우라늄을 이용한 핵무기 개발계획을 시인함에 따라 미국은 중유 공급을 중단하였고, 이로써 이 합의는 붕괴되었다.

미북 간의 직접 협상을 후속한 것이 미국, 러시아, 일본, 한국, 북한이 참여하는 '6자회담'이었는데, 2003년 4월 처음 회의를 개최한 이래 수차례 협상을 전개하였다. 한국은 이에도 적극 참가하였고, 미국과 북한 간의 직접대화를 적극적으로 주선하기도 하였다. 결국 2005년 9월 19일 6자회담국과 북한 간에 합의가 이루어져서 아래에서 설명되고 있듯이 미국이 북한에 대한 적대적 정책을 포기하는 대신에 북한이 현존 핵프로그램을 포기하면서 NPT 및 IAEA 안전조치로 복귀한다는 '9 · 19 공동성명'에 합의하였다. 그러나 북한은 2007년 12월 말 시한까지 합의사항을 준수하지 않다가 2008년 8월 26일 '핵 불능화 중단 성명'을 발표하였으며, 이로써 6자회담을 통한 북한의 핵무기 개발 차단 노력도 실패하고 말았다.

2005년 9 · 19 공동성명 주요 내용

- 6자는 6자회담의 목표가 한반도의 검증 가능한 비핵화를 평화적인 방법으로 달성하는 것임을 만장일치로 재확인하였다.
  - 조선민주주의인민공화국은 모든 핵무기와 현존하는 핵계획을 포기할 것과, 조속한 시일 내에 핵확산금지조약(NPT)과 국제원자력기구(IAEA)의 안전조치에 복귀할 것을 공약하였다.
  - 미합중국은 한반도에 핵무기를 갖고 있지 않으며, 핵무기 또는 재래식 무기로 조선민주주의인민공화국을 공격 또는 침공할 의사가 없다는 것을 확인하였다.
  - 대한민국은 자국 영토 내에 핵무기가 존재하지 않는다는 것을 확인하면서, 1992년도 「한반도의 비핵화에 관한 남 · 북 공동선언」에 따라, 핵무기를 접수 또는 배비하지 않겠다는 공약을 재확인하였다.
  - 1992년도 「한반도의 비핵화에 관한 남 · 북 공동선언」은 준수, 이행되어야 한다.

6자회담의 진행상황과 상관없이 북한은 핵무기 개발을 계속하였고, 2006년 10월 제1차, 2009년 5월 제2차 핵실험을 실시하였다. 이때도 한국은 유엔을 통하여 북한을 압박하였고, 따라서 유엔에서는 결의안을 도출하여 북한이 탄도미사일 기술을 이용한 어떤 시험발사도 하지 못하도록 차단하기도 했고, 경제제재도 강화하였다. 한국도 2010년 북한의 천안함 폭침에 대한 항의로 '5·24 조치'를 강구하여 북한과의 경제협력을 중단하기도 했다.

그러나 이러한 외교적 노력은 북한의 핵무기 개발 과정을 전혀 지체시키지 못하였고, 결국 2013년 2월 13일 제3차 핵실험을 실시함으로써 북한은 핵무기 개발에 성공하였다. 따라서 한국은 국제사회를 통하여 기존의 경제제재를 더욱 강화하였고, 2016년 1월 제4차 핵실험을 실시하자 2월 10일 개성공단을 폐쇄하는 결정을 내렸다. 그럼에도 북한의 핵무기 개발 노력은 전혀 중단되지 않은 채 계속되어 2016년 9월 9일 제5차 핵실험까지 실시하였고, 이에 대하여 유엔은 또다시 더욱 강력한 경제제재를 부과하였다.

2017년 북한은 집중적인 미사일 시험발사를 실시하였을 뿐만 아니라 2017년 9월 3일 제6차 핵실험을 실시하여 수소폭탄 개발에 성공하였고, 11월 29일 장거리 미사일 시험발사를 실시한 후 "국가 핵무력 완성"을 선언하였다. 이에 따라 국제사회는 2017년 12월 22일 안전보장이사회 결의안 2397호를 통과시켜 철광석과 석탄을 비롯한 북한의 수출을 대부분 금지하면서, 북한에 대한 정유제품과 원유 공급량을 대폭적으로 감소시키고, 해외 파견 북한 노동자들도 1년 내에 모두 송환하도록 조치하였으며, 대북 제재 위반이 의심되는 선박의 동결과 억류를 의무화하는 등 제재의 강도를 더욱 높였다. 즉, 북한은 핵무력을 완성하였고, 국제사회는 최고조의 경제제재를 부과하는 상황으로 2017년이 경과되었다.

2. 핵무기 완성 이후

핵무기 개발에 성공한 이후 북한은 이를 국제사회로부터 공인받아야겠다고 생각했고, 따라서 미국과의 회담을 추진할 필요성을 인식한 것으로 보인다. 다만, 직접적인 추진은 어렵기 때문에 한국을 회담을 위한 중재자로 활용하였다. 어떻게든 대화를 통하여 북한의 핵무기를 폐기해야 한다는 절박감을 갖고 있는 한국과 미국이 이에 호응함으로써 2018년에는 북한의 핵무기 비핵화, 즉 핵무기 폐기를 위한 협상이 전개되었다.

(1) 판문점 선언

2017년 5월 문재인 정부가 들어서면서 북핵 문제에 대한 해결 방법은 경제적 제재나 압박보다는 대화를 통한 북한의 핵무기 포기 유도로 전환되었다. 한국은 2018년 2월 개최된 평창 동계올림픽에 북한팀을 초청하였고, 이를 계기로 김여정 등 북한 수뇌부가 남한을 방문하는 등 관계개선의 단초를 만들었다. 그리고 정의용 안보실장을 단장으로 북한의 평창 동계올림픽 참가에 대한 감사사절단을 북한에 파견하였다. 그 사절단은 2018년 3월 5일 김정은을 만났고, 3월 6일 복귀하자마자 그의 비핵화 의지를 확인했다면서 언론에 발표하였으며, 이로써 대화를 통한 북한의 비핵화 노력이 적극적으로 전개되기 시작하였다.

정의용 안보실장의 발표에 의하면, “북측은 한반도 비핵화 의지를 분명히 했고, 북한에 대한 군사적 위협이 해소되고 북한의 체제 안전이 보장된다면 핵을 보유할 이유가 없다는 점을 명백히 했다”는 것이고, 김정은 북한 국무위원장은 “비핵화는 선대의 유훈이며, 이 유훈에 변함이 없다”라고 말했다고 한다. 특히 정실장은 바로 미국으로 날아가 트럼프(Danald Trump) 대통령을 방문하여 북한의 비핵화 의지와 미국과의 대화를 바라는 북한 김정은 국무위원장의 뜻을 전달하였고, 그 자리에서 트럼프 대통령은 “5월 내”에 회담을 개최하겠다고 결정하였다. 이로써 북한의 비핵화를 둘러싼 미국과 북한 간의 협상이 시작된 것이다.

북한의 비핵화 의도는 2018년 4월 27일 개최된 남북 정상회담의 판문점 선언을 통하여 처음으로 명시되었다. 문재인 대통령과 김정은 위원장은 공동선언문을 채택하였는데, 그 내용 중에 “남과 북은 완전한 비핵화를 통해 핵없는 한반도를 실현한다는 공통의 목표를 확인하였다”는 사항이 포함된 것이다. 이 회담에서 두 지도자는 한반도의 평화를 약속하면서 서로의 우의를 과시하였고, 이에 따라 한국은 물론이고 전 세계가 협상을 통한 북한의 핵무기 폐기가 가능한 것으로 기대하기 시작하였으며, 이러한 분위기는 미국과 북한 간의 싱가포르 정상회담으로 연결되었다.

(2) 싱가포르 회담

트럼프 대통령이 5월 중 김정은 위원장과 정상회담을 개최하기로 결정함에 따라 미국의 폼페이오(Mike Pompeo) 국무장관이 북한을 방문하여 협상을 준비하기 시작하였다. 폼페이오 장관은 2018년 3월 31일과 5월 8일에 두 차례 북한을 방문하였고, 특히 5월의 방문 때는 북한에 억류되어 있던 한국계 미국인 3명을 함께 데리고 나오기도 했다. 그 직후 트럼프 대통령은 미북 정상회담의 날짜를 6월 12일로 확정하였고, 장소도 싱가포르로 정하였다. 비록 북한 외무성의 최선희 부상이 5월 24일 펜스(Mike Pence) 미 부통령을 "아둔한 얼뜨기"라면서 비난함으로써 회담이 무산될 위기에 처하기도 했지만 한국 정부의 중재 하에 북한의 김영철 노동당 부위원장이 워싱턴으로 가서 김정은 위원장의 친서를 전달함으로써 싱가포르 회담은 결국 성사되었다.

싱가포르 정상회담의 일정이 확장되자 미국과 북한은 적극적인 실무회담을 추진하였다. 미국 대표는 성김 필리핀 대사, 북한 대표는 최선희 외무성 부상이 지명되어

싱가포르 미북 정상회담 합의사항

1. 미합중국과 조선민주주의인민공화국은 양국 국민들의 평화와 번영을 향한 염원에 부합하며 새로운 북미관계를 수립하기로 약속하였다.
2. 미합중국과 조선민주주의인민공화국은 지속적이고 안정적인 평화체제를 한반도 내에서 구축하기 위한 노력에 협력하기로 하였다(The United States and the DPRK will join their efforts to build a lasting and stable peace regime on the Korean Peninsula).
3. 2018년 4월 27일 발표된 판문점 선언의 의의를 재확인하며, 조선민주주의인민공화국은 한반도에서의 완전한 비핵화를 위해 노력하기로 약속하였다(Reaffirming the April 27, 2018 Panmunjom Declaration, the DPRK commits to work towards complete denuclearization of the Korean Peninsula).
4. 미합중국과 북한은 전쟁포로(Prisoner of War: POA)와 전시행방불명자(Missing in Action: MIA)에 대한 유해발굴과 신원 기확인자(이미 확인된 사람)에 대한 즉각적인 유해송환을 추진하기로 합의하였다.

5월 26~29일 사이에 판문점에서 협상하였다. 그러나 이들은 싱가포르까지 옮겨 협상을 계속하였으나 합의를 이루지 못하였다. 그리고 6월 12일 트럼프 대통령과 김 위원장은 싱가포르에서 정상회담을 가진 후 앞 쪽에서 설명하고 있는 바와 같이 미국과 북한 간에 새로운 관계를 시작하기로 합의하였고, 한반도의 지속적이면서 안정적인 평화체제 구축에 노력하기로 했으며, 전쟁포로의 유해 송환을 약속하였다. 다만, 북한의 비핵화와 관련하여 두 정상은 새로운 합의에는 이르지 못한 채 남북정상이 판문점에서 합의한 "완전한 비핵화"를 재확인하는 데 그쳤다.

싱가포르 회담 때까지 미국이 전통적으로 고수해온 입장은 북한 핵무기의 "CVID (complete, Verifiable and Irreversible Dismantlement: 완전하면서도 검증가능하고, 불가역적인 폐기)"였다. 그러나 CVID가 지나치게 강경하여 북한으로 하여금 대화를 포기하도록 할 것을 우려하여 트럼프 대통령은 CVID를 선호하지 않았고, 고육지책으로 폼페이오 국무장관은 FFVD(Final, Fully Verifiable Denuclearization)라는 신조어를 만들기도 했다. 그러나 트럼프 대통령은 싱가포르 회담에서 이러한 사항을 별로 강조하지 않은 채 "완전한 비핵화"라는 추상적 합의에 만족한다는 태도를 보였다.

(3) 하노이 회담

싱가포르 회담에서 애매한 합의에 그쳤기 때문에 폼페이오 미 국무장관이 2019년 7월 초에 북한을 방문하여 비핵화에 관한 실질적인 진전을 모색하고자 하였으나 그는 북한으로부터 "일방적・강도(强盜)적 비핵화 요구만을 들고 나왔다"는 비판을 들어야 했다. 급기야 북한은 2018년 12월 20일 '조선중앙통신'을 통하여 '조선반도 비핵화'는 "우리의 핵 억제력을 없애는 것이기 전에 조선에 대한 미국의 핵 위협을 완전히 제거하는 것"이라면서 "6・12 조・미 공동성명에는 분명 '조선반도 비핵화'라고 명시되어 있지 '북 비핵화'라는 문구는 눈을 씻고 봐도 찾을 수 없다"면서 "미국은 조선반도 비핵화를 '북 비핵화'로 어물쩍 간판을 바꿔놓음으로써 세인의 시각에 착각을 일으켰다"고 주장하기에 이르렀다. 이로써 북한이 말하는 비핵화는 한국이나 미국이 생각하는 북한의 핵무기 폐기가 아니라는 사실이 드러나기 시작하였다.

그럼에도 불구하고 북한은 제2차 미북 정상회담을 제안하였다. 북한의 김정은 위원장은 2019년 신년사에서 비핵화 의지를 새삼 강조한 후 "미국 대통령과 마주앉을 준비가 되어 있다"고 언급하였다. 그러자 트럼프 대통령은 바로 이를 긍정적으로 평가한다는 트위트를 보내었고, 따라서 제2차 미북 정상회담의 분위기가 조성되기 시작하였다. 이어서 북한의 김영철 노동당 부위원장이 또다시 트럼프 대통령을 방문하여 북한 지도자의 친서를 전달함으로써 제2차 미북 정상회담이 확정되었고, 그 후 2월 27~28일 사이에 베트남의 하노이에서 개최되는 것으로 협상에 관한 세부 사항이 확정되었다.

하노이 정상회담의 개최가 결정된 이후인 2019년 2월 6~8일 미국의 북한 특별대표로 임명된 비건(Stephen Biegun)이 북한을 방문하였다. 그의 상대역은 김혁철 전 스페인 주재 북한 대사였는데, 이 회담 후 비건 대표는 "생산적"이었다고 언급하였지만, 비핵화에 관하여 합의된 내용은 없었다. 이들은 정상회담 직전까지 하노이로 옮겨서 협의를 지속했지만 역시 아무런 합의도 도출하지 못하였다. 결국 하노이 회담에서도 실무합의가 없는 상태에서 미국과 북한의 정상이 만나야 했다. 다만, 이번에는 미국의 트럼프 대통령도 회담결과에 대한 낙관적 언급을 자제하는 모습을 보였다.

하노이 정상회담은 2019년 2월 27의 만찬에 이어서 28일에 실시되었는데, 결국 합의를 도출하지 못한 채 결렬되고 말았다. 회담 직후 트럼프 대통령은 미국이 영변 핵시설 폐기와 핵무기 리스트 신고까지 요구한 데 대하여 북한은 영변 핵시설만 폐기하는 조건으로 대북 제재의 전면해제를 요구함에 따라 결렬시킬 수밖에 없었다고 설명하였다. 이에 대하여 북한은 경제제재의 전면해제를 요구한 것이 아니라 민수경제와 인민생활에 지장을 주는 항목의 해제만을 요구했다고 변명하면서 미국이 "영변 지구 핵시설 폐기 조치 외에 한 가지를 더 해야 한다고 끝까지 주장"하였다고 반박하기도 했다.

하노이 회담 이후 트럼프 대통령은 일본 오사카에서 개최된 G20 회의에 참석한 이후 6월 29일 한국을 방문할 예정이었는데, 오사카 출발 직전에 트위터를 통하여 판문점에서 김 위원장과 만나고 싶다는 의향을 표시하였고, 이에 북한이 호응하여 실제로 만남이 성사되었다. 트럼프 대통령과 김위원장은 2019년 6월 30일 판문점에서 만나 군사분계선을 넘나들었을 뿐만 아니라 53분 간 통역만 대동한 채 단독회담을 가졌고, 비핵화에 관한 실무협의 재개에 합의하였다. 그러나 판문점에서의 깜짝 만남 이후 북한은 한미연합훈련 등을 핑계로 실무협의에 응하지 않았고, 겨우 응하여 성사된 2019년 10월 5일 스웨덴의 스톡홀름 회담에서는 북측 실무자가 회담을 결렬시켰다.

(4) 평 가

북한의 비핵화를 위한 남북 또는 미국 간의 협상이 2년 정도 지속되었지만, 북한의 핵무기 폐기에 관한 실질적인 양보를 획득하지는 못하였다. 북한의 핵무기 폐기가 핵심사항인데, 이에 관한 의미 있는 합의나 북한의 조치가 없는 상태에서 세 차례의 남북 정상회담과 두 차례의 미북 정상회담 등 회담만 개최되었기 때문이다. 객관적으로 보면 한국과 미국은 성과없이 북한에게 세 번의 남북 정상회담과 두 번의 미북 정상회담을 선사하였고, 이로써 북한은 당당한 국제사회의 일원으로 등장하게 되었으며, 이를 발판으로 사실상 핵보유국으로 인정받는 분위기이다.

북한의 비핵화를 위한 한미 양국의 대(對)북한 협상과 관련하여 문제가 되는 것은 '비핵화'가 무엇을 의미하는지를 분명하게 정의하지 않은 채 회합과 대화를 우선시한 것이다. 북한이 염두에 두고 있는 것은 김일성 시대부터 줄곧 주장해온 '조선반도 비핵화(미국의 핵우산과 주한미군 철수를 요구하는 주장)'일 수도 있다고 생각하면서도 그것을 분명하게 요구할 경우 북한이 협상 자체를 거부할 것을 우려하여 비핵화에 대한 분명한 정의를 요구하지 않은 것으로 보인다. 결과적으로 한국과 미국은 2년 정도 북한의 핵무기 폐기를 위한 협상을 지속하였으나 협상이 단절되자 남은 것이 아무 것도 없는 상황이 되었다.

한국의 문재인 정부는 자신의 국내 및 국제 정치적 위상이 손상받을 수 있는 위험을 감수하면서도 비핵화의 당사자로서보다는 중재자 또는 대화 촉진자로서 역할을 낮춰서 어떻게든 대화를 통한 북한의 핵무기 폐기를 유도하고자 노력하였다. 이러한 역할은 2018년 판문점 남북 정상회담과 싱가포르 미북 정상회담까지는 어느 정도의 유용성을 발휘하기도 했다. 그러나 결과적으로 보면 한국의 중재자 역할은 북한의 핵무기 폐기를 위한 실질적인 조치로 연결되지 못하였고, 2019년 하노이 미북 정상회담 이후 북한 비핵화에 관한 협상은 원점으로 복귀하고 말았다(협상이론에 관한 추가 설명은 부록 #4. 참조).

제3절 한국의 대응태세

북한의 핵위협이 강화됨에 따라 한국은 나름대로 대비태세를 강화해왔으나 미흡한 측면이 적지 않다. 제12장에서 핵대응 방법으로 제시한 억제, 탄도미사일방어, 선제타격과 예방, 민방위를 활용하여 한국의 실태를 평가해보자.

1. 억 제

한국은 핵무기를 보유하고 있지 않아서 동맹국인 미국의 확장억제에 의존할 수밖에 없다. 그래서 북핵 위협이 대두됨과 동시에 한국은 이의 확실성을 보장하고자 노력하였는데, 2010년 한미 양국 국방부 간에 '확장억제 정책위원회(Extended Deterrence Policy Committee: EDPC)'를 구성하였다가 2015년 4월 이를 '억제전략위원회(Deterrence Strategy Committee)'로 격상시켰고, 2016년 10월에는 외교 및 국방의 차관급으로 구성된 '확장억제전략협의체(Extended Deterrence Strategy and Consultation Group: EDSCG)'까지 구성하였다. 한미 양국 군대도 방어(Defend) · 탐지(Detect) · 교란(Disrupt) · 파괴(Destroy)를 의미하는 '4D'의 개념에 근거하여 확장억제의 이행에 적극적으로 노력해 오고 있다.

다만, 미국의 확장억제가 실제 상황에서 그대로 이행될 것으로 확신하기는 어렵다. 미국이 대규모 핵응징보복을 가하면 북한이 동북아시아 주둔 미군이나 서태평양의 미국의 영토를 핵무기로 공격할 수 있고, 미 본토 공격도 위협할 수 있기 때문이다. 또한 중국이나 러시아와의 핵전쟁으로 확전될 가능성도 배제할 수 없고, 엄청난 북한 주민들을 살상하는 데 대한 인도적 문제도 적지 않다. 북한의 핵무기 능력이 강화될수록 미국의 확장억제가 불안해지기 때문에 한국의 일부에서는 냉전시대처럼 미국의 핵무기를 한국에 다시 전진배치하여 억제효과를 높이거나 자체 핵무기를 개발하자는 제안이 제기되기도 했다.

미국의 확장억제가 불안해짐에 따라서 한국은 비핵무기에 의한 자체적인 억제책을 발전시키기도 했다. 국방부는 그것을 'KMPR(Korea Massive Punishment and Retaliation)'이라고 명명했는데, 보유하고 있는 탄도·순항미사일과 일부 특수부대를 정예화하여 북한이 핵무기 공격을 가할 경우 북한 수뇌부를 응징한다는 개념이었다. 즉, 북한의 지도자에게 자신의 죽음을 각오해야만 핵무기 공격을 결심할 수 있도록 만들어서 핵무기 공격을 억제한다는 개념이었다. 이것은 재래식 전력을 활용하여 최소억제의 개념을 달성하려는 시도였던 것이다. 그러나 문재인 정부가 들어서서 대화를 통한 핵무기 폐기를 추진하는 과정에서 KMPR은 기피되기 시작하였고, 결국 개념조차 소실된 상태가 되고 말았다.

2. 탄도미사일방어

억제가 제대로 기능하지 않아 상대방이 핵미사일을 발사할 경우 동원 가능한 대책은 핵미사일 공격을 공중에서 요격하는 것, 즉 탄도미사일 방어체제를 구축하는 것이다. 그런데, 한국의 경우 "한국의 미사일 방어=미국 미사일방어 참여"라는 일부 지식인들의 반대로 인하여 하층방어 위주로 제한적으로만 추진함으로써 방어계획 자체가 미흡해졌다. 이로 인하여 한국은 미사일 방어용이 아니라 항공기 요격용인 PAC-2를 구입하였고, 해상에서도 미사일 방어력이 미흡한 SM-2를 획득하였다. 북한의 미사일 공격을 탐지할 수 있는 수단으로는 공군의 Green Pine 레이더, 해군 이지스함의 SPY 레이더, E-373 Peace Eye 레이더 등을 보유하고 있으나, 이 또한 충분하다고 보기는 어렵다.

북한의 핵미사일 위협이 점점 심각해지자 한국은 PAC-2를 탄도미사일 요격용인 PAC-3로 개량해 나가고 있지만 전국의 주요 도시를 방어할 수 있는 개념으로 확장하지도 않았고, 수량도 부족한 실정이다. 자체적으로 20km 고도에서 요격 가능한 중거리 대공미사일(M-SAM)을 개발하는 데 성공하였고, 장거리 대공미사일(L-SAM)도 개발해 나가고 있지만 그 성능이 확실하게 입증되었거나 대대적으로 생산하여 배치하고 있는 것은 아니다. 한국은 요격 고도가 40~150km인 미군의 사드(THAAD) 1개 포대를 성주에 배치하고 있으나 이것으로는 전국 방어가 어렵고, 특히 휴전선에 가까운 수도 서울 보호에는 어려움이 있다. 한국 국방부가 제시하고 있는 미사일방어의 기본적인 개념은 [그림 13-1]과 같다.

그림 13-1 한국군의 미사일방어 개념도

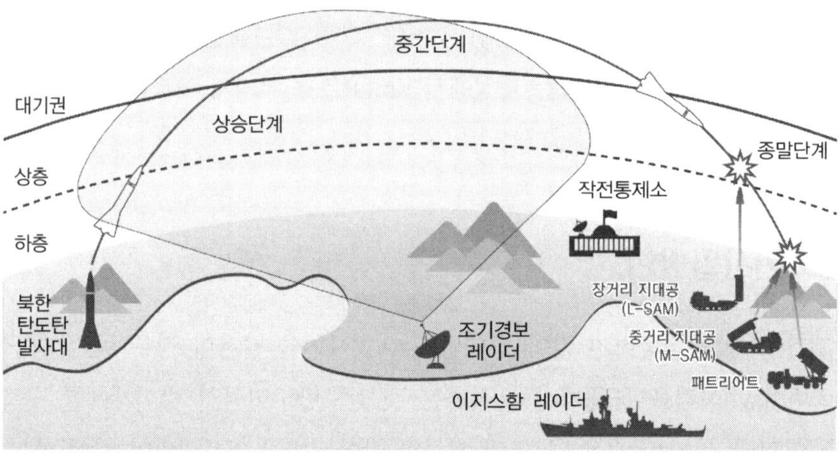

출처: 국방부, 『2016 국방백서』.

3. 선제와 예방

선제타격은 한국이 자체적으로 조치할 수 있는 분야 중에서 가장 현실적인 내용이기 때문에 북한의 핵위협이 대두됨과 동시에 한국군은 이것을 중요한 대응수단으로 인식하면서 그 능력 향상에 지속적으로 노력해오고 있다. 2013년 2월 북한의 제3차 핵실험이 예상되자 당시 정승조 합참의장은 북한의 핵무기 사용에 대한 "명백한 징후"가 발견될 경우 선제타격하겠다는 개념을 제시하였고, 이것은 공군에서 어떤 표적을 파괴시킬 때 사용하는 순환과정을 의미하는 '킬 체인(Kill Chain)'이라는 용어로 구체화되었다. 한국군은 [그림 13-2]에 제시되어 있는 미군의 모형을 더욱 단순하여 북한의 핵미사일을 30분 이내에 "탐지 → 식별 → 결심 → 타격"한다는 목표 하에 필요한 무기와 장비를 확보하고자 노력해왔다. 그 결과 2019년부터 F-35 스텔스 전투기와 글로벌 호크 첨단 무인정찰기가 도입되어 배치되는 등 상당한 전력이 확충되었다.

다만, 선제타격의 경우 타격역량은 충분하지만 북한의 핵무기 사용 징후를 정확하게 파악하는 정보역량과 유사시 타격부대로 하여금 신속하면서도 정확하게 시행하게 하는 지휘통제 역량에서는 여전히 부족함이 있다. 금강・백두 정찰기와 RQ-101 송골매 군단급 무인정찰기, 70cm 해상도의 아리랑-3호 위성을 보유하고 있으

그림 13-2 킬 체인의 미군 모형: F2T2EA

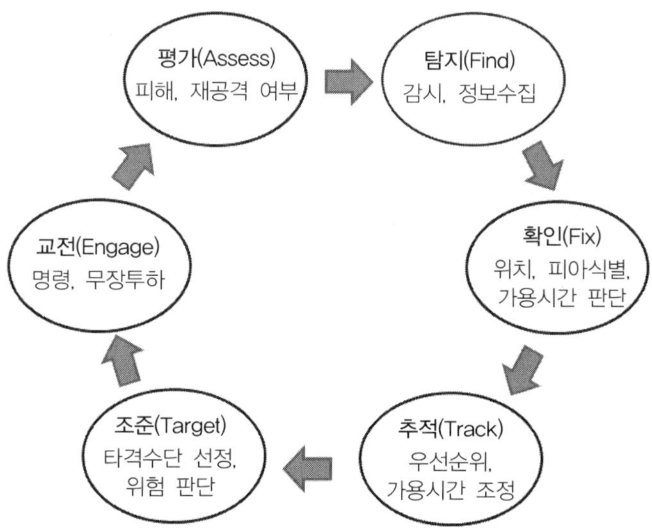

나 북한이 은밀하게 핵무기를 관리할 것이라는 점에서 이것으로 충분하다고 볼 수 없다. 따라서 미군과의 긴밀한 협조가 필수적이다. 특히 한국의 경우 국가와 군의 지휘체계에 선제타격의 성공을 위한 신속한 보고와 결심을 보장할 수 있는 절차나 문화가 구축되었다고 보기는 어렵다. 특히 최근 북한이 5분 이내에 발사할 수 있는 고체연료 미사일로 전환하고 있어 발사 징후의 파악이나 발사 이전에 파괴하는 것이 더욱 어려워진 상태이다.

예방타격의 경우 한국은 그 정당성이 낮고 위험성이 크다는 이유로 제대로 논의하지 않았다. 오히려 한국의 정치지도자와 국민들은 미국에서 예방타격이 거론될 때마다 거부감을 드러내기도 했다. 1994년 미국이 영변의 핵발전소를 예방 차원에서 '정밀타격'하는 방안을 제기하였을 때도 대통령을 비롯한 정부와 다수 국민들은 극력 반대하였다. 2016년 9월 9일 북한의 제5차 핵실험 이후 미국 내에서 예방타격 차원의 선제타격론이 제기되었을 때, 2017년 트럼프 대통령이 '군사적 옵션'을 적극적으로 거론하였을 때도 한국 정부의 의견과 국민들의 여론은 부정적이었다. 따라서 미래에 심각해질 것이기 때문에 지금 조치해야 한다는 예방타격의 개념이 한국에서 수용되기는 어려운 실정이라고 할 것이다.

4. 민방위

재래식 공격에 대한 민방위를 위하여 한국은 1975년 '민방위법'을 제정하였고, 20세에서 40세까지의 남성으로 민방위대로 편성하였으며, 매년 8회에 걸쳐 모든 국민들이 민방공 훈련을 실시하고 있다. 그러나 이것은 재래식 민방위에 국한되어 있을 뿐만 아니라 시간이 지나면서 해이되는 측면도 적지 않다. 더구나 한국은 아직 핵폭발에 대비한 핵민방위의 시행 여부를 결정하지 못하고 있고, 핵폭발 시에 대비한 대피소도 보강하고 있지 않다. 전국적으로 재래식 민방위 시설은 상당수 구비하고 있지만 핵공격에 대비한 시설과 장비나 2주 정도 생활할 대비는 갖추고 있는 곳은 없다.

정부에서는 2017년 8월 23일 민방공 훈련을 실시하면서 "국민행동요령"이라는 제목으로 핵폭발 시 대피를 위하여 국민들이 조치해야 할 방향을 제시한 적이 있으나, 본격적으로 실시한다는 결정으로 연결되지는 못하였다. 그러한 조치를 취할 경우 국민들을 불안하게 하거나 남북 간에 긴장을 고조시킬 수 있다는 입장이었다. 재래식 민방위 체제가 존재한다는 점에서 유사시 활용할 수 있는 점이 적지는 않겠지만, 당장 핵위협이나 핵공격이 가해질 경우 한국은 예상보다 훨씬 큰 피해를 입을 가능성도 없지 않다.

5. 평 가

한국의 억제태세에서 가장 중요한 것은 미국의 확장억제인데, 과거에 비해서 이에 대한 태세가 강화되었다고 보기는 어렵다. 국방부와 정부 간에 확장억제를 토의하기 위한 조직이 만들어졌으나 이것이 활발하게 가동되고 있지 않고, 특히 미국은 '핵우산'이라는 용어를 연례적 국방장관 회담의 공동성명에서 제외하기도 하였다. 방위비분담을 둘러싸고 한미관계가 경직되고 있어서 갑작스러운 주한미군 철수 가능성을 우려하는 국민들도 없지 않다. 그렇다면 KMPR과 같이 자체적으로라도 억제태세를 강구해야 하는데, 이 부분에 대한 관심도 미약해진 상태이다.

탄도미사일방어의 경우도 지속적으로 노력해온 것은 사실이나 하층방어 위주로 개념을 설정함에 따라서 방어계획 자체가 잘못 수립된 측면이 있고, 그동안 이룩된 성과도 많지 않다. 최초에 항공기 요격용 PAC-2와 SM-2를 구입한 것부터 잘못된 결정이었고, 이것을 미사일 요격용으로 개량해 나가고 있지만, 진척은 느리다. 하층방어 무기는 아직 군부대 방어로 배치되어 있을 뿐만 아니라 전체 숫자 자체가 주요 도시들을 방어하기에는 부족하고, 사드(THAAD)의 경우 성주를 중심으로 한 국토의 1/3 정도는 보호할 수 있지만, 그 운용에 미흡함이 존재하고 있다. 특히 표적공격 단계에서 요격회피 기동을 하는 러시아의 이스칸더급 미사일을 북한이 개발함에 따라서 미사일 방어는 더욱 어려워지고 있다.

선제타격의 경우에는 이를 위한 F-35 전투기와 글로벌 호크가 2019년부터 도입되기 시작하여 상당한 능력의 향상이 이루어졌다. 다만, 북한이 고체연료를 사용함에 따라서 선제타격을 위한 시간 자체가 허용되지 않을 가능성이 높아지고 있어 시행 자체가 어려울 수 있다. 이러한 상황에서는 예방타격 성격의 선제타격을 더욱 적극적으로 논의해야 하지만, 이에 관한 논의 역시 활성화되지 못하고 있다.

한국은 아직 핵민방위를 시행하고 있지 않고, 따라서 북핵이 폭발될 경우 국민들의 피해를 감소시킬 수 있을 정도는 그다지 크지 않다. 최근 북한의 비핵화를 위한 회담이 진행되면서 민방위분야에 관해서는 토론이나 연구 자체가 이루어지지 않고 있다.

종합적으로 볼 때 한국의 핵억제 및 대응태세는 전반적으로 미흡한 부분이 더욱 많다고 평가하지 않을 수 없다. 지금 당장 북한의 핵미사일 공격이 가해질 수도 있다는 인식이나 대비의 절박성도 점점 약화되고 있는 실정이다. 최악의 상황까지 상정하여 대비하는 것이 국가안보라는 측면에서 북핵 억제 및 대응에 대한 전반적인 재검토와 대대적인 보완이 요구되는 상황일 수 있다.

토의주제

- 북한의 핵전략은 공격전략인가, 방어전략인가?
- 북한의 핵능력은 미국에 대하여 최소억제가 가능한 수준인가?
- 2018~2019년의 비핵화 협상의 기회비용은?
- 미국과 북한 간의 직접 협상을 허용하면서 한국이 중재자 역할에 머문 것은 올바른 정책이었는가?
- 한국의 미사일방어를 둘러싸고 제기된 비판 중에서 근거없는 루머는 없었는가?
- 한국의 예방타격은 이제 결행할 수 없는 상황인가?
- 아직도 핵민방위를 추진해야 하는 것 아닌가?

추천문헌

신동훈(2018). “핵억지 이론을 통해 살펴 본 북한의 핵전략.”『한국군사학논집』. 제74권 1호 pp.145-163.

박광득(2018). “북미정상회담이 남긴 딜레마와 과제에 대한 연구.”『대한정치학회보』. 제26권 3호, pp.309-352.

박휘락(2019). “싱가포르와 하노이 미북 비핵화 회담에서의 한국의 중재 역할 평가.”『국제정치연구집』. 제22권 4호, pp.51-79.

박휘락(2016). “사드(THAAD) 배치를 둘러싼 논란에서의 루머와 확증편향.”『전략연구』. 제68권, pp.5-36.

정재홍(2016). “북한 핵/미사일 위협에 따른 우리의 군사적 대응방안 고찰: 사드, KAMD, 킬체인을 중심으로.”『군사논단』. 제88권, pp.139-165.

부 록

#1. 평화와 평화체제

(1) 평화의 개념

자유, 평등, 정의, 행복 등 인류가 이상으로 생각하는 모든 개념들이 그러하듯이 평화도 주관성이 큰 개념이다. 그래서 사람들은 각자가 생각하는 방향으로 평화를 이해하거나 정의한다. '평화'라는 동일한 용어를 사용하지만, 그 용어의 범위와 내용은 사람에 따라 차이가 크고, 조직이나 국가별로도 평소의 인식체계나 사상에 따라서 다르게 사용한다.

평화에 관한 사회과학적 인식은 국제정치를 어떻게 보느냐에 따라서 달라진다. 현실주의(realism)의 시각에서 볼 경우 평화는 "전쟁과 전쟁 사이의 일시적인 안정"에 불과하고, "평화를 원하거든 전쟁을 준비하라"라는 명제나 "군사력이 없는 외교는 악기없는 음악과 같다"라는 말처럼 전쟁에 대한 대비와 평화를 위한 노력은 동일시된다. 반면에 자유주의(liberalism)는 "국제정치를 현실주의에서처럼 정글이 아니라 경작이 가능한 정원(garden)"으로 보고, 가꾸려는 노력에 따라 진정한 평화가 가능하다고 믿는다.

그러나 대부분의 국제정치학자들이 동의하는 평화에 대한 최소한의 정의는 "전쟁의 부재(absence of war)"라는 설명이다. 전쟁이야말로 평화를 결정적으로 파괴하는 요소이기 때문이다. 개인의 경우 치명적 질병이 없는 상태가 건강이라는 인식과 유사하다. 그렇기 때문에 전쟁의 참상을 겪고 나면 평화의 염원이 더욱 절실해지고, 국제연맹이나 유엔에서 보듯이 평화를 보장하는 데 필요하다고 판단되는 대대적인 노력을 경주하곤 하였다.

그러나 인간의 높은 이상은 전쟁이 없는 상태에 만족할 수 없다. 전쟁이 없더라도 국내적으로 심각한 정치적 갈등이나 불안이 존재할 수 있고, 경제적 빈곤이 계속될 수 있으며, 주거환경이 극도로 열악할 수 있으며, 그러한 것이 전쟁보다 더욱 비참할 수도 있기 때문이다. 그래서 제기된 개념이 "적극적 평화(positive peace)"이다. 이것은 노르웨이의 갈퉁(Johan Galtung, 1930~)이 창안한 개념으로서 '전쟁의 부재'로 정의되는 현실주의적 평화를 '소극적 평화(negative peace)'로 규정한 후 이에 추가하여 제반 구조적 폭력은 물론이고, 결핍까지 제거하여 자유와 번영이 보장되는 상태를 적극적 평화로 규정하였다.

(2) 평화체제

평화체제는 평화에 체제라는 단어가 추가된 것으로만 본다면 그것은 평화를 제도화 및 구조화한다는 의미일 것이다. 이 경우, 평화적 절차에 의존하여 문제를 해결한다고 서로가 약속하는 문서가 필요할 것으로 생각하여 강조하는 것이 평화협정이다. 그 다음에는 그러한 협정을 서로가 준수하도록 하는 어떤 장치가 필요할 것이고, 그러한 협정과 장치들이 가동되어 평화상태가 지속되는 일정한 기간이나 성과가 있어야 할 것이다. 여기에서 중요한 것은 평화라는 용어가 포함되거나 평화를 강조하는 것이 아니라, 그들의 지향방향이나 결과가 평화를 보장하는 것이어야 한다는 것이다.

• **평화를 위한 협정**: 평화협정은 그를 위한 특정한 전형이나 내용이 존재하는 것이 아니라 말 그대로 평화를 보장하는 의도, 목적, 내용을 가진 협정을 말하는데, 이것은 통상적으로 평화체제의 법적 · 제도적 기초로 기능하게 된다. 즉, 평화협정은 "당사국 간 전쟁 및 분쟁을 공식적으로 종결하고 모든 당사자가 합의의 조건에 따라 의무를 준수하도록 하는 공식적인 협정"으로서 군사지휘관들이 서명한 정전협정을

정치적으로 승인하거나 보장하는 역할을 수행한다. 예를 들면, 제1차 세계대전의 경우 1918년 11월 7일 콩피에뉴(Compiègne) 숲에서 관련국 군사지휘관들이 정전협정을 체결하자 1919년 6월 28일 파리에서 각국 대표들이 베르사이유조약(Treaty of Versailles)을 맺었는데, 이것을 평화조약(협정)이라고 부른다. 제2차 세계대전 중 태평양 전쟁의 경우도 1945년 9월 2일 미주리함 상에서 관련 군사지휘관들이 항복문서에 서명함으로써 전쟁을 종료시킨 후 1951년 8월 13일 샌프란시스코에서 평화조약을 체결하여 전쟁과 전후 질서에 관한 제반 사항을 정치적으로 마무리 지은 바 있다.

평화에 대한 최소한의 정의가 '전쟁의 부재'이듯이 통상적으로 평화협정은 전쟁상태에서 평화상태로 환원하기 위한 협정이지만, 평시에 평화를 더욱 증진하기 위한 의도, 목적, 내용으로 협정을 맺을 경우도 평화협정으로 불릴 수 있다. 평화에 이르는 과정에서 맺어지는 모든 형태의 약속들을 총칭하는 개념으로 평화협정이 사용되기도 한다는 것이다. 이스라엘과 아랍국가들 간에 체결된 평화를 위한 다양한 협정들은 평화협정이라고 부르는 이유이다. 이것은 평화협정의 범위를 확대하려는 노력이지만, 그만큼 평화협정의 실체가 불분명하다는 반증일 수도 있다.

평화협정은 평화체제를 보장하는 중요한 요소이지만, 필수불가결한 것은 아니다. 유럽에서는 1945년 5월 7일 군사지휘관들이 제2차 세계대전 종료를 문서에 서명하였지만, 이후 별도로 평화조약은 체결하지 않았다. 1991년 걸프 전쟁이나 2003년의 이라크 전쟁의 종결과 관련해서도 어떤 정치적 협정이 체결된 것은 아니다. 즉, 정전협정을 예비적 평화조약으로 인식하거나 승전국에 의한 일방적인 선언도 전쟁을 종료하는 방식으로 인정하고 있다. 평화조약을 통한 전쟁의 종결보다는 실질적인 평화의 지속을 중요시하기 때문이다.

불편한 진실이지만 평화조약은 공격적 의사를 가진 국가가 자신의 의도를 기만하는 조치로 사용하는 경우가 많다. 1925년 10월 로카르노조약(The Locarno Treaties)을 통하여 독일과 벨기에, 독일과 프랑스는 불가침조약을 체결하고, 영국과 이탈리아는 이를 보장하였지만, 1936년 독일은 이를 일방적으로 폐기한 후 1940년 벨기에와 프랑스를 기습적으로 침공하였다. 1938년 영국의 체임벌린(Neville Chamberlain) 총리는 독일 히틀러(Adolf Hitler)와 뮌헨협정을 체결한 뒤 평화를 보장받았다고 환호하였지만, 그 다음해에 독일은 폴란드를 침공함으로써 제2차 세계대전이 발발하고, 그 이듬해에는 프랑스와 영국을 공격하였다. 1973년 1월 27일 파리협정을 체결하여 베트남에서의 정전(제2조), 협상을 통한 문제해결(제10조), 평화적, 단계적 통일 실현(제15조)을 포함한 전쟁종결과 평화회복을 보장하였지만, 2년 후 북베트남은 남베트남을 무력으로 정복하였다.

• **평화를 보장하기 위한 장치**: 평화협정은 쌍방이 지키고자 할 때만 유효하기 때문에 그의 준수를 보장하기 위한 장치들이 더욱 중요하다. 이에 대해서도 정형이 존재하는 것은 아니지만 베르사이유조약에서처럼 전쟁을 일으킨 국가의 군대규모를 제한하거나 중립지대를 설치하는 방안, 그리고 이행을 감시하는 기구의 설치, 조약(협정)을 위반하였을 때의 제재조치가 중요하게 포함된다. 1977년 체결된 이집트와 이스라엘 간 평화조약의 경우에도 시나이반도를 비무장지대로 지정하거나 유엔의 휴전감시 조직을 설치하는 등의 장치를 마련하였다.

다만, 최근에는 이러한 평화보장 장치의 효과에 대해서도 회의가 발생하고 있다. "모든 평화를 끝낸 평화(A peace to End All Peace)"라는 말처럼 제1차 세계대전의 경우 평화를 보장하기 위한 장치들이 오히려 전쟁의 원인이 되기도 하였다. 이런 이유로 제2차 세계대전 이후에는 평화협정 등을 통한 재발방지책 마련보다는 전쟁을 발발한 국가를 동맹으로 편입하려는 노력을 하게 되었고, 독일과 일본의 경우를 보면 이러한 노력은 상당한 성과를 거두었다고 볼 수 있다.

특히 제1차 세계대전의 혹독한 제한에도 불구하고 독일이 비밀리에 제2차 세계대전을 위한 준비를 하여 전쟁을 발발하였듯이 평화협정은 물론이고, 그를 위한 장치들이 결합되어도 평화를 완벽하게 보장할 수는 없다.

• **평화상태의 지속**: 실제적인 평화는 평화상태가 지속 및 누적되어야만 한다. 이것은 기능주의 측면으로서 이의 기초를 이루는 것은 전쟁의 억제이다. 서로가 전쟁을 하고 싶은데도, 전쟁을 일으켜 봐야 성공하지 못하거나 얻을 수 있는 것보다 더욱 많은 것을 잃을 것이라고 할 때는 전쟁을 하지 않게 되고, 이것이 누적되면 평화라고 평가할 수 있다는 것이다. 따라서 평화를 위한 평소의 노력은 전쟁억제의 노력이 된다. 얼마 정도를 지속해야 평화라고 평가될 수 있을지는 누구도 정할 수 없지

만, 상당한 기간 실질적으로 평화적이거나 전쟁이 없는 상태가 지속되는 것이 다른 어떤 요소보다 평화에는 중요하다고 할 것이다.

(3) 평화연구와 안보연구

현대의 평화연구는 제2차 세계대전 이후 적극화되기 시작하였다. 렌츠(Theodore F. Lentz, 1888~1976)는 1945년 미국 최초의 평화연구기관이라고 할 수 있는 "평화연구소(Peace Research Laboratory)"를 설립하였고, 1955년 『평화연구를 지향하며(*Toward a Science of Peace*)』라는 책을 저술하여 핵무기 시대 평화연구의 중요성을 강조하였으며, 이를 계기로 평화연구가 활성화되었다. 그 당시 미국 미시간 대학에 설치된 "분쟁해결연구소(Center for Research and Conflict Resolution)"나 『분쟁해결논집(*Journal of Conflict Resolution*)』이라는 명칭에서 알 수 있듯이 이 당시의 평화연구에서는 전쟁을 어떻게 억제하고 예방할 것이냐, 즉 전쟁을 없애기 위한 노력이 핵심적인 주제였다. 그리고 이러한 노력은 자연스럽게 분쟁보다 다소 긍정적인 용어, 즉 안보의 증진에 관한 연구로 확대되었다.

냉전이 종료되면서 분쟁의 해결이나 안전보장 위주의 평화연구는 더욱 보편적인 분야로 확대되기 시작하였다. 이러한 경향은 갈퉁을 중심으로 하는 유럽의 오슬로-프랑크푸르트 학파(Oslo-Frankfurt Schule)가 주도했다고 할 수 있는데, 이들은 "평화적 수단에 의한 평화"를 강조하였다. 이들은 정치적으로는 국내 및 국제체제의 민주화를 도모하고, 군사적으로는 순수한 방어적 수단이나 비군사적 수단에 의한 방어적 방위(defensive defense)를 추구하며, 경제적으로는 무역보다 자국 자원에 대한 의존도를 강화하고, 관념보다는 감정을 중요시하는 연성문화를 확산시킬 것을 강조하였다. 이러한 시각을 바탕으로 스웨덴의 SIPRI(Stockholm International Peace Research Institute), 핀란드의 TAPRI(Tempere Peace Research Institute) 등 저명한 평화연구 기관들이 각국에 설립되어 평화증진에 노력하고 있다.

근본적으로 평화연구는 국제관계와 전쟁에 관한 연구, 즉 안보에 관한 연구와 긴밀한 관련을 가질 수밖에 없다. 평화의 기본적인 조건이 국가 간의 충돌(그의 극단적인 형태가 전쟁이다)이 예방되거나 억제되는 상태이기 때문이다. 그렇기 때문에 "냉전(Cold War)"은 동시에 "차가운 평화(Cold Peace)"라고 불리기도 했었고, 평화와 안보는 "냉전시대의 쌍생아"라고 불리기도 하였다. 안보연구가 국제관계학의 현실주의적 전통에 가깝다면 평화연구는 국제관계학의 이상주의적 전통에 가까울 뿐이다.

#2. 미국의 인도-태평양 전략

(1) 배 경

인도-태평양을 묶는 개념은 1924년 독일의 지정학자(地政學者)인 칼 하우스호퍼(Karl Ernst Haushofer)가 처음으로 제시하였고, 1960년대 호주 학계에서도 "인도-태평양 분지(Indo-Pacific Basin)"란 용어를 사용한 적이 있다. 최근 이 두 지역을 연결할 필요성을 강조한 사람은 일본의 아베(安倍晋三) 총리로서, 그는 2007년 7월 인도 의회에서 태평양과 인도양을 염두에 두면서 "두 대양의 융화(Confluence of the Two Seas)"라는 제목으로 연설하였다. 그 후 인도에서도 '인도-태평양'이라는 용어를 사용하기 시작하였고, 2017년 인도의 모디(Narenda Modi) 총리가 미국을 방문하면서 지역 내 국가들 간의 협력을 강조하였다.

일본과 인도의 제안에 영향을 받아 트럼프(Donald Trump) 대통령은 2017년 11월 아시아·태평양 이사회(APEC) 정상회의에서 "자유롭게 열린 인도-태평양(Free and Open Indo-Pacific)"이라는 말을 사용하면서, 일본, 인도, 호주 등과의 협력을 근간으로 두 대양의 국가들을 결속하는 방향을 제시하였다. 그리고 미국은 2018년 6월 과거의 '태평양 사령부'를 '인도-태평양 사령부'로 개칭함으로써 두 대륙에 대한 군사적 활동부터 통합하였다.

미국이 인도-태평양 국가들의 결속을 시도한 결정적 계기는 중국의 팽창주의적 정책에 대한 대응일 가능성이 높다. 중국은 '일대일로(一帶一路)'라는 슬로건으로 인접 국가들과의 관계확대를 추진함으로써 지역 내에서 미국의 접근을 차단하거나 영향력을 대체하고자 하는 것으로 인식되었기 때문이다. 트럼프 대통령은 취임과 동시에 중국에 대한 무역역조 시정을 강하게 주장하면서 압박하였다. 실제로 중국은 남중국해 내에 7개의 인공섬을 완공하고, 그곳에 병력을 주둔시키며, 항행하는 타국 항공기와 선박에 경고방송을 하는 등 패권국가로서의 영향력을 확보해 나가는 모습을 과시하기도 했다.

미국 국방부가 2019년 6월 공개한 '인도-태평양 전략 보고서(Indo-Pacific Strategy Report)'가 독자적으로 작성한 것은 아니다. 2017년 12월 발간한 '국가안보전략

(National Security Strategy: NSS)에서 미국은 중국을 러시아, 북한이나 이란과 같은 불량국가들과 더불어 미국의 국익에 대한 세 가지 주요 도전 중 하나로 분류하였고, 중국이 핵무기를 계속 강화 및 다양화하고 있음을 우려하였다. 2018년 초에 발간된 미 국방전략(National Defense Strategy: NDS)에서도 미국은 중국 및 러시아와의 전략적 경쟁이 재등장하고 있다면서, 중국이 군사력 현대화, 영향력 확대 작전, 공격적 경제를 통하여 주변국들을 강압함으로써 인도-태평양 지역의 질서를 재편하려 한다고 우려하였다.

(2) '인도-태평양 전략 보고서'

미국이 2019년 6월에 발간한 '인도-태평양 전략 보고서'는 총 65쪽 분량으로서 제1장 서론, 제2장 인도-태평양 전략 추세 및 도전, 제3장 미국 국가이익과 국방전략, 제4장 미국 국가이익 보호와 지역 목표 달성, 제5장 결론으로 구성되어 있다.

제1장 서론에서 미 국방부는 인도-태평양을 "단일의 가장 중요한 지역(the single most consequential region)"이라고 말하면서 전체 보고서를 시작하고 있다. 미국이 '태평양 국가'임을 강조하고, 2017년 베트남 APEC 정상회의에서 트럼프 대통령이 강조한 "자유롭고 열린 인도-태평양"을 비전으로 제시하고 있다. "모든 국가의 주권과 독립의 존중, 분쟁의 평화적 해결, 개방된 투자·투명한 협정, 연결성에 기초한 자유·공정·상호주의 무역, 항행자유와 상공비행을 포함하는 국제법과 규범의 준수"를 원칙으로 제시하고 있다.

제2장에서 미국은 인도-태평양 지역의 위협을 평가하고 있는데, 가장 먼저 중국을 "수정주의 세력(Revisionist Power)"으로 규정하면서 중국이 규칙 중심의 국제질서를 침식시키고 있고, 종교의 자유를 비롯하여 다양한 국제규범을 위반하며, 남중국해를 군사화하고 있다고 비판하고 있다. 러시아에 대해서는 "재활성화되는 유해국가(a Revitalized Malign Actor)"라면서 이 지역에 대한 군사적 증강과 중국과의 협력을 우려하고 있다. 북한도 "불량국가(a Rouge State)"로 지칭하면서 독립적으로 기술하고 있는데, 북한의 핵무기와 그 외 대량살상무기, 인권침해, 그리고 대륙간탄도

미사일의 개발, 한국에 대한 위협, 경제제재 위반에 대한 우려를 표명하고 있다.

제3장에서는 "미국인 보호, 미국 번영 촉진, 힘을 통한 평화 유지"라는 미 국가안보전략에 명시된 목표와 "미 본토 방어, 전 세계에 걸친 우세한 군사력 유지, 주요 지역에서의 힘의 균형 유지, 세계 평화와 번영에 기여하는 국제질서의 개선"이라는 국방전략의 원칙을 재강조하고 있다. 이 제3장은 인도-태평양 전략보고서가 독립적으로 기능하는 것이 아니라 국가안보전략과 국방전략과도 긴밀하게 연계되고 있음을 강조하고 있다.

제4장에서는 제3장에 기초하여 "준비, 동반자관계, 네트워크화 증진(Preparedness, Partnership, and Promoting a Networked Region)"이라는 인도-태평양 전략의 세 가지 노력선(Line of Effort, 努力線)을 제시하고 있다. 첫 번째 '준비'의 노력선은 "준비태세를 갖춘 상태에서 전투신뢰성이 높은 전진배치 군대가 동맹국 또는 동반자 국가와 함께 필요시 전투하여 승리하는 것"으로 설명하고 있고, 두 번째 '동반자관계'의 노력선에 관해서는 동맹 및 동반자 국가들과의 '상호운용성(interoperability)'과 지속적인 관계개선을 강조하면서 이 부분에서 한미동맹은 "동북아와 한반도 평화와 번영의 중심축(linchpin of pease and prosperity in Northeast Asia, as well as the Korean Peninsula)"이라고 평가하고 있다. 세 번째 '네트워크화 증진'의 노력선에서는 가장 먼저 한국·미국·일본의 삼각협력관계를 강조하고 있고, 이어서 미국·일본·호주, 미국·일본·인도의 삼각협력관계를 부각시키면서 지역의 다양한 협력체제들을 열거하고 있다.

제5장 결론을 통하여 미국은 이 지역의 동맹 또는 동반자 국가들에게 몇 가지 사항을 요청하고 있는데, 각자의 국방에 대한 투자를 증대시키고, 국제적 규범을 준수하며, 위기대응을 위한 미국의 접근을 보장하고, 상호운용성을 강화하며, '자유롭고 열린 인도-태평양'을 보장하기 위한 미국의 다양한 노력에 동참할 것 등이다.

(3) '자유롭고 열린 인도-태평양' 비전서

국방부에서 발간한 '인도-태평양 전략 보고서'에 이어서 미 국무부는 2019년 11월 4일 외교 차원에서 미국의 인도-태평양 전략을 구현하기 위한 정책방향을 제시하였다. 이것은 2017년 11월 트럼프 대통령이 베트남에서 발표한 "자유롭고 열린 인도-태평양"을 제목으로 채택하면서 "공유된 비전의 진전(Advancing a Shared Vision)"이라는 부제(副題)를 달았는데, 국방부의 '인도-태평양 전략 보고서'에 비해서 훨씬 외교적이면서 유화적인 내용으로 구성되어 있다.

'자유롭고 열린 인도-태평양'의 문서에서 "미국은 인도-태평양 국가이고 언제나 그럴 것"이라면서 "강압이나 부패가 아닌 자유와 개방성의 미래를 보장"할 것을 강조하고 있고, 이를 위한 구현하기 위하여 미 국무부는 ① 모든 국가의 주권과 독립의 존중, ② 분쟁의 평화적 해결, ③ 개방된 투자, 투명한 협약, 연결성에 기초한 자유롭고, 공정하며, 호혜적인 무역, ④ 자유로운 항행과 비행을 포함하는 국제법 준수를 그 원칙으로 강조하고 있다. 그 후 첫째, 미국은 동반자 국가 및 지역기구들과의 협력, 둘째, 경제적 번영의 증진, 셋째, 선한 통치의 옹호(championing good governance), 넷째, 평화와 안보의 확보, 다섯째, 인적 자원에 대한 투자의 다섯 가지 분야로 나눠서 구체적인 구현방안을 제시하고 있다.

'인도-태평양 전략 보고서'와 달리 국무부의 보고서에서는 위협이나 적에 관한 언급은 없다. '자유롭고 열린 인도-태평양', 특히 자유로운 항행과 비행을 강조함으로써 그것을 저해하는 중국이 위협일 것이라는 점이 암시되어 있긴 하지만, 명확하게 위협으로 적시하고 있지 않다. 국방과 관련한 네 번째 '평화와 안전의 확보'라는 항목에서도 초국가적 범죄를 먼저 언급하면서 중국에 관해서는 남중국해의 영유권에 대한 중국 주장이 "근거가 없고, 불법적이며, 비합리적이면서", "다른 국가들에게 실질적인 비용을 부과하고 있다"라는 수준으로만 기술하고 있다.

(4) '중국에 대한 전략적 접근' 보고서

미국은 2020년 5월 20일 미 의회에 "중국에 대한 미국의 전략적 접근(United States Strategic Approach to The People's Republic of China)"이라는 제목의 미 정부 보고서를 제출하였는데, 이것은 총 16쪽의 짧은 내용이지만 '인도-태평양 전략'을 근간으로 하는 미국의 대중국 전략을 함축적이면서도 분명하게 천명하고 있다. 이 보고서는 국방부가 다른 정부부처와의 협력을 통하여 작성하였고, 백악관 이름으로 국회에 전달하였으며, 백악관 홈페이지에 게시되어 있다. 이것은 미 의회가 2019년 국방예산을 통과시키면서 요구한 사항이었다는 점에서 미 의회도 중국에 대한 분명한 전략의 정립이 필요한 것으로 인식하고 있다고 봐야 한다.

이 보고서에서 미 정부가 제시하고 있는 중국에 대한 전략적 접근의 방향은 "경쟁적 접근(competitive approach)"이다. 경쟁을 마다하지 않겠다는 것이다. 이것은 중국의 의도와 행동에 대한 "분명한 평가(clear-eyed assessment)"에 기초한 것이고, 이에 따른 미국의 전략적 강점과 약점도 알고 있으며, 양국 간에 더욱 큰 마찰이 발생해도 수용하겠다는 점도 병기하고 있다. 다만, 이 보고서에서는 중국공산당이라는 용어를 주로 사용함으로써 중국 국민들의 반감을 자극하지 않으면서, 공산주의라는 이념이 문제라는 점을 제시하고자 노력하고 있다.

이 보고서는 서론 부분에서 지난 40년 이상 중국과의 관계를 증진하는 데 중점을 둔 접근은 실패하였고, 미국은 중국 공산당의 완고함을 과소평가했다는 반성으로 시작하고 있다. 그러면서 미국은 중국의 도전을 5쪽에 걸쳐서 설명하고 있는데, 경제, 가치, 안보 차원에서 중국이 심각한 도전이라는 평가이다. 즉, 중국의 '일대일로' 정책은 경제적 강점을 활용하여 정치적 이익을 추구하기 위한 명분이고, 중국이 일당독재, 국가주도 경제, 공산당에 대한 인민의 복속 등 공산주의 가치를 추구하고 있으며, 군사력으로 미국의 동맹 및 우방국을 위협하고 있다고 평가하고 있다.

도전 다음에는 이에 대한 미국의 접근(approach)을 2쪽 정도에 걸쳐 설명하고 있는데, 서론에서 제시된 핵심방향을 풀어서 설명하고 있다. 주목할 내용은 "원칙적 현실주의(principled realism)"로 복귀한다는 새로운 말을 사용하고 있다는 점이다.

이 '원칙적 현실주의'가 결론에도 한 번 더 언급되는 것으로 봐서 향후 미국이 중국에 대응하는 기본적인 기준이 될 것 가능성이 있다. 그 뜻을 명확하게 설명하고 있지만, 현실을 있는 그대로 냉정하게 인식하면서 원칙에 입각하여 대응하겠다는 의미로 판단된다.

그 다음에는 6쪽 정도에 걸쳐서 세부적인 구현(implementation) 조치를 네 가지 분야로 나눠서 설명하고 있다.

첫째, 중국의 다양한 도전으로부터 미국인, 미 본토, 미국의 생활방식을 방어하겠다는 것으로서, 무역, 해킹, 스파이 활동 등 중국의 모든 불법행위를 파악하여 처벌하고, 중국의 선전선동을 차단하며, 미국 내 중국인 유학생을 스파이로 활용하지 못하도록 하며, 중국인 유학생, 연구분야, 정보 네트워크에 대한 검사를 강화하고, 중국으로부터의 밀수를 철저히 차단하겠다고 밝히고 있다.

둘째, 미국의 번영을 고양하는 것으로서, 중국과의 무역균형을 회복하고, 중국의 보호무역 장치를 제거하며, 2020년 1월 합의한 미중무역 1단계 합의를 중국이 준수하도록 하고, 5G 산업 등 미국 국내 경제를 활성화하며, 자유시장경제 원칙을 기반으로 미국의 동맹국 및 우방국과의 협력을 강화하겠다고 천명하고 있다.

셋째, 힘을 통한 평화의 보존(Preserve Peace through Strength)으로서, 핵의 3축 체계를 현대화하고, 극초음속 운반수단, 사이버 및 우주 역량을 강화하며, 화력의 치명도도 강화할 것이라고 언급하고 있다. '항행의 자유(freedom of navigation)' 보장을 위한 작전과 동맹관계를 강화하겠다면서, 특히 대만과의 관계 강화에 대하여 상세하게 설명하고 있다. '하나의 중국' 정책은 유지하되 대만과 강한 비공식 관계를 계속 유지할 것이라며, 중국과 대만 양측의 입장 차는 무력이나 위협이 아닌 평화적으로 해결해야 한다는 원칙을 강조하고 있다. 중국이 이런 원칙을 존중하지 않고, 계속해서 과도한 군사력 증강을 시도할 경우, 미국은 대만 군대의 자위력 강화를 지원할 것이라는 점도 명시하고 있다.

넷째, 미국의 영향력 향상으로서, 미국은 중국이 소수민족의 권리와 인권을 존중할 것을 다양한 기회를 통하여 촉구했다는 사실을 제시하면서 가치와 규범에 의한 국제질서 유지를 위하여 미국이 노력하겠다는 점을 말하고, 홍콩의 장래에 대해도 큰 관심을 갖고 있다고 말하고 있다. 또한 미국은 인도-태평양 지역 국가들과 자유와 민주적인 활동을 위해 노력하고 있고, 그것을 지속할 것을 공언하고 있다.

결론적으로 미국은 중국과의 장기적이면서 전략적인 경쟁을 현실로 인정하면서 최악의 상황을 배제하지 않은 채 '원칙적 현실주의'에 입각하여 미국의 이익을 보호하고 영향력을 확대할 것이라는 방침을 천명하고 있다. 중국이 미국의 요구를 수용하면 현재의 경쟁상태에 머물지만, 도전할 경우 전쟁의 가능성도 배제할 수는 없다.

(5) 평 가

미국의 '인도-태평양 전략'은 어떤 용어와 문장으로 설명하든 그 근본방향은 중국과의 경쟁이고, 중국이 추진해온 '일대일로' 정책의 충돌일 가능성이 크다. 이 두 국가는 지역 내 국가들과의 막연한 협력을 지향하는 것이 아니라, 전략적 경쟁을 진행하고 있기 때문이다. 미국의 '인도-태평양 전략'이 지향하고 있는 핵심내용이 중국을 둘러싸고 있는 해양세력과의 연대라는 점에서 냉전시대 미국이 소련에 대하여 시행했던 '봉쇄정책(containment policy)'과 유사한 방향으로 해석될 수밖에 없다. 중국 또한 이것을 알기에 지속적으로 미국의 패권을 비난하면서 인접국가들이 동참하지 못하도록 압력을 가하고 있다.

2020년 5월 발표된 '중력에 대한 전략적 접근' 보고서에서도 명시되었듯이, 미국은 중국과의 대결을 불사한다는 입장이다. 이를 위하여 미국은 '인도-태평양 전략'을 통하여 주변국가들을 결집해 나가고자 노력할 가능성이 높다. 아직은 일본, 인도, 호주 이외에는 적극적으로 동참하겠다는 의사를 표명한 국가는 없지만 시간이 지날수록 역내 국가들은 선택을 하지 않을 수 없는 상황에 직면할 가능성이 높다.

#3. 안보정책 결정과 오인식

(1) 합리모형의 한계

국가가 어떤 정책을 결정해 나갈 때 통상적으로 사용하는 의사결정의 모형은 합리모형(ration model) 또는 합리적 행위자 모형(rational actor model)이다. 국민을 대표하는 공직자나 공공기관은 언제나 최선의 대안을 선택하여 최대의 성과를 달성하고자 노력해야 하기 때문이다. 합리모형에서 정책결정자는 합리적인 존재일 뿐만 아니라 최선의 결정에 필요한 대부분의 정보와 지식을 보유하고 있다고 가정한다. 이러한 상태에서 정책결정자는 주어진 목표를 달성해줄 수 있는 모든 대안들을 충분히 탐색한 다음에 최선의 대안을 선택하여 추진하게 된다.

그런데 실제의 정책은 합리모형에 의하여 결정되지 않고 있다는 연구나 주장이 매우 많다. 정책결정자부터가 합리적이지 않을 수 있고, 최선의 정책결정을 위하여 요구되는 충분한 정보와 지식을 구비하고 있지도 않으며, 정책결정자가 현실적으로 선택 가능한 모든 대안과 각 대안이 야기할 결과, 그리고 각 대안별 비용과 편익을 완벽하게 비교할 수 없기 때문이다. 합리모형은 이상적이기는 하지만 현실적이지 않다는 것이다.

실제로 정책학 분야에서는 합리모형의 한계를 보완하는 다양한 모형을 발전시켜 왔다. 예를 들면, 합리모형의 비현실성을 비판하면서 대안으로 제시된 것이 점증모형(incremental model)인데, 이것은 합리모형의 전제와 전혀 다르게 인간의 합리성과 지적 능력의 제한을 인정하면서 대부분의 정책결정은 주어진 상황을 "헤쳐 나가는(muddling through)" 방식일 뿐이라고 주장한다. 만족모형(satisfying model), 쓰레기통모형(garbage can model), 사이버네틱스모형(cybernetics model), 최적모형(optimal model), 혼합탐사모형(mixed scan model) 등 다양한 정책결정 모형들은 합리모형의 한계를 보완하기 위하여 개발되었다.

실제의 정책결정에서 합리모형의 한계를 지적한 연구는 적지 않다. 대표적인 사례로서 앨리슨(Graham Allison)은 1962년 쿠바 미사일 위기 시 케네디(John F. Kennedy) 대통령을 중심으로 하는 미국 국가안보정책 담당자들의 의사결정 과정을 연구한 후 조직과정모형(organizational process model)과 관료정치모형(governmental politics model)을 제시하였다. 합리적 접근보다는 조직 간의 경쟁이나 설정되어 있는 절차, 관료들 간의 상충된 이해관계가 최종 결정에 더욱 큰 영향을 끼친다는 분석이었다. 앨리슨은 일반적인 정부의 경우 합리모형에 의하여 최선의 대안을 선택할 확률은 10% 정도이고, 특별한 경우라야 50% 정도까지 높아질 것이라고 단언하기도 했다.

(2) 오인식

합리모형의 적용을 어렵게 하는 요인 중에는 오인식(誤認識, misperception)도 포함되어 있다. 저비스(Robert Jervis, 1940~)는 국제관계에 관한 국가들의 정책결정에는 오인식이 상당할 정도로 내포되어 있다고 주장하였다. 그에 의하면, 대부분의 국가들은 오인식, 즉 상황과 상대에 대한 불확실한 지식과 애매한 정보에 근거하여 잘못된 결정을 내리게 된다는 것이다. 저비스는 이러한 오인식은 특별한 경우가 아니라 일반적인 현상이라면서 불가피성을 주장하고 있다. 전쟁의 원인을 집중적으로 연구해온 스퇴싱어(John Stoessinger, 1927~2017)는 전쟁을 유발하는 원인 중에서 가장 지배적인 것이 오인식이라고 주장하기도 한다.

오인식은 기본적으로 사실과 다르게 이해하는 것을 말한다. 즉, 오인식은 "정책결정자가 갖고 있는 심리적 환경과 실제 세상이 운영되어가는 환경 간의 불일치"라는 설명이다. "실제로 존재하고 있는 세상과 그것을 인식하는 사람의 마음에 존재하는 세상 간의 격차"라고도 설명된다. 즉, 고위직의 정책결정자라고 해도 사안의 정확한 이해에 필수적인 모든 정보를 획득할 수 없고, 획득되었다고 해도 개인적 인식의 틀이나 관념에 따라 다양하게 수용한 결과 오인식이 발생하고 이것이 잘못된 정책결정에 이른다는 주장이다.

특히 국제관계에서는 상대방에 관한 정보일수록 정확성을 보증하기가 어렵고, 따라서 오인식이 발생할 개연성은 높아진다. 각국은 자신의 의도와 계획을 제대로 공개하지 않을 뿐만 아니라 의도적인 기만도 시도하기 때문이다. 그래서 국제관계에서 어느 정도의 오인식은 불가피하고, 그것이 심해지면 전쟁에도 이르게 되는 것이다.

(3) 오인식의 악화

오인식은 보편적이기 때문에 오인식의 발생소지를 없애는 것도 중요하지만 오인식을 더욱 악화시키지 않도록 노력하는 것이 더욱 현실적인 조치일 수 있다. 처음에는 어쩔 수 없이 오인식에 빠지더라도 점점 오인식에서 벗어날 수 있어야 한다는 것이다. 그런데 현실은 그렇지 않은데, 그의 대표적인 개념으로 발전되어온 것이 확증편향(confirmation bias)과 집단사고(集團思考, groupthink)이다.

• **확증편향**: '확증편향'은 1960년 영국 심리학자 왓슨(Peter Wason, 1924~2003)이 처음 제시한 개념인데, "보유하고 있는 기존의 신념, 기대, 가정(假定)에 편향(偏向)되는 방법으로 증거를 찾거나 해석하는 경향"이다. 단순하게 말하면, 이것은 처음에 믿게 된 내용을 그대로 견지하거나 더욱 강화하고자 하는 성향이다. 그래서 확증편향에 빠지면 자신이 생각하는 신념이나 자신이 선택한 방안에 부합되는 정보만을 선호하여 원래의 신념이나 선택을 강화하게 되고, 결과적으로 오인식을 악화시키게 된다. 확증편향이 심해지면 자신이 믿는 바가 틀렸다는 결정적인 증거가 나타나더라도 부정하게 될 뿐만 아니라 어떤 경우에는 자신이 확증편향에 빠져 있는지도 의식하지 못하게 된다.

확증편향에서 벗어나기 위해서는 이의 폐해를 분명하게 인식하는 바탕 위에서 그것을 제거하거나 최소화하기 위한 의도적인 조치를 강구해야 한다. 예를 들면, 구성원 특히 정책결정자에게 다른 사람의 생각도 존중할 것을 요구하거나, 객관적 결정을 내려야만 한다면서 책임감을 강화시키거나, 다수 인원에 의한 토론을 장려하는 등의 노력이 제안되고 있다. 결정을 내리는 사람에게 그 결정의 이유를 설명하도록 하는 것도 확증편향을 줄이도록 만든다고 한다. 이 중에서 가장 실질적인 방안으로 제기된 것은 '악마의 변호인(devil's advocate)'인데, 어떤 사람에게 정책결정자나 다수의 의견에 의도적으로 반대하도록 임무를 부여함으로써 정책결정에 확증편향이 작용하는 정도를 줄일 수 있다는 것이다.

• **집단사고**: 확증편향보다 더욱 심각하게 오인식을 악화시키는 현상은 '집단사고'이다. 이것은 제니스(Irving L. Janis, 1918~1990)가 1982년 발표한 개념으로서, 정책결정을 주도하는 집단 전체가 특정한 생각에 빠져서 올바른 결정을 내리지 못하게 된다는 주장이다. 즉, 특정 집단이 어떤 정책이나 방향을 설정하게 되면, 구성원들이 그것을 일사불란하게 추종하려는 강한 경향을 갖게 되고, 균형감각을 상실하게 되면서 대규모 정책실패(fiasco)에 이르게 된다는 주장이다. 집단사고가 극심해지면 특정 정책이 잘못되었을 경우 감수해야 하는 위험도 무시하면서 실패를 가정한 예비계획도 수립하지도 않게 된다.

제니스는 집단사고를 세 가지 형태로 구분하고 있다. 첫째는 집단 자체의 힘과 도덕성을 과대평가한다는 것으로서, 집단의 구성원들은 그들 집단의 도덕성에 대한 확고한 신념 하에서 그들이 틀릴 수 없다고 믿는다. 둘째는 외부의 비판에 대한 '닫힌 마음'으로서 그들이 결정한 정책을 재고할 것을 요구하는 다른 사람들의 요구를

표 1 ‖ 집단사고의 일반적 증상

형 태	증 상
집단 자체의 힘과 도덕성을 과대평가(Overestimations of the group-its power and morality)	① 틀릴 리가 없다는 구성원들의 환상
	② 집단의 원초적 도덕성에 대한 확고한 신념
닫힌 마음 (Closed-mindedness)	③ 어떤 경고를 포함하여 기존 정책의 재고를 요구하는 정보를 평가절하함으로써 합리화하려는 집단적인 노력
	④ 상대를 매우 사악하거나 어리석은 것으로 획일적으로 생각하려는 견해
통일성을 향한 압력 (Pressures toward uniformity)	⑤ 집단의 공감대를 강조하면서 이탈하는 것에 대해서는 자체적으로 검열
	⑥ 대다수의 견해가 만장일치의 결과인 것으로 생각하려는 구성원들의 공통적 환상
	⑦ 집단의 견해에 반대하는 것을 충성스럽지 못한 것으로 규정하여 구성원들을 직접적으로 압박
	⑧ 집단을 보호하기 위하여 내려진 결정의 효과성이나 도덕성을 훼손시키지 않으려는 자체적인 보호심리 등장

출처: Irving L. Janis, *Groupthink: A Psychological Study of Policy Decisions and Fiascoes*, Second ed. (Boston: Yale Univ. Press, 1982), 174-175.

배척할 뿐만 아니라 오히려 그러한 사람들을 나쁘거나 어리석은 것으로 비판한다. 셋째는 동일한 생각을 갖도록 하는 내부적인 압력으로서, 구성원들이 이탈하지 못하도록 하거나, 모든 결정이 만장일치에 의하여 내려진 것으로 간주하거나, 결정에 반대하는 것은 충성심이 없다고 비난하거나, 그들의 결정을 보호해야 그들 집단도 보호된다고 생각한다. 제니스가 말한 집단사고의 일반적 증상은 앞 쪽의 〈표 1〉과 같다.

제니스의 집단사고에 관해서는 성급한 일반화라는 비판도 적지 않지만, 어떤 조직의 정책이 실패에 이르게 되는 하나의 설명으로서의 유용성은 충분한 것으로 인정되고 있고, 실제로 정책 실패의 원인을 분석하는 유용한 도구로 사용되기도 한다. 특히 동질성이나 이념적 연대가 강한 집단일수록 이러한 집단사고가 발생할 가능성이 크다.

#4. 협상이론

(1) 협상의 개념

협상(negotiation)은 대화와 타협을 통하여 어떤 결과에 도달하는 행위를 말한다. 그래서 협상이론에서는 “타결의 의사를 가진 둘 또는 그 이상의 당사자 간에 양방향 의사소통을 통하여 상호 만족할 만한 수준으로의 합의에 이르는 과정”이라고 정의한다. 다만, 이러한 정의는 제3자의 시점에서 협상을 객관적으로 정의한 것이고, 어느 협상 당사자의 입장에서 보면 협상은 상대방과의 협의를 거쳐서 자신의 목표를 달성하거나 자신의 이익을 극대화하는 행동이라고 할 수 있다.

협상이 언제나 가능한 것은 아니다. 협상은 서로가 협상을 통하여 문제를 해결하겠다고 합의해야 가능해지기 때문이다. 어느 일방이 협상하고자 한다고 하여 협상이 가능해지지는 않는다. 다른 일방이 협상이 아닌 다른 방식에 의하여 문제를 해결하고자 할 경우 협상은 성립할 수 없다. 따라서 협상을 하지 않고자 하는 일방을 협상장으로 유도하는 것도 협상의 한 부분일 수 있고, 그것이 협상보다 더욱 중요하고 어려운 일이 될 수 있다.

이런 점에서 볼 때 협상에서 중요한 것은 상대방을 설득하여 내가 생각하는 최종적인 목표에 이르도록 하는 과정과 노력이라는 사실이다. 내가 설정해놓은 목표에 도달하거나 근접하도록 상대방을 설득시킬 수 있어야 나의 협상목표가 달성될 것이고, 그것을 위해서 협상을 시작한 것이기 때문이다. 그래서 단순하게 말하면 협상은 내가 설정한 협상의 목표, 즉 최종 게임(endgame)으로 상대방을 유도하는 노력과 과정이라고 할 수 있다. 그 두 목표의 차이가 클 경우 협상은 성공하기 어려울 것이다. 그렇게 보면 협상은 나의 최종 게임과 상대방 최종 게임 사이의 격차를 줄여 나가는 과정이라고 할 수 있다.

(2) 협상의 형태

쌍방 최종 게임의 격차를 줄여 나가는 방법은 다양하게 구분할 수 있으나 대체적으로 서로의 이익과 손실을 조정하는 데 초점을 두는 이해기반 해결(interest-based solution), 법적인 측면에서 누가 옳은지를 판단하는 권리기반 해결(right-based solution), 서로 위협하거나 협박하는 행위를 위주로 하는 실력기반 해결(power-based solution)로 구분할 수 있다. 이 중에서 어느 방법을 사용하는 것이 최선이냐는 당연히 협상의 주제와 협상을 둘러싼 상황에 따라 달라질 것인데, 협상의 사안이 가벼울수록 이해를 따져서 타결하는 경우가 많아질 것이고, 협상의 사안이 심각해질수록 실력이 차지하는 비중이 높아질 것이다. 국제관계에서도 평시에는 주로 이해와 권리에 기반한 협상이 중심이 되지만 심각한 사안일수록 실력을 적용하는 비중이 높아진다. 그렇게 되면 협상은 협상장에서 발생하는 대화로만 구성되는 것이 아니고, 협상 이전의 환경이나 협상장 바깥에서 진행되는 제반 사항에도 영향을 받게 되고, 그러한 요인이 많아질수록 협상은 더욱 복잡해질 수밖에 없다.

협상에 대한 입장을 기준으로 강성입장 협상(Hard Positional Negotiation), 연성입장 협상(Soft Positional Negotiation), 원칙입장 협상(Principled Negotiation)으로 구분하기도 한다. 여기에서 연성입장은 말 그대로 유연한 태도를 지니는 가운데 필요에 따라 과감하게 양보를 하거나 입장도 바꾸면서 상대방의 합의를 유도해 나가는 방식이고, 통상적인 협상에 보편적으로 적용되는 방식이다. 반면에 강성입장 협상은 상대방을 불신하는 가운데 위협이나 압력 등 강압적인 수단까지도 사용해서 상대방이 나의 최종 게임을 수용하도록 만들고자 하는 방식으로서 서로가 목표를 달성해야 할 절박성이 클 경우 사용하게 되는데, 통상적인 협상형태는 아니다. 그리고 원칙입장 협상은 서로가 동의할 수 있는 원칙을 먼저 협상하여 그것을 확정한 다음에 원칙에 따라 서로가 조정하는 방식을 말한다. 어떤 협상이든 강성입장이 등장할 경우 협상은 어려워질 수밖에 없고, 이 경우 어느 일방이 연성입장을 고수하면 협상에 불리하기 때문에 문제해결과 상호이익을 중시하는 원칙입장을 선택하는 것이 중요하지만, 상대가 거기에 응하지 않을 경우 강성입장밖에는 대안이 없을 수 있다.

어떤 형태의 협상을 선택할 것이냐는 것은 상대방이 선택하는 바에 따라서도 영향을 받는다. 나는 연성입장이나 원칙입장을 사용하고자 하지만 상대방이 강성입장을 사용할 경우 결국은 강성입장을 선택하지 않을 수 없게 된다. 강성입장 협상은 위협(Threat), 벼랑끝 전술(Brinkmanship), 무조건적 기동(Unconditional Move), 미끼 제공(Decoy), 지연(Delay), 허위권한(Fake Authority), 악역과 선역(Bad Guy and Good Guy), 전략적 침묵(Strategic Silence) 등의 온갖 책략을 사용하고, 이러할 경우 협상은 전쟁과 유사한 충돌의 성격을 갖는다. 예를 들면, '벼랑끝 전술'은 함께 절벽으로 떨어질지 모른다는 사실을 보여줌으로써 상대방의 행동을 억제하는 조치인데, 그에 대하여 강성입장 협상을 사용하지 않으면서 성공을 기대하는 것은 쉽지 않다.

(3) 협상의 성공요소

협상은 워낙 중요하기 때문에 이에서 성공하는 요소의 탐구는 매우 흥미로운 주제였고, 이를 위하여 많은 사람들이 다양한 내용으로 흥미로운 내용을 제시하였다. 그러나 전쟁에서 승리하는 원칙을 찾는 노력과 유사하게 협상의 성공요소를 한두 가지로 정리하거나 확정하기는 어렵다. 협상의 결과는 너무나 다양한 요소들의 상호작용에 의하여 결정되기 때문이다. 그럼에도 불구하고 그동안 학자들의 연구를 통하여 강조하고 있는 몇 가지 공통적인 사항을 제시하면 다음과 같다.

대부분의 협상이론가들이 공통적으로 강조하는 협상의 성공요소 중 하나는 "최상대안(Best Alternative to a Negotiated Agreement: BATNA)이다. 이것은 협상을 통하여 합의가 이루어지지 않을 경우 제시할 수 있는 다른 상당히 위협적인 대안이라고 할 수 있는데, 이것이 효과적일수록 협상에서 성공할 가능성은 높아진다. 다시 말하면, 최상대안은 "협상자가 가진 대안들 중에서 자신에게 가장 좋은 것"으로서, 협상이 결렬되어 이 대안을 선택한다 해도 크게 손해보지 않을 수 있는 대안이다. 만약 어느 일방이 이것을 갖고 있다면 협상에서 단호하게 나갈 수 있고, 그렇게 되면 상대방이 협상에 호응할 가능성이 높아진다. 최상대안을 막는 것이 중요하기 때문이다. 이러한 점에서 볼 때 최상대안은 내가 동원할 수 있는 대안 중에서 적에게는 가장 불리하고 나에게는 가장 유리한 것으로서, 이것을 보유하고 있는 측은 협상에서 유리하고 그렇지 않으면 협상에서 불리하게 된다. 따라서 협상에서 성공하고자 한다면 협상결렬 시 동원할 수 있는 대안들을 가능한 한 많이 개발하고, 그중에서 가장 효과적이면서 실질적인 대안 몇 가지를 선택하여 최상대안으로 보유하고 있거나 다른 보완조치를 강구하여 최상대안으로 만들어 나가야 한다.

협상이론에서 강조하는 또 다른 중요한 사항은 '하한선(bottom line)'이다. '저항점(resistance point)'으로 부르기도 하는데, 이것은 그 이하로는 양보할 수 없다는 수준이고, 우리가 수용할 수 있는 최악의 조건을 말한다. 이것이 충족되지 않을 경우 협상을 결렬시키겠다는 방침이라고 할 수 있다. 어느 일방이 분명한 협상의 하한선을 보유하고 있다면 상대방의 압력이나 유혹에도 동요되지 않을 것이고, 필요할 때 완강해질 수 있어서 유리한 협상 결과를 획득할 가능성이 높아진다. 하한선은 상대방이 알도록 할 수도 있고, 알지 못하도록 할 수도 있는데, 상대방에게 알릴 경우 상대방이 그보다 못한 조건을 내걸지 않을 것이라서 유리한 결과를 얻을 가능성이 높아지기도 하지만, 반대로 상대방에게 우리의 의도를 노출함으로써 융통성이 줄어들 수도 있다. 하한선을 설정해둘 경우 처음에는 하한선에서 먼 지점에서부터 협상을 시작하는 것이 최선이고, 그 이후에 조금씩 양보하되 하한선에서 먼 수준에서 협상에 타결할 경우 그만큼 더 유리한 결과를 얻게 된다.

찾아보기

ㄱ

ㄹ

ㅁ

ㅂ

ㅅ

ㅈ

ㅊ

기타

박휘락(朴輝洛, Park Hwee Rhak)

학력 및 경력 ▮

현) 국민대학교 정치대학원 교수
전) 국민대학교 정치대학원장
21세기 군사연구소 부소장
한국군사학회 부회장

육군사관학교 졸업(34기, 1978년)
대대장, 연대장, 주요 정책부서 근무
고등군사반, 육군대학, 합동참모대학 모두 수석 졸업
미국 National War College 졸업(석사)
경기대학교 정치전문대학원 졸업(정치학 박사)
예비역 육군대령

저서 및 논문 ▮

『비핵화 협상: 위험한 실험』(2020)
『북핵 억제와 방어』(2018)
『북핵 위협과 안보』(2016)
『북핵 위협시대 국방의 조건』(2014)
『평화와 국방』(2012)
『자주국방의 조건』(2009)
『전쟁, 전략, 군사 입문』(2005)
『한국군사전략 연구』(1989) 등 10여 권
100편 이상의 안보 관련 논문

이메일: hrpark5502@hanmail.net

국가안보론
-이상과 현실의 균형-

펴낸날 제1판 제1쇄 2020년 7월 15일
지은이 박휘락
펴낸이 임춘환
펴낸곳 도서출판 대영문화사
주소 (본사) 사무실: 경기도 고양시 일산서구 주화로 70
우신프라자 307호 (㉾ 10387)
(본사) 물류센터: 경기도 고양시 일산서구 덕산로
107번길 68-50 (㉾ 10205)
등록 1975년 12월 26일 제3-16호
전화 (031) 913-3062, (031) 914-3884~5
팩스 (031) 913-3839
홈페이지 http://www.dymbook.co.kr

ISBN 978-89-7644-764-7
값 23,000원